高 等 职 业 教 育 教 材

智慧仓配
运营管理

郭妍　杨高英　李墨溪　主编

闫丽丽　侯铭海　主审

化 学 工 业 出 版 社

·北京·

内容简介

本教材根据教育部发布的《高等职业学校专业教学标准》，以项目为载体，以任务为驱动，以应用为目标，对教学标准规定的课程教学内容进行梳理，按照"理论-应用-拓展"的思路，将教材内容整合设计为 4 个模块，12 个项目，37 项任务。模块一为智慧仓配运营认知篇，设置 3 个项目，8 项任务，系统介绍智慧仓配运营基础知识；模块二为智慧仓配运营实施篇，设置 5 个项目，20 项任务，以岗位应用为核心，作业流程为脉络，介绍仓储规划与设计，入库作业、在库作业、出库作业及配送作业；模块三为智慧仓配运营绩效篇，设置 2 个项目，4 项任务，介绍运营成本分析和绩效评价；模块四为智慧仓配运营电商篇，为拓展内容，设置 2 个项目，5 项任务，以特定的电商仓为背景，全面介绍智慧仓配的规划设计与运营。

本教材融合了"岗课赛证"相关内容，配有丰富的数字资源，方便教与学。通过职业素养目标、案例等将党的二十大精神融入教材。

本教材主要作为高等职业教育现代物流管理及相关专业的教材及参考书，也可作为职业技能大赛、1＋X 职业技能等级证书的考试辅导资料，还可作为相关从业人员的培训、指导用书。

图书在版编目（CIP）数据

智慧仓配运营管理/郭妍，杨高英，李墨溪主编 .— 北京：化学工业出版社，2023.8 （2025.3重印）
ISBN 978-7-122-43427-2

Ⅰ.①智… Ⅱ.①郭…②杨…③李… Ⅲ.①智能技术-应用-仓库管理②智能技术-应用-物流管理 Ⅳ.①F25-39

中国国家版本馆CIP数据核字（2023）第 080271 号

责任编辑：王文峡　　　　　　　文字编辑：张瑞霞　沙　静
责任校对：李露洁　　　　　　　装帧设计：韩　飞

出版发行：化学工业出版社（北京市东城区青年湖南街 13 号　邮政编码 100011）
印　　装：河北延风印务有限公司
787mm×1092mm　1/16　印张 19　字数 485 千字　2025 年 3 月北京第 1 版第 3 次印刷

购书咨询：010-64518888　　　　　售后服务：010-64518899
网　　址：http://www.cip.com.cn
凡购买本书，如有缺损质量问题，本社销售中心负责调换。

定　　价：59.00 元

前言

经济社会和物流行业的发展，推动传统物流产业向智慧物流转型升级。2022 年教育部出台的《高等职业学校专业教学标准》，将现代物流管理专业开设的"仓储与配送管理"课程升级为"智慧仓配运营管理"，并对课程教学内容进行相应调整及更新，凸显了行业发展的新特点。

本教材按照 2022 年教育部出台的《高等职业学校专业教学标准》，基于物流发展的新特点、新要求，依据仓配运营中的典型工作任务设计总体构架，使教材内容与相应的物流职业岗位紧密结合，同时融合物流管理专业技能大赛、行业技能竞赛及物流管理 1＋X 职业技能等级证书的要求，编排教材内容。

本教材的编写以应用为目标，对照教学标准，按照"理论-应用-拓展"的模块结构，梳理课程教学内容，设计项目引领、任务驱动体例，主要突出如下特色：

1. 紧贴专业教学标准及职业岗位技能要求

本教材按照教育部 2022 年颁布的《高等职业学校专业教学标准》对现代物流管理专业"智慧仓配运营管理"课程的要求组织编写，在对仓配岗位进行充分调研的基础上，分析典型工作任务，确定模块体系，编写教材内容，明确教学要求，凸显职业教育特点。

2. 注重课程思政

教材对接职业标准，以推动思政育人为目标，系统梳理工作任务，将党的二十大精神融入教材，每个项目设"职业素养目标"，每个任务有"引导案例"，以润物细无声的方式融入思政内容。

3. 融合"岗课赛证"相关内容

本教材在编写时融合了以下内容：仓配运营岗位的典型工作任务要求，专业课程教学标准，职业院校技能大赛、行业技能竞赛的评分点和 1＋X 职业技能等级证书考试的考点。满足读者在课程学习、岗位培训、备赛及考取证书等多方面的需求。

4. 配有丰富的教材数字化资源

本教材设置了类型丰富的数字化教学资源，包括课程标准、教学设计、课件、微课、动画、视频、习题库、案例库、实训任务库等，读者扫描本书中的二维码即可获取与重要知识点、技能点对应的资源，实现了教材立体化。

5. 设计任务引导式的教材体例

本教材每个项目设置若干个基于工作过程的任务，每个任务以引导案例引入背景，通过案例点评、任务发布引导学生对任务的思考，要解决这些问题需要的知识内容通过知识储备予以呈现，最后配以相关的任务实施的实训项目及理论测试题目，以巩固本任务所学成果。

本教材由河北建材职业技术学院郭妍、杨高英、李墨溪担任主编，保定职业技术学院王俊凤、河北建材职业技术学院赵叶、三亚理工职业学院杨付红担任副主编，北京络捷斯特科技发展股份有限公司李娜、保定职业技术学院韩克参与了部分内容的编写。具体编写分工如下：项目一和项目二由杨高英编写，项目三由杨付红编写，项目四和项目五由郭妍编写，项目六由韩克、赵叶编写，项目七由赵叶编写，项目八由王俊凤编写，项目九和项目十由李墨溪编写，项目十一和项目十二由李娜、郭妍编写。

在编写的过程中，得到了许多单位和个人的帮助，在此感谢北京京东世纪信息技术有限公司、北京络捷斯特科技发展股份有限公司、深圳市中诺思科技股份有限公司、上海百蝶教育科技有限公司等单位相关专家给予的大力支持。此外，我们参阅了大量文献并引用了其中的一些资料，在此向相关文献作者致以谢意。

由于编者水平和精力有限，书中可能存在缺陷和不足，敬请读者和各位同仁在使用过程中给予批评指正，使本教材日臻完善。

编者
2023 年 1 月

目 录

二维码一览表

智慧仓配运营认知篇

项目一　智慧仓配运营认知

知识 目标	◇ 理解仓储、智慧仓储、仓储管理、配送、智慧配送、配送中心的概念。 ◇ 熟悉仓储、配送、配送中心的功能，熟悉仓储管理的原则、主要内容。 ◇ 熟悉智慧仓储关键技术、智慧配送体系及系统结构。 ◇ 掌握仓储、仓库、配送中心的分类、作业流程。
技能 目标	◇ 会识别不同的配送类型，认识配送工作的基本环节。 ◇ 会结合配送与配送中心的知识，对配送中心的基本工作过程进行讲解。 ◇ 能根据要求进行仓配运营规划。 ◇ 能绘制配送中心平面图。
职业 素养 目标	◇ 培养组织协调能力。 ◇ 具有团队协作意识。 ◇ 培养沟通表达能力。 ◇ 具有创新和策划素养。

岗课赛证融通说明

本项目内容是仓配管理人员应具备的基础知识；对接物流管理1＋X职业技能等级证书（中级）考核中仓储与配送管理模块需要掌握的理论考点；对接物流服务师国家职业技能标准（2020年版）中仓储与配送管理基础知识要求；对接全国职业院校技能大赛——智慧物流作业方案设计与实施赛项中职业能力测评模块，全国物流服务师职业技能竞赛中理论知识模块。

任务一　智慧仓储认知

引导案例　仓储管理为核心——100万实现"脱胎换骨"

目前，信息化管理已成为客户选择第三方物流服务时最基本的要求。上海某物流有限公司借助信息化成功地由一家传统的运输公司转型为第三方物流公司，完成了"脱胎换骨"的转变。

（1）以仓储管理为核心改造企业的物流系统。2003年4月，该公司决定转型。此前，该公司是一家传统的运输公司，他们的目标是转型为第三方物流公司，开展以储、运一体化为主要内容的物流服务。与此同时，公司制定了"通过物流分发网络的快速扩张，大幅缩短客户响应时间，以及电子商务来拓展市场"的战略。要实现这些美好的"蓝图"，公司寄希望于物流信息管理系统。因为物流公司不是拼有多少车，而是拼服务，也就是看物流公司能否提供准确的报表反馈，以保证单据处理的及时和准确。

公司认为："对于物流管理，仓库是核心，尽管利润点可能不在仓库。拿到仓库，运输就基本拿到了；拿到运输，但拿不到仓库的话，客户也很快会丢掉。所以，物流管理的核心是仓储管理，可上升到供应链管理。"

（2）适合才是最好的设备选型。公司物流信息管理系统的投资情况为：整个系统的投资总计100多万，其中软件占60%。据了解，与同行业相比，公司建立这样一套物流信息管理系统，投资额度还达不到中等水平，即"没有最贵的，只有最合适的"。基于这种考虑，公司最终选择了招商迪辰软件系统有限公司来开发这套系统。

（3）关注细微处，不断完善仓储管理系统。在项目实施过程中，尤其是个性化设计方面，迪辰项目组遇到很多细枝末节的问题。比如有关报表的处理，由于第三方物流服务具有跨行业、跨客户、跨地区的特点，客户的个性化要求很多，他们对报表的需求也各种各样。公司认为在BS架构下有关查询速度、操作简便等一些细微处的处理方面也需要重视。CS架构较之BS架构，最大优势就在于查询速度快、操作简便，但公司基于BS架构的系统经过技术处理，目前在这些方面也达到了CS架构的水平。由于这些方面的成功处理，最终达到了"用最少的钱做最多的事"的初衷。

至于系统中需要改进的地方，公司认为："系统还存在一些细节性的地方需要改进，比如拣货、补货机制等。当然，我们在使用过程中将不断优化系统。"

【引例点评】我国的仓储企业大都是在传统运输企业的基础上经过转型发展起来的。这些仓储企业有运营经验的优势，但同时在转型中也会面临诸多问题。公司在转型中注重了以某项业务为核心业务的要求，同时开展多项服务，并按照现代仓储管理重视信息化、集中化、协同化的原则。

【任务发布】小李应聘仓储主管职位，公司人事部经理问："什么是仓储管理？仓储管理需要承担什么工作？作为仓储管理人员需要具备哪些知识和技能？你了解智慧仓储吗？"面对提问，小李该如何回答呢？

知识储备

一、仓储的内涵、功能及分类

仓储业既是我国国民经济的一个重要产业，也是国家重点发展的现代服务业之一，又是现代物流业的重要组成部分，对降低商品流通成本，提高流通效率、效益，促进区域经济体系融合发展，构建我国经济发展的国内国际双循环的战略格局具有重要意义。

（一）仓储的内涵（扫描二维码可查看"仓储的内涵"）

仓储是指通过仓库对物资进行储存、保管以及仓库相关储存活动的总称。**"仓"**即仓库，为存放、保管、储存物品的建筑物和场地的总称，可以是房屋建筑、洞穴、大型容器或特定的场地等，具有存放和保护物品的功能。**"储"**即储存、储备，表示收存以备使用，具有收存、保管、交付使用的意思。

仓储是集中反映工厂物资活动的状况，连接了生产、供应和销售，对生产效率的提高起着重要的作用。同时，仓储围绕着实体活动，清晰准确的报表、单据账目、会计部门核算的准确信息也同时进行着，因此仓储是物流、信息流、单证流的合一。

传统仓储是指利用仓库对各类物资及其相关设施设备进行物品的入库、储存、出库的活动。现代仓储是指在传统仓储的基础上增加库内加工、分拣、

仓储的内涵

库内包装等环节。仓储是生产制造与商品流通的重要环节之一，也是物流活动的重要环节。

（二）仓储的功能

仓储主要是对流通中的商品进行检验、保管、加工、集散和转换运输方式，并解决供需之间、不同运输方式之间的矛盾，提供场所价值和时间效益，使商品的所有权和使用价值得到保护，加速商品流转，提高物流效率和质量，促进社会效益的提高。

现代仓储已经形成了围绕货物的以存储空间、储存设施设备、人员和作业及管理系统组成的仓储系统，功能也延伸到包括运输、仓储、包装、配送、流通加工和信息等一整套的物流环节。

1. 储存及保管功能

仓库具有一定的空间，用于储存物品，并根据储存物品的特性配备相应的设备，以保持储存物品的完好性。例如：储存挥发性溶剂的仓库，必须设有通风设备，以防止空气中挥发性物质含量过高而引起爆炸。贮存精密仪器的仓库，需防潮、防尘、恒温，因此，应设立空调、恒温等设备。在仓库作业时，还有一个基本要求，就是防止搬运和堆放时碰坏、压坏物品。从而要求搬运器具和操作方法的不断改进和完善，使仓库真正起到贮存和保管的作用。

2. 调节功能

现代化大生产的形式多种多样，从生产和消费的连续来看，每种产品都有不同的特点，有些产品的生产是均衡的，而消费是不均衡的，还有一些产品生产是不均衡的，而消费却是均衡不断地进行的。要使生产和消费协调起来，仓储就起到了"蓄水池"的调节作用。另外，仓储还可以实现对运输的调节。各种运输工具的运输能力是不一样的：船舶的运输能力很大，海运船一般是万吨级，内河船舶也有几百吨至几千吨的；火车的运输能力较小，每节车皮能装运 30～60t，一列火车的运量最多达几千吨；汽车的运输能力很小，一般每辆车装 4～10t。它们之间的运输衔接很困难，这种运输能力的差异，是通过仓储进行调节和衔接的，见图 1-1。

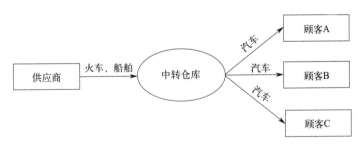

图 1-1　仓储运输调节衔接示意图

3. 检验功能

在物品流通过程中，为了保障数量和质量准确无误，分清责任事故，维护各方面的经济利益，要求必须对物品及有关事项进行严格的检验，以满足生产、运输、销售以及用户的要求，仓储为组织检验提供了场地和条件。

4. 集散功能

仓储把生产单位的产品汇集起来，形成规模，然后根据需要分散发送到消费地区。通过一集一散，衔接产需，均衡运输，提高物流速度。

5. 配送功能

现代仓储的功能已处在由保管型向流通型转变的过程之中，即仓储由贮存、保管货物为中心向流通、销售为中心转变。仓储不仅要有贮存、保管货物的设备，而且还要增加分拣、配套、捆绑、流通加工、信息处理等设置。这样，既扩大了仓储的经营范围，提高了物资的综合利用率，又方便了消费，提高了服务质量。

　　根据用户的需要，帮助商品进行分拣、组配、包装和配发等作业，并将配好的商品送货上门，见图1-2。仓储的配送功能是保管功能的外延，提高了仓储的社会服务效能，就是要确保储存商品的安全，最大限度地保持商品在储存中的使用价值，减少保管损失。

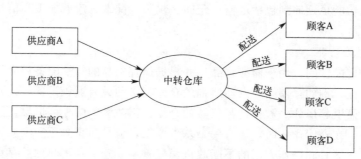

图1-2　仓储配送功能示意图

6. 信息传递功能

　　伴随着以上功能的改变，产生了仓储对信息传递的要求。在处理仓储活动有关的各项事务时，需要依靠计算机和互联网，通过电子数据交换（EDI）和条形码技术来提高仓储物品信息的传输速度，及时而又准确地了解仓储信息，如仓库利用水平、进出库的频率、仓库的运输情况、顾客的需求以及仓库人员的配置等。

　　总之，为了满足现代社会市场的需要，仓储完成了从**"静态"**储藏到**"动态"**流通枢纽的质的飞跃。

（三）仓储的分类

　　仓储是利用仓库储存、保管物品的行为，是现代科学技术和生产力的发展，以及市场经营的多方面需要，决定了仓储活动不能只有单一的主体和功能，不能只采用一种经营方式、存储一类物品，而是必须以多种类型满足不同的社会需求。因此，仓储活动可以从不同角度区分为多种类型，不同的仓储类型又具有不同的特性。

1. 按仓储经营主体分类

　　（1）自营仓储　自营仓储主要包括生产企业自营仓储和流通企业自营仓储。生产企业为保障原材料供应、半成品及成品保管的需要而进行仓储保管，其储存的对象较为单一，以满足生产为原则。流通企业自营仓储则对流通企业所经营的商品进行仓储保管，其目的是支持销售。自营仓储不具有经营独立性，仅仅是为企业的产品生产或商品经营活动服务。相对来说，它规模小、数量多、专业性强、仓储专业化程度低、设施简单。

　　（2）营业仓储　营业仓储是仓储经营人以其拥有的仓储设施向社会提供仓储服务。仓储经营人与存货人通过订立仓储合同的方式建立仓储关系，依据合同约定提供仓储服务并收取仓储费。营业仓储面向社会，以经营为手段，实现经营利润最大化。与自营仓储相比，营业仓储的仓库使用效率较高。

　　（3）公共仓储　公共仓储是公用事业的配套服务设施，为车站、码头等提供仓储配套服务，其运作的主要目的是保证车站、码头等的货物作业和运输，具有内部服务的性质，处于从属地位。对于存货人而言，公共仓储有经营性质，但不独立经营，不单独签订仓储合同，而是将仓储关系列在作业合同、运输合同之中。

（4）战略储备仓储　战略储备仓储是国家根据国防安全、社会稳定的需要，对战略物资进行储备。战略储备仓储特别重视储备品的安全性，且储备时间较长，所储备的物资主要有粮食、油料、有色金属等。

2. 按仓储功能分类

（1）储存仓储　储存仓储是为物资提供较长时期储存和保管的仓储。储存的物资较为单一，品种少，但存量较大。这种仓库一般选在较为偏远的地区，储存费用较低。由于物资存放时间长，储存仓储特别注重对物资质量的维护。

（2）物流中心仓储　物流中心仓储是以物流管理为目的的仓储活动，是为了实现有效的物流管理，对物流的过程、数量、方向进行控制的环节，是实现物流的时间价值的环节。一般在一定经济地区的中心或交通较为便利、储存成本较低处进行。物流中心仓储品种较少，通常以较大批量进库，一定批量分批出库，整体上吞吐能力强。

（3）中转仓储　中转仓储是衔接不同运输方式的仓储，主要设在生产地和消费地之间的交通枢纽地，如港口、车站等。中转仓储是为了保证不同运输方式之间的高效衔接，同时减少运输工具的装卸和停留时间。中转仓储具有货物大进大出的特性，储存期限短，注重货物的周转作业效率和周转率。

（4）配送仓储　配送仓储也称配送中心仓储，是商品在配送交付给消费者之前所进行的短期仓储，是商品在销售或者供生产使用前的最后储存，是商品保管和加工相结合的仓储活动。配送仓储一般在商品的消费经济区间内进行，主要职能是根据市场需要，对商品进行拆包、分拣、组配等流通加工活动，并迅速送达消费者和零售商。配送仓储物品品种繁多、批量少，需要一定量进货、分批少量出库操作，主要目的是支持销售，注重对物品存量的控制。

（5）保税仓储　保税仓储所储存的对象是暂时进境并且还需要复运出境的货物，或者是海关批准暂缓纳税的进口货物。保税仓储受到海关的直接监控，虽然所储存的货物由存货人委托保管，但保管人要对海关负责，入库或出库单据均需要由海关签署。保税仓储一般在进出境口岸附近进行。

3. 按仓储的保管条件分类

（1）普通物品仓储　普通物品仓储是指不需要特殊条件的物品储存，其设备和库房建造都比较简单，使用范围较广。这类仓储只需要一般性的保管场所和设施，常温保管，自然通风。

（2）特殊物品仓储　特殊物品仓储是指保管时有特殊要求或需要满足特殊储存条件的物品存储，如危险品、粮食、冷藏物品储存等。这类仓储必须按照物品的物理、化学、生物特性及相关法规进行仓库建设和管理，需要配备防火、防爆、防虫等专门设备。特殊物品仓储一般为专用仓储，即专门用来储存某一类（种）物品。

4. 按仓储物的处理方式分类

（1）保管式仓储　保管式仓储是指存货人将特定的物品交由仓储保管人代为保管，物品保管到期，保管人将代管物品交还存货人的方式所进行的仓储。

（2）加工式仓储　加工式仓储是指仓储保管人在物品仓储期间根据存货人的合同要求，对保管物进行合同规定的外观、形状、成分构成、尺度等方面的加工或包装，使仓储物品满足委托人所要求达到的变化的仓储方式。

（3）消费式仓储　消费式仓储是指仓库保管人在接受保管物时，同时接受保管物的所有权，仓库保管人在仓储期间有权对仓储物行使所有权，待仓储期满，保管人将相同种类、品种和数量的替代物交还委托人所进行的仓储。

二、仓库的含义及分类

（一）仓库的含义

　　仓库是保管、储存货物的建筑物和场所的总称。一般来讲，仓库具有储存与保管、调节物资供需平衡、调节货物运输、配送与流通加工、信息处理、辅助市场销售等基本功能。其中，储存与保管是仓库最基本的传统功能，仓库具有一定的空间，用于储存货物，并配备相应的设备，保持储存货物的完好性，创造货物的时间效用。

（二）仓库的分类（扫描二维码可查看"仓库的分类"）

仓库的分类

　　按不同的分类标准，仓库有不同的类型。

　　1. 按仓库用途来分类

　　（1）采购供应仓库　采购供应仓库主要用于集中储存从生产部门收购的和供跨国进出口的商品，一般这一类的仓库库场设在商品生产比较集中的大、中城市，或商品运输枢纽的所在地。

　　（2）批发仓库　批发仓库主要是用于储存从采购供应库场调进或在当地收购的商品，这一类仓库一般贴近商品销售市场，规模同采购供应仓库相比一般要小一些，既从事批发供货业务，也从事拆零供货业务。

　　（3）零售仓库　零售仓库主要用于为商业零售业做短期储货，一般是提供店面销售，零售仓库的规模较小，所储存物资周转快。

　　生产出来的产品首先是被储存在采购供应仓库，然后流向批发仓库，接着到零售仓库，最后商品进入卖场，在那里向最终用户销售。

　　（4）储备仓库　储备仓库一般由国家设置，以保管国家应急的储备物资和战备物资。货物在这类仓库中储存时间一般比较长，并且储存的物资会定期更新，以保证物资的质量。

　　（5）中转仓库　中转仓库处于货物运输系统的中间环节，存放那些等待转运的货物，一般货物在此仅作临时停放，这一类仓库一般设置在公路、铁路的场站和水路运输的港口码头附近，以方便货物在此等待装运。

　　（6）加工仓库　加工仓库是指承担储存与加工双重职能的仓库。对某些必须进行加工整理后才可发运的商品，可以设加工仓库，对库存商品进行挑选、整理、加工、包装等作业。

　　（7）保税仓库　保税仓库是指经海关批准设立的专门存放保税货物及其他未办结海关手续货物的仓库。这种仓库仅限于存放供来料加工、进料加工复出口的料件，暂时存放之后复运出口的货物和经过海关批准缓办纳税手续进境的货物。

　　（8）出口监管仓库　出口监管仓库指存放已按规定领取了出口货物许可证或批件，已对外卖断结汇并向海关办完全部出口海关手续的货物的海关专用监管仓库。

　　（扫描二维码可查看"秒懂保税仓库与出口监管仓库"）

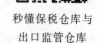

秒懂保税仓库与
出口监管仓库

　　2. 按保管货物的特性分类

　　（1）普通仓库　普通仓库用于存放无特殊保管要求的物品的仓库。

　　（2）冷藏仓库　冷藏仓库是用来储藏那些需要进行冷藏储存的货物，一般多是农副产品、药品等对于储存温度有要求的物品。

　　（3）恒温仓库　恒温仓库和冷藏仓库一样也是用来储存对于储藏温度有要求的产品。

（4）危险品仓库　危险品仓库从字面上就比较容易理解，它是用于储存危险品的，危险品由于可能对于人体以及环境造成危害，因此在此类物品的储存方面一般会有特定的要求，例如许多化学用品就是危险品，储存都有专门的条例。

3. 按照仓库的构造来分类

（1）单层仓库　单层仓库是最常见的，也是使用最广泛的一种仓库建筑类型，不需要设置楼梯。特点包括设计简单，所需投资较少；仓库内搬运、装卸货物比较方便；各种附属设备（例如通风设备、供水、供电等）的安装、使用和维护都比较方便；地面承压能力都比较强。

（2）多层仓库　多层仓库占地面积较小，一般建在人口稠密、土地使用价格较高的地区，由于是多层结构，因此一般是使用垂直输送设备来搬运货物。

多层仓库适用不同的使用要求，仓库布局方面比较灵活；库房和其他部门可进行隔离，有利于库房的安全和防火；经常用来储存城市日常用的高附加值的小型商品。但多层仓库建设和使用中的维护费用较大，一般商品的存放成本较高。

（3）罐式仓库　罐式仓库呈球形或柱形，主要用来储存石油、天然气等液体货物。

（4）立体仓库　立体仓库又被称为高架仓库，它也是一种单层仓库，但同一般的单层仓库的不同在于它利用高层货架来储存货物，而不是简单地将货物堆积在库房地面上，在立体仓库中，由于货架一般比较高，所以货物的存取需要采用与之配套的机械化、自动化设备，一般在存取设备自动化程度较高时也将这样的仓库称为自动化仓库。

自动化立体仓库
的类型

（扫描二维码可查看"自动化立体仓库的类型"）

（5）简易仓库　简易仓库通常为一些简易货棚，常作为临时仓库，用于存放散装的小颗粒或粉末状货物的封闭式仓库，一般这种仓库被置于高架上，经常用来储存粮食、水泥和化肥等。

4. 按建筑形态不同分类

（1）封闭式仓库　俗称"库房"，封闭性强，便于仓储物品进行维护保养。

（2）半封闭式仓库　俗称"货棚"，保管条件降低，但出入库作业方便，建造成本较低。

（3）露天式仓库　俗称"货场"，装卸作业方便，存放可露天储存的物品或大型物品，储存成本低。

5. 按仓库所处位置分类

根据仓库所处的地理位置，可以分为码头仓库、内陆仓库等，这是根据仓库的地理位置赋予仓库的特性来进行的分类。

6. 按仓库的隶属关系分类

（1）自用仓库　自用仓库就是指某个企业建立的供自己使用的仓库，这种仓库一般由企业自己进行管理。建造此种仓库，要考虑到固定成本和业务必要性与采用外包之间寻找平衡点。

（2）公用仓库　这是一种专业从事仓储经营管理的、面向社会的、独立于其他企业的仓库。

课堂阅读　区分第一、二、三方物流仓库

一般自用仓库被称为第一或第二方物流仓库，而公用仓库被称为第三方物流仓库。一般来讲，由物品供应商提供的物流服务被称为第一方物流，由物品的需求方提供的物流服务被称为第二方物流，由物品的提供方和需求方以外的中介组织提供的物流服务常常被称为第三方物流。随着生产的一体化，第三方物流正在成为现代物流的主要方式，是物流业发展的主要趋势之一。第三方物流是生产经营企业为集中精力搞好主业，把原来属于自己处理的物流活动，以合同方式委托给专业物流服务企业，同时通过信息系统与物流服务企业保持密切联系，以达到对物流全程的管理和控制的一种物流运作与管理方式，因此第三方物流又叫合同制物流。提供第三方物流服务的企业，其前身一般是运输业、仓储业等从事物流活动及相关的行业。从事第三方物流的企业在委托方物流需求的推动下，从简单的储存、运输等单项活动转为提供全面的物流服务，其中包括物流活动的组织、协调和管理，设计建议最优物流方案，物流全程的信息搜集、管理等。

仓储物流技术
发展及趋势

（【知识拓展】扫描二维码可查看"仓储物流技术发展及趋势"）

（【仓储前沿】扫描二维码可查看"智慧仓储加速落地，未来会有更多新玩法"）

智慧仓储加速
落地，未来会有
更多新玩法

三、智慧仓储的内涵及关键技术

（一）智慧仓储的内涵

智慧仓储即采用先进的信息技术手段对仓储设备与仓储管理过程进行智能化改进，通过构建一套流程标准化的现代信息管理系统，提升仓储管理与调度水平。一般包含两条相互映射与作用的主链，分别是包含采集、处理、流通、管理、分析的信息加工链与包含入库、出库、移库、盘点、拣选、分发的业务环节链。智慧仓储的实现对提高货物流转率、降低物流成本与资源消耗、提升物流服务水平效果较好。

（二）智慧仓储的关键技术

1. 物联网

物联网即基于互联网或者传统电信网实现物物相连，将通过传感器设备获取的大量信息进行智能化分析以供用户使用的网络。物联网主要由实现信息感知获取与分析数字化的感知层，将感知层信息通过互联网或者局域网传递给控制终端或服务中心的网络层，对获取的链接信息进行分析计算以供用户决策使用的应用层，三层构成。物联网具有全面感知、可靠传递、智慧处理等特点与优势，这也是其成为现代智能系统重要组成部分的原因，智慧仓储的发展与进步也依赖物联网技术的不断更新。有许多学者对物联网在智慧物流中的应用进行可行性研究，特别是在智慧仓储方面的应用，为智慧物流产业降低了产业成本，并提升了管理效率。

2. RFID

RFID技术即通过射频信号自动识别货物并完成输入和读取数据信息的自动识别技术，一般由计算机系统与RFID硬件（电子标签、信号接收机、天线）两部分组成，具有无接触、无须光学可视、无须人工干预等特点，因具备操作便捷、大数据量快速读写、保密性强、环境适应性强等优点而被广泛应用于各种智能化场景。有学者将RFID技术、机器人技术、自动开箱机技术等相结合实现库房零人工作业，为智慧仓储的发展、智慧物流产业的进步提供了参考。

3. 传感技术

传感技术指依靠传感器将事物的状态或环境信息等模拟量转换为电信号并数字化，以供各类信息化系统分析适用的技术，其核心部件是传感器与信息处理模块。传感器主要有物理传感器和化学传感器，信息处理模块主要完成信号的预处理、后置处理、特征提取与选择等工作。常用的传感器有以半导体电热电阻等热敏元件作为探测组件的温度传感器、采用光电元件将光信号转换成为电信号的光电传感器、由力敏感元件和信号处理单元组成的压力传感器、以湿敏元件为核心的湿度传感器、采用弹性敏感元件制成的储能弹簧完成重力变化到电信号的转换的重力传感器等。

（【课堂阅读】扫描二维码可查看"智慧仓储中运用的智能技术"）

智慧仓储中运用的智能技术

四、仓储管理的内涵及内容

传统观念认为仓储是一个无附加价值的成本中心，而现代观念认为仓储不仅是形成附加价值过程中的一部分，而且被看成是企业成功经营的一个关键因素，已成为企业的物流中心，是连接供应方与需求方的桥梁。从供应方的角度来看，仓储从事有效率的流通加工、库存管理、运输和配送等活动。从需求方的角度来看，仓储以最大的灵活性和及时性满足不同顾客的需要。因此，对于企业来说，仓储管理的意义重大。在新经济、新竞争的形势下，企业在注重效益，挖掘与开发自己的竞争能力的同时，已越来越注意到仓储合理管理的重要性。精准的仓储管理能够有效控制和降低流通和库存成本，是企业保持优势的关键动力与保证。

（一）仓储管理的内涵

仓储管理是指对仓库及仓库内的物资进行管理，是仓储业为了充分利用仓储资源，提供高效的仓储服务所进行的计划、组织、控制和协调过程。具体来说，仓储管理包括仓储资源的获得、仓储商务管理、仓储流程管理、仓储作业管理、保管管理、安全管理、信息管理等多种管理工作及相关的操作。

仓储管理的内涵随着仓储在社会经济领域中作用的不断扩大而变化，已从静态的单纯对货物存储的管理转变成为动态的物流过程的中心环节。它的功能已不再是单纯的货物存储，而是兼有包装、分拣、整理、简单装配、信息获取及传递的多种辅助性功能。

（二）仓储管理的内容

仓储管理的基本内容主要涉及仓库的选址与建设、仓库机械作业的选择与配置、仓库的作业管理、仓库的库存控制与管理、仓库的组织管理、仓储人力资源管理、仓库的信息技术管理等问题。具体见表1-1。

表1-1 仓储管理的基本内容

基本内容	具体表现
仓库的选址与建设	确定仓库的选址原则,仓库建设面积的确定,库内运输道路与作业区域的布置等
仓库机械作业的选择与配置	根据仓库作业特点和所储存物资的种类以及其理化特性,选择机械装备以及应配备的数量,并对这些机械进行管理等
仓库的作业管理	组织货物入库前的验收,存放入库货物,对在库货物进行保管与养护,进行高效的出库作业等
仓库的库存控制与管理	根据企业生产需求和销售状况,储存合理数量的货物,既不因为储存过少引起生产或销售中断造成的损失,又不因为储存过多占用过多的流动资金
仓库的组织管理	货源的组织,仓储计划,仓储业务,货物包装,仓储成本核算,仓储经济效益分析,保税制度和政策等
仓储人力资源管理	仓储人员的招聘与后期的培训,建立、健全各岗位职责、各岗位人员的配置与优化、人机系统的高效组合等
仓库的信息技术管理	仓库管理中信息化的应用以及仓库管理信息系统的建立和维护等问题
其他	新技术、新方法在仓库管理中的应用问题,仓库安全与消防问题等

（扫描二维码可查看"仓储物流场所消防安全常识"）

仓储物流场所
消防安全常识

拓展阅读

仓储管理的八步管理模式

第一步：追。仓储管理应具备信息追溯能力，前伸至物流运输与供应商生产出货状况，与供应商生产排配与实际出货状况相衔接。同时，仓储管理必须与物流商进行 ETD/ETA 连线追溯，分别是：ETD（estimated to departure，预计离开）——离开供应商工厂出货的码头多少量？离开供应商外包仓库的码头多少量？第三方物流与第四方物流载具离开出发地多少量？ETA（estimated to arrival，预计抵达）——第三方物流与第四方物流载具抵达目的地多少量？抵达公司工厂的码头多少量？抵达公司生产线边仓多少量？与 VMIMin/Max（供应商管理库存上下限）库存系统连线补货状况。

第二步：收。仓库在收货时应采用条码或更先进的 RFID 扫描来确认进料状况，关键点包括：在供应商送货时，送货资料没有采购 VPO 号，仓库应及时找相关部门查明原因，确认此货物是否今日此时该收进；在清点物料时如有物料没有达到最小包装量的散数箱时，应开箱仔细清点，确认无误，方可收进；收货扫描确认时，如系统不接收，应及时找相关部门查明原因，确认此货物是否收进。

第三步：查。仓库应具备货物的查验能力，对于甲级物料（只有几家供应商可供选择的有限竞争市场和垄断货源的独家供应市场的 A 类物料）特别管制，严控数量，独立仓库，24 小时保安监控；建立包材耗材免检制度，要求供应商对于线边不良包材耗材无条件及时补货退换；对于物料储存时限进行分析并设定不良物料处理时限。

第四步：储。物料进仓做到不落地或至少做到储放在栈板上，可随时移动，每一种物料只能有一个散数箱或散数箱集中在一个栈板上，暂存时限自动警示，尽量做到储位（bin-location）管制，做到 no pick list（没有工令备拣单）不能移动。

第五步：拣。拣料依据工令消耗顺序来做，能做到依灯号指示拣料则属上乘（pick to light），拣料时最好做到自动扫描到扣账动作，及时变更库存信息告知中央调度补货。

第六步：发。仓库发料依据工令备拣单发料，工令、备料单与拣料单应三合一为佳，做到现场工令耗用一目了然，使用自动扫描系统配合信息传递运作。

第七步：盘。整理打盘始终遵循散板散箱散数原则。例如一种物料总数 103 个，是 10 箱（每箱 10 个）加 3 个零数，在盘点单上盘点数方法应写成 10 箱×10 个/箱＋3 个＝103 个。对于物料要进行分级分类，从而确定各类物料盘点时间，定期盘点可分为日盘/周盘/月盘；日盘点搭配 move list（库存移动单）盘点；如每月 1 号中午 12 点结账完成的目标要设定。

第八步：退。以整包装退换为处理原则，如处理时限与处理数量应做到达到整包装即退或每周五下午 3 点整批退光，做到 force parts（线边仓自动补换货）制度取代 RMA（退料确认）做法，与 VMIHub（供应商管理库存集散中心）退货暂存区共享原则，要求供应商做免费包装箱供应。

任务实施

1. 每一位同学绘制知识储备思维导图。

2. 在教师的引导下，组建模拟招聘小组：班级同学分成偶数组，一半是人事部经理带领的面试组，另一半是应聘组。

3. 在教师的引导下制订面试评分标准。

4. 把教室简单布置为面试场所。

5. 教师为总面试官，面试组同学为考官，针对任务描述的内容对应聘组的每一位同学进行面试提问，根据评分标准评分（总考官评分占 50%、各考官平均评分占 50%）。一轮面试结束后，小组对调进行二轮面试。面试结束后，提交思维导图和面试评分。

6. 教师根据思维导图及面试评分，给每位同学综合评分。

任务二　智慧配送认知

引导案例　管中窥豹看配送

幸福街道有 15 个小区，约 1 万户人家。因为很多人家都饮用桶装水，因此需要送水。小区居民刘某在与多家桶装水生产厂家沟通后，对该小区的整体情况作了概要调查。他发现该街道每周需要桶装水 7000 桶左右，用水的品牌不固定，同时由于桶装水整体的质量问题使得部分以前饮用桶装水的人家停止购买。这个街道还没有桶装水的配送点，桶装水都是由远处的一家大公司提供配送服务。刘某认为应该在合适的位置开设一家配送中心配送桶装水。于是他注册了忠诚配送中心，设置在街道靠近中间位置、车辆进出方便的一个街面房内，暂时的唯一业务就是送水，水的品牌有十余种。随着业务的逐步开展，出现了两个比较难解决的问题，首先是用户问题，因为刘某送的水价格普遍比较高，有很多用户不能接受，销售量受到一定的影响；其次是用户的订水时间没有规律，很多时候要为了送一桶水跑很远的路。

【引例点评】对于第一个问题，需要借助于桶装水生产公司的宣传，采取一些促销手段来解决。对于第二个问题，一方面，要开展调查，搞清楚每个用户的人口水量，了解他们用一桶水大概要多少天，然后为每户免费提供更换的备用水桶。之后通过推算，预先可以知道哪些人家的水快喝完了，可以有规律地安排送水，既保证用户喝的水是新鲜的，又可以降低送货成本。对于临时的电话订水用户，可以将他们所要的水与预先安排好送的水放在一起送出去。另一方面，要用科学的方法规划送货的路线。对该街道的路进行详细研究，对每一条路的车流高峰时间作详细的记录。另外购买相关软件根据具体的送货任务规划送货的路线。这样可以提高公司盈利额，降低送货的成本，提高送货效率。

【任务发布】1. 在某开发区内聚集着 30 余家小家电生产企业，每个企业在原材料采购过程中都会遇到由于某一种材料采购量不足，而采购成本提高。产品销售时都会遇到因为一个客户需要的产品数量少，多个客户需要的时间和数量不断变化，销售成本居高不下。企业之间也曾坐下来商谈合作采购和销售的事，但没能成功。几位小家电企业高层管理人员对配送很关注，认为建立一个专业小家电配送企业可以有效解决上述问题，他们欠缺配送方面的基本知识，假如请你为这些企业管理人员做一次关于配送方面的讲座，请思考并准备配送知识讲座的内容。

2. 以上述任务描述背景为例，请在调研的基础上，规划布局一家配送中心，为这些小家电生产企业提供采购和销售方面的服务。

 知识储备

一、配送的含义、要素及特点

（一）配送的含义

中华人民共和国国家标准《物流术语》（GB/T 18354—2021）对配送的定义：**配送**是指根据客户要求，对物品进行分类、拣选、集货、包装、组配等作业，并按时送达指定地点的物流活动。

根据定义，可以从如下几个方面理解配送。

1. 以送货为目的，但配是送的前提

配送是"配"和"送"的统一。配送是按照客户的品种、规格、等级、型号、数量等方面的要求，经过分拣、配货、配装等活动，将配好的货物送交客户。"配"是"送"的前提和条件，"送"是"配"的指向目标。配送中的送货是一种固定的形态，是有确定组织、有确定渠道、有设施设备、有管理、有技术支持的送货，不是偶然的行为。

2. 配送推动了货物的流动

在现代经济运行中，货物流通的品种越来越多，批量越来越小，使得送货的规模效益受到影响，货物因物流不畅而不能及时到达客户手中。配送的出现很好地解决了这一问题，从事配送活动的组织通过集中用户的需求、集中货物本身，使送货的规模效益得以体现。同时，也通过配送活动的精细安排，使得物畅其流。

3. 配送是专业化的增值服务

从事配送工作需要专门的配送设施和设备，通过专业化的管理与客户之间形成一种长期的伙伴关系，通过专业化的工作人员来组织实施备货、存储、分拣和拣货、配装等工作，是优化资源的配置，为客户提供优质、低成本的服务。配送有资源配置的作用，是**"最终配置"**，因而是接近客户的配置，而接近客户是企业经营战略至关重要的内容。

4. 配送以客户要求为出发点

在配送的定义中强调**"按客户的订货要求"**，明确了客户的主导地位。配送是从客户利益出发，按客户要求进行的一种活动，因此在观念上必须明确"客户第一""质量第一"。

（扫描二维码可查看"秒懂配送"）

【知识辨析】扫描二维码可查看"配送与运输、配送与仓储的区别"）

秒懂配送

（二）配送的要素

1. 备货

备货是将分散的或小批量的物品集中起来，以便进行运输、配送的作业。备货是配送的重要环节，为了满足特定客户的配送要求，有时需要把从几家甚至数十家供应商处预订的物品集中，并将要求的物品分配到指定容器和场所。备货是配送的准备工作或基础工作，配送的优势之一，就是可以集中客户的需求进行一定规模的集货。

配送与运输、配送与仓储的区别

2. 储存

配送中的储存有**储备及暂存**两种形态。储备是按一定时期的配送经营要求，形成的对配送的资源保证。这种类型的储备数量较大，储备结构也较完善，视货源及到货情况，可以有计划地确定周转储备及保险储备结构和数量。配送的储备保证有时在配送中心附近单独设库解决。暂存是具体执行日配送时，按分拣配货要求，在理货场地所做的少量储存准备。由于总体储存效益取决于储存总量，所以，这部分暂存数量只会对工作方便与否造成影响，而不会影响储存的总效益，因而在数量上控制并不严格。还有另一种形式的暂存，即是分拣、配货之后，形成的发送货载的暂存，这个暂存主要是调节配货与送货的节奏，暂存时间不长。

3. 分拣及配货

分拣是将物品按品种、出入库先后顺序进行分门别类堆放的作业。配货是使用各种拣选取设备和传输装置，将存放的物品，按客户要求分拣出来，配备齐全，送入指定发货地点。分拣是配送不同于其他物流形式的功能要素，也是配送成败的一项重要支持性工作。它是完善送货、支持送货的准备性工作，是不同配送企业在送货时进行竞争和提高自身经济效益的必然延伸。所以，也可以说分拣是送货向高级形式发展的必然要求。有了分拣，就会大大提高送货服务水平。

4. 配装

配装是在单个客户配送数量不能达到车辆的有效运载负荷时，集中不同客户的配送货物，进行搭配装载以充分利用运能、运力。通过配装送货可以大大提高送货水平及降低送货成本，所以配装也是配送系统中有现代特点的功能要素，也是现代配送不同于以往送货的重要区别之一。

5. 配送运输

配送运输是较短距离、较小规模、频度较高的运输形式。一般城市交通路线较复杂，如何组合最佳路线、如何使配装有利路线有效搭配等，是配送运输需要考虑的重点，也是难度较大的工作。配送运输过程中，货物可能是从工厂等生产地仓库直接送至客户，也可能通过批发商、经销商或由配送中心、物流中心转送至客户手中。

6. 送达

配好的货运输到用户处还不算配送工作的完结，这是因为送达和用户接货物可能还会出现不协调，使配送前功尽弃。因此，要圆满地实现运到货物的移交，并有效、方便地处理相关手续和完成结算，还应确定卸货地点、卸货方式等。送达服务也是配送独具的特殊性。

与配送要素相关的关键活动、关联活动及协同要素见表1-2。

表1-2　与配送要素相关的关键活动、关联活动及协同要素一览表

功能要素	关键活动	关联活动	协同要素
备货	准备货源、订货、集货、进货、质检、结算	库存查询、补货管理、订单管理、仓库入库	订单信息、库存信息、采购信息
储存	确定储备数量、保险储备数量、暂存储备数量	需求预测、订单管理、分拣配货	订单信息、需求预测信息、分拣配货信息
分拣及配货	订单信息分类、制订货物配送清单、安排拣货、分拣查验	订单确认与审核、库存管理、集货管理、运输路线规划	订单信息、储存信息、出库规划信息
配装	集中和搭配不同用户的配送货物	订单整合、车辆调度、车辆额载查询	货物配送清单
配送运输	末端运输	配货计划、车辆调度、路线规划	订单信息、配货及配装信息
送达	货物运抵、交接手续、卸货地点选择、卸货方式选择	运输、客户需求匹配	客户需求信息

（三）配送的特点

（1）配送是"配"与"送"的有机结合。在送货活动之前必须依据顾客需求对其进行合理的组织与计划。只有**"有组织有计划"**地**"配"**才能实现现代物流管理中所谓的**"低成本、快速度"**地**"送"**，进而有效满足顾客的需求。

（2）配送是从物流据点至用户的一种特殊送货形式。在整个输送过程中是处于**"二次输送""支线输送""终端输送"**的位置，配送是**"中转"**型送货，其起止点是物流据点至用户。通常是短距离少量货物的移动。

（3）配送不是单纯的运输或输送，而是运输与其他活动共同构成的组合体。配送要组织物资订货、签约、进货、分拣、包装、配装等及时对物资分

新零售时代，
城市物流配送
的出路

配、供应处理。

（4）配送是以供给者送货到户式的服务性供应。从服务方式来讲，是一种"门到门"的服务，可以将货物从物流据点一直送到用户的仓库、营业所、车间乃至生产线的起点或个体消费者手中。

（【课堂阅读】扫描二维码可查看"新零售时代，城市物流配送的出路"）

二、配送的流程及类型

（一）配送的流程

配送作业是配送企业或部门运作的核心内容，因而配送作业流程的合理性，以及配送作业效率的高低都会直接影响整个物流系统的正常运行。配送作业的一般流程如图 1-3 所示。

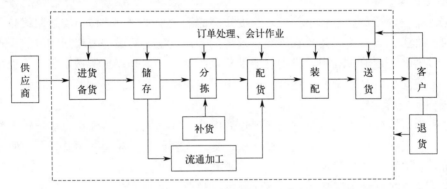

图 1-3　配送作业流程示意图

为了有货可送，必须有进货/备货作业，为了能够保持稳定的服务水平，则必须有储存作业。当收到客户订单后，首先将订单按其性质进行"订单处理"，然后根据处理后的订单信息，进行从仓库中取出客户所需货品的"分拣"作业。分拣完成，一旦发现拣货区所剩余的存货量过低时，则必须由储存区进行"补货"作业。如果储存区的存货量低于规定标准，便向供应商采购订货。从仓库拣选出的货品经过配货、装配等作业后，即可向客户进行"送货"作业，如果客户有加工要求，则流程中可能加入加工作业。另外，在所有作业进行中，只要涉及物的流动作业，其间的过程就一定有"搬运"作业（图 1-3 省略了搬运作业）。

（二）配送的类型

1. 按配送主体不同划分

（1）配送中心配送　配送中心配送的组织者是专职配送中心，规模比较大；其中有的配送中心由于需要储存各种商品，储存量也比较大；也有的配送中心专职组织配送，因此储存量较小，主要靠附近的仓库来补充货源。

（2）仓库配送　仓库配送是以一般仓库为据点来进行配送的配送形式。它可以是把仓库完全改造成配送中心，也可以是在保持仓库原功能的前提下，以仓库原功能为主，再增加一部分配送职能。

（3）门店配送　门店配送的组织者是商业或物资的门市网点，这些网点主要承担商品的零售，一般来讲规模不大，但经营品种却比较齐全。除日常经营的零售业务外，这种配送方式还可根据用户的要求，将商店经营的品种配齐，或代用户外订外购一部分本商店平时不经营的商品，与商店经营的品种一起配齐运送给用户。这种配送组织者实力有限，往往只是零星商品的小量配送，所配送的商品种类繁多，但是用户需用量不大，甚至于有些商品只是偶尔需要，很难与大配送中心建立计划配送关系，所以常常利用小零售网点从事此项工作。

2. 按商品种类和数量划分

（1）单（少）品种大批量配送　一般来讲，对于工业企业需要量较大的商品，由于单独一个品种或几个品种就可达到较大输送量，可以实行整车运输，这种情况下就可以由专业性很强的配送中心实行配送，往往不需要再与其他商品进行搭配。由于配送量大，可使车辆满载并使用大吨位车辆。这种情况下，由于配送中心的内部设置、组织、计划等工作也较为简单，因此配送成本较低。但是，如果可以从生产企业将这种商品直接运抵用户，同时又不至于使用户库存效益下降时，采用直送方式则往往效果更好一些。

（2）多品种少批量配送　现代企业生产中，除了需要少数几种主要物资外，大部分属于次要的物资，品种数较多，但是由于每一品种的需要量不大，如果采取直接运送或大批量的配送方式，由于一次进货批量大，必然造成用户库存增大等问题。类似的情况在向零售商店补充一般生活消费品的配送中也存在，所以以上这些情况，适合采用多品种、少批量的配送方式。多品种、少批量配送是根据用户的要求，将所需的各种物品（每种物品的需要量不大）配备齐全，凑整装车后由配送据点送达用户。这种配送作业水平要求高，配送中心设备要求复杂，配货送货计划难度大，因此需要有高水平的组织工作保证和配合。而且在实际中，多品种、少批量配送往往伴随多用户、多批次的特点，配送频度往往较高。

（3）配套成套配送　配套成套配送指根据企业的生产需要，尤其是装配型企业的生产需要，把生产每一台件所需要的全部零部件配齐，按照生产节奏定时送达生产企业的一种配送方式。生产企业随即可将此成套零部件送入生产线以装配产品。

3. 按配送时间和数量划分

（1）定时配送　定时配送是指按规定时间间隔进行配送，比如数天或数小时一次等。而且每次配送的品种及数量可以根据计划执行，也可以在配送之前按商定配送的品种及数量执行。由于这种配送方式时间固定、易于安排工作计划、易于计划使用车辆，因此，对于用户来讲，也易于安排接货的力量（如人员、设备等）。但是，由于配送物品种类变化，配货、装货难度较大，因此如果要求配送数量变化较大时，也会使安排配送运力出现困难。

（2）定量配送　定量配送是指按照规定的批量，在一个指定的时间范围内进行配送。这种配送方式数量固定，备货工作较为简单，可以根据托盘、集装箱及车辆的装载能力规定配送的定量，能够有效利用托盘、集装箱等集装方式，也可做到整车配送，配送效率较高。由于时间不严格限定，因此可以将不同用户所需的物品凑成整车后配送，运力利用也较好。对于用户来讲，每次接货都处理同等数量的货物，有利于人力、物力的准备工作。

（3）定时定量配送　定时定量配送指按照规定的配送时间和配送数量进行配送，兼有定时、定量两种方式的优点，是一种精密的配送服务方式。这种方式要求有较高的服务质量水平，组织工作难度很大，通常针对固定客户进行这项服务。由于适合采用的对象不多，很难实行共同配送等配送方式，因而成本较高，在用户有特殊要求时采用。

（4）定时定路线配送　定时定路线配送在确定的运行路线上制定到达时间表，按运行时间表进行配送，用户可在规定地点和时间接货，可按规定路线及时间提出配送要求。采用这种方式有利于配送企业计划安排车辆及驾驶人员，可以依次对多个用户实行共同配送，无须每次决定货物配装、配送路线、配车计划等问题，因此比较易于管理，配送成本较低。这种方式特别适合对小商业集中区的商业企业的配送。

（5）即时配送　即时配送不预先确定配送数量、配送时间及配送路线，而完全按照用户突然提出的配送要求，随即进行配送的方式，是应O2O而生的物流形态。

4. 按经营形式不同划分

（1）销售配送　销售配送是指配送企业是销售性企业，或销售企业作为销售战略的一环所进行的促销型配送形式。其对象和用户一般不固定，取决于市场状况，随机性较强，大部分门店的送货上门服务属于这一类配送。

（2）供应配送　供应配送是指用户为了自己的供应需要所采取的配送形式。在这种配送形式下，一般来讲是由用户或用户集团组建配送据点，集中组织大批量进货，然后向本企业配送或向本企业集团若干企业配送，是保证供应水平、提高供应能力、降低供应成本的重要方式。

（3）销售与供应一体化配送　销售与供应一体化配送是指对于基本固定的用户和基本确定的配送产品，销售企业可以在自己销售的同时，承担用户有计划供应者的职能，既是销售者同时又成为用户的供应代理人，起到用户供应代理人的作用。

无接触配送

（4）代存代供配送　代存代供配送是指用户将属于自己的货物委托给配送企业代存、代供，有时还委托代订，然后组织配送。这种配送在实施时不发生商品所有权的转移，配送企业只是用户的委托代理人，商品所有权在配送前后都属于用户所有。配送企业仅从代存、代送中获取收益。

（扫描二维码可查看"无接触配送"）

【课堂阅读】扫描二维码可查看"从京东物流实践看智能快递车技术发展与趋势"）

从京东物流实践
看智能快递车
技术发展与趋势

三、配送中心

（一）配送中心的定义及作用

1. 配送中心的定义

中华人民共和国国家标准《物流术语》（GB/T 18354—2021）对配送中心的定义：**配送中心**是指具有完善的配送基础设施和信息网络，可便捷地连接对外交通运输网络，并向末端客户提供短距离、小批量、多批次配送服务的专业化配送场所。

（扫描二维码可查看"秒懂配送中心"）

2. 配送中心的作用

配送中心在如下几个方面发挥着较好的作用：

（1）减少交易次数和流通环节；

（2）产生规模效益；

秒懂配送中心

（3）减少客户库存，提高库存保障水平；

（4）有利于与厂商建立紧密的合作关系，通过快速有效的信息反馈控制货物质量；

（5）配送中心是电商物流的物质技术基础。

（二）配送中心的功能

配送中心集成了物流和商流活动，是商物合一，同时配送中心也集成了物流活动的所有功能，可以看作物流活动的缩影。具体说，配送中心有如下功能。

1. 采购（备货）功能

采购（备货）是配送的准备工作或基础工作，备货工作包括筹集货源、订货或购货、集货、进货及有关的质量检查、结算、交接等。配送的优势之一，就是可以集中用户的需求进行一定规模的备货。备货是决定配送成败的初期工作，如果备货成本太高，会大大降低配送的效益。

2. 储存功能

配送中心的职能和作用是按照用户的要求及时将各种配装好的货物送交到用户手中，满足生产需要和消费需要。为了顺利而有序地完成向用户配送商品（货物）的任务、更好地发挥保障生产和消费需要的作用，配送中心都要兴建现代化的仓库并配备一定数量的仓储设备，储存一定数量的商品。某些区域性大型配送中心和开展"代理交货"配送业务的配送中心，不但要在配送货物的过程中储存货物，而且它所储存的货物数量更大、品种更多。储存功能是配送中心的重要功能之一。

3. 分拣配货功能

作为物流节点的配送中心，其服务对象（即客户）是为数众多的企业，为了能同时向不同的用户配送多种货物，配送中心必须采取适当的方式对货物进行拣选。分拣及配货是完善送货、支持送货准备性工作，是不同配送企业在送货时进行竞争和提高自身经济效益的必然延伸，是送货向高级形式发展的必然要求。有了分拣及配货就会大大提高送货服务水平，所以分拣及配货是决定整个配送系统水平的关键要素。

4. 集散功能

配送中心凭借其特殊的地位和其拥有的各种先进的设施和设备，将各个不同企业的各种产品集中到一起，经过分拣、配装，把各个用户所需要的多种货物有效地集合在一起，形成经济、合理的货载量向多家用户发送。集散功能是配送中心所具备的一项基本功能。实践证明，利用配送中心来集散货物，可以提高卡车的满载率，由此可以降低物流成本。

5. 衔接功能

通过开展货物配送活动，配送中心把各种工业品和农产品直接运送到用户手中，客观上可以起到媒介生产和消费的作用。这是配送中心衔接功能的一种重要表现。此外，通过集货和储存货物，配送中心又有平衡供求的作用，由此能有效地解决季节性货物的产需衔接问题，这是配送中心衔接功能的另一种作用。

6. 配送加工功能

在配送中，配送加工这一功能要素不具有普遍性，但是往往是有重要作用的功能要素。主要原因是通过配送加工，可以大大提高用户的满意程度。配送加工是流通加工的一种，但配送加工有它不同于一般流通加工的特点，即配送加工一般只取决于用户要求，其加工的目的较为单一。

7. 配送运输功能

配送运输属于运输中的末端运输、支线运输，属于距离较短、规模较小、频度较高的运输形式，一般以汽车作为运输工具。配送运输由于配送用户多，一般城市交通路线又较复杂，如何组合成最佳路线，如何使配装和路线有效搭配等，是配送运输的特点，也是难度较大的工作。

8. 送达服务功能

配好的货运输到用户还不算配送工作的完结，这是因为送达货和用户接货往往还会出现不协调，使配送前功尽弃。因此，要圆满地实现运到之货的移交，并有效地、方便地处理相关手续并完成结算，还应讲究卸货地点、卸货方式等。送达服务也是配送独具的特殊性。

9. 信息功能

配送中心不仅能够实现物的流通，而且也能够通过信息情报来协调各环节的作业，或者协调生产与消费。配送信息随着物流活动的开展而产生，特别是多品种少批量生产和多频度少批量配送，不仅使信息量增加，而且对信息处理的速度和准确性也提出了更高的要求。

（扫描二维码可查看"仓库、物流中心、配送中心的区别"）

（三）配送中心的类型

1. 按配送中心功能划分

（1）储存型配送中心　有很强储存功能的配送中心，一般来讲，在买方市场下，企业成品销售需要有较大库存支持，其配送中心可能有较强储存功能；在卖方市场下，企业原材料、零部件供应需要有较大库存支持，这种供应配送中心也有较强的储存功能。大范围配送的配送中心，需要有较大库存，也可能是储存型配送中心。

我国现今拟建的一些配送中心，都采用集中库存形式，库存量较大，多为储存型。

瑞士 Giba-Geigy 公司的配送中心拥有世界上规模居于前列的储存库，可储存 4 万个托盘；美国赫马克配送中心拥有一个有 163000 个货位的储存区，可见储存能力之大。

（2）流通型配送中心　基本上没有长期储存功能，仅以暂存或随进随出方式进行配货、送货的配送中心。这种配送中心的典型方式是，大量货物整进并按一定批量零出，采用大型分货机，进货时直接进入分货机传送带，分送到各用户货位或直接分送到配送汽车上，货物在配送中心里仅做少许停滞。日本的阪神配送中心，中心内只有暂存，大量储存则依靠一个大型补给仓库。

（3）加工型配送中心　具有流通加工功能，根据用户的需要或者市场竞争的需要，对配送物进行加工之后进行配送的配送中心。在这种配送中心内，有分装、包装、初级加工、集中下料、组装产品等加工活动。许多材料都指出配送中心的加工职能，但是加工配送中心的实例如今见到的不多。

世界著名连锁服务店肯德基和麦当劳的配送中心，就是属于这种类型的配送中心。在工业、建筑领域，混凝土搅拌的配送中心也是属于这种类型的配送中心。

2. 按配送中心服务范围划分

（1）城市配送中心　以城市范围为配送范围的配送中心，由于城市范围一般处于汽车运输的经济里程，这种配送中心可直接配送到最终用户，且采用汽车进行配送。所以，这种配送中心往往和零售经营相结合，由于运距短，反应能力强。因而从事多品种、少批量、多用户的配送较有优势。《物流手册》中介绍的"仙台批发商共同配送中心"便是属于这种类型。我国已建的"北京食品配送中心"也属于这种类型。

（2）区域配送中心　中华人民共和国国家标准《物流术语》（GB/T 18354—2021）对区域配送中心的定义：**区域配送中心**是指具有完善的配送基础设施和信息网络，可便捷地连接对外交通运输网络，配送及中转功能齐全，集聚辐射范围大，储存、吞吐能力强，向下游配送中心提供专业化统一配送服务的场所。这种配送中心配送规模较大，一般而言，用户也较大，配送批量也较大，而且，往往是配送给下一级的城市配送中心，也配送给营业所、商店、批发商和企业用户，虽然也从事零星的配送，但不是主体形式。这种类型的配送中心在国外十分普遍，例如《国外物资管理》杂志曾介绍过的阪神配送中心、美国马特公司的配送中心、蒙克斯帕配送中心等。

3. 按配送中心运营主体划分

（1）制造商型配送中心　是以家用电器、汽车、化妆品、食品等国有工厂为主。流通管理能力强的厂商，在建立零售制度的同时，通过配送中心使物流距离缩短，并迅速向顾客配送。其特点是环节少、成本低。但对零售商来说，因为从这里配送的商品，只局限于一个生产厂的产品，难以满足销售的需要，是一种社会化程度较低的配送中心。

（2）批发商型配送中心　是指专职流通业的批发商把多个生产厂的商品集中起来，作为批发商的主体商品。这些产品可以单一品种或者搭配向零售商进行配送。这种形式，虽然多了一道环节，但是一次送货，品种多样，对于不能确定独立销售路线的工厂或本身不能备齐各种商品的零售店，是一种有效的办法。

（3）零售商型配送中心　是指特大型零售店或集团联合性企业所属的配送中心。从批发部进货或从工厂直接进货的商品，经过零售店自有的配送中心，再向自己的网点和柜台直接送货。为保证商品不脱销，零售店必须有一定的"内仓"存放商品，配送中心可以及时不断地向商店各部门送货，不仅有利于减轻商店内仓的压力，节约内仓占用的面积，而且有利于库存集中在配送中心，还有利于减少商店的库存总量。

（4）专业物流配送中心　是以第三方物流企业为主体的配送中心。这种配送中心有很强的运输配送能力，地理位置优越，可迅速将到达的货物配送给用户。它为制造商或供应商提供物流服务，而配送中心的货物仍属于制造商或供应商所有，配送中心只是提供仓储管理和运输配送服务。这种配送中心的现代化程度往往较高。

【案例阅读】扫描二维码可查看"如何打造快消品配送中心"

4. 按配送中心配送货物种类划分

根据配送货物的属性，可以分为食品配送中心、日用品配送中心、医药品配送中心、化妆品配送中心、家用电器配送中心、电子（3C）产品配送中心、书籍产品配送中心、服饰产品配送中心、汽车零件配送中心以及生鲜处理中心等。

如何打造快消品配送中心

【案例阅读】扫描二维码可查看"蓝马特迪拜智能配送中心"

（四）配送中心结构

配送中心虽然是在一般中转仓库基础上演化和发展起来的，但配送中心内部结构和布局与一般仓库有较大的不同，一般配送中心的内部工作区域结构配置如下。

蓝马特迪拜
智能配送中心

1. 接货区

在这个区域里完成接货及入库前的工作，如接货、卸货、清点、检验、分类人员准备等。接货区的主要设施有：进货铁路和公路、靠卸货站台、暂存验收检查区域。

2. 储存区

在这个区域里储存或分类储存所进的物资。由于这是个静态区域，进货量在这个区域有一定时间的放置，所以和不断进出的接货区比较，这个区域占的面积较大，在许多配送中心中，这个区域往往占总面积一半左右。对某些特殊配送中心（如水泥、煤炭配送中心），这一部分在配送中心总面积中占一半以上。

3. 理货、备货区

在这个区域里进行分货、拣货、配货作业，为送货做准备。这个区域面积随不同的配送中心而有较大的变化。例如，对多用户的多品种、少批量、多批次配送（如中、小件杂货）的配送中心，需要进行复杂的分货、拣货、配货等工作，所以，这部分占配送中心很大一部分面积。也有一些配送中心这部分面积不大。

4. 分放、配装区

在这个区域里，按用户需要，将配好的货暂存等待外运，或根据每个用户货堆状况决定配车方式、配装方式，然后直接装车或运到发货站台装车。这个区域对货物进行暂存，暂存时间短、周转快，所以所占面积相对较小。

5. 外运发货区

在这个区域将准备好的货装入外运车辆发出。外运发货区结构和接货区类似，有站台、外运线路等设施。有时候，外运发货区和分放配装区还是一体的，所以分好的货物直接通过传送装置进入装货场地。

6. 加工区

有许多类型的配送中心还设置配送加工区域，在这个区域进行分装、包装、切裁、下料、混配等各种类型的流通加工，配送加工区域在配送中心所占面积较大，但设施装置随加工种类不同有所区别。

7. 管理指挥区（办公区）

这个区域可以集中设置于配送中心某一位置，有时也可分散设置于其他区域中。其主要的内涵是营业事务处理场所、内部指挥管理场所、信息场所等。

（微课：扫描二维码可查看"自动化分拣系统"）

自动化分拣系统

四、智慧配送

（一）智慧配送的内涵及特征

1. 智慧配送的内涵

智慧配送是智慧物流体系中的核心功能，借助集成智能化技术，让配送系统模仿人的智能，具备思维、学习、感知、推理判断、解决问题等能力，以对配送过程中出现的各种难题进行分析判断进而自行解决。也就是利用各种互联网技术从接收订单开始，自动化处理备货、储存、分拣及配货、配装、配送运输、送达服务及配送加工，让信息流快速流动，以便在各操作环节及时获取信息，对信息进行分析并做出决策。简单而言，智慧配送就是借助传感器、RFID、移动通信技术让物流配送实现自动化、信息化、网络化。

2. 智慧配送的特征

智慧配送应具有以下特征：

（1）**自动感知**　利用感知技术获取配送流程中产生的各种信息，包括消费者订单、库存信息、货物属性、分拣配货信息、运输车辆状态、物品载荷程度等，将信息数字化处理以作为协调各项配送活动的决策依据。

（2）**整体规划**　信息产生于配送流程中较为分散的作业活动中，智慧配送系统应具有信息收纳功能，构建基于互联网平台的数据处理中心，分散的信息在此处进行集中、分类、规整，实现配送流程协同一体化运作。

（3）**智能分析**　利用智能学习系统来模拟实际配送活动中出现的难题，物流企业要根据具体问题提出假设，并在模拟环境下进行问题的分析及对策的实施，从而为系统提供相关类似问题的解决范式，系统会自行调用已有的经验数据，实现智慧化决策。

（4）**决策优化**　随着市场需求的变化以及物流企业追求目标的改变，智慧配送系统能够根据配送成本、配送时间、配送距离以及车辆数目等对特定需求进行评估，依据确定型、非确定型以及风险型的决策条件比较决策方案，找出最合理、最有效的解决方案。

（5）修正与反馈　智慧型配送应体现在业务流程柔性化操作方面。系统不仅可以自动按照最佳问题解决方案、最快捷的路线运行，还能够依据条件和目标的改变随时修正决策方案；对于修正的内容自动备份并及时反馈于配送相关环节，使业务操作人员对作业运行情况进行实时了解，使管理人员对各环节进行严格把控。

（二）智慧配送系统组成

1. RFID 分拣系统

该系统应用 RFID 技术对货物入库与出库进行自动化识别、记录、存储、传输，实时检验出库货物与订单是否完全匹配，使分拣操作达到快速、准确的目的，提升分拣效率。目前分为 DPS（摘取式 RFID）和 DAS（播种式 RFID）两种类型，前者面对货物分散储存的中小客户，提供库位、货架和货物上贴放 RFID 标签；后者面向货物集中储存的大客户，提供储存区域标签与货物标签服务。

2. 感知记忆系统

智慧配送能够自动识别需要分拣的货物，并进行多维度检验，比如库位、货架、货物信息是否准确，与订单产品清单是否一致，在拣选和配货环节需要对订单匹配与否进行二次检验。如果遇到货物分拣错误、货物数量与订单要求不符的情况，感知记忆系统能够自动预警。该系统需要对配送路径优化进行智能管理，如送货地点发生变化，要根据配送站点、配送成本等约束实时调整配送路线。

3. 配送管理信息系统

配送相关活动的调度与管理依靠配送管理信息系统，在整个配送体系中起到信息集中与转化的作用。向下与 RFID 系统和感知记忆系统互联，向上接收大数据分析系统与智慧创新系统的知识与模式，并应用于实际业务操作中。该系统由 7 大模块组成：货物信息管理模块、订单管理模块、配送线路信息模块、应急处理模块、货物交接管理模块、配送业务结算管理模块、客户评价反馈管理模块。该系统主要承担业务调度任务，按照关键信息对订单进行汇总、分类、排序，向用户提供运输状态查询等服务，帮助配送企业整理订单、制作调度单。

4. 大数据分析系统

该系统具有发现智慧与规整智慧功能，在日常配送过程中借助传感器、智能设备以及 RFID 技术对货物信息进行自动收集与处理，以此为基础对数据进行分析，再结合商业智能筛选出来的信息，充分挖掘有价值的信息，从中发现机遇与风险，借助智能模拟模型，以概率风险为基础对某项配送策略涉及的时间、成本、质量与服务等方面进行评估，预测业务运作的关键流程与高风险活动，进而调整资源分配进行差异化管控。最终将新知识与模式存储于商业智能模块，实现智慧创新。

（三）智慧配送体系功能结构

智慧配送体系由三个层次构成，数据通信层、业务管理层、智慧创新层，如图 1-4 所示。

第一个层次是数据通信层。包括 RFID 分拣系统与感知记忆系统，主要是借助自动识别、传输、监控与定位技术实现对信息的采集、存储、跟踪、传输，从而为其他相关活动提供实时信息与数据。因此，数据通信层是智慧配送体系功能协同的基础。该层次主要服务于以下业务流程：第一，订单处理流程。这是配送活动的第一个环节，对整个配送业务有着至关重要的作用。主要流程包括订单受理、订单数据处理和订单状态管理，完成对订单的分类

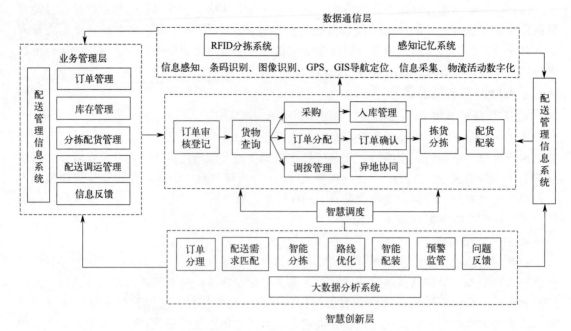

图 1-4　智慧配送体系结构层次图

整理、确认审核等操作，并通过 EDI 系统将订单确认信息传递至关联部门。订单信息被确认之后，要根据订单查询货物的备货情况，然后根据查询结果进行库存分配。应用新传感技术、RFID 技术、视频监控技术等可视化库存存储状态，并实现对目标货物的快速锁定，借助移动计算技术制定拣货单和出货单。依据这些单据进行出库物流作业。订单执行过程可以应用无线网络传输技术、GPS 技术等进行实时监控与跟踪，及时反馈订单处理过程中的问题，提供给大数据分析系统加以解决。第二，拣货作业流程。配送中心对客户订单进行确认、审核后，会对订单信息进行分类，同时制定出相应的货物配送清单，安排拣货。拣货操作流程借助 RFID、条形码技术以及传感技术等，实现货柜货物自动提醒、拣选路线智能优化。能够明显提高拣货的效率，减少人工操作的出错率。第三，分拣作业流程。在拣货作业完成后，需要检查完成分类后的货物，确保发货数量、质量和规格的正确性。此外，还必须检查分拣的货物与订单的相符程度。自动感知识别技术能够自动识别货物数量、完整程度、质量状态等信息，减少人工操作的环节。在检查分拣的货物与订单相符程度的过程中，通过RFID 读取货物的电子标签，检验标签信息与订单货物条码信息的一致性就可以完成此项工作。第四，送货流程。在货物送到消费者手中的过程中，通过视频监控技术、GPS、GIS 等实时跟踪运输工具的行驶状态、行驶路径等信息，并向用户提供实时的信息查询功能。

　　第二个层次是业务管理层。主要依靠配送管理信息系统来调度日常的配送业务，包括订单管理、库存管理、分拣配货管理、配送调运管理和信息反馈管理。配送管理信息系统作为与外界客户联系的窗口，接收电子商务系统传递的顾客订单以及连锁零售门店的补货订单。配送中心接收到顾客订单后，先对订单进行审核，审核通过借助库存管理系统查询库存，从而决定是否需要外部供应商采购以满足订单需求；在分布式仓储管理系统中，依据订单的可执行情况进行仓库的订单分配，如需异地调拨则涉及货物调拨管理。制定好货物出库计划之后，对订单分拣、拣货、配货及配装活动进行管理。其中涉及的自动拣货操作以及拣货路径设定，可以借助数据通信层相关技术自动化运作；另外配货及配装活动需要依据顾客的分布地点、送货时间的要求、交通状况、物品冷藏冷冻温度控制的要求、货物体积与重量、车辆体积额载等情况，借助大数据分析系统获得最优化的决策支持。设定好相关计划以后，系统输出确定出库信息，通过配送管理信息系统平台为顾客提供订单处理进度等查询服务。

第三个层次是智慧创新层。通过应用大数据分析系统对配送过程中各个功能以及业务流程进行优化分析，最终形成智慧化解决方案。大数据分析系统通过接收 RFID 分拣系统以及感知记忆系统所识别及存储的配送业务运行数据，实现数据挖掘与知识发现。另外，该系统记录配送管理信息系统日常事务的处理模式与方法，作为事务管理决策实施的依据与优化的基础，对于多种目标与约束条件下可能存在的效率提升、成本降低、时间缩短的机会进行捕捉，借助智能模拟模型探索最优化方案。智慧创新层要实现的功能包括订单分离、配送需求匹配、智能分解、最优运输路线规划、智能配装、预警与监督以及问题反馈等。大数据分析系统通过把相关的业务操作的数据进行规整，按照设定的优化目标，通过数据挖掘形成某些规律，并将可能的解决方案模型存储于数据仓库中，将半结构化或非结构化的问题逐渐转化成结构化问题。基于不同的业务目标，大数据分析系统将通过智慧调度模块与配送管理信息系统的相关功能进行连接，将优化的结果传递给各流程的操作人员，为该项活动具体实施方案的制定提供智慧化参考。

（【课堂阅读】扫描二维码可看"智慧配送中运用的智能技术"）

智慧配送中运用的智能技术

任务实施 1

1. 在教师引导下成立任务小组，推荐小组长，在小组长的组织协调下讨论分析配送知识讲座内容；

2. 组长给每位小组成员分配讲座知识收集准备任务，并制作讲座 PPT；

3. 在教师指导下，各位小组长共同制定讲座质量评价标准，要素包括不限于讲座内容的系统性及实用性，如仪态、语音语速及熟练程度、PPT 制作质量等；

4. 每个任务小组推荐一名代表上台讲授，讲授完毕，小组其他成员可以适当补充；

5. 模拟讲座结束后，教师对任务实施过程及结果进行点评，总结提升。

任务实施 2

1. 在教师引导下，成立任务小组，确定组长；

2. 在教师指导下，组长组织讨论分析，制订配送中心规划设计调查方案；

3. 小组成员用文案调查法搜集有关小家电配送中心资料；

4. 在教师指导下，针对背景资料，结合搜集资料，分析小家电配送中心的作业流程，并绘制作业流程图；

5. 在教师指导下，利用所学知识，结合作业流程绘制配送中心平面布局图（动线要清晰）；

6. 在教师指导下，根据配送中心功能、商品特性及作业内容，配置适当的设备；

7. 小组成员把成果制作成 PPT，进行课堂展示，教师根据展示结果总结评价。

理论测试

一、单项选择题

1. 在仓储过程中对产品进行保护、管理，防止损坏而丧失价值，体现了仓储的（　　　）

功能。

  A. 保管   B. 整合   C. 加工   D. 储存

  2. 仓储包括储存、（ ）和控制过程。

  A. 保管   B. 运输   C. 生产加工   D. 销售

  3. 保税仓库可以存放供来料加工、（ ）的料件，暂时存放之后复运出口的货物和经过海关批准缓办纳税手续进境的货物。

  A. 任何   B. 大宗   C. 小批量   D. 进料加工复出口

  4. 配送中心集成了物流和（ ）活动，同时配送中心也集成了物流活动的所有功能，可以看作是物流活动的缩影。

  A. 信息流   B. 资金流   C. 商流   D. 其他

  5. 智能配送体系由三个层次构成，第一个层次是（ ）。

  A. 数据通信层 B. 订单处理层 C. 拣货作业层 D. 分拣作业层

二、多项选择题

  1. 仓储管理的内容包括（ ）。

  A. 仓库选址 B. 仓库机械选择 C. 仓库人员 D. 库存管理

  2. 仓储管理模式按仓储活动的运作方可以分为（ ）。

  A. 自建仓库仓储 B. 租赁仓库仓储 C. 第三方仓储 D. 供应商管理

  3. 智慧仓储的关键技术包括（ ）。

  A. 物联网   B. RFID   C. 传感技术 D. 互联网

  4. 智慧配送系统由（ ）组成。

  A. RFID 分拣系统 B. 感知记忆系统 C. 配送管理信息系统 D. 大数据分析系统

  5. 采购（备货）是配送的准备工作或基础工作，备货工作包括（ ）及有关的质量检查、结算、交接等。

  A. 筹集货源 B. 订货或购货 C. 集货   D. 进货

三、判断题

  1. 采购供应仓库一般设在商品生产比较集中的大、中城市，或商品运输枢纽的所在地。（ ）

  2. 分拣是将物品按品种进行分门别类堆放的作业，不需要考虑出入库先后顺序。（ ）

  3. 配送运输是较短距离、较小规模、频度较高的运输形式。（ ）

  4. 生产出来的产品首先流向批发仓库，然后被储存在采购供应仓库，接着是零售仓库，最后商品进入卖场，在那里向最终用户销售。（ ）

  5. 智慧配送是借助传感器、RFID、移动通信技术让物流配送实现自动化、信息化、网络化。（ ）

项目二 仓配企业组织结构与岗位设置

知识目标	◇ 理解组织结构设计原则。
	◇ 掌握直线职能制组织结构、事业部制组织结构。
	◇ 掌握仓配企业岗位群能力结构。
	◇ 掌握仓配企业岗位职责及人员配备原则。

技能目标	◇ 会结合组织结构设计原则设计仓配企业组织结构。 ◇ 会选择科学合理的组织结构。 ◇ 会分析仓配企业岗位群能力结构要求。 ◇ 会结合仓配企业岗位职责配备人员。
职业素养目标	◇ 具有团队协作意识。 ◇ 培养沟通表达能力。 ◇ 具有敬业和吃苦耐劳的责任意识。 ◇ 培养创新和策划素养。

岗课赛证融通说明

本项目内容是仓配企业管理人员应具备的基础知识；对接物流管理1＋X职业技能等级证书（中级）考核中仓库主管主要工作内容等部分需要掌握的理论考点；对接物流服务师国家职业技能标准（2020年版）中仓储与配送管理基础知识要求；对接全国职业院校技能大赛——智慧物流作业方案设计与实施赛项中职业能力测评模块，全国物流服务师职业技能竞赛中理论知识模块。

任务一　仓配企业组织结构设计

引导案例　某物流公司的组织结构

星期一上午刚上班，某物流公司总经理梁某就召集各部门领导到会议室研讨问题。梁经理说："这两年公司发展很快，物流业务的年收入已经超10亿元，但问题也不少，是坐下来商谈解决的时候了。"副经理刘某说："是啊！我觉得公司的业务一下子铺得太大，管理跟不上，现在公司在全国已有四大业务区：华北区、华中区、华东区和华南区，但各区域过于强调自己的利益，有时很难协调工作。上个月公司总部分配资金给各业务区购车，华北区经理就和华东区经理为此闹得很不愉快，都认为自己业务量大，运输部的车需要大量增加，很少从公司的整体战略考虑问题；还有，今年3月份，江西省内有一批货物急需运往广西，由于两省份分别属于华东区和华南区管辖，在货物衔接时出了问题，客户非常不满意。"王副经理没等刘副经理说完，抢过话说："虽然各业务区的具体事务公司不便干预，但各业务区在机构设置和用人上应该考虑成本，比如华中区目前业务量相对比较少，没有必要像其他三个区设置人力资源部、财务部、后勤部、市场部、信息部、客户部、业务部、技术部等那么多部门，可以将一些部门合并，人员也应该裁减。"梁经理听了大家意见，对下一步工作进行了部署。

思考：该公司的组织结构属于哪一种？它有什么优缺点？适用于什么企业？对于上述公司出现的问题，应如何解决？

【引例点评】组织结构是企业全体员工为实现企业目标而进行的分工协作，在职务范围、责任、权力方面所形成的结构体系。在企业的发展过程中，组织架构对于企业的发展起到十分重要的作用。搭建组织结构时，要以组织结构的稳定性过渡或稳定性存在为前提；要分工清晰，有利于考核与协调；部门、岗位的设置要与培养人才、提供良好发展空间相结合。

【任务发布】结合组织结构设计的原则，为小家电仓配企业（为30家小家电生产企业提供仓储与配送服务）设计适合的组织结构。

知识储备

一、组织结构设计原则

1. 任务目标原则

仓配企业组织结构的设立，应以仓配管理任务和经营目标为依据，为最终实现企业目标服务。仓配管理任务和经营目标是组织结构设置的出发点。组织结构是一种手段，部门、机构的设置及责权的划分，只能根据任务、目标的需要来决定。任务目标原则要求仓配仓储企业明确企业的任务和目标是什么；必须做的事是什么；做到因事设置部门及机构、因事设置职务及责权利。

2. 精干高效原则

机构"臃肿庞大"，必然造成协调困难，反应迟钝，管理成本加大，因此在完成仓配任务目标的前提下，组织结构应当力求做到紧凑精干，机构越简单越好，人员越少越好。这就要求加强仓配人员培训，提高人员的素质。

3. 分工协作原则

分工与协作是社会化大生产的要求，仓配企业的各岗位之间、各部门之间有着紧密的联系，在合理分工的基础上，任何一项仓配工作都离不开其他部门或人员的配合，所以各部门必须加强协作和配合，才能保证各项专业管理工作的顺利展开，以达到组织的整体目标。因此，组织结构设置分工要适当，责任要明确，既要进行协作，又要避免相互扯皮。

4. 统一指挥原则

仓配企业组织结构设置要保证行政命令和生产指挥的集中统一，应该做到从上到下垂直领导，一级组织只能有一个正职，下级组织只能接受一个上级组织的命令和指挥，一级管一级，不越级指挥，避免多头领导。仓配企业组织结构遵循统一指挥原则，实质是建立仓储企业管理组织的合理纵向分工。一般形成三级仓储企业管理层次，即决策层、执行监督层和仓库作业层。

5. 有效管理幅度与管理层次原则

管理幅度是指一个主管能够直接有效地指挥下属成员的数目；**管理层次**是指一个组织设立的行政等级的数目。管理幅度直接关系到仓储企业设置几个管理层次。一般而言，越是基层的领导工作，越是优秀的管理者，科学技术越发达，管理幅度越大；反之，管理幅度越小。同等规模的组织，管理幅度越大，设置的管理层次越少，管理幅度与管理层次成反比。有效管理幅度的影响因素见表 2-1。

表 2-1　有效管理幅度影响因素一览表

主要因素	具体因素	影响
工作能力	主管人员的工作能力	较强,管理幅度较大;较弱,管理幅度较小
	下属人员的工作能力	较强,管理幅度较大;较弱,管理幅度较小
工作内容与性质	主管所处的管理层次	越接近组织高层,管理幅度越小
	下属工作的相似性	内容和性质相近,管理幅度相对较大
	工作的程序性或自由度	工作越程序化,自由度越小,管理幅度越大
工作条件	信息手段的配备情况	信息手段越先进,管理幅度越大
	工作地点的接近性	工作地点越分散,管理幅度越小

6. 责权利对等原则

所谓责权利对等，就是使每一个职位或岗位上的职责、职权、经济利益统一起来，形成责权利相一致的关系。仓配企业组织要围绕仓储任务建立岗位责任制，明确规定每一个管理层次，每一个管理岗位，每一名管理人员的责任、权利与义务，并且将责任制与经济利益挂钩。

 课堂思考

仓配组织结构设置时，出现有权无责会是什么结果？有责无权会是什么结果？有责有权无利会是什么结果？

7. 稳定性和适应性相结合原则

仓配企业组织结构应有一定稳定性，以便于各环节、各岗位、各类人员相互配合，保证生产经营正常运行。但当仓配企业外界环境和内部条件发生较大变化时，就要进行必要的调整，以适应新条件下的需求。

8. 执行与监督分离原则

仓配企业组织结构设计过程中，应将监督机构及人员与执行机构及人员在组织上分开，避免二者在组织上一体化。否则监督者与被监督者利益上趋于一体化，导致监督职能名存实亡。

二、仓配企业典型组织结构形式

1. 直线制组织结构

这种组织结构形式是由一个上级直接管理多个下级的一种组织结构，见图 2-1。

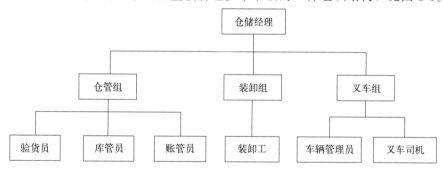

图 2-1 仓储直线制组织结构示意图

优点：从上到下垂直领导，不设行政职能部门，组织精简指令传达迅速，责任权限明确，仓储企业主管的管理意图得到充分执行。

缺点：管理中的各种决策易受管理者自身能力的限制，对管理者的要求较全面，当业务量大、作业复杂的情况下，仓储企业主管会感到压力太大，力不从心。该种组织结构方式适合仓库规模小、人员不多、业务简单的小型仓储企业。

2. 直线职能制组织结构

直线职能制的管理模式是在直线制的基础上加上职能部门，各职能部门分管不同专业，这些职能结构都是某种职能的组合体，见图 2-2。

优点：克服了直线制管理模式中管理者的精力和工作时间有限的缺点。

缺点：各职能部门之间有时会发生矛盾，因此需要密切配合。该种组织结构方式被多数仓储企业采用。

【点对点案例】大型仓储企业直线职能制组织结构，见图 2-3。

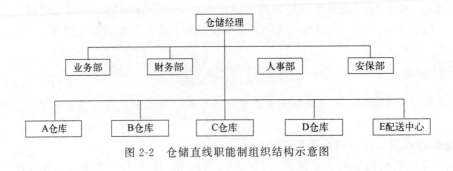

图 2-2　仓储直线职能制组织结构示意图

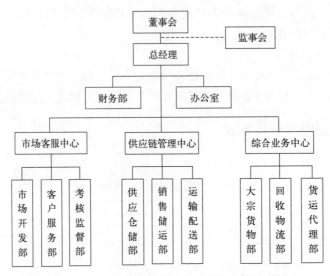

图 2-3　大型仓储企业直线职能制组织结构示例

3. 事业部制组织结构

事业部制管理模式是一种较为复杂的仓储组织管理模式，它是在总公司领导下，以某项目（或区域）为事业部，实行统一管理、分散经营的管理方法，见图 2-4。

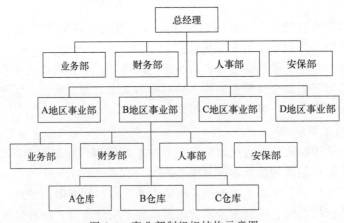

图 2-4　事业部制组织结构示意图

优点：管理决策程序完善，运行效率高，各事业部内部管理权力相对集中，有独立经营管理能力。

缺点：增加了管理层次，造成机构重叠，管理人员和管理费用增加。由于各事业部独立经营，各事业部之间人员互换困难，相互支援较差。该种组织结构方式适合规模庞大、品种繁多、技术复杂的仓储企业。

【点对点案例】某大型仓储物流公司事业部制组织结构见图 2-5。

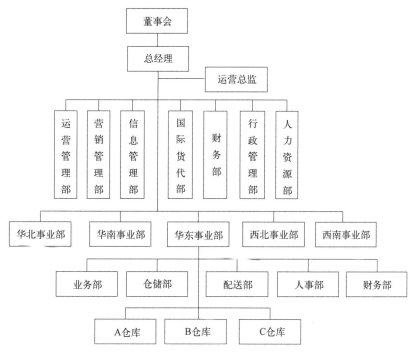

图 2-5　某大型仓储物流公司事业部制组织结构示例

任务实施

1. 教师引导下，组建组织结构设计小组，选定小组长，组长组织小组成员分析任务描述内容；
2. 结合所学组织结构知识，分析讨论形成组织结构设计方案；
3. 小组为单位展示交流设计的组织结构；
4. 在教师引导下，选出科学合理的组织结构，教师总结提高。

任务二　仓配企业岗位设置

引导案例　物流企业的岗位设置

物流企业的岗位设置十分重要，它不仅体现在各个岗位之间的流程关系，对于明确各岗位的职责，提高企业效率起着非常大的作用。

首先，因事设岗。这里所说的因事设岗主要指的是根据业务流程和业务内容进行岗位设置。比如在仓储管理业务中，必须设置"发货员"这个岗位，才能保证整个仓储管理业务流程的顺畅，这就是典型的因事设岗。反之，只考虑人际关系的设置岗位方式，就是因人设岗。

其次，职责清晰。大多数受访物流企业在根据业务的需要设置岗位后，还对岗位职责内容进行规范，明确不同岗位的职责界限。对于每一个岗位，都要明确其工作范围，让别人、让他自己知道自己应该做什么工作，不该做哪些工作，以利于工作中由于职责不明导致工作效率低下的现象。

再次，岗位协调。岗位设置的根本目的是解决组织效率，完成组织目标的。在岗位设置时，大部分企业十分注重考虑上下游的关系，考虑在整个业务流程中各岗位是否能配合好。如果不能保证业务流程的顺畅，就必须通过合并、分拆岗位提高业务工作效率，达到分工明确、协调配合流畅的目的。

最后，人岗匹配。由于优秀物流人才比较缺乏，多数企业在以业务流程和工作内容为出发点设置岗位的基础上，还考虑企业的人力资源状况。在岗位设置时，应保证企业现有员工大多数或至少一半多是适岗的，而少数无人胜任的岗位在通过招聘等方式是可以进行补充的。湖北物流企业在设置岗位时，均十分注切合企业的实际，避免企业岗位员工的不适岗造成企业资源的浪费。

【引例点评】岗位是组织中为完成某项任务而设立的工作职位，而岗位设置是通过满足员工与工作有关的需求来提高工作效率的一种管理方法，因此，岗位设置是否得当对激发员工的工作热情、提高工作效率都有重大影响。岗位设置需要把整个业务战略和业务目标分解到每个员工的层次，并且需要遵循一定的原则。

【任务发布】结合仓配企业岗位设置知识，熟悉仓配企业各岗位的能力要求，说明仓配企业各工作岗位的职责。

 知识储备

一、仓配企业岗位设置原则

1. 因事设岗原则

仓配企业要按照整个流程去划定岗位。应厘清每个流程必须做的事，做到"以事定岗、以岗定人"设置岗位，岗位和人应是设置和配置的关系，而不能颠倒。岗位设置时既要着眼于仓配企业现实，又要着眼于未来发展。

2. 协调配合原则

仓配企业的任何职务岗位都不能孤立地设置，必须从整体出发，考虑上下左右协调配合的关系。每个职务岗位要在整体目标、任务下有明确的分工，并在分工的基础上形成一个协调配合、优化组合的岗位群众。因此，仓储在设置岗位并作合理分布时，必须以机构的职能、目标为依据，进行层层分解，直到每一项具体工作，合理确定到每一个岗位，以发挥最大的企业效能。

3. 最少岗位数原则

仓储企业设置岗位时，既考虑到最大限度地节约人力成本，又要尽可能地缩短岗位之间信息传递的时间，减少"滤波效应"，一个岗位能承担和完成的，不能设两个岗位，有些岗位类似的，叫一个岗位名称就可以，80%～90%的工作内容都是相同的，没有必要单设岗。以达到小投入、获得最高效率和最大效益，提高仓储企业的战斗力和市场竞争力。

4. 规范化原则

仓配企业各工作岗位要符合仓配流程，岗位名称要规范，定岗要规范，岗位职责、工作范围要规范。另外，对于脑力劳动的工作岗位规范不宜过细，应留有创新的余地。

5. 客户导向原则

不管企业的价值观和企业的导向，是否为客户，但是企业整个存在的价值，都是为客户创造价值。仓配企业部门设置要看客户导向，岗位设置也要看客户导向。比如仓配企业客服岗位越来越重要，能给仓配企业的外部客户提供消费体验。外部客户的第一个体验是售前、售后，包括客服。客户导向也包括内部客户，比如生产销售型仓配企业先有销售计划，再有生产计划，那么生产计划部就是销售部的客户。这里面有个考核指标叫作"销售计划准确率"，一般来讲销售部是很难自己考核自己的，但这个销售计划准确率对生产部是非常关键的。

【点对点案例】一家仓配企业，因为销售计划准确率每次都低于50%，导致生产现场一塌糊涂，因此该企业在销售部设了"销售计划专员"岗位。这个销售计划专员要懂很多东西，包括企业历史数据分析、市场前端的分析等等，编制销售计划，从原来平均是43%的准确率，提升到了78%，整个生产线上人数减少了，效率还提升了。所以，"销售计划专员"这个岗位就是为内部客户设置的。当然内部客户满意了，会影响到外部客户。

二、仓配企业岗位群能力结构分析

1. 仓储配送岗位群

仓储配送岗位群的典型岗位职责和任职要求包括：

（1）负责配合并完成日常仓储配送相关的物流管理工作；

（2）负责仓库的日常检查，包括仓库环境和卫生的维护，运输设施设备的检查和维修，确保库存商品的安全、库存货物的外观整洁；

（3）负责物流或产品的验收、入库、分拣配送，仓库缺货补货、退换货处理等工作；

（4）负责订单交付操作（填写单据、提货、交接），根据合同及相关单据跟踪货物在运输过程中的流向、进度及物流质量；

（5）负责货物放行的跟踪和落实，发现问题及时反馈并尽快解决。

配送岗位群的核心能力需求包括：沟通协调能力、货物出入库的跟踪分析能力、库存动态盘点的监控能力、熟悉国际国内物流运作基本流程的综合管理能力和及时高效解决物流问题的快速反应能力。

2. 采购管理岗位群

采购管理岗位群的典型岗位职责和任职要求包括：

（1）负责新供应商的开发和老供应商的维护，在公司与供应商的业务联系中发挥协调作用，做好供应商之间的业务沟通；

（2）维护公司的良好形象，与供应商建立长期稳定的关系，定期拜访供应商；

（3）建立供应商信息和档案，定期汇总和更新供应商信息，向相关部门提交相关报表。

采购管理岗位群的核心能力需求包括：市场分析能力、业务沟通和执行能力、数据处理能力、团队合作能力。

3. 运输管理岗位群

运输管理岗位群的典型岗位职责和任职要求包括：

（1）直接负责对物流业务的所有日常运营工作进行管理，协调各个部门与企业内外部以及相关各部门之间的工作；

（2）定期汇总提交物流运作管理信息报告，及时向上级管理层汇报，并定期根据物流管理信息报告持续改进物流运作模式；

（3）熟悉公司产品知识、库存位置变动情况和日常生产运作情况，及时准确地为销售终端提供销售技术指导，并能够根据实际订单信息及公司市场部日常生产运营计划的信息进行全面业务跟进；

（4）按时做好仓库内库存各类原始单据和电子单据的整理交付、入库管理和资料归档保存工作，做好入库台账管理，定期核对，做好月度清账，账物相符；

（5）负责配送车辆的管理，配送路线的调整与安排。

运输管理岗位群的核心能力需求包括：组织协调统筹能力、团队经营管理能力、数据处理分析能力、台账编制能力、车辆合理调度执行能力和运输管理路线选择优化配置能力。

4. 生产运作管理岗位群

生产运作管理岗位群的典型岗位职责和任职要求包括：

（1）制定、完善和实施与生产物流相关的工作计划，不断总结和改进生产过程中工作规范和考核标准中可能存在的误解或问题；

（2）监督指导生产工作，指出生产重点工作，研究生产工作中遇到的问题；

（3）根据本部门生产经营管理的相关规范，收集整理生产过程中的各种资料，深入分析生产经营活动的现状；

（4）全面负责生产部门日常生产运作管理工作。

生产运作管理岗位群的核心能力需求包括：生产管理能力、团队管理能力、沟通协调能力、资料收集整理和分析能力。

5. 物流信息与规划岗位群

物流信息与规划岗位群的典型岗位职责和任职要求包括：

（1）负责各级管理层组织制定公司年度的物流发展与规划方案提供各种协助性信息，制定年度相关项目的具体物流战略思路和执行计划，制定物流方案的框架和项目实际操作的策略等；

（2）主要负责公司物流运营的跟踪管理工作，不断优化提高服务运营操作质量，确保服务水平满足或超越客户需求；

（3）收集物流各个环节和过程中的业务信息，根据有关物流信息适时制定规范并完善公司制定的物流运行流程管理工作制度，体现在细化业务流程、规章制度执行和业务流程操作规范等细节上，使物流部门工作高效有序运行；

（4）全程监控各类物流的运行流程绩效，从系统响应服务速度、综合控制物流成本、物流服务安全效率等方面的指标对运行绩效持续进行分析评价，并不断总结改进机制和进一步提升绩效。

物流信息与规划岗位群的核心能力需求包括：物流规划及战略制定的能力，团队管理能力，数据收集、处理和分析的能力，协调沟通能力。

三、仓配企业人员配备

仓配企业规模与类型不同，人员配备有所不同，一般仓配人员配备见表2-2。

表2-2 仓配企业岗位设置及岗位职责一览表

工作岗位	岗位职责
仓库管理员	1. 负责完成收/发货的处理工作 2. 负责货物储存过程中的保管与养护工作 3. 负责仓库的理货、拣货作业 4. 负责仓库的安全管理工作 5. 负责装卸搬运工和仓库作业人员的管理及调度工作
入库管理员	1. 负责入库相关单据的接收、录入以及向关联方及时更新数据 2. 严格检验入库货物，根据有效到货清单，核准货物的数量、质量等 3. 负责定期对仓库货物进行盘点，对入库的货物进行详细记载

工作岗位	岗位职责
出库管理员	1. 在出库的过程中,选用搬运工具与调派工作人员,并安排工具使用时间,以及人员的工作时间、地点、班次等 2. 负责按照出库单发放货物,做到账、卡、物相符 3. 负责对货物进行复查,当库货物与所载内容不符合时及时处理 4. 负责视具体情况,对出库货物进行加工包装或整理
拣货员	1. 负责清点货物数量及检查 2. 负责按照拣货任务清单正确执行拣货作业 3. 负责根据拣货清单,配合复核员对拣货任务进行审核 4. 负责根据加工订单按要求进行加工分类 5. 负责拣货任务的记录、存档及反馈
复核员	1. 负责配合分拣员共同审核配送相关证件、单据及货物 2. 负责协助取货人员对货物进行验收 3. 负责清点出库货物,并计算损耗率 4. 负责整理客户签收返回的送货清单,存档并提交反馈 5. 负责根据派车单审核货车、货物情况,签发派送单
理货员	1. 负责物资的整理、拣货、配货、包装、复核与物资接收、验收、整理、堆放等 2. 核对物资种类、数量、规格、型号等 3. 对照凭单上的内容拣取物资 4. 鉴定货运质量,分析物资的残损原因,并划分运输事故责任
搬运工	1. 严格按照公司的规章制度和安全操作规程作业,装卸货物 2. 协助驾驶员、仓储管理员、理货员清点货物数量 3. 根据车辆装载量和车厢尺寸等合理码放装车货物 4. 对装卸、搬运的货物进行包装检查 5. 作业前后及时清扫并检查工作现场,及时将货物归库
补货员	1. 对分拣区的订单货物进行补充,补货前核对货物的外包装、名称、数量和条码等信息 2. 根据出货方式,从储存区或周转区将货物搬运到分拣区 3. 管理补货区域内的卫生,保证作业区域干净整洁
配载员	1. 负责路线整体运营的管理工作 2. 根据货物体积、重量、形态、运价科学配载,加大力度提升单车毛利率 3. 根据货物具体要求及时制定发车计划,保证物流时限 4. 根据货物要求及时组织车源,合理选用车型,避免货等车、车等货现象
货车司机	1. 负责配送中心货物的押运工作 2. 负责与配送中心及门店(客户)的交接工作 3. 服从运输调度的任务安排 4. 保证配送途中的货物安全完好 5. 保证配送单据的完整交接
调度员	1. 全面负责配送中心配送车辆的调度 2. 协助运输经理规划配送路线、制定配送频率并监督执行 3. 负责配送车辆司机的管理及考核 4. 货物追踪查询及报告
客服文员	1. 负责与客户联系,了解并传达客户需求 2. 负责与客户沟通业务异常情况的处理方法 3. 负责及时向客户反馈货物情况 4. 鉴定货物质量,分析物资的残损原因,并划分运输事故责任
总经理	1. 根据企业业务规划,构建恰当的业务组织构架,构建基本的组织团队 2. 进行管理制度、标准和工作流程的审核、建立和修订 3. 对仓储配送经营方针、经营形式、业务的核心及侧重点进行规划,同时结合企业特点对仓储配送部门进行分析优化,平衡成本、速度、服务等因素 4. 协调员工关系,对下属进行合理的工作调配

工作岗位	岗位职责
客服经理	1. 负责与客户联络、沟通及信息跟踪 2. 负责定期进行回单管理、催收 3. 负责根据客户指令安排工作任务并跟踪实施情况 4. 负责及时完成客户的账单制作并对应收账款的回收进行跟踪 5. 负责处理业务中异常事件 6. 负责安排员工日常业务工作 7. 负责定期组织客服人员的专业技能及业务知识培训
仓储部经理	1. 负责物流仓库的日常经营管理,制定部门工作计划、规范,并不断完善工作流程及规章制度 2. 负责控制仓储成本,库存管理和分析 3. 负责组织相关作业人员,协调相应设备资源,安排库内作业任务 4. 管理仓库运作团队,确保收货、包装、发货等流程正常进行 5. 科学管理货品库位,提出改进方案,保证仓库最大化的使用率 6. 监督执行盘点工作和结果分析,并提出改进方案 7. 负责仓库的安全管理工作,保证全部在库货物、资产的安全及质量 8. 负责对仓库人员进行工作指导、业务知识培训及考核等工作 9. 负责仓库的清洁管理
配送部经理	1. 负责制定部门日常工作计划并监督计划的实施 2. 负责配送团队的监督和工作安排 3. 负责按运输要求合理选择承运商 4. 负责制定及安排特殊运输服务计划 5. 负责对承运商提货车辆的管理及人员培训 6. 负责运输数据的总结分析 7. 负责及时处理配送业务中的异常情况 8. 全面负责配送部的人员及货物安全
运输经理	1. 全面负责公司日常事务和管理工作,协助公司总经理处理日常事务 2. 编制部门的各项管理制度和行为规范,编制运输部门的年度发展计划和部门预算,规划、评估和选择物流运输线路图 3. 负责公司发展目标,积极开发新线路、新运输方式 4. 负责挂靠车辆的 GPS 监控管理工作,对运行不良的车辆进行分析,并出具书面报告
市场部经理	1. 按照市场推广计划制定市场推广方案,组织市场推广活动 2. 依照企业的发展战略,编制年度市场开发计划,然后报营销总监审批后执行 3. 负责有关企业市场开发、拓展以及维护等各方面的管理工作
销售代表	1. 运用灵活多变的促销手段,积极开展促销活动 2. 完成每月销售目标和指标 3. 定期拜访新老客户,了解客户的要求和计划 4. 根据公司经营策略和目标开拓新客源,增加新客户
财务部经理	1. 在总经理领导下,主持财务审计部工作 2. 负责组织编制财务计划、财务分析报告、各项经费预算,组织本部门人员完成各项工作任务 3. 负责组织配送中心财务分析(货物流转分析、利润分析、货物流通费用分析、资金分析)

以上是一般仓配企业设置的岗位。由于仓配企业的规模、设施设备、作业内容、服务对象不同,岗位设置也不尽相同。

🕐 任务实施

1. 在教师引导下,从班级同学中推选出一名主持人;

2. 根据班级人数进行分组(每组 5～6 人);

3. 主持人宣布游戏规则;

4. 主持人随机选小组一名同学抽取一个写有岗位名称,但没写岗位职责的牌子,请该同学说出该岗位能力要求及岗位职责，同组同学进行补充完善；然后另选其他小组同学重新抽取写有其他岗位名称的牌子，说出岗位能力及职责，同组同学补充完善；

5. 反复进行几次，直到同学都熟悉各岗位能力要求及职责为止。

理论测试

一、单项选择题

1. 主管人员的工作能力弱，则管理幅度应（　　）。

A. 较大　　　　　　　B. 较小　　　　　　　C. 固定人数　　　　　　D. 没有要求

2. 高层管理人员管理幅度应（　　）。

A. 大些　　　　　　　B. 小些　　　　　　　C. 固定人数　　　　　　D. 没有要求

3. 直线组织结构适合仓库规模小、人员不多、（　　）的小型仓储企业。

A. 业务简单　　　　　B. 多元业务　　　　　C. 管理层次少　　　　　D. 管理幅度小

4. 直线职能结构克服了直线结构管理者精力和工作时间有限等缺点，但也有（　　）等缺陷。

A. 各职能部门之间有时会发生矛盾　　　　　B. 多头领导

C. 管理费高　　　　　　　　　　　　　　　D. 分工不明确

5. 仓库管理员工作职责不包括（　　）。

A. 完成收/发货的处理工作

B. 货物储存过程中的保管与养护工作

C. 仓库的理货、拣货作业

D. 对仓库人员进行工作指导、业务知识培训及考核等工作

二、多项选择题

1. 组织结构设计原则包括分工协作、统一指挥、责权利对等、（　　）等原则。

A. 有效管理幅度与管理层次　　　　　　　　B. 集权与分权相结合

C. 精干高效　　　　　　　　　　　　　　　D. 执行与监督分离

2. 统一指挥原则要求一级组织一个正职，（　　）。

A. 防止出现多头领导

B. 不能越级请示工作，但可以越级反映情况

C. 上级不能越级指挥下级，但可以越级检查工作

D. 职能部门一般无权对下级直线领导者发号施令

3. 事业部组织结构的优点有（　　）等。

A. 管理决策程序完善　　　　　　　　　　　B. 运行效率高

C. 各事业部内部管理权力相对集中　　　　　D. 有独立经营管理能力

4. 仓配企业岗位设置应遵循因事设岗、整分合、（　　）等原则。

A. 最少岗位数　　　B. 规范化　　　　　　C. 客户导向　　　　　　D. 一般性

5. 仓储部经理需要负责（　　）等。

A. 物流仓库的日常经营管理　　　　　　　　B. 制定库存管理和分析部门工作计划、规范

C. 控制仓储成本　　　　　　　　　　　　　D. 完善工作流程及规章制度

三、判断题

1. 搬运工不需要协助仓储管理员、理货员清点货物数量。（　　）

2. 仓配企业总经理要能根据企业业务规划，构建恰当的业务组织构架，构建基本的组织团队。（　　）

3. 配送部经理负责制定及安排特殊运输服务计划、对承运商提货车辆的管理及人员培训、运输数据的总结分析等工作。（　　）

4. 在仓配企业市场部不如配送部重要。（　　）

5. 事业部组织结构适用于规模庞大、品种繁多、技术复杂的仓储企业。（　　）

项目三　智慧仓配设备认知

知识目标	◇ 熟悉货架功能及分类。 ◇ 熟悉装卸搬运设备的种类。 ◇ 掌握装卸搬运设备的选择依据和选择方法。 ◇ 了解自动化立体仓库与智能化无人仓。
能力目标	◇ 会辨别不同形式的货架。 ◇ 会根据储存货物特点选择合适的货架。 ◇ 会识别装卸搬运设备并熟悉用途。 ◇ 会根据仓配业务选择合适的装卸搬运设备。
职业素养目标	◇ 培养观察与动手能力。 ◇ 具有团队协作意识。 ◇ 培养沟通表达能力。 ◇ 具备敬业和吃苦耐劳的责任意识。

岗课赛证融通说明

本项目内容是仓配管理人员应具备的基础知识；对接物流管理1+X职业技能等级证书（中级）考核中物流设备类型、仓储及装卸搬运设备规划与配置等部分需要掌握的理论考点；对接物流服务师国家职业技能标准（2020年版）中仓储设备配置原则，根据已有数据材料进行仓储设备配置等知识要求；对接全国职业院校技能大赛——智慧物流作业方案设计与实施赛项中储存、装卸搬运设备选型等部分的内容，全国物流服务师职业技能竞赛中理论知识模块。

任务一　储存设备

引导案例　如何正确地选择仓储货架

1. 根据存取方式选择货架类型

仓储类型的选择，货架存储货物的方式有三种：人工存取货、叉车存取货和自动化存取货。根据存取货方式，来选择仓储货架，还要考虑目前的发展以及未来的发展方向。

2. 货架公司上门测量，制作仓储方案

厂家和材料的选择，一个专业的厂家一般会有设计、生产以及安全和后期为一体，能够根据仓库自身情况来选择合适的方案制作出合适的货架。目前市面上普遍选择的是以钢材为主生产的货架，耐用。所以在选择货架的时候，一定要让货架工厂上门测量仓库情况，让货架公司做仓储方案。

3. 货架的质量选择

优质的货架是由货架的钢材和货架的厚度来保证的，只有基础打好，才能够保证使用的时间长，货架结构也能决定一个一个货架的好坏，分隔片能够对货架的强度、安全、整体的稳定性都有一个很好的加强作用。

4. 了解货架的安全性能

安全性能这些都可以与生产厂家协商，以及货架的安全维护，如表面涂油漆，保证货架不会生锈。需要注意的一点就是安装，货架的安装质量要经过测量，垂直度误差以及对角线的误差要符合标准才可以。

【引例点评】货架是专用于存放成件物品的保管设备，在仓配企业中占有非常重要的地位。货架的配备需要考虑货架的种类及功能，仓配类型，仓配规划方案、质量以及安全性等多方因素。

【任务发布】以小组为单位，根据货架功能、种类以及选择依据，为小家电仓配中心配置货架。

知识储备

货架是指由支架、隔板或托架组成的立体储存物品的设施。合理使用货架可有效改善仓储的功能，促进机械化和自动化的实现，在仓配企业中占有非常重要的地位。

一、货架

中华人民共和国国家标准《物流术语》（GB/T 18354—2021）对货架的定义：**货架**是指由立柱、隔板或横梁等结构件组成的储物设施。

（一）货架的结构

仓储货架通常有横梁、地脚、护角、柱片以及一些选配件组成，具体见图3-1。

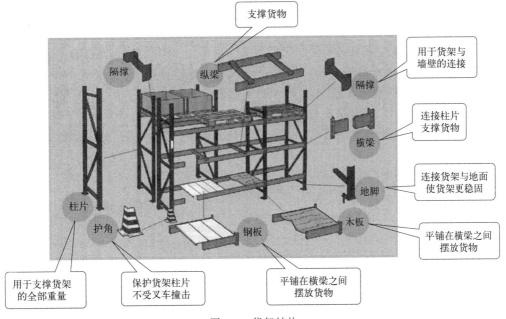

图 3-1　货架结构

（二）货架的功能及作用

1. 货架的功能

（1）可充分利用仓库空间，提高仓库容量利用率，扩大仓库储存能力；

（2）货物存取方便，可做到先进先出，百分之百的挑选能力，流畅的库存周转；

（3）仓库货架中的货物，一目了然，便于清点、划分、计量等十分重要的管理工作；

（4）满足大批量货物、品种繁多的储存与集中管理需要，配合机械搬运工具，同样能做到储存与搬运工作秩序井然；

（5）存入货架中的货物，互不挤压，物资损耗小，可完整保证物资本身的功能，减免货物在储存环节中的损失；

（6）保证储存货物的质量，可以采取防潮、防尘、防盗、防破坏等措施，以提高物资储存质量；

（7）满足现代化企业低成本、低损耗、高效率的物流供应链的管理需要；

（8）承重力大、不易变形、连接可靠、拆装容易，多样化。

2. 货架的作用

（1）充分利用空间，提高库容利用率；

（2）保证货物储存状态，减少货物损失；

（3）提高存取、拣选作业的效率；

（4）有利于实现机械化、自动化管理。

（三）货架的种类

1. 货架的种类

（1）按货架的发展分为传统货架和新式货架；

（2）按货架的适用性分为通用货架和专用货架；

（3）按货架的结构分为层架、层格架、抽屉架、橱架、三角架、悬臂架、U形架；

（4）按货架的可动性分为固定式货架、移动式货架、旋转式货架、组合式货架、可调式货架；

（5）按货架的高度分为低层货架（高度在5m以下）、中层货架（高度在5～15m）、高层货架（高度在15m以上）；

（6）按货架的载重量分为重型货架（每层载重500kg以上）、中型货架（每层载重150～500kg）、轻型货架（每层载重150kg以下）；

认知货架

（7）按货架的加工形式分为组合式货架和焊接式货架；

（8）按货架用途分为仓储货架和超市货架。

（扫描二维码可查看"认知货架"）

2. 几种常见货架

（1）**托盘式货架** 是**使用最广泛**的托盘类物品储存货架之一，有较强的通用性。通常，高≤6m，采用杆件组合，易拆迁，层间距可调；结构简单，可调整组合；安装简单，库容率高，一个托盘对应一个储位，见图3-2。架底撑脚装有叉车防撞装置。注意：一个货格的大小由货物决定；托盘货架的上部、左右两边的间距保持15cm左右。

（2）**层架** 由立柱、横梁、层板构成。结构简单，适用性强；存取方便，但存放货物数量有限。轻型层架：高≤2.4m，厚≤0.5m。见图3-3。

（3）**阁楼式货架** 在已有的工作场地或货架上建一个中间阁楼，以增加储存空间，可做

一个货格

图 3-2 托盘式货架

图 3-3 层架

二、三层阁楼，宜存取一些轻的或中小件货物，适于多品种大批量或多品种小批量货物，常由叉车、液压升降台或货梯送至二楼、三楼，再由轻型小车或液压托盘车送至某一位置，见图 3-4。

图 3-4 阁楼式货架

（4）重力式货架　是一种密集储存单元物品的货架系统，属于仓储货架中的托盘类存储货架，是横梁式货架衍生品。在货架每层的通道上，都安装有一定坡度的、带有轨道的导轨，入库的单元物品在重力的作用下，由入库端流向出库端，从而完成进货、储存、出库的作业。采用先进先出的储存方式。适用于少品种大批量同类货物的储存，空间利用率极高。见图3-5。

图3-5　重力式货架

（5）贯通式货架　可供叉车（或带货叉的无人搬运车）驶入并存取单元托盘物品的货架，又称驶入/驶出式货架。钢质结构，钢柱上有向外伸出的水平突起构件。高密度存放货架，库容利用率达到90％以上。只能从正面驶入，库存货物很难实现先进先出。每一巷道只宜保管同一种、不受保管时间限制的货物。见图3-6。

图3-6　贯通式货架

（6）移动式货架　在底部安装有行走轮使其可在地面轨道上移动的货架。为叉车存取货物提供作业通道。使仓库储存密度大大增加，单位面积储存量是托盘式货架的2倍左右。可直接存取每一项货物，不受先进先出的限制，见图3-7。这种货架成本高，施工慢。

（7）抽屉式货架　又称模具架，顶部选配手拉葫芦移动车，便于模具的起吊和存取，抽屉板下设置滚轮轨道，便于轻松拉动，配备外拉固定装置，保证安全使用。属于封闭式货架，能防尘、防潮、避光。存放小件物品、贵重物品，刀具、精密仪器、药品等，见图3-8。

(a)　　　　　　　　　　　　　　(b)

图 3-7　移动式货架

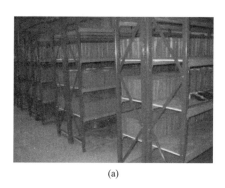
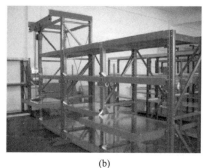

(a)　　　　　　　　　　　　　　(b)

图 3-8　抽屉式货架

（8）悬臂式货架　中间立柱向单侧或双侧伸出悬臂而成。悬臂可固定，也可调节。储存长条形和不规则货物木板、棒料、卷料及盘料等，见图 3-9。

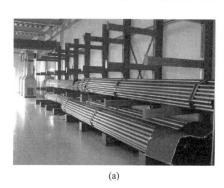

(a)　　　　　　　　　　　　　　(b)

图 3-9　悬臂式货架

（四）货架的选择依据

1. 仓库的空间

货架的使用是为了提高仓库的空间，扩大仓库的储物能力，选取合适的货架需要根据自身场地大小以及货物数量设计出实用高效的仓储货架。

2. 货架的承重能力

货架用来储备物品，一定要考虑承重量，如果承重量不够，不仅货架容易弯曲、变形，而且可能引起所储存物品的损坏，造成直接损失。

3. 储存货物的尺寸

储存货物的外形及尺寸，直接影响到货架规格的选定，储存货物的重量则直接影响到选择哪种强度的仓储货架。在做仓储货架的时候，不仅要考虑公司目前的储存量，还要考虑到公司未来两年的成长需求。

4. 考虑库房本身的承重水平

如果库房地上承重比较低，而选择的货架承重比较高，就会造成地上下沉或变形，甚至会陷落，造成安全事故。

5. 储存率

不同的仓储货架，储存率也是不一样的，决定仓储货架的储存率低的因素有很多，有货架的规格、仓储的方式、货物的重量、仓库的高度等。如果仓库的高度大于或等于4m可以选择用仓储阁楼货架，仓储阁楼货架是仓储货架中仓储率最高、用途最广的仓储货架。

6. 货架成本

确定了货架类型和仓库的条件，在正式安装前也要确保货架的成本，做到关乎到安全的绝对不省，根据这个原则来决定货架的成本。尤其是货架承重这一点，经常因为货物的重量超过货架的承载能力而导致坍塌的事故，需要根据货物实际需要选择合适的货架。

二、托盘

（一）托盘的作用

中华人民共和国国家标准《物流术语》（GB/T 18354—2021）对托盘的定义：**托盘**是指在运输、搬运和储存过程中，将物品规整为货物单元时，作为承载面并包括承载面上辅助结构件的装置。在托盘上集装一定数量的单件货物，并按要求捆扎加固，形成一个搬运单元，便于使用机械进行装卸、搬运和堆存。

托盘是现代工商业生产、运输、储存及包装过程中很重要的一种工具，随着机械化水平的提高，使用量也越来越大，托盘作为物流运作过程中重要的装卸、储存和运输设备，与叉车配套使用在现代物流中发挥着巨大的作用，可以实现物品包装的单元化、规范化和标准化，保护物品，方便物流和商流。

（二）托盘的分类

1. 按托盘适用性分类

（1）通用托盘 对托盘的尺寸和质量进行明确规定，按相关系列标准制定的托盘。**托盘利用水平高、共用性强。主要是指平托盘，平托盘是使用量最大的通用托盘。**

（2）专用托盘 在一些特殊场合，需要对特殊物品进行运输或储存时会根据物品采用专用托盘，从而实现快速作业，突出利用托盘的重要性，所以研制了多种多样的专用托盘。

【点对点案例】专用托盘实例

几个专用托盘实例：（1）平板玻璃集装托盘。也称平板玻璃集装架，分许多种类。有L形单面装放平板玻璃单面进叉式，有A形双面装放平板玻璃双向进叉式，还有吊叉结合式和框架式等。运输过程中托盘起支撑和固定作用，平板玻璃一般都立放在托盘上，并且玻璃还要顺着车辆的前进方向，以保持托盘和玻璃的稳固。

（2）轮胎专用托盘。轮胎的特点是耐水、耐蚀，但怕挤、怕压，轮胎专用托盘较好地解决了这个矛盾。利用轮胎专用托盘，可多层码放，不挤不压，大大地提高装卸和储存效率。

（3）长尺寸物托盘。这是一种专门用来码放长尺寸物品的托盘，有的呈多层结构。物品堆码后，就形成了长尺寸货架。

（4）油桶专用托盘。是专门存放、装运标准油桶的异型平托盘。双面均有波形沟槽或侧板，以稳定油桶，防止滚落。优点是可多层堆码，提高仓储和运输能力。

2. 按托盘的结构分类

（1）平板托盘　使用范围最广的托盘。由双层板或单层板另加底脚支撑而构成，在承载面和支撑面间夹以纵梁，可使用叉车或搬运车等进行作业。

① 根据承载面数量分类：单面使用型和双面使用型，见图 3-10(a)～(b)；

② 根据叉车插入方向不同分类：有单向插入型、双向插入型、四向插入型，见图 3-10 (c)～(e)。

(a) 单面使用型　　　(b) 双面使用型　　　(c) 单向插入型　　　(d) 双向插入型　　　(e) 四向插入型

图 3-10　平板托盘类型

（2）箱形托盘　以平托盘为底，上面有箱形装置，四壁围有网眼板或普通板，顶部可以有盖或无盖，可用于存放形状不规则的物料。

（3）立柱托盘　立柱托盘是在平托盘基础上发展起来的，其基本结构是托盘的四个角有钢质立柱，柱子上端用横梁连接，形成框架。其特点是在不压货物的情况下可进行码垛。多用于包装物料、管材等的集装。

（4）轮式托盘　轮式托盘是在箱式托盘下部安装脚轮的箱形设备，其主要特点是可以作短距离移动，有很强的搬运性。

（5）折叠式托盘　折叠托盘，用于承托板状工件。折叠托盘成本低，可以同时用于产线、叠放储存及运输过程，便于组装操作且不会导致板状工件产品变形和损坏。不同结构托盘见图 3-11。

平板托盘　　　　箱形托盘　　　　立柱托盘　　　　轮式托盘　　　　折叠式托盘

图 3-11　不同结构托盘

3. 按托盘的材质分类

（1）木质托盘　是以天然木材或竹质材料为原料制造的托盘，是现在使用最广的托盘。

（2）塑料托盘　由于质地较轻，使用方便，具有防滑功能，耐腐蚀性强，用途广泛。

（3）金属托盘　一般质地为不锈钢，多用于摆放物品，不经常移动。

（4）纸质托盘　以纸浆、纸板为原料的托盘。多采用高强度瓦楞纸板、蜂窝纸芯与高强度卡纸、纤维板组合而成。

（5）塑木托盘　用塑木复合材料制成，用途广泛，节能减污染。

（三）托盘的标准与规格

托盘如果只在工厂和仓库里使用，是不能充分发挥其效益的，只有全程托盘化，才能取得良好的效果。实施全程托盘化，必然涉及托盘回收的问题，即商品送达的时候，是带回同样数量的空托盘，还是集中起来委托专业回收公司送回。如何设计完善的托盘交换系统是实施全程托盘化的关键。从目前的实际情况来看，除系统内部能实施托盘交换外，没有可取的实施方法，这有待进一步研究。但无论怎样，托盘标准化是最基本的条件。

目前，在我国流通的托盘规格比较多。特别是占主要流通数量的木制托盘的规格比较混乱，我国托盘规格应与国际标准化组织规定的通用尺寸一致，主要有三种规格：1200mm×1000mm，1200mm×800mm，1000mm×800mm。

🕐 任务实施

1. 在教师引导下，组建货架配置小组，选定小组长，组长组织小组成员分析货架相关要素；
2. 结合所学货架知识，小组长组织分析讨论，并给小家电仓配企业配置合适的货架；
3. 以小组为单位展示交流；
4. 在教师引导下，选出优胜小组，教师总结提高。

● 任务二　装卸搬运设备 ●

➡️ 引导案例

某企业流通过程中物流管理严重滞后造成物流成本居高不下，不能形成价格优势。这严重阻碍了物流服务的开拓与发展，成为公司业务发展的瓶颈。装卸搬运活动是衔接物流各环节活动正常进行的关键，而该企业恰好忽视了这一点，由于搬运设备的现代化程度低，只有几个小型货架和手推车，大多数作业仍处于人工作业为主的原始状态，工作效率低，且易损坏物品。另外仓库设计得不合理，造成长距离的搬运。并且库内作业流程混乱，形成重复搬运，大约有70%的无效搬运，这种过多的搬运次数，不仅损坏了商品，也浪费了时间。

【引例点评】装卸搬运活动是衔接物流各环节活动正常进行的关键，落后的装卸搬运设备及流程会严重影响企业运营效率。随着物流现代化的不断发展，装卸搬运设备得到广泛的应用。从装卸搬运设备的发展趋势来看，发展多类型的、专用的、智能化的装卸搬运设备来适应货物的装卸搬运作业要求，是今后装卸搬运设备的发展方向。

【任务发布】以小组为单位，为小家电仓配企业配置装卸搬运设备。

知识储备

一、装卸搬运设备的作用

装卸搬运设备的作用主要表现在以下几个方面：
（1）提高装卸效率，节省劳动力，减轻装卸工人的劳动强度，改善劳动条件。
（2）缩短作业时间，加速车辆周转，加快货物的送达。
（3）提高装卸质量，保证货物的完整和运输安全。特别是体积大且笨重货物的装卸，只依靠人力，不仅难以完成，而且保证不了装卸质量，容易发生货物损坏或偏载，甚至危及行车安全。采用机械作业，则可避免这种情况发生。

（4）降低装卸搬运作业成本。装卸搬运设备的应用，势必会提高装卸搬运作业效率，而效率的提高会使每吨货物分摊到的作业费用相应减少，从而使作业成本降低。

（5）充分利用货位，加速货位周转，减少货物堆码的场地面积。采用机械作业，由于堆码可达到一定的高度，加快了装卸搬运的速度，及时腾空货位，减少了场地面积。

二、装卸搬运设备的种类

（扫描二维码可看"仓储设备认知"）

（一）叉车

中华人民共和国国家标准《物流术语》（GB/T 18354—2021）对叉车 仓储设备认知的定义：**叉车**是指具有各种叉具及属具，能够对物品进行升降和移动以及装卸作业的搬运车辆。它以货叉作为主要的取货装置，依靠液压起升机构升降货物，由轮胎式行驶系统实现货物的水平搬运。

叉车的种类繁多，其主要类别如表 3-1 所示。

表 3-1　叉车分类表

分类标准	具体类型
按动力装置分类	手动叉车、电动叉车、内燃动力叉车
按结构特点分类	平衡重式叉车、前移式叉车、侧面叉车
按工业车辆分类	托盘搬运车、前移式叉车、低位拣选叉车、高位拣选叉车、集装箱叉车、伸缩臂叉车
按特种行业分类	防爆叉车、越野叉车、车载式叉车、多向走叉车

仓配企业常用的叉车有以下几种：

1. 托盘搬运叉车

用于平面两地间的短距离搬运工具。分为手动托盘搬运叉车（人力操作，也称为手动叉车）和电动托盘搬运叉车（电瓶动力操作，也称为电动式人力叉车）。见图 3-12、图 3-13。

图 3-12　手动托盘搬运叉车

图 3-13　电动托盘搬运叉车

2. 前移式叉车

具有两条前伸的支腿，支腿前端有两个轮子。叉车的门架可以带着起升结构沿着支腿内侧轨道前后移动，便于叉取商品。前移式叉车的自重量较小，承载能力为 1.0～2.5t，提升高度最高可达 11m 左右，常用于仓库内中等高度的堆垛、取货作业。见图 3-14、图 3-15。

3. 插腿式叉车

叉车的两条腿向前伸出，支撑在很小的车轮上，支腿的高度很小，可同货叉一起插入货物底部，由货叉托起货物，货物的重心落在车辆的支撑平面内，因此稳定性很好。其特点是起重量小、车速低、结构简单、外形小巧,适于在通道窄小的仓库内作业。见图 3-16。

图 3-14　货柱前移式叉车

图 3-15　门架前移式叉车

图 3-16　插腿式叉车

图 3-17　内燃动力平衡重式叉车

4. 平衡重式叉车

工作装置位于叉车的前端,货物载于前端的货叉上,为了平衡前端货物的重量,需要在平衡式叉车的后部装有配重。叉车前部装有标准货叉,可以自由插入托盘取货和放货,并能沿门架升降和随门架前倾或后倾。以内燃机为动力的平衡重式叉车,简称**内燃动力叉车**,其机动性好、动力较大,是室外作业应用最广泛的叉车,如图 3-17 所示。以电瓶为动力的平衡重式叉车,简称**电动叉车**,其操作容易,无废气污染,适合在室内作业,随着环保要求的提高,对其的需求增长较快,尤其是中小吨位的叉车,如图 3-18 所示。

图 3-18　电动平衡重式叉车

5. 侧插式叉车

门架、起升结构和货叉位于叉车的中部,可以沿横向导轨移动。货叉位于叉车的侧面,侧面还有一货物平台。当货叉沿着门架上升到大于平台高度时,门架沿着导轨缩回,降下货叉,货物便放在叉车的平台上。无须转弯,可以直接从侧面叉取货物,适于装卸运输钢管、型材、木材、电线杆或水泥管等细长货物。见图 3-19。

6. 高位拣选式叉车

其结构特点是操纵人员可随货物一起升降,并拣选储存在两侧货架内的货物。这种叉车的主要作用是高货位拣货,适用于多品种、数量少的商品出库的拣选式高层货架仓库。见图 3-20。

图 3-19　侧插式叉车

图 3-20　高位拣选式叉车

7. 转柱式和转插式叉车

是一种无轨巷道作业设备，特点是机动灵活，转弯半径小，作业巷道窄，门架可实现正反转 90°。见图 3-21、图 3-22。

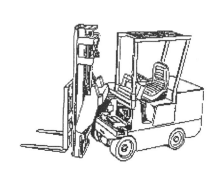

图 3-21　转柱式叉车

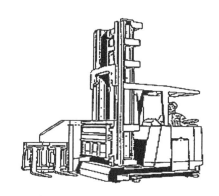

图 3-22　转插式叉车

8. 倍伸直达式叉车

具有两节伸缩臂装置，用于倍伸式货架的存取。要求货叉有足够的伸出长度来存取第 2 个托盘位置的货物。见图 3-23。

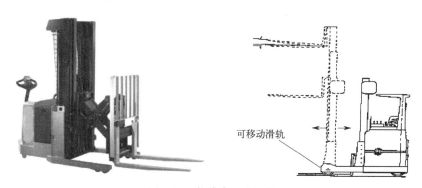

可移动滑轨

图 3-23　倍伸直达式叉车

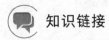

知识链接

叉车的主要技术指标

叉车的主要技术指标包括以下几个方面：

（1）负载能力 负载能力是最重要的指标，即叉车能把最重的额定负载举到特定高度的能力。

（2）最大提升高度 最大提升高度是指在额定负载下叉车能够最大提升的高度。

（3）最大提升车体高度 最大提升车体高度表示在最大提升高度时叉车的升降架顶端可达到的最高位置。

（4）行走及提升速度 动力系统的型号直接影响行走和提升速度的能力。一般在室内，叉车满载时的最大行走速度可达 18km/h，空载时最大行走速度可达 21km/h，提升速度一般在 0.3～0.5m/s。

（5）机动性 机动性表示叉车在通道内的作业能力，决定于叉车的负载长度、负载空间、叉车规格尺寸、旋转半径等因素。

（6）控制方式 一般控制方式有两部分，即驱动控制和引导控制。驱动控制和引导控制都包括机械式和电子式两种。机械式控制系统主要通过节气门踏板和连杆来控制；而电子控制系统主要依靠导线进行控制，类似于自动导引车。

（二）堆垛机

堆垛机是专门用来堆码或提升货物的机械，主要有桥式堆垛机、巷道式堆垛机等类型。

1. 巷道式堆垛机

巷道式堆垛机主要用途是在高层货架的巷道内来回穿梭运行，将位于巷道口的货物存入货格，或取出货格内的货物运送到巷道口。巷道堆垛机可以整体沿货架间的轨道水平移动，其载货平台可以沿堆垛机支架上下垂直移动，载货平台的货叉可向平台的左右方向移动，这样便可以实现所存取货物的三维移动。见图 3-24。

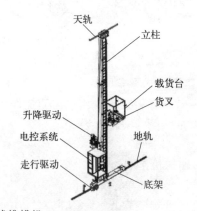

图 3-24 巷道式堆垛机

2. 桥式堆垛机

桥式堆垛机具有起重机和叉车的双重结构特点，像起重机一样，具有桥架和回转小车。桥架在仓库上方运行，回转小车在桥架上运行。同时，桥式堆垛机具有叉车的结构特点，即具有固定式或可伸缩式的立柱，立柱上装有货叉或者其他取物装置。货架和仓库顶棚之间需要有一定的空间，保证桥架的正常运行。立柱可以回转，保证工作的灵活性。回转小车根据需要可以来回运行，因此桥式堆垛机可以服务于多条巷道。桥式堆垛机的堆垛和取货是通过取物装置在立柱上运行实现的，因为立柱高度的限制，桥式堆垛机的作业高度不能太高。见图3-25。

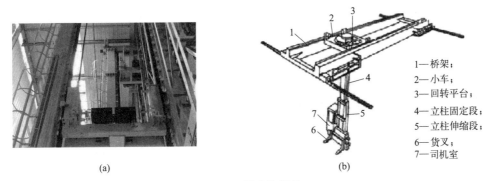

1—桥架；
2—小车；
3—回转平台；
4—立柱固定段；
5—立柱伸缩段；
6—货叉；
7—司机室

(a)　　　　　　　　　　　　(b)

图 3-25　桥式堆垛机

（三）输送机

输送机是一种沿着一定的运输路线进行连续搬运货物的机械。

1. 带式输送机

带式输送机将输送带张紧在辊柱上，外力驱动辊轮转动，带动输送机循环转动，依靠输送带与货物之间的摩擦力移动货物。带式输送机有固定式和移动式两种，可用于输送散、粒、块状货物，也常用于中小包装货物。见图3-26。

2. 辊式输送机

辊式输送机由许多定向排列的辊柱组成，辊柱可在动力驱动下在原处不停转动，以带动上置货物移动，也可以人力推动货物在辊柱上移动。其特点是承载能力强，常用于搬运包装货物、托盘集装货物，但不能搬运小散件及粒状、块状货物。见图3-27。

图 3-26　带式输送机

图 3-27　辊式输送机

3. 链式输送机

链式输送机是利用链条牵引、承载，或由链条上安装的板条、金属网带、辊道等承载货物的输送机。最简单的链式输送机由两根套筒辊子链条组成，链条由驱动链轮牵引，链条下面的导轨支撑着链节上的套筒辊子，货物直接压在链条上，随着链条的运动向前移动，经常与辊式输送机配合使用。见图3-28。

（四）搬运车

1. 人工搬运车

（1）两轮手推车　轻巧、灵活、转向方便，适合装载较轻、搬运距离较短的场合。见图3-29。

（2）四轮手推车　形式多样，有折叠式、立体多层式、升降式、登高式等多种。见图3-30。

图 3-28　链式输送机

图 3-29　两轮手推车

图 3-30　四轮手推车

2. 自动导引搬运车

自动导引搬运车也称为自动引导车是指装有自动导引装置，能够沿规定的路径行驶，在车体上还具有编程和停车选择装置、安全保护装置以及各种物料移载功能的搬运车辆。多台不同类型的、用计算机控制的自动引导搬运车组成自动导引搬运车系统，能够自动在一个位置进行物品的装载，自动行走到另一位置完成物品的卸载。见图 3-31。

图 3-31　自动导引搬运车

三、装卸搬运设备的选择依据

1. 根据作业性质和作业场合进行选择

装卸搬运作业性质和作业场合不同，需配备不同的装卸搬运设备。根据作业是单纯的装卸或单纯的搬运，还是装卸、搬运兼顾，从而可选择更合适的装卸搬运设备；作业场合不同，也需配备不同的装卸搬运设备。

2. 根据作业运动形式进行选择

装卸搬运作业运动形式不同，需配备不同的装卸搬运设备。水平运动，可配备选用卡车、牵引车、小推车等装卸搬运设备；垂直运动，可配备选用提升机、起重机等装卸搬运设备；倾斜运动，可配备选用连续运输机、提升机等装卸搬运设备；垂直及水平运动，可配备选用叉车、起重机、升降机等装卸搬运设备；多平面式运动，可配备选用旋转起重机等装卸搬运设备。

3. 根据作业量进行选择

装卸搬运作业量大小关系到设备应具有的作业能力，从而影响到所需配备的设备类型和数量。作业量大时，应配备作业能力较高的大型专用设备；作业量小时，最好采用构造简单、造价低廉而又能保持相当生产能力的中小型通用设备。

4. 根据货物种类、性质进行选择

货物的物理性质、化学性质以及外部形状和包装千差万别，有大小，轻重之分，有固体、液体之分，有散装、成件之不同，所以对装卸搬运设备的要求也不尽相同。

5. 根据搬运距离进行选择

长距离搬运一般选用牵引车和挂车等装卸搬运设备，较短距离搬运可选用叉车、跨运车等装卸搬运设备，短距离搬运可选用手推车等装卸搬运设备。为了提高设备的利用率，应当结合设备种类和特点，使行车、货运、装卸、搬运等工作密切配合。

6. 装卸搬运设备的配套

成套地配备装卸搬运设备，使前后作业相互衔接，相互协调，是保证装卸搬运工作持续进行的重要条件。因此，需要对装卸搬运设备在生产作业区、数量吨位、作业时间，场地条件、周边辅助设备上作适当协调。

【注意】应尽量选择同一类型的标准设备，以便于简化技术管理工作。

 任务实施

1. 在教师引导下，组建装卸搬运设备配置小组，选定组长，组长组织小组成员小家电仓配企业业务分析；

2. 结合所学装卸搬运设备知识，小组长组织分析讨论，并给小家电仓配企业配置合适的货架；

3. 以小组为单位展示交流；

4. 在教师引导下，选出优胜小组，教师总结提高。

任务三　分拣与包装设备

引导案例　自动分拣设备需求及技术创新

自动分拣是自动化物流的重要组成部分，通过智能分拣设备的投入，可有效提高资源利用率，提升产品时效和客户体验，因此自动分拣能力已逐渐成为仓配行业核心竞争力的重要组成部分。近几年，智能物流、智能制造等产业发展上升到国家发展战略的高度，在2021年发布的《中华人民共和国国民经济和社会发展第十四个五年规划和2035年远景目标纲要》中，明确列出了智能制造与人工智能发展方向、交通和物流的智能化升级改造，以及全国交通与物流枢纽和冷链物流设施的建设目标。

随着仓配企业降本增效的要求及满足个性化需求的不断提升，中国的物流装备行业将会进入全方位的数字化时代，物流数字化科技将会以移动技术、大数据和传感器、人工智能、物联网、云服务架构为基础，

渗透到物流各个环节中。未来的新技术、新产业、新业态和新模式，都将会围绕着数字化的应用而产生和发展。

【引例点评】 在当前电子商务盛行的时代，物流业顺势发展，形成了现代物流体系。物流企业之间的竞争在很大程度上依赖于仓配设备的应用，一方面新型的物流机械设备可以提高物流效率，降低成本；另一方面还可以提高服务质量，从而提高客户的满意度和忠诚度。自动分拣设备的研发与普及，是推动物流行业发展的重要推动力，利用自动分拣设备代替传统人工分拣方式，能够有效避免人工分拣过程中出现的误差，同时还可以节省大量人力成本。

【任务发布】 仓配企业采用自动化分拣设备会大幅度降低分拣差错率，大幅度减少人工成本，从而提高顾客满意度，获得更好的经济效益。

以小组为单位，调查当地民营快递企业自动化分拣设备使用情况，并分析原因。

 知识储备

一、分拣设备

分拣设备 是仓配企业对货物进行分类、整理的关键设备之一，主要应用于仓储、配送及流通中心。通过应用分拣机可实现物流准确、快捷地工作。因此，在仓配业被誉为"智能机器手"。从自动化效果来看，目前半自动化分拣机的效率是人工的 3 倍以上，自动化分拣机的效率是人工分拣的 6 倍以上。在一个完整的自动化物流仓配系统中，输送分拣装备是物流自动化中的关键核心设备，成本占比高达 36％。

（一）自动分拣机的构成

1. 控制装置

控制装置的作用是识别、接收和处理分拣信号，根据分拣信号的要求指示分类装置，按商品品种、按商品送达地点或按货主的类别对商品进行自动分类。这些分拣需求可以通过条形码扫描、色码扫描、键盘输入、重量检测、语音识别、高度检测及形状识别等方式，输入到分拣控制系统中去，根据对这些分拣信号判断，来决定某一种商品该进入哪一个分拣道口。

2. 分类装置

分类装置是由控制装置发出分拣指示，当具有相同分拣信号的商品经过该装置时，该装置动作，使商品改变在输送装置上的运行方向进入其他输送机或进入分拣道口。分类装置的种类很多，一般有推出式、浮出式、倾斜式和分支式几种，不同的装置对分拣货物的包装材料、包装重量、包装物底面的平滑程度等有不完全相同的要求。

3. 输送装置

输送装置的主要组成部分是传送带或输送机，其主要作用是使待分拣商品鱼贯通过控制装置、分类装置。输送装置是与分类装置柔性连接在一起的，输送装置上的物品要能准确无误、无损坏地送至指定的位置。

4. 分拣道口

分拣道口是已分拣商品脱离主输送机（或主传送带）进入集货区域的通道，一般由钢带、皮带、滚筒、容器等组成滑槽，使商品从分类装置（主输送装置）滑向集货站台或其他接口设备，在那里由工作人员将该格口的所有商品集中进行处理，或是入库储存，或是组配装车并进行配送作业。

以上四部分装置通过计算机网络联结在一起，配合人工控制及相应的人工处理环节构成一个完整的自动分拣机。

（二）自动分拣机的类型

1. 交叉带分拣机

交叉带分拣机有很多种型式，通常比较普遍的为一车双带式，即一个小车上面有两段垂直的皮带，既可以每段皮带上搬送一个包裹，也可以两段皮带合起来搬送一个包裹。在两段皮带合起来搬送一个包裹的情况下，可以通过在分拣机两段皮带方向的预动作，使包裹的方向与分拣方向相一致以减少格口的间距要求。见图3-32、图3-33。

交叉带分拣机噪声低、可分拣货物的范围广，通过双边供包及格口优化可以实现单台最大能力约每小时2万件。但造价比较昂贵，维护费用高。

图 3-32　环形交叉带分拣机　　　　　图 3-33　直线交叉带分拣机

2. 翻板式分拣机

翻板式分拣机是通过托盘倾翻的方式将包裹分拣出去的。最大能力可以达到每小时1.2万件。翻板式分拣机由托盘、倾翻装置、底部框架组成，倾翻分为机械倾翻及电动倾翻两种。见图3-34。

 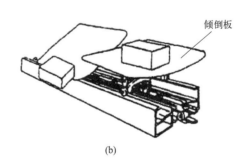

(a)　　　　　　　　　　　　　　　(b)

图 3-34　翻板式分拣机

3. 滑块式分拣机

滑块式分拣机是一种特殊形式的条板输送机。输送机的表面用金属条板或管子构成，如竹席状，而在每个条板或管子上有一枚用硬质材料制成的导向滑块，能沿条板作横向滑动。平时滑块停止在输送机的侧边，滑块的下部有销子与条板下导向杆联结，通过计算机控制，当被分拣的货物到达指定道口时，控制器使导向滑块有序地自动向输送机的对面一侧滑动，把货物推入分拣道口，从而商品就被引出主输送机。这种方式是将商品侧向逐渐推出，并不冲击商品，故商品不容易损伤，它对分拣商品的形状和大小适用范围较广，是目前一种最新型的高速分拣机。见图3-35。

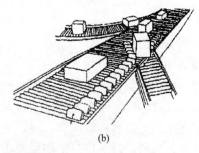

(a)　　　　　　　　　　　　　　(b)

图 3-35　滑块式分拣机

4. 挡板式分拣机

挡板式分拣机是利用一个挡板（挡杆）挡住在输送机上向前移动的商品，将商品引导到一侧的滑道排出。挡板的另一种形式是挡板一端作为支点，可作旋转。挡板动作时，像一堵墙挡住商品向前移动，利用输送机对商品的摩擦力推动，使商品沿着挡板表面移动，从主输送机上排出至滑道，见图 3-36。平时挡板处于主输送机一侧，可让商品继续前移；如挡板作横向移动或旋转，则商品就排向滑道。挡板一般是安装在输送机的两侧，和输送机上平面不相接触，即使在操作时也只接触商品而不触及输送机的输送表面，因此它对大多数形式的输送机都适用。

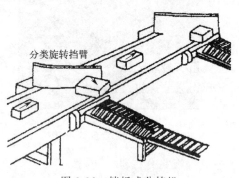

图 3-36　挡板式分拣机

5. 浮出式分拣机

（1）胶带浮出式分拣机　这种分拣结构用于辊筒式主输送机上，将有动力驱动的两条或多条胶带或单个链条横向安装在主输送辊筒之间的下方。当分拣机结构接受指令启动时，胶带或链条向上提升，接触商品底面把商品托起，并将其向主输送机一侧移出。见图 3-37。

（2）辊筒浮出式分拣机　这种分拣机用于辊筒式或链条式的主输送机上，将一个或数十个有

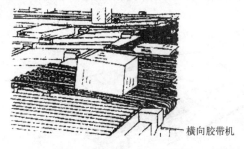

图 3-37　胶带浮出式分拣机

动力的斜向辊筒安装在主输送机表面下方，分拣机启动时，斜向辊筒向上浮起，接触商品底部，将商品斜向移出主输送机。见图 3-38。

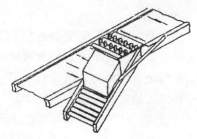

图 3-38　辊筒浮出式分拣机

6. 条板倾斜式分拣机

这是一种特殊型的条板输送机，商品装载在输送机的条板上，当商品行走到需要分拣的位置时，条板的一端自动升起，使条板倾斜，从而将商品移离主输送机。见图 3-39。商品占用的条板数随不同商品的长度而定，经占用的条板数如同一个单元，同时倾斜，因此，这种分拣机对商品的长度在一定范围内不受限制。

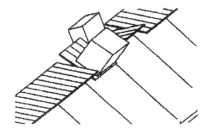

图 3-39　条板倾斜式分拣机

7. 模组带分拣机

模组带自动分拣系统由上货、拉距、扫码、分拣及落格等几大部分组成，主要由输送皮带、模组带分拣机、读码器、滑槽及 WCS 系统组成，主要应用于电商、快递、食品、饮料、服装、轻工、医药等行业的货物分拣，系统的核心部分为滚珠模组带，通过伺服驱动使万向滚珠带动货物产生横向位移，从而实现货物落入计划格口。见图 3-40。

图 3-40　模组带分拣机

8. 摆轮分拣机

摆轮分拣机又名导轮分拣、滚轮分拣、斜轮分拣，在物流分拣中得到越来越多的应用。通过可不同角度转换的输送滚轮，依据前端管理系统下发的命令，对通过的货物可按区域、快递公司、客户渠道等进行自动分流分拣。见图 3-41。

图 3-41　摆轮分拣机

9. AGV分拣机器人

AGV分拣机器人指的是基于AGV（automated guided vehicle，即自动导引小车，也被称为移动机器人）完成自动分拣的一种新型分拣方式。见图3-42。

图3-42 AGV分拣机器人

（三）主流自动分拣设备性能

目前市场上主流的自动分拣设备类型包括：模组带分拣机、交叉带分拣机、滑块式分拣机、翻板式分拣机、摆轮式分拣机和AGV分拣机器人等。主流自动分拣设备性能见表3-2。

表3-2 主流自动分拣设备性能

设备类型	性能特点	分拣物品	使用行业
交叉带分拣机	环形及直线型布局，分拣格口多	箱、盒、袋、软包、扁平件，物件规格适应性强	邮政、快递、电商、服装、医药等
滑块式分拣机	直线型布局，分拣格口数一般	箱、盒、袋，物件规格适应性一般	商超、服装、医药、快递等
翻板式分拣机	环形布局，分拣格口多	箱、盒、袋等，物件规格适应性差	邮政、快递、机场等
模组带分拣机	直线型布局，分拣格口数一般	箱、盒、袋、软包、扁平件，物件规格适应性强	邮政、快递、电商、服装、医药等
摆轮式分拣机	直线型布局，分拣格口数一般	箱、盒、袋、软包、小件，物件规格适应性较好	邮政、快递、电商、商超、医药等
AGV分拣机器人	柔性布局，分拣格口数多	箱、盒、软包等	邮政、快递、电商

（四）自动分拣设备的选用原则

在选用分拣设备时，要根据仓库、配送中心的分拣方式、使用目的、作业条件、货物类别、周围环境等条件慎重认真地选用。

1. 先进合理性原则

在当前高新技术不断发展的条件下，设备的先进性是选用时必须考虑的因素之一，只有先进的分拣设备，才能很好地完成现代配送作业。否则，使用不久就需要更新换代，就很难建立起行之有效的配送作业体制。因此，在选用分拣设备时，要尽量选用能代表该类设备发展方向的机型。同时，设备的先进性是相对的，选用先进设备不能脱离国内外实际水平和自身的现实条件，应根据实际条件，具体问题具体分析，选用有效、能满足用户要求的设备。

2. 经济实用性原则

选用的分拣设备应具有操作和维修方便、安全可靠、能耗小、噪声低、能保证人身健康及货物安全，以及投资少、运转费用低等优点。只有这样才能节省各种费用，做到少花钱、多办事，提高经济效益。

3. 兼顾上机率和设备技术经济性原则

上机率是上机分拣的货物数量与该种货物总量之比。追求高的上机率，必将要求上机分拣的货物的尺寸、质量、形体等参数尽量放宽，这将导致设备的复杂化、技术难度及制造成本增加、可靠性降低。反之，上机率过低，必将影响设备的使用效果，增加手工操作的工作量，既降低了设备的性价比，也使分拣作业的效益降低。因此，必须根据实际情况，兼顾上机率和设备技术经济性两方面因素，确定较为合理的上机率和允许上机货物参数。

4. 相容性和匹配性原则

选用的分拣设备应与系统其他设备相匹配，并构成一个合理的物流程序，使系统获得最佳经济效果。有个别配送中心购置了非常先进的自动分拣设备，但自动分拣货物与大量的人工装卸搬运货物极不相称，因而，不可能提高分拣设备利用率，整体综合效益也不高。因此，在选用时，必须考虑相容性和协调性，使分拣与其他物流环节做到均衡作业，这是提高整个系统效率和保持货物分货、配送作业畅通的重要条件。

5. 符合所分拣货物基本特性的原则

分拣货物的物理性质、化学性质及其外部形状、重量、包装等特性千差万别，必须根据这些基本特性来选择分拣设备，如浮出式分拣机只能分拣包装质量较高的纸箱等。这样，才能保证货物在分拣过程中不受损失。

6. 适应分拣方式和分拣量需要的原则

分拣作业的生产效率取决于分拣量大小及设备自身的分拣能力，也与分拣方式密切相关。因此，在选择分拣设备时，首先要根据分拣方式选用不同类型的分拣设备。其次，要考虑分拣货物批量大小，若批量较大，应配备分拣能力高的大型分拣设备，并可选用多台设备。而对于批量小，宜采用分拣能力较弱的中小型分拣设备。另外，还应考虑对自动化程度的要求，可选用机械化、半自动化、自动化分拣设备，这样既能满足要求，又能发挥设备效率。

二、包装设备

包装是连接生产与物流的桥梁。作为物流的始点，包装完成之后，产品便具有了物流的能力。在整个物流过程中，包装可发挥对产品进行保护的作用，最后实现销售。由此可见，包装在物流体系中占有极为重要的地位。

包装过程中应用的各种机器设备，被统称为包装设备，主要帮助人工来完成充填、裹包、封口等主要工序，以及与其相关的前后工序。此外，还包括在包装件上盖印、贴标签等工序。

（一）常见包装机械

1. 充填机械

充填机械是将产品按预定量充填到包装容器内的机器。主要由机身、动力机、传动机构、充填装置和控制系统组成。充填机械的类型见表 3-3。

表 3-3 充填机械的类型

充填机械类型	用途描述	适用情况
容积式充填机	将产品按预定容量充填到包装容器内的机器	适用于流体、半流体、粉末状、小粒状物料的计量充填
称重式充填机	将产品按预定重量充填到包装容器内的机器	适用于充填易吸潮、易结块、粒度不均匀、流动性能差、视比重变化大的物料
计数式充填机	将产品按预定数目充填到包装容器内的机器	适用于充填块状、片状、条状、棒状、外状、颗粒状等产品，如香皂、药片、糖果、卷烟、铅笔等
推入式充填机	用外力将产品推入包装容器内的机器	用于充填各种固体产品或成盒、成包产品
拾放式充填机	将产品拾起并从包装容器开口处上方放入容器内的机器	可用机械手、真空吸力、电磁吸力等方法来拾放产品，通常用于瓶装酒的装箱等

2. 灌装机械

灌装机械是将液体产品按预定的量填充到包装容器内的机器。一般包括常压自动灌装机、等压自动灌装机、真空自动灌装机。

（1）常压自动灌装机　常压灌装机是在大气压力下靠液体自重进行灌装。当机器处于"自动"状态，机器按设定速度，自动进行连续灌装。而当机器处于"手动"状态，操作人员踩动踏板，来实现灌装，若一直踩住不放，则也变为自动连续灌装的状态。

（2）等压自动灌装机　先向包装容器充气，使其内部气体压力和储液缸内的气体压力相等，然后将液体充填到包装容器内的机器。

（3）真空自动灌装机　真空式自动装填灌注是利用灌装机中配置的真空系统，使待灌容器处于一定的真空度，从而使贮液箱的液料在一定的压差或真空状态下注入待灌容器。

3. 封口机械

封口机械是在包装容器内盛装产品后，将容器的开口部分封闭起来的机器。为了使产品得以密封保存，保持产品质量，避免产品流失，对容器进行封口。封口机械是包装工艺中不可缺少的工序，封口的好坏直接影响到被包装产品的保质期和美观性。封口机械可分为封袋机、封瓶机、封罐机和封箱机，封箱机见图3-43。

图 3-43　封箱机

4. 裹包机械

用薄型挠性包装材料进行全部或局部裹包产品的包装设备统称为裹包机械，其共同特点是用薄型挠性包装材料将一个或多个固态物品进行裹包。裹包机械的种类繁多，功能各异。如拉伸式裹包机是使用拉伸薄膜，在一定张力下对产品进行裹包。常用于大型货件以及托盘单元货件的加固包装，也就是将产品连同托盘一起裹包。缠绕式裹包机，即用成卷的挠件包装材料对产品进行多圈缠绕膜包，一般用于单件物品或集装单元物品的裹包包装。热收缩式包装机是用热收缩薄膜对产品进行裹包封闭，然后再进行加热，使薄膜收缩后裹紧产品，常用于啤酒、饮料等瓶装物品以及其他小型物品的集合包装。

5. 贴标机械

贴标机，是以黏合剂把纸或金属箔标签粘贴在规定的包装容器上的设备。贴标签机是现代包装不可缺少的组成部分。按功能可分为平面贴标机、双面贴标机、侧面贴标机和圆周贴标机。

6. 捆扎机械

捆扎机械是利用带绳类材料将一个或若干个包件捆扎在一起的机械，属于外包装设备。捆扎材料以钢带和塑料带的应用最为普遍。

 知识拓展

仓配企业其他设备

（1）计量设备。是用于商品进出时的计量、点数，以及货存期间的盘点、检查等。如地磅、轨道秤、电子秤、电子计数器、流量仪、皮带秤、天平仪以及较原始的磅秤、卷尺等。随着仓储管理现代化水平的提高，现代化的自动计量设备将会更多地得到应用。

（2）通风采暖照明设备。通风、采暖、照明设备是根据商品仓储和仓储作业的需要而设计的。

（3）消防安全设备。是指用于仓库灭火、防火的设备。一般包括警报器、灭火机、消防泵、水池、水井、消防栓、沙土箱、水带、水枪、消防水桶及消防云梯等。

（4）养护检验设备。养护检验设备是指商品进入仓库验收和在库内保管测试、化验以及防止商品变质、失效的机具、仪器。如温度仪、测潮仪、吸潮器、烘干箱、风幕、空气调节器、商品质量化验仪器等。在规模较大的仓库这类设备使用较多。

【行业前沿】（扫描二维码可查看"自动化包装技术新发展"）

自动化包装
技术新发展

（二）包装设备的选择原则

尽管物流包装环节在生产和物流系统中都占有重要地位，国内外相关的设备商也数量众多，但由于行业特点不同，所选设备也有很大差异，所以行业集中度较低，中小设备企业占据市场主流，成为国内的典型现状。在选择物流包装设备时，要遵循一定原则。

1. 系统性原则

在物流包装设备配置、选择中用系统的观点和方法，对物流包装设备运行所涉及的各环节进行系统分析，把各个物流包装设备与物流系统总目标、其他物流设备之间、物流包装设备与操作人员之间、物流包装设备与物流作业任务等有机地结合起来，改善各个环节的机能，使物流机械设备配置、选择最佳，使物流包装设备能发挥最大的作用。

2. 适用性原则

选择包装设备时应充分注意到与物流作业的实际需要和发展规划相适应，应符合货物的特性，适应货运量的需要，适应不同的工作条件和多种作业性能要求，操作使用灵活方便。此外，药品、食品等对卫生要求十分严格，因此在选购物流包装设备时要格外注意，采用耐腐蚀、不生锈的不锈钢和铝合金材质，机器需要配备防静电、防爆等措施。另外，物流包装设备并非性能和价格越高越好，而是要在考虑自身产品升级空间的情况下，正确选择物流包装设备的类型、数量和产品的性能。

3. 技术先进性原则

配置与选择的物流包装设备能够反映当前科学技术先进成果，在主要技术性能、自动化程度、结构优化、环境保护、操作条件、现代新技术的应用等方面具有技术上的先进，并在时效性方面能满足技术发展要求。选购包装设备时，要防止购置技术上已属落后、已被淘汰的机型。

4. 低成本原则

物流包装设备的寿命周期成本低，不仅是一次购置费用低，更重要的是使用费用低。在多数情况下，物流包装设备和技术的先进性与低成本可能会发生矛盾，但在满足使用的前提下应对技术先进与经济上的耗费进行全面考虑和权衡，做出合理的判断，这就需要进一步做好成本分析。

5. 可靠性和安全性原则

物流包装设备在规定的使用时间和条件下，完成规定功能的能力，是物流设备的一项基本性能指标，主要指物流包装设备的稳定性和保持性。设备在使用过程中保证人身和货物安全以及环境免遭危害的能力，主要包括设备的自动控制性能、自我保护性能以及对误操作的防护和警示装置等。

6. 一机多用原则

配置用途单一的物流包装设备，使用起来既不方便，又不利于管理。因此，应尽量选择一机多用的物流包装设备，使一台设备可同时适宜多种作业环境的连续作业，从而减少作业环节，提高作业效率，并减少物流包装设备数量，便于物流设备管理。

7. 环保性原则

在选用物流包装设备时，应优先选择对环境污染小的绿色和节能产品。

 任务实施

1. 在教师引导下，对班级同学进行分组，每组推荐一名小组长；

2. 教师指导下，小组长组织小组成员讨论调查目的、内容及调查方法，并以此制订调查方案、设计调查问卷；

3. 小组协商，选择一家当地民营快递企业，利用业余时间依据调查方案及调查问卷进行调查；

4. 以小组为单位撰写调查报告，并在班级进行交流。

任务四　自动化立体仓库与智能无人仓

 引导案例　京东亚洲一号仓

京东亚洲一号仓是亚洲首个实现无人化操作的自动化立体仓库，在很大程度上降低了物流成本，提高了仓储作业的效率。无人操作技术主要体现在以下几个方面。首先，自动化立体仓库的基础设施配置和现代化的货架、穿梭车、识别系统、输送系统及控制系统，为无人化的运行奠定了设施基础。其次，智能机器人如同人体中的血液在全身流动一般，在仓库的各个角落工作，使整个仓库运作起来。不同的机器人有着不同的分工，例如负责搬运的 AGV 机器人，负责分拣的 Delta 机器人，还有负责货架移动的货架穿梭车等。整个物流仓储的各个环节都按照机器人的不同功能和特性，明确其作业分工。再次，人工智能算法和自动识别感应射频技术就像人的大脑和眼睛一样，分别负责信息的处理和识别。智能算法是整个无人仓库的技术核心，整个仓库的运行全部受智能算法的调配。京东亚洲一号仓让京东物流走在了行业前端，同时扩大了京东的影响力和知名度，并且实现了京东的社会责任和企业利益的双重价值。

【引例点评】在大数据、人工智能技术支持下，自动化立体仓库成为不可阻挡的潮流趋势。人工智能是当今时代发展的一个主题和热点，自动化立体仓库又是现代物流、智慧物流发展的重中之重。从提高物流仓储效率的角度出发，将人工智能技术应用到自动化立体仓库中，可以实现货物存取合理化、自动化，提高仓库空间的利用率及仓库的运转效率。

【任务发布】以小组为单位，用文案调查法，调查我国自动化立体仓库现状及发展趋势，并撰写调查报告。

 知识储备

一、自动化立体仓库

（一）自动化立体仓库的概念及组成

1. 概念

自动化立体仓库（AS/RS）是由立体货架、有轨巷道堆垛机、出入库托盘输送机系统、尺寸检测条码阅读系统、通信系统、自动控制系统、计算机监控系统、计算机管理系统以及其他如电线电缆桥架配电柜、托盘、调节平台、钢结构平台等辅助设备组成的复杂的自动化系统。运用一流的集成化物流理念，采用先进的控制、总线、通信和信息技术，通过以上设备的协调动作进行出入库作业，见图3-44。与传统仓库相比，自动化立体仓库采用立体式储存、自动化机械搬运及现代化管理的模式，具有高效、安全、成本低等优势，有利于企业可持续发展。

2. 组成

（1）高层货架　高层货架用于储存货物的钢结构。主要有焊接式货架和组合式货架两种基本形式。

（2）托盘或货箱　托盘或货箱是用于承载货物的器具，亦称工位器具。

（3）巷道堆垛机　巷道堆垛机是用于自动存取货物的设备。按结构形式分为单立柱和双立柱两种基本形式；按服务方式分为直道、弯道和转移车三种基本形式。

图 3-44　自动化立体仓库

（4）输送机系统　输送机系统是立体库的主要外围设备，负责将货物运送到堆垛机或从堆垛机将货物移走。输送机种类非常多，常见的有辊道输送机、链条输送机、升降台、分配车、提升机、皮带机等。

（5）AGV 系统　AGV 系统即自动导向小车。根据其导向方式分为感应式导向小车和激光导向小车。

（6）自动控制系统　自动控制系统是驱动自动化立体库系统各设备的自动控制系统。主要以采用现场总线方式为控制模式。

（7）储存信息管理系统　储存信息管理系统亦称中央计算机管理系统。是全自动化立体库系统的核心。典型的自动化立体库系统均采用大型的数据库系统（如 Oracle，Sybase 等）构筑典型的客户机/服务器体系，可以与其他系统（如 ERP 系统等）联网或集成。

（二）自动化立体仓库的分类

1. 按建筑形式划分

（1）整体式　整体式是指货架除了储存货物以外，还作为建筑物的支撑结构，构成建筑物的一部分，即库房货架一体化结构，一般整体式高度在 12m 以上。这种仓库结构重量轻，整体性好，抗震好。

（2）分离式　分离式储存货物的货架在建筑物内部独立存在。分离式高度在 12m 以下，但也有 15～20m 的。适用于利用原有建筑物作库房，或在厂房和仓库内单建一个高货架的场所。

2. 按照货物存取形式划分

（1）单元货架式　是常见的仓库形式。货物先放在托盘或集装箱内，再装入单元货架的货位上。

（2）移动货架式　由电动货架组成，货架可以在轨道上行走，由控制装置控制货架合拢和分离。作业时货架分开，在巷道中可进行作业；不作业时可将货架合拢，只留一条作业巷道，从而提高空间的利用率。

（3）拣选货架式　拣选货架式中分拣机构是其核心部分，分为巷道内分拣和巷道外分拣两种方式。"人到货前拣选"是拣选人员乘拣选式堆垛机到货格前，从货格中拣选所需数量的货物出库。"货到人处拣选"是将存有所需货物的托盘或货箱由堆垛机至拣选区，拣选人员按提货单的要求拣出所需货物，再将剩余的货物送回原地。

3. 按货架构造划分

（1）单元货格式　单元货格式类似单元货架式，巷道占去了三分之一左右的面积。

（2）贯通式货架式　是为了提高仓库利用率，可以取消位于各排货架之间的巷道，将个体货架合并在一起，使每一层、同一列的货物互相贯通，形成能一次存放多货物单元的通道，而在另一端由出库起重机取货，成为贯通式仓库。根据货物单元在通道内的移动方式，贯通式仓库又可分为重力式货架仓库和穿梭小车式货架仓库。重力式货架仓库每个存货通道只能存放同一种货物，所以它适用于货物品种不太多而数量又相对较大的仓库。梭式小车可以由起重机从一个存货通道搬运到另一通道。

（3）水平旋转货架式　这类仓库本身可以在水平面内沿环形路线来回运行。每组货架由若干独立的货柜组成，用一台链式传送机将这些货柜连起来。每个货柜下方有支撑滚轮，上部有导向滚轮。传送机运转时，货柜便相应运动。需要提取某种货物时，只需在操作台上给予出库指令。当装有所需货物的货柜转到出货口时，货架停止运转。这种货架对于小件物品的拣选作业十分合适。它简便实用，充分利用空间，适用于作业频率要求不太高的场合。

（4）垂直旋转货架式　垂直旋转货架式与水平旋转货架式仓库相似，只是把水平面内的旋转改为垂直面内的旋转。这种货架特别适用于存放长卷状货物，如地毯、地板革、胶片卷、电缆卷等。

二、智能化无人仓

1. 智能化无人仓概念

无人仓指的是货物从入库、上架、拣选、补货，到包装、检验、出库等物流作业流程全部实现无人化操作，是高度自动化、智能化的仓库。无人仓是现代信息技术应用在商业领域的创新，实现了货物从入库、储存到包装、分拣等流程的智能化和无人化。

2. 智能化无人仓核心技术

无人仓的目标是实现入库、储存、拣选、出库等仓库作业流程的无人化操作，这就需要具备自主识别货物、追踪货物流动、自主指挥设备执行生产任务、无须人工干预等条件。此外还要有一个"智慧大脑"，针对无数传感器感知的海量数据进行分析，精准预测未来的情况，自主决策后协调智能设备的运转，根据任务执行反馈的信息及时调整策略，形成对作业的闭环控制，即具备智能感知、实时分析、精准预测、自主决策、自动控制、自主学习的特征。

3. 无人仓的主要构成

（1）硬件　硬件对应储存、搬运、拣选、包装等环节有各类自动化物流设备，其中，储存设备典型代表是自动化立体库；搬运典型设备有输送线、AGV（自动导引运输车）、穿梭车、类 Kiva 机器人、无人叉车等；拣选典型设备有机械臂、分拣机（不算自动化设备）等；包装典型设备有自动称重复核机、自动包装机、自动贴标机等。

（2）软件　软件主要是仓库控制系统 WCS 和仓库管理系统 WMS。图 3-45、图 3-46 为京东无人仓情景。

图 3-45 京东无人仓

图 3-46 无人仓机械手在工作

4. 无人仓主要应用领域

（1）劳动密集型且生产波动比较明显的行业，如电商仓储物流，对物流时效性要求不断提高，受限于企业用工成本的上升，尤其是临时用工的难度加大，采用无人技术能够有效提高作业效率，降低企业整体成本。

（2）劳动强度比较大或劳动环境恶劣的行业，如港口物流、化工企业，通过引入无人技术能够有效降低操作风险，提高作业安全性。

（3）物流用地成本相对较高的企业，如城市中心地带的快消品批发中心，采用密集型自动储存技术能够有效提高土地利用率，降低仓储成本。

（4）作业流程标准化程度较高的行业，如烟草、汽配行业，标准化的产品更易于衔接标准化的仓储作业流程，实现自动化作业。

（5）对于管理精细化要求比较高的行业，如医药行业、精密仪器，可以通过软件＋硬件的严格管控，实现更加精准的库存管理。

【课堂阅读】扫描二维码可查看 5G 智能无人仓成黑科技"顶流"，物流行业数字化转型正当时。

【案例阅读】扫描二维码可查看京东亚洲一号：国内智能仓储行业的标杆。

5G 智能无人仓成黑科技"顶流"，物流行业数字化转型正当时

京东亚洲一号：国内智能仓储行业的标杆

📚 **拓展阅读**

仓配企业安全作业的基本要求

仓储安全作业的基本要求包括人力作业和机械作业两方面内容。

1. 人力作业的安全操作要求

由于人工作业方式受到作业人员的身体素质、精神状况和感知能力、应急能力等多种因素的影响，因此必须做好作业人员的安全作业管理工作，具体要求如下：

（1）仅在合适的作业环境和负荷条件下进行作业。人工作业现场必须排除损害作业人员身心健康的因素。

（2）对于存在潜在危险的作业环境，作业前要告知作业人员，让其了解作业环境，尽量避免作业人员身处或接近危险因素和危险位置。

（3）人力作业仅限制在轻负荷的作业，不超负荷作业，人力搬运商品时要注意商品标重，一般来说，男性员工不得搬举超过 80kg 的商品，女性员工搬运负荷不得超过 25kg，集体搬运时每个人的负荷不得超过 40kg。

（4）尽可能采用人力机械作业。人力机械承重也应在限定的范围，如人力绞车、滑车、拖车、手推车等不超过 500kg。

（5）做好作业人员的安全防护工作。作业人员要根据作业环境和接触的商品性质，穿戴相应的安全防护用具，携带相应的作业用具，按照规定的作业方法进行作业，不得使用自然滑动、滚动和其他野蛮作业方式。

（6）作业时注意人工与机械的配合，在机械移动作业时人员须避开移动的商品和机械。

（7）只在适合作业的安全环境进行作业。作业前应使作业员工清楚明白作业要求，让员工了解作业环境，指明危险因素和危险位置。

（8）作业现场必须设专人指挥和进行安全指导。安全人员要严格按照安全规范进行作业指挥。

（9）指导人员避开不稳定货垛的正面、运行起重设备的下方等不安全位置进行作业。在作业设备调整时应暂停作业，适当避让。发现作业现场存在安全隐患时，应及时停止作业，消除隐患后方可恢复作业。

（10）合理安排作息时间。为保证作业人员的体力和精力，每作业一段时间应作适当的休息，如每作业 2 小时至少有 10 分钟休息时间，每 4 小时有 1 小时休息时间，还要合理安排吃饭、喝水等生理活动的时间。

2. 机械作业的安全要求

机械安全作业管理的内容主要是注意机械本身状况及可能对商品造成的损害。具体要求如下：

（1）在机械设备设计负荷许可的范围内作业。作业机械设备不得超负荷作业，危险品作业时还需减少负荷 25％作业。

（2）所使用的设备应无损坏，特别是设备的承重机件，更应无损坏，符合使用的要求，不得使用运行状况不好的机械设备作业。

（3）使用合适的机械、设备进行作业。尽可能采用专用设备作业，或者使用专用工具。使用通用设备，必须满足作业需要，并进行必要的防护，如货物绑扎、限位等。

（4）设备作业要有专人进行指挥。采用规定的指挥信号，按作业规范进行作业指挥，移动吊车必须在停放稳定后方可作业。

（5）叉车不得直接叉运压力容器和未包装货物。

（6）移动设备在载货时需控制行驶速度，不可高速行驶。货物不能超出车辆两侧 0.2m，禁止两车共载一物。载货移动设备上不得载人运行。

🕐 任务实施

1. 在教师的引导下，学生组建自动化立体仓库发展状况调研小组；

2. 教师介绍文案调查法以及调查报告知识；

3. 小组长组织设计文案调查方案；

4. 小组完成市场调查报告；

5. 课堂交流分享，选出优胜组，教师总结提高。

🔄 理论测试

一、单项选择题

1. 层架按照存储货物的（　　）分类，分为轻型、中型和重型。

A. 规格　　　　　　　B. 型号　　　　　　　C. 复杂性　　　　　　D. 重量级

2. （　　）货架是专门用于存放堆码在托盘上的货物的传统货架。

A. 移动式货架　　　B. 悬臂式货架　　　C. 托盘货架　　　　D. 旋转式货架

3. 自动分拣系统的核心是（　　）。

A. 供件系统　　　　B. 分拣系统　　　　C. 下件系统　　　　D. 控制系统

4. 旋转式货架有多种形式，按照旋转角度的不同，可以分为垂直旋转式和（　　）两种。

A. 斜向旋转式　　　B. 整体旋转式　　　C. 分层旋转式　　　D. 水平旋转式

5. 与传统仓库相比，自动化立体仓库采用立体式储存、自动化机械搬运及现代化管理的模式，具有高效、安全、（　　）等优势。

A. 成本高　　　　　B. 成本低　　　　　C. 对员工素质要求高　　D. 技术复杂

二、多项选择题

1. 货架的基本功能是（　　）。

A. 便于储存规格复杂多样的货物　　　　B. 有效保护货物

C. 提高仓库空间的利用率　　　　　　　D. 减少装卸搬运的投入

2. 层架的构成是（　　）。

A. 立柱　　　　　　B. 横梁　　　　　　C. 层板　　　　　　D. 托盘

3. 仓库中常用的叉车有（　　）。

A. 平衡重式叉车　　B. 前移式叉车　　　C. 侧面式叉车　　　D. 窄通道叉车

4. 装卸搬运作业水平运动，可配备选用（　　）等装卸搬运设备。

A. 卡车　　　　　　B. 牵引车　　　　　C. 小推车　　　　　D. 旋转起重机

5. 无人仓搬运典型设备有输送线、（　　）等。

A. AGV　　　　　　B. 穿梭车　　　　　C. 类 Kiva 机器人　　D. 无人叉车

三、判断题

1. 悬臂式货架广泛应用在储存长形货物的仓库中。（　　　）

2. 重力式货架主要用于储存整批纸箱包装商品和托盘货物。（　　　）

3. 在自动分拣系统中，计算机控制器向分拣机的各个执行机构传递分拣信息，控制整个分拣系统的指挥中心，是自动分拣机的主体。（　　　）

4. 链板输送机适用于运送单元货物，特别适用于矩形条板箱或纸板箱。（　　　）

5. AGV 系统即自动导向小车。根据其导向方式分为感应式导向小车和激光导向小车。（　　　）

四、综合案例分析

某光电科技有限公司的仓储管理

某光电科技有限公司位于广东惠州金源工业区，是一家专业照明器与电气装置产品制造商，它是行业龙头企业。为了适应新形势下的战略发展需要，公司对客户关系网络进行了整合，在全国各地成立了 35 个运营中心，完善了公司供应链系统、物流仓储与配送系统以及客户服务系统。该公司总部共有成品仓库 3 个，分别是成品一组仓库、成品二组仓库和成品三组仓库。它们是按产品的型号不同而将产品分放在不同的仓库：其中成品一组仓库位于一楼，目的是方便进出货，所以它那里存放的货物相对种类比较多一点，如筒灯、灯盘等，并且所有的外销品也存放在一组。成品二组仓库储存的主要是路轨灯、金卤灯、T4 灯、T5 灯以及光源。公司的几大光源都存放在成品二组仓库。成品三组仓库主要存放特定的格栅灯、吸顶灯、导轨灯以及别的公司的一些产品。

1. 仓库储存空间

该公司的产品销售好，仓库的出入库频率大，货品流量很大。该公司的仓库空间布局是上货架存放货物，立体的空间利用率不高，所以仓库的机械化程度不是很高，仓库内只有叉车，包括手动叉车和电动叉车。仓库的作业方法，一般都用叉车，很少用人力，用物资收发卡收发货物，每一次的收发货都会在物资收发卡上做登记，很方便平时查货等的一些后续工作，从目前的工作结果看来效率还是比较高的，作业还是比较方便的。所以整体上看该公司仓库的作业方法还是比较合理的。而仓库平时经常会因为储存空间不够用而将货物存放在作业空间的位置上。特别是在产品的销售旺季时，仓库产品存放特别拥挤，在里面工作有压抑的感觉，所以仓库的作业环境不怎么合理。该公司仓库中，物理空间占了整个仓库的75%以上；潜在利用空间占10%左右；作业空间占10%左右，因为该公司的仓库机械化不高，所以作业空间小点并没有什么影响，它的安全间隙还是基本符合要求的；仓库无用空间占5%左右。

2. 货位管理

该公司的仓库货位管理的储存方式是采用定位储存的原则。定位储存是指每一类或每一个储存货品都有固定货位，货品不能互用货位。所以，在规划货位时，每一项货品的货位容量不得小于其可能的最大在库量。在该仓库的货位管理中，把理论与实际相结合，实行了定位定点、定量管理的原则，因此，它的货位容量不是全部按照最大在库量进行定位的，因为该公司的产品是属于季节性差异比较大的产品，如果按照最大在库量设定就会使仓库的空间利用率下降，从而出现浪费资源的情况。

另外，该公司在仓储管理的货位分配上也有一些原则：（1）先进先出原则，即是先入库的货品先出库的原则，该原则一般适用于寿命周期短的货品。（2）面对通道原则，即指将货品的标志、名称面对通道摆放，以便让作业员容易简单地辨识，这样可以使货品的存、取能够容易且有效率地进行，这也是使仓库内能流畅作业的基本原则。（3）重量特性原则，即指按照货品重量的不同来决定货品在保管场所的高低位置。一般而言，重物应该保管于地面上或货架的下层位置，轻的货品则保管于货架的上层位置。如果是以人工进行搬运作业的时候，人的腰部以下的高度用于保管重物或大型货品，而腰部以上的高度则用来保管轻的货物或小型货品。这个原则，对于采用货架的安全性及人工搬运的作业有很大的意义。根据这个原则，该公司的仓库备货就采用了摘果式。这种方式，对于该公司对仓储要求的现状来说，是非常合理的，而且对于工作人员来说也是很方便的。

该公司在仓储管理的过程中也会有问题，比如在实际的操作中，有些操作人员不注意、不仔细、不小心使得一些原则执行得不够好。在公司产品的销售旺季，仓库的货位管理会出现混乱局面，有些产品还会存放在作业通道和安全通道上，这样不利于作业，特别影响仓库作业人员的安全，存在安全隐患。

思考：

1. 结合案例，提炼现代仓储管理方法及原则。

2. 分析该公司仓库空间利用水平，并给出解决建议。

3. 按照该公司的产品及仓库现状，全部使用定位储存原则合理吗？为什么？

4. 销售旺季，仓库的货位管理及作业出现混乱局面，应如何改善？

智慧仓配运营实施篇

项目四　仓储规划与设计

知识 目标	◇ 理解仓储规划与设计的原则。 ◇ 掌握仓库中常用的规划布局、空间利用、堆码衬垫等方法。 ◇ 掌握货物储存策略及原则。 ◇ 掌握仓库动线类型。
技能 目标	◇ 会根据要求进行仓库布局规划。 ◇ 会制定储存规划。 ◇ 会选择储存策略。 ◇ 会进行仓库货物堆垛设计。
职业 素养 目标	◇ 培养工作过程中的整体规划能力。 ◇ 培养数据分析能力。 ◇ 具有细致严谨的工作态度。 ◇ 具有敬业和吃苦耐劳的工作精神。

岗课赛证融通说明

　　本项目内容是仓储管理人员应具备的基础知识；对接物流管理1＋X职业技能等级证书（中级）考核中仓储空间布局的类型、功能区域划分，仓库动线的内涵、类型，仓储动线设计与空间规划，制定储存规划，确定储存策略等部分需要掌握的理论考点和实操考点；对接物流服务师国家职业技能标准（2020年版）中仓库布局的方法，仓库布局的设计等知识要求；对接全国职业院校技能大赛——智慧物流作业方案设计与实施赛项中物动量ABC分类、地坪荷载分析，功能区设置描述与分析，动线设计，仓库布局设计等部分的内容，全国物流服务师职业技能竞赛中智慧仓规划与设计模块。

任务一　仓库布局规划与设计

引导案例　某物流配送中心介绍

配送中心依托现代化物流管理信息系统，组成了一套完善的仓储配送体系。中心拥有50名员工，7300多平方米的库区。配送中心作业区域划分主要包括入库区、托盘储存区、出库区、拣货区、设备存放区、办公区等区域。如图4-1所示。

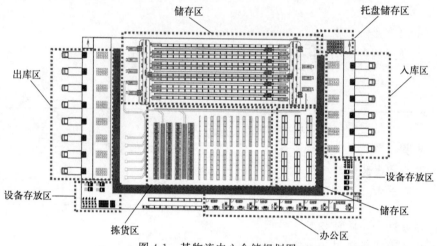

图4-1　某物流中心仓储规划图

1. 入库区

在这个区域里完成接货及入库前的工作，如接货、卸货、清点、检验、分类入库准备等。所有入库的货物均需上架到一级库区（立体库区或普通货架区）。

配送中心的东西两侧，建有装卸平台；站台高出室外道路1.2米，当厢式卡车尾部停靠站台时，车厢抱垫板与站台面基本上处于同一平面，将商品的装卸作业变成水平移动，大大减少了装卸作业环节和劳动强度。

2. 托盘储存区

包括了两种类型的货架，立体仓库和普通托盘货架，为主要的货物储存区域。大多数货物存放在立体仓库区域，少量货物存放在普通托盘货架储存区域，主要用来存放有特殊保管需求的货物。

3. 出库区

在这个区域里，按客户需要，将配好的货暂存等待外运；根据每个客户的发货状况决定配车方式、装配方式，然后直接装车运输。

4. 拣货区

拣货区有电子标签货架和普通平板货架两种储存设备，两种货架对应了不同的拣货方法，有不同的效率，合理地安排货物存放的拣货货位，有利于提高仓库出库的运作效率。

5. 设备存放区

用于存放仓库中常用的物流设备，包括手推车、拣货台车、地牛、电动叉车、托盘等设备。

6. 办公区

日常办公区域，包含仓储部、配送部、财务部、客服部、会议室、总经理办公室等。

【引例点评】仓库布局的核心工作就是对仓库实施空间管理，在方便进出库作业的前提下提高仓库库区的空间利用率，从而降低物品的仓储运作成本。

【任务发布】如何根据物流企业已有条件完成仓库库区布局的设计，在能够满足业务需求的基础上充分考虑效率、成本及安全问题？

知识储备

仓库布局规划与设计是仓储运营之前首先需要解决的问题。仓库布局规划与设计就是通过合理规划库区对库存进行分类保管，建立保管秩序，对物品进行定置管理，实现"物得其所，库尽其用"的管理目标。这是一个仓库空间利益和库存物品处置成本之间如何进行平衡的问题。它不仅直接影响仓库的进库作业的流畅性，还将直接对进出库作业和保管作业的成本产生影响。仓库储存规划主要包括仓库货区布局、空间利用以及堆码衬垫等内容。

一、仓库布局规划与设计的原则

仓库布局是在一定区域或库区内，对仓库的数量、规模、地理位置和仓库设施、道路等各要素进行的科学规划和总体设计。应在充分利用现有仓库内部空间的情况下，根据储存物资特点、公司财务状况、市场竞争环境和顾客需求情况来适时改变仓库布局。仓库布局的目的是充分利用有限资源，有效提高仓储作业效率和服务水平，在保障存货安全的前提下提高企业经济效益。由此仓库布局一般考虑以下三方面的原则：

1. 适合作业流程

要适合仓库作业流程需要做到单一的物流方向，最短的运送距离，最少的装卸环节，最大的利用空间，有利于仓储作业的正常进行。

2. 提高经济效益

因地制宜，充分考虑可用空间等条件，结合平面布置与竖向布置相适应原则，保证仓库的充分利用。

3. 保证安全生产

仓库配有防火、防盗等设施设备，以保证库内作业的安全。

二、仓库总体布局构成

仓库通常由生产作业区、辅助生产区、行政生活区三部分组成。

1. 生产作业区

生产作业区是仓库的主体部分，是商品储运活动的场所，主要包括储货区、铁路专用线、道路、装卸台等。

2. 辅助生产区

辅助生产区是为商品储运保管工作服务的辅助车间或服务站，包括车库、变电室、油库、维修车间、包装材料车间等。

3. 行政生活区

行政生活区是仓库行政管理机构和生活区域。一般设在仓库入库口附近，便于业务接洽和管理，行政生活区与生产作业区应分开并保持一定距离，以保证仓库的安全及行政办公和居民生活的安静。

三、仓库功能区划分

一般来说仓库分为以下几个功能区域，包括收货区、发货区、仓储区、拣选区、辅助区（包括叉车等搬运工具临时存放区、托盘及物流箱存放）、办公区。

1. 收货区

收货区是到库物品入库前核对检查及进库准备的区域，包括收货月台、收货理货区。收货月台用于车辆停靠、卸车，收货理货区用于计数、拆/组托、收货检验、粘贴条码等。收货区一般靠近在仓库主大门附近，其主要职能是卸货、验收、搬运、入库、登账。

2. 发货区

发货区是出库物品出库前核对检查及出库准备的区域，包括发货月台、发货理货区。发货月台用于车辆停靠、装车，发货理货区用于理货点检。发货区主要职能是出库复核、合流，点货上车。

3. 仓储区

仓储区是仓库储存货品，进行整件拣选的区域。仓储区是仓库的主体和核心，是物资管理活动的主要场所，区内通常设有储存、搬运、消防、警卫等设施。

4. 拣选区

拣选区也叫"零拣区"，在这里存放的商品都是拆掉外箱，按件存放的。拣选区依据客户订单，对在库商品进行拣选、理货操作，拣选区的设置有利于提高物流作业效率和仓库利用率。

5. 辅助区

辅助区包括叉车等搬运工具临时存放区、托盘及物流箱存放区，主要用于叉车等搬运工具的临时存放和托盘及物流箱的临时周转。

6. 办公区

办公区是跟踪物品的接收、入库、保管、出库的所有管理工作。一般采用集中式布置，规划在仓库的主要出入口处并与仓储作业区用隔墙隔开。

四、仓库动线设计

在仓库管理中，主要的工作包括货物验收入库、储存保管、流通加工、备货拣选、出库发货等，而安排这些工序的位置，决定了一件货物在仓库的运动路线，这个运动路线就是所谓的**仓库物流动线**。仓储动线的设计是整个仓储物流中心运行的基础，合理的动线设计才能让仓储系统运转得更加有效。

仓库区域动线优化遵循的**基本原则**是"不迂回、不交叉"。其中**"不迂回"**的目的是防止无效搬运，**"不交叉"**的目的是避免动线冲突，给搬运带来安全隐患。为了使线设计最优化，需要根据行走距离最小原则来进行精确的计算，但常常受限于缺乏准确、充分的数据，因此在实际操作中，往往根据货物整体的进出货特性选择合适的动线类型。常见的动线类型有 U 形动线、I 形动线、L 形动线、S 形动线。

1. U 形动线

U 形动线是指货物的进货区和出货区设置在仓库的同一侧，如图 4-2 所示。货物的进—存—出形成了一个类似倒 U 字形的移动路线。在传统仓储中，经常会将入库月台和出库月台合并为进出库月台，作为货物出入作业公用，也属于 U 形动线。U 形动线**特点**：月台资源能综合运用；适合越库作业的进行；使用同一通道供车辆出入；易于控制货物安全。

U 形动线的仓库各功能区的运作范围经常重叠，交叉点也比较多，容易降低运作效率。另外，由于进出物流中心的货物在同一个货台上进行收发，容易造成混淆，特别是在繁忙时段及处理类似货物的情况下。解决的方法可以是组建不同操作人员小组，分别负责货物出、入库事宜。

由于 U 形动线的出入库月台集中在同一边，只需在物流中心其中一边预留货车停泊及装卸货车道，一方面，可以更有效利用物流中心外围空间；另一方面，也可以集中货台管理，减少货台监管人员数目。对于地少、人工费高的情况下，仓库采用 U 形动线的设计是最常见的。

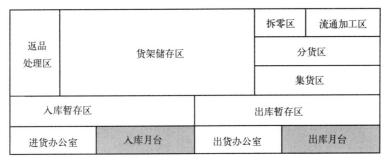

图 4-2　仓库 U 形动线布置示意图

2. I 形动线

I 形动线是指货物的进货区和出货区设置在仓库的相对两侧，如图 4-3 所示。货物的进—存—出形成了一个类似 I 字形的移动路线。I 形动线**特点**：可以应对进出货高峰同时发生的情况；常用于接收相邻加工厂的货物，或用不同类型的车辆来出货和发货；适用于无库存的转运中心。

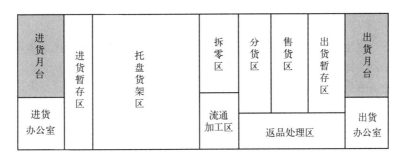

图 4-3　仓库 I 形动线布置示意图

I 形动线的仓库拥有独立的出、入库月台，分别分布在仓库的相对两侧，直入直出。由于 I 形物流中心的运作流向是呈直线形的，各运作动线平行性进行，因此无论是人流或是物流，相互碰撞的交叉点相对来说是最少的，可降低操作人员和物流搬运车相撞的可能性。

I 形物流中心存在的最大问题是出、入库月台相距较远，增加货物的整体运输路线，降低效率，但是由于直线形的流程较为简单，操作人员比较容易适应，可以弥补该方面的不足。此外，由于出入库月台分布在仓库两旁，需最少两队保安小组负责两个货台的监管，增加了人员投入及运作成本。I 形动线的仓库特别适合一些快速流转的货物，进行集装箱或是货物转运业务。

3. L 形动线

L 形动线指货物的进货区和出货区设置在仓库的相邻两侧，如图 4-4 所示。货物的进—存—出形成了一个类似 L 字形的移动路线。L 形动线**特点**：可以应对进出货高峰同时发生的情况；可同时处理出入库高频率和低频率的货品；适用于流通加工中心。

需要处理快速货物的仓库通常会采用 L 形的概念设计，把货物出入仓库的途径缩至最短，货物流向呈 L 形。L 形动线的仓库与 I 形动线的仓库有些类似，同样拥有两个独立货台，较少碰撞交叉点，适合处理快速流转的货物。

L 形动线的仓库存在的限制之一是除了 L 形流向范围内的货物外，其他功能区的货物的出入效率会相对地降低。因此，采用这种类型的仓库设计通常是同时处理"快流"及"慢流"的货物，把"快流"的货物储存在 L 形流向范围内，把"慢流"的货物储存在 L 形流向范围外，按货物的搬运频率有效利用仓库内的各功能区。

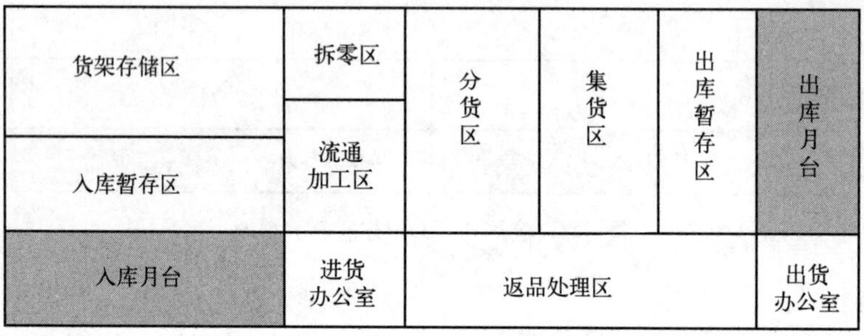

货架存储区	拆零区	分货区	集货区	出库暂存区	出库月台
入库暂存区	流通加工区				
入库月台	进货办公室	返品处理区			出货办公室

图 4-4　仓库 L 形动线布置示意图

4. S 形动线

S 形动线是需要经过多步骤处理的货品采取的动线方式，如图 4-5 所示。S 形动线特点：可以满足多种流通加工等处理工序的需要，且在宽度不足的仓库中作业；可与 I 形动线结合在一起使用。

物流动线就是确定货物的摆放位置，让仓库在仓库的"行走"路径尽可能短、直接，不重复运动即可，在设计物流动线时要根据具体仓库的结构、货物的种类来设计，没有固定的标准，例如价值贵重的货品，发货量也大，考虑安全的因素，可以放到远离仓库的进出库口。

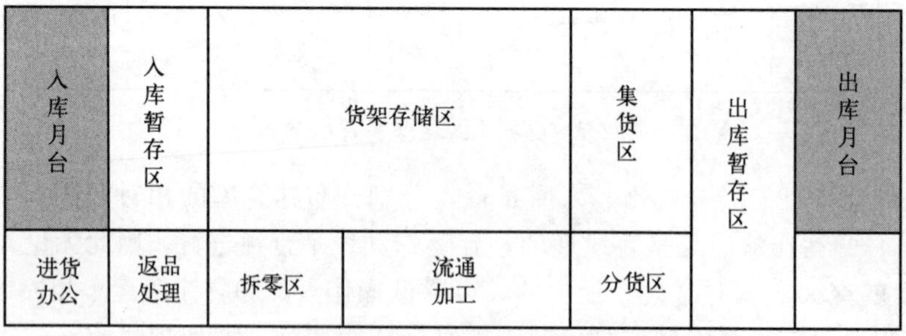

入库月台	入库暂存区	货架存储区	集货区	出库暂存区	出库月台
进货办公	返品处理	拆零区	流通加工	分货区	

图 4-5　仓库 S 形动线布置示意图

五、仓库货区规划与设计

仓库货区规划与设计是指根据仓库场地条件、仓库业务性质和规模、物资储存要求以及技术设备的性能和使用特点等因素，对仓库各组成部分，如存货区、理货区、配送备货区、通道以及辅助作业区等，在规定的范围内进行平面和立体的合理安排和布置，最大限度地提高仓库的储存能力和作业能力，并降低各项仓储作业费用。仓库的货区布局和规划，是仓储业务和仓库管理的客观需要，其合理与否直接影响到各项工作的效率和储存物资的安全。因此，不但建设新仓库时要重视仓库货区的合理布置，随着技术的进步和作业情况的变化，也应重视对老仓库进行必要的改造。

货区布局的目的：一方面是提高仓库平面和空间利用率，另一方面是提高物品保管质量，方便进出库作业，从而降低物品的仓储处置成本。

（一）仓库货区规划与设计的基本思路

（1）根据物品特性分区分类储存，将特性相近的物品集中存放；

（2）将单位体积大、单位质量大的物品存放在货架底层，并且靠近出库区和通道；

（3）将周转率高的物品存放在进出库装卸搬运最便捷的位置；

（4）将同一供应商或者同一客户的物品集中存放，以便于进行分拣配货作业。

（二）仓库货区布局的基本形式

1. 垂直式布局

垂直式布局是指货垛或货架的排列与仓库的侧墙互相垂直或平行，具体包括横列式布局、纵列式布局和混合式布局三种形式。

（1）横列式布局

横列式布局是指货位、货架或货垛的长度方向与仓库的侧墙互相垂直布置。这种布局的主要特点是：主通道长且宽，副通道短，整齐美观，便于存取查点，通风和采光良好，但仓容利用率较低。如图4-6所示。

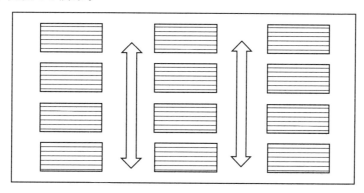

图4-6 仓库横列式布局

（2）纵列式布局

纵列式布局是指货位、货架或货垛的长度方向与仓库侧墙平行布置。这种布局的特点是仓容利用率较高，主干道货位利于存放周转期短的物品，支干道货位利于存放周转期长的物品，但不利于通风、采光及机械化作业。如图4-7所示。

（3）混合式布局

混合式布局是指横列式和纵列式在同一库房内混合布置货位或货架的一种形式，其兼有上述两种布局方式的特点，混合式是最常用的一种方式。如图4-8所示。

2. 倾斜式布局

倾斜式布局是指货垛或货架与仓库侧墙或主通道呈60°、45°或30°夹角。具体包括货垛

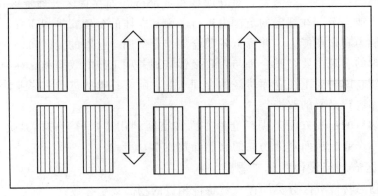

图 4-7 仓库纵列式布局

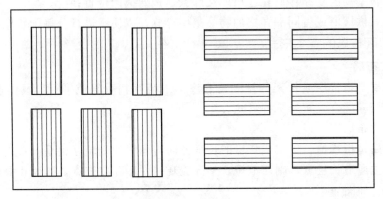

图 4-8 混合式布局

倾斜式布局和通道倾斜式布局两种形式。

（1）货垛倾斜式布局

货垛倾斜式布局是横列式布局的变形，它是为了便于叉车作业、缩小叉车的回转角度、提高作业效率而采用的布局方式。如图 4-9 所示。

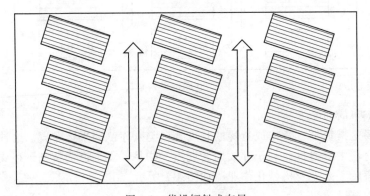

图 4-9 货垛倾斜式布局

（2）通道倾斜式布局

通道倾斜式布局是指仓库的通道斜穿保管区，运输通道与库墙成一锐角，而货垛垂直于库墙排列。把仓库划分为具有不同作业特点的保管区，如大量储存和少量储存的保管区等，以便进行综合利用。这种布局方式的特点是仓库内形式复杂，货位和进出库路径较多。如图 4-10 所示。

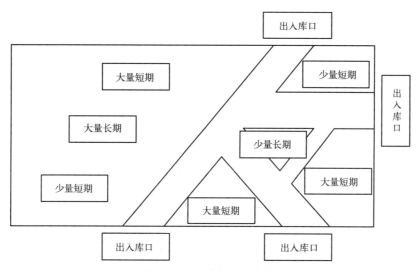

图 4-10　通道倾斜式布局

 任务实施

根据所给信息设计仓库布局

某仓库的两个货区布置设计者在仓库货区平面设计时发生了争执，王工程师说该仓库所处位置地势较低，所以货区布置该将仓库的这一劣势改变，需要设计通风和采光较好的布局。而张工程师说该仓库中储存的商品分类非常明显，应该采用能够区分进出频繁程度的布局安排货位。两人争执不休。

1. 如果是你，你会怎么做？请将你的设计图画出。
2. 画出王工程师想要的货区布局设计图。
3. 画出张工程师想要的货区布局设计图。

任务二　仓库储位规划与管理

引导案例

M 企业仓储部门采用常规的出入库方式，坚持以搬运距离最短为原则。在入库时由最靠近入口端向最靠近出口端依次入库，即按照入库距离最近原则，首先入库的储位是最靠近入库端的空置储位，然后是次靠近入库端的空置储位，按此规律依次类推入库；在出库时由最靠近出口端向最靠近入口端依次出库，即按照出库距离最近原则，首先出库的是最靠近出库端的占用储位，然后是次靠近出库端的占用储位，按此规律依次类推出库。这种常规储位安排的方式有哪些利弊？

【引例点评】常规出入库方式虽然实现了运输距离的经济化，但却带来了更为严重的问题，阻碍了库存货品的先进先出，造成特定储位货品的长时间积压，影响货品品质。

【任务发布】仓库储位规划与管理是探究如何将储位合理地安排，以便最快地存放、提取货物，从而实现仓库货物搬运时间最优和空间利用率最高的操作，本项目任务将分析如何进行储位的规划和管理。

知识储备

现代仓储管理的核心标志是仓储活动的时效性，而储位规划与管理在实现时效性的过程中起着至关重要的作用。入库货物如何优选货位，货物存取作业如何高效且最大限度地减少误差，管理者是否能随时掌握货物位置的变化情况，这些都是评价储位管理是否合理的判断依据。

一、储位规划的基本原则

储位规划管理的目的就是要有效地保护物品的数量和质量，充分而有效地利用仓容，并尽可能提高人力资源及设备的利用率。在进行储位规划时一般遵循以下基本原则：

1. 储位明确化

储位明确化是指在储存区域储位区划分合理，加以编号，并使编号清晰，保证每种货品都有明确的存放位置。

2. 物品存放合理化

物品存放合理化是指物品的存放需要考虑物品的性质、储存条件和要求、存取作业的方便程度及效率高低、存取作业成本等因素，因此物品的存放需遵循一定的存放规则。

3. 物品存放状况明确化

物品存放状况明确化是指当物品存放于储位后，商品的数量、品种、位置、拣取等变化情况都必须正确记录，仓库管理系统中物品的存放情况应明确而清晰。

二、储位规划的内容

储位规划的内容包括储位的分区管理及对各个储位进行编码，以便能够明确显示所储存的位置，同时当商品的位置发生变化时，能够准确记录，使管理者能够随时掌握商品的数量、位置以及去向。

（一）储位分区

在仓库的所有作业中，所用到的保管区域均是储位管理的范围。根据作业方式不同，储区分为预备储区、保管储区、动管储区。不同的储区，管理的方法和要求有所不同。

1. 预备储区

预备储区是商品进出仓库的暂存区，分为进货暂存区和出货暂存区，其特点是货品在此区域进行短暂停留。虽然货品在此区域停留的时间不长，但是也不能在管理上疏忽大意，避免给下一作业环节带来麻烦。在预备储区，不但要对货品进行必要的保管，还要将货品打上标志，进行分类，再根据要求归类，摆放整齐。

2. 保管储区

保管储区是仓库中最大、最主要的保管区域，商品在此区域的保管时间最长，并且以较大的储存单位进行保管，是整个仓库的管理重点。为了最大限度地增加储存容量，要考虑合理运用储存空间，提高使用效率。为了保证商品的摆放方式、摆放位置及存量更科学，需重点考虑储位的分配方式、储存策略等因素，同时选择合适的存放和搬运设备，以提高作业效率。

3. 动管储区

动管储区是在拣货作业时所使用的区域，在此区域的商品大多数在短期内即将被拣取出货，因其商品在储位上流动频率很高，所以称之为动管储区。为了减少拣货时间，缩短拣货人员的行走距离，降低检错率，就必须在拣取时快速、准确、方便地找到商品所在的位置，因此对于储存标示和位置标示就非常重要，可利用灯光、颜色对商品的储位进行区分。现代化的仓储中心借助现代化的拣货设备，如自动拣货系统，大大地提高了拣货效率，而京东、亚马逊也已开始采用机器人分拣或者采用"货到人"的分拣方式。

（二）储位编码

储位编码是指将库房、货场、货架中货品存放的具体位置，按一定的顺序统一编列号码，并做出明显的标识。科学合理的储位编码能够迅速地确定某种货品的具体存放位置，便于存取作业，实现快速精准化管理。

1. 地面型库房内储位编码

按库内总面积划分出若干个储存区，再按区内主、支干道分布划分出若干个货位，编号顺序以各种简明符号与数字进行编排，如以进门的方向左单右双或自左而右的规则编排，并明显标示出。

2. 货架上的储位编码

中华人民共和国国家标准《物流术语》（GB/T 18354—2021）中对"四号定位"定义为：用库房号、货架号、货架层次号和货格号表明物品储存位置定位方法。货架上的储位编号可先对仓库内的货架进行编号，然后再对每个货架的货位按层、位进行编号。通常采用"四号定位"法编码，即第一位表示库房号，第二位表示货架号，第三位表示货架层次号，第四位表示货格号。顺序一般按从下到上，从左到右（也有从右到左），从里到外编排。

3. 货场储位编码

常见的有两种方法：一是在整个货场内先按排编上排号，然后再按各排货位顺序编上货位号；二是不分排号，采取自左至右和自前至后的方法顺序编号。

三、储位分配策略

1. 定位储存策略

定位储存策略是指每一项货品都有固定的储位，货品之间不能互用储位。在采用这一储存方法时，必须注意每一项货品的储位容量必须大于其可能的最大在库量。

定位储存的**优点**：每种货品都有固定储存位置，拣货人员容易熟悉货品货位，从而方便存取；货品的货位可按周转率大小或出货频率来安排，以缩短出入库搬运距离；可针对各种货品的特性安排货位，将不同货品特性间的相互影响减至最小。定位储存的**缺点**：定位储存中储位容量必须按各项货品的最大在库量设计，因此需要较多的储存空间，储区空间平时的使用效率较低，会出现储位闲置现象。

定位储存通常**适用**以下一些情况：不同物理、化学性质的货物须控制不同的保管储存条件，或防止不同性质的货物互相影响；重要物品须重点保管；多品种少批量货物的储存。

2. 随机储存策略

随机储存策略是指每一个货品被指派储存的位置不是固定的，而是随机产生的，而且可以经常改变，也就是说，任何货品可以被存放在任何可利用的位置。此随机原则一般是储存人员按习惯来储存，且通常按货品入库的时间顺序储存于出入口的储位。

随机储存的**优点**：由于储位可共用，因此只需按所有库存货品最大库存量设计即可，储区空间的使用效率较高。随机储存的**缺点**：增加了货物出入库管理及盘点工作的难度；周转率高的可能被储存在离出入口较远的位置，增加了出入库的搬运距离；具有相互影响特性的货品可能相邻储存，造成货品的伤害或发生危险。

随机储存通常**适用**以下一些情况：厂房空间有限，需尽量利用储存空间；种类少或体积较大的货品。

3. 分类储存策略

分类储存策略是指所有的货品按照一定特性加以分类，每一类货品都有固定存放的位置，而同属一类的不同货品又按一定的法则来指派储位。分类储放通常按产品相关性，周转率的高低，产品体积、重量，产品特性来分类。

分类储存的**优点**：便于按周转率的高低来安排存取，具有定位储存的各项优点；分类后各储存区域可根据货物特性再做设计，选择适合的储存方式，有助于货物的储存管理。分类储存的**缺点**：储位必须按各项货品最大在库量设计，因此储区空间平均的使用效率仍然低于随机储存。

分类储存通常**适用**以下一些情况：产品相关性大，进出货比较集中；周转率差别大；产品体积相差大。

4. 分类随机储存策略

分类随机储存策略是指每一类货品有固定存放位置，但在各类的储区内，每个储位的指派是随机的。分类随机储存的**优点**：具有分类储存的部分优点，又可节省储位数量，提高储区利用率。分类随机储存的**缺点**：货品出入库管理及盘点工作难度较大。

分类随机储存兼具分类储存及随机储存的特点，所需要的储存空间介于两者之间。

5. 共同储存策略

共同储存策略也称为混合储存策略，是指在可以确定各类货物进出库时间的情况下，不同货物可共用相同的储位。共同储存的**优点**：可以提高储位的利用率，搬运时间也可以更节约。共同储存的**缺点**是管理上较复杂，容易混乱。

四、确定储位的方法

进行储位管理时，应充分考虑商品的特性、轻重、形状及周转率情况，根据一定的分配原则，确定商品在仓库中具体的存放位置。

1. 根据商品的物动量确定储位（ABC 分类法）

ABC 分类法是帕累托"80/20"法则的衍生应用。它是根据物品在技术或经济方面的主要特征进行分类排队，分清重点和一般，从而区别管理的一种分析方法。由于它把被分析的对象划分成 A、B、C 三类，所以称 ABC 分类法。ABC 分类法的核心就是对不同的对象采取不同的管理方法。

仓库采用 ABC 分类法，一般将物动量作为主要特征，把物动量所占比重大、品种少的货品归为 A 类；把物动量所占比重小、品种多的货品归为 C 类；介于两者之间的归为 B 类。A 类货品就是库存管理的重点对象。需要说明的是在实际工作中具体所占比重的大小会根据实际情况调整。一般将物动量大的 A 类物品储存在低层、接近出入库口或紧邻通道的位置，以加快作业速度和缩短搬运距离；将物动量小的 C 类物品储存在高层、远离出入库口或作业相对不便的位置；B 类物品则居中。ABC 分类标准见表 4-1。

表 4-1　ABC 分类标准

ABC 分类	货品特点	品种所占比重/%	物动量所占比重/%
A 类	物动量大	15～20	70～80
B 类	物动量中	20～40	10～20
C 类	物动量小	40～50	10

ABC 分类法在库存管理中应用的步骤如下：

步骤一：收集某周期各种货品的出、入库周转量（物动量）。

步骤二：对原始数据进行统计整理并按要求进行计算，如统计货品种类、物动量、计算各品种所占比重、物动量所占比重等。

步骤三：作 ABC 分类表，按物动量降序排列物品名称，将必要的原始数据和经过统计汇总的数据填入，计算累计品种所占比重、累计物动量所占比重，按一定的分类标准范围划分出物品类别。

步骤四：以累计品种所占比重为横坐标，累计物动量所占比重为纵坐标，根据 ABC 分类表中的相关数据，绘制 ABC 分析图。

步骤五：根据 ABC 分析的结果，对 ABC 三类商品采取不同的储位分配。

【点对点例题】某仓储企业要求根据货品一定时期货物出库量数据信息进行物动量分析（物动量 ABC 分类计算过程中保留 2 位小数），并按照规定确定货物等级，以便于进行货位优化。按 A 类货品置于货架第一层，B 类货品置于货架第二层，C 类货品置于货架第三层。ABC 分类参考值范围见表 4-2。

表 4-2　ABC 分类参考值范围

ABC 分类	累计品种所占比重/%	累计周转量所占比重/%
A 类	0＜A≤8	0＜A≤65
B 类	8＜B≤24	65＜B≤90
C 类	24＜C≤100	90＜C≤100

物动量 ABC 分类计算过程中保留 2 位小数，如 15.36%。

经统计对该仓库库存货物累计品种所占比重、累计周转量所占比重等数据进行处理后的 ABC 分类结果见表 4-3，根据累计比重描绘出 ABC 分类图，见图 4-11。

表 4-3　ABC 分类结果　　　　　　　　　　　　　　　　单位:%

序号	货品名称	出库量	品种所占比重	累计品种所占比重	周转量所占比重	累计周转量所占比重	ABC 分类
1	大王牌大豆酶解蛋白粉	5244	2.00	2.00	26.20	26.20	A
2	顺心奶嘴	3074	2.00	4.00	15.36	41.56	
3	婴儿纸尿裤	2183	2.00	6.00	10.90	52.46	
4	兴华苦杏仁	1549	2.00	8.00	7.74	60.20	
5	爱牧云南优质小粒咖啡	1048	2.00	10.00	5.24	65.43	B
6	婴儿美奶粉	916	2.00	12.00	4.58	70.01	
7	脆香饼干	814	2.00	14.00	4.07	74.07	
8	隆达葡萄籽油	755	2.00	16.00	3.77	77.85	
9	可乐年糕	644	2.00	18.00	3.22	81.06	

续表

序号	货品名称	出库量	品种所占比重	累计品种所占比重	周转量所占比重	累计周转量所占比重	ABC分类
10	神奇松花蛋	583	2.00	20.00	2.91	83.98	
11	诚诚油炸花生仁	489	2.00	22.00	2.44	86.42	B
12	婴儿湿巾	412	2.00	24.00	2.06	88.48	
13	利鑫达板栗	315	2.00	26.00	1.57	90.05	
14	雅儿沙拉酱	80	2.00	28.00	0.40	90.45	
15	隆迭葡萄籽油	72	2.00	30.00	0.36	90.81	
16	梦阳奶粉	70	2.00	32.00	0.35	91.16	
17	轩广章鱼小丸子	69	2.00	34.00	0.34	91.50	
18	云南优质咖啡	68	2.00	36.00	0.34	91.84	
19	大嫂什锦水果罐头	66	2.00	38.00	0.33	92.17	
20	金多多婴儿营养米粉	65	2.00	40.00	0.32	92.50	
21	日明腐乳	63	2.00	42.00	0.31	92.81	
22	兴毕苦杏仁	63	2.00	44.00	0.31	93.13	
23	大嫂水果罐头	62	2.00	46.00	0.31	93.44	
24	鹏润海鲜锅底	61	2.00	48.00	0.30	93.74	
25	幸福方便挂面	61	2.00	50.00	0.30	94.05	
26	万盛牌瓷砖	60	2.00	52.00	0.30	94.35	
27	鑫利达板栗	60	2.00	54.00	0.30	94.64	
28	黄桃水果罐头	59	2.00	56.00	0.29	94.94	
29	休闲黑瓜子	59	2.00	58.00	0.29	95.23	
30	幸福方便面	57	2.00	60.00	0.28	95.52	
31	日月腐乳	56	2.00	62.00	0.28	95.80	C
32	早苗栗子西点蛋糕	56	2.00	64.00	0.28	96.08	
33	脆享饼干	53	2.00	66.00	0.26	96.34	
34	万胜瓷砖	52	2.00	68.00	0.26	96.60	
35	大玉牌大豆酶解蛋白粉	51	2.00	70.00	0.25	96.86	
36	华冠黄油微波炉爆米花	51	2.00	72.00	0.25	97.11	
37	神气松花蛋	51	2.00	74.00	0.25	97.37	
38	城城花生仁	50	2.00	76.00	0.25	97.62	
39	乐纳可茄汁沙丁鱼罐头	50	2.00	78.00	0.25	97.87	
40	大地玫瑰蒸馏果酒	48	2.00	80.00	0.24	98.11	
41	可口年糕	47	2.00	82.00	0.23	98.34	
42	好娃娃薯片	45	2.00	84.00	0.22	98.57	
43	华冠芝士微波炉爆米花	44	2.00	86.00	0.22	98.79	
44	乾广章鱼小丸子	44	2.00	88.00	0.22	99.01	
45	鹏泽海鲜锅底	42	2.00	90.00	0.21	99.22	
46	婴儿美羊奶粉	38	2.00	92.00	0.19	99.41	
47	金谷精品杂粮营养粥	36	2.00	94.00	0.18	99.59	
48	好哇哇薯片	34	2.00	96.00	0.17	99.76	
49	雅比沙拉酱	30	2.00	98.00	0.15	99.90	
50	山地玫瑰蒸馏果酒	20	2.00	100.00	0.10	100.00	

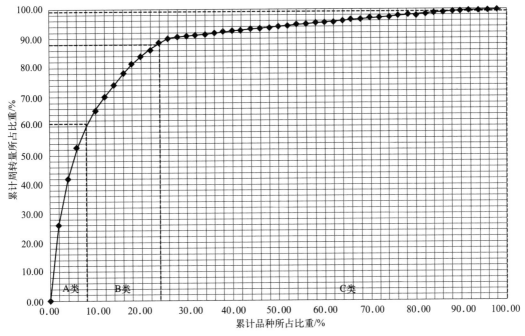

图 4-11　ABC 分类图

根据分析结果做出储位安排：A 类货品 4 种可置于货架第一层，B 类货物 8 种可置于货架第二层，C 类货物 38 种可置于货架第三层。

2. 根据货物的相关性确定储位

有些库存的货物具有很强的相关性，相关性大的货物，通常被同时采购或同时出库，对于这类货物应尽可能规划在同一储存区或相近储区，以缩短搬运路径和拣货时间。

3. 根据货物特性确定储位

为了避免商品在储存过程中相互影响，性质相同或所要求保管条件相近的商品应集中存放，并相应安排在条件适宜的库房或货场。即将同一种货物存在同一保管位置，产品性能类似或互补的商品放在相邻位置。将相容性低，特别是互相影响其质量的商品分开存放。这样既提高作业效率，又防止商品在保管期间受到损失。

 知识链接

特殊货品的储区规划可参考如下规则：

① 易燃货品必须存放在具有高度防护作用的独立空间内，且必须安装适当的防火设备；

② 易腐货品需储存在冷冻、冷藏或其他特殊的设备内；

③ 易污损物品需与其他物品隔离；

④ 易窃物品必须隔离并封闭管理。

4. 根据货品体积、重量特性确定储位

在仓库布局时，必须同时考虑货品体积、形状、重量单位的大小，以确定货品所需堆码的空间。通常重者置于地面或货架下层，轻者置于货架上层。为了保证货架的安全并方便人工搬运，人的腰部以下的高度宜储放重物或大型货品。

5. 根据商品先进先出的原则确定储位

先进先出即指先入库的商品先安排出库，这一原则对于保存期短的商品尤其重要，如食品、化学品等。在运用这一原则时，需注意在产品质量稳定、产品保存期长等情况下，综合考虑先进先出所引起的管理费用的增加；而对于食品、化学品等易变质的商品，要首先考虑先进先出的原则。

除上述原则外，为了提高储存空间的利用率，还必须利用合适的积层架、托盘等工具，使商品储放向空间维度发展。储放时尽量使货物面对通道，以方便作业人员识别标号、名称，提高货物的活性化程度。保管商品的位置必须明确标示，保管场所必须清楚，易于识别、联想和记忆。另外，在规划储位时应注意保留一定的机动储位，以便当商品大量入库时可以调剂储位的使用，避免打乱正常储位安排。

 任务实施

请根据出库作业周报（见表 4-4～表 4-9）进行物动量 ABC 分类，计算过程保留 2 位小数（四舍五入），如 12.34%。ABC 分类时按表 4-10 物动量 ABC 分类标准规定执行。

表 4-4 出库作业周报 1（物动量统计）

制表人：×× 　　　　　　　　　　　　　　制表时间：2022 年 5 月 8 日

货品编码/条码	货品名称	出库量/箱	货品编码/条码	货品名称	出库量/箱
6982010061891	乾广章鱼小丸子	9	6932010061907	大嫂什锦水果罐头	9
6958786200067	婴儿湿巾	10	6932010061900	鹏润海鲜锅底	14
6944848456599	云南优质咖啡	12	6932010061891	轩广章鱼小丸子	16
6944848456589	隆达葡萄籽油	125	6932010061887	神气松花蛋	9
6944848456527	加州原野精选开心果	193	6932010061884	早苗栗子西点蛋糕	10
6944848456350	梦阳奶粉	8	6932010061877	华冠芝士微波炉爆米花	6
6944848456290	城城花生仁	11	6932010061865	万胜瓷砖	11
6944848456282	烤花生仁	210	6932010061863	脆享饼干	3
6944848456015	大王牌大豆酶解蛋白粉	8	6932010061860	金谷精品杂粮营养粥	1
6944848450350	可口年糕	8	6932010061853	乐纳可茄汁沙丁鱼罐头	4
6942425987629	日明腐乳	10	6932010061829	华冠黄油微波炉爆米花	9
6932010081891	雅比沙拉酱	4	6932010061826	好哇哇薯片	8
6942425987524	大地玫瑰蒸馏果酒	10	6932010061822	爱牧云南优质小粒咖啡	81
6942423987624	隆迭葡萄籽油	12	6932010061808	神奇松花蛋	15
6939261900108	好娃娃薯片	144	6932010061780	大玉牌大豆酶解蛋白粉	7
6934848456092	可乐年糕	94	6932010061459	幸福方便挂面	7
6933434567891	幸福方便面	7	6921317958690	婴儿美奶粉	174
6932425987656	婴儿纸尿裤	331	6920907800173	休闲黑瓜子	682
6932410061891	大嫂水果罐头	16	6920907800171	婴儿美羊奶粉	3
6932010961891	兴毕苦杏仁	11	6920855052068	利鑫达板栗	584
6942425987624	雅儿沙拉酱	11	6918163010887	黄桃水果罐头	316
6932010061976	万盛牌瓷砖	7	6918011061360	鑫利达板栗	11
6932010061969	鹏泽海鲜锅底	7	6918010061369	脆香饼干	10
6932010061952	日月腐乳	15	6913221010106	顺心奶嘴	47
6932010061921	山地玫瑰蒸馏果酒	2	6901028118170	金多多婴儿营养米粉	860

表 4-5 出库作业周报 2（物动量统计）

制表人：×× 制表时间：2022 年 5 月 15 日

货品编码/条码	货品名称	出库量/箱	货品编码/条码	货品名称	出库量/箱
6932010061822	爱牧云南优质小粒咖啡	178	6932010961891	兴毕苦杏仁	9
6918163010887	黄桃水果罐头	73	6932010061900	鹏润海鲜锅底	7
6920907800173	休闲黑瓜子	118	6932010061976	万盛牌瓷砖	9
6944848456015	大王牌大豆酶解蛋白粉	16	6918010061369	脆香饼干	7
6944848456599	云南优质咖啡	12	6932010061808	神奇松花蛋	7
6944848456350	梦阳奶粉	24	6958786200067	婴儿湿巾	9
6932010061887	神气松花蛋	4	6932010061907	大嫂什锦水果罐头	7
6932010061780	大玉牌大豆酶解蛋白粉	4	6933434567891	幸福方便面	7
6942425987524	大地玫瑰蒸馏果酒	11	6932410061891	大嫂水果罐头	5
6942425987629	日明腐乳	15	6942425987624	雅儿沙拉酱	11
6944848456589	隆达葡萄籽油	129	6932010061829	华冠黄油微波炉爆米花	8
6921317958690	婴儿美奶粉	123	6932010061863	脆享饼干	15
6920855052068	利鑫达板栗	491	6932010061952	日月腐乳	7
6932010061891	轩广章鱼小丸子	14	6944848456282	烤花生仁	329
6932010081891	雅比沙拉酱	3	6932010061853	乐纳可茄汁沙丁鱼罐头	13
6932010061877	华冠芝士微波炉爆米花	8	6932010061860	金谷精品杂粮营养粥	12
6918011061360	鑫利达板栗	8	6934848456092	可乐年糕	146
6932010061459	幸福方便挂面	10	6932010061884	早苗栗子西点蛋糕	8
6982010061891	乾广章鱼小丸子	10	6932010061826	好哇哇薯片	3
6942423987624	隆迭葡萄籽油	11	6932010061969	鹏泽海鲜锅底	15
6901028118170	金多多婴儿营养米粉	800	6944848456527	加州原野精选开心果	293
6913221010106	顺心奶嘴	370	6944848456290	城城花生仁	6
6932425987656	婴儿纸尿裤	456	6932010061865	万胜瓷砖	13
6932010061921	山地玫瑰蒸馏果酒	6	6944848450350	可口年糕	7
6920907800171	婴儿美羊奶粉	5	6939261900108	好娃娃薯片	137

表 4-6 出库作业周报 3（物动量统计）

制表人：×× 制表时间：2022 年 5 月 22 日

货品编码/条码	货品名称	出库量/箱	货品编码/条码	货品名称	出库量/箱
6918163010887	黄桃水果罐头	64	6944848450350	可口年糕	3
6932010061907	大嫂什锦水果罐头	10	6932425987656	婴儿纸尿裤	343
6944848456350	梦阳奶粉	14	6920855052068	利鑫达板栗	473
6920907800171	婴儿美羊奶粉	9	6932010061822	爱牧云南优质小粒咖啡	125
6932010061459	幸福方便挂面	9	6932010061877	华冠芝士微波炉爆米花	7
6942425987524	大地玫瑰蒸馏果酒	4	6932410061891	大嫂水果罐头	12
6932010061921	山地玫瑰蒸馏果酒	5	6982010061891	乾广章鱼小丸子	5
6932010061976	万盛牌瓷砖	14	6932010061900	鹏润海鲜锅底	11
6932010061826	好哇哇薯片	3	6921317958690	婴儿美奶粉	89
6939261900108	好娃娃薯片	109	6932010061860	金谷精品杂粮营养粥	5
6932010061853	乐纳可茄汁沙丁鱼罐头	3	6958786200067	婴儿湿巾	6
6944848456527	加州原野精选开心果	84	6901028118170	金多多婴儿营养米粉	565
6920907800173	休闲黑瓜子	86	6944848456282	烤花生仁	156
6944848456589	隆达葡萄籽油	99	6932010061891	轩广章鱼小丸子	8
6944848456015	大王牌大豆酶解蛋白粉	1	6933434567891	幸福方便面	2
6942425987624	雅儿沙拉酱	14	6918011061360	鑫利达板栗	11
6942423987624	隆迭葡萄籽油	15	6932010061887	神气松花蛋	6
6932010061969	鹏泽海鲜锅底	2	6932010061780	大玉牌大豆酶解蛋白粉	2
6944848456599	云南优质咖啡	15	6944848456290	城城花生仁	7

续表

货品编码/条码	货品名称	出库量/箱	货品编码/条码	货品名称	出库量/箱
6932010081891	雅比沙拉酱	7	6932010961891	兴毕苦杏仁	8
6932010061808	神奇松花蛋	2	6913221010106	顺心奶嘴	57
6932010061952	日月腐乳	8	6932010061884	早苗栗子西点蛋糕	4
6934848456092	可乐年糕	112	6932010061865	万胜瓷砖	7
6918010061369	脆香饼干	6	6932010061863	脆享饼干	11
6932010061829	华冠黄油微波炉爆米花	14	6942425987629	日明腐乳	5

表 4-7　出库作业周报 4（物动量统计）

制表人：××　　　　　　　　　　　　　　　　　　　制表时间：2022 年 5 月 29 日

货品编码/条码	货品名称	出库量/箱	货品编码/条码	货品名称	出库量/箱
6932010061865	万胜瓷砖	3	6933434567891	幸福方便面	7
6932010061887	神气松花蛋	12	6932010061891	轩广章鱼小丸子	7
6932010061863	脆享饼干	10	6932010061976	万盛牌瓷砖	11
6913221010106	顺心奶嘴	45	6932010061826	好哇哇薯片	8
6932010061907	大嫂什锦水果罐头	11	6932010061829	华冠黄油微波炉爆米花	11
6932010061952	日月腐乳	14	6932010061459	幸福方便挂面	12
6944848456290	城城花生仁	6	6932010061921	山地玫瑰蒸馏果酒	3
6944848456015	大王牌大豆酶解蛋白粉	8	6944848456599	云南优质咖啡	9
6920907800171	婴儿美羊奶粉	11	6932410061891	大嫂水果罐头	12
6942425987624	雅儿沙拉酱	9	6932010961891	兴毕苦杏仁	18
6932010061780	大玉牌大豆酶解蛋白粉	17	6932010061900	鹏润海鲜锅底	19
6942425987524	大地玫瑰蒸馏果酒	7	6918011061360	鑫利达板栗	9
6942425987629	日明腐乳	1	6901028118170	金多多婴儿营养米粉	978
6932010061808	神奇松花蛋	15	6921317958690	婴儿美奶粉	125
6944848456282	烤花生仁	272	6918163010887	黄桃水果罐头	158
6944848450350	可口年糕	9	6920907800173	休闲黑瓜子	96
6942423987624	隆迭葡萄籽油	12	6934848456092	可乐年糕	175
6932010061884	早苗栗子西点蛋糕	11	6920855052068	利鑫达板栗	521
6932010081891	雅比沙拉酱	2	6939261900108	好娃娃薯片	146
6932010061877	华冠芝士微波炉爆米花	5	6932010061822	爱牧云南优质小粒咖啡	187
6958786200067	婴儿湿巾	11	6932425987656	婴儿纸尿裤	357
6932010061853	乐纳可茄汁沙丁鱼罐头	3	6944848456350	梦阳奶粉	15
6932010061969	鹏泽海鲜锅底	9	6944848456589	隆达葡萄籽油	131
6932010061860	金谷精品杂粮营养粥	7	6944848456527	加州原野精选开心果	87

表 4-8　出库作业周报 5（物动量统计）

制表人：××　　　　　　　　　　　　　　　　　　　制表时间：2022 年 6 月 5 日

货品编码/条码	货品名称	出库量/箱	货品编码/条码	货品名称	出库量/箱
6942425987624	雅儿沙拉酱	11	6932410061891	大嫂水果罐头	11
6918010061369	脆香饼干	3	6920907800173	休闲黑瓜子	117
6958786200067	婴儿湿巾	5	6944848456282	烤花生仁	231
6913221010106	顺心奶嘴	53	6932010061891	轩广章鱼小丸子	10
6932010061860	金谷精品杂粮营养粥	2	6944848456350	梦阳奶粉	11
6932010061976	万盛牌瓷砖	11	6932010061884	早苗栗子西点蛋糕	10
6944848456015	大王牌大豆酶解蛋白粉	17	6944848456599	云南优质咖啡	6
6944848450350	可口年糕	15	6942423987624	隆迭葡萄籽油	14
6932010061865	万胜瓷砖	10	6932010061887	神气松花蛋	9
6982010061891	乾广章鱼小丸子	10	6932010061459	幸福方便挂面	16
6918011061360	鑫利达板栗	15	6932010061863	脆享饼干	5

货品编码/条码	货品名称	出库量/箱	货品编码/条码	货品名称	出库量/箱
6932010061826	好哇哇薯片	9	6942425987524	大地玫瑰蒸馏果酒	4
6932010061921	山地玫瑰蒸馏果酒	1	6901028118170	金多多婴儿营养米粉	1034
6932010061952	日月腐乳	9	6918163010887	黄桃水果罐头	130
6932010081891	雅比沙拉酱	11	6920855052068	利鑫达板栗	495
6932010061829	华冠黄油微波炉爆米花	7	6939261900108	好娃娃薯片	137
6932010061780	大玉牌大豆酶解蛋白粉	7	6932010061969	鹏泽海鲜锅底	2
6932010061900	鹏润海鲜锅底	1	6944848456527	加州原野精选开心果	190
6942425987629	日明腐乳	25	6932425987656	婴儿纸尿裤	362
6932010061877	华冠芝士微波炉爆米花	5	6932010061822	爱牧云南优质小粒咖啡	89
6934848456092	可乐年糕	167	6944848456589	隆达葡萄籽油	136
6932010061907	大嫂什锦水果罐头	15	6921317958690	婴儿美奶粉	124
6944848456290	城城花生仁	12	6933434567891	幸福方便面	14
6920907800171	婴儿美羊奶粉	6	6932010061853	乐纳可茄汁沙丁鱼罐头	17
6932010961891	兴毕苦杏仁	13	6932010061808	神奇松花蛋	7

表 4-9　出库作业周报 6（物动量统计）

制表人：××　　　　　　　　　　　　　　制表时间：2022 年 6 月 12 日

货品编码/条码	货品名称	出库量/箱	货品编码/条码	货品名称	出库量/箱
6901028118170	金多多婴儿营养米粉	1007	6944848456015	大王牌大豆酶解蛋白粉	15
6918163010887	黄桃水果罐头	51	6932410061891	大嫂水果罐头	6
6920907800173	休闲黑瓜子	84	6942425987624	雅儿沙拉酱	17
6944848456282	烤花生仁	55	6942425987524	大地玫瑰蒸馏果酒	12
6944848456589	隆达葡萄籽油	135	6932010061900	鹏润海鲜锅底	9
6932010061884	早苗栗子西点蛋糕	13	6944848456527	加州原野精选开心果	175
6932010061969	鹏泽海鲜锅底	7	6932010061860	金谷精品杂粮营养粥	9
6932010061976	万盛牌瓷砖	8	6932010061891	轩广章鱼小丸子	14
6944848456599	云南优质咖啡	14	6932010061921	山地玫瑰蒸馏果酒	3
6932010061829	华冠黄油微波炉爆米花	2	6944848456290	城城花生仁	8
6982010061891	乾广章鱼小丸子	8	6932010061863	脆享饼干	9
6942423987624	隆迭葡萄籽油	8	6932010961891	兴毕苦杏仁	4
6939261900108	好娃娃薯片	141	6932010061887	神气松花蛋	11
6932010061822	爱牧云南优质小粒咖啡	225	6932010061826	好哇哇薯片	3
6932425987656	婴儿纸尿裤	334	6932010061877	华冠芝士微波炉爆米花	13
6920855052068	利鑫达板栗	510	6913221010106	顺心奶嘴	43
6921317958690	婴儿美奶粉	89	6932010061808	神奇松花蛋	13
6932010061907	大嫂什锦水果罐头	14	6932010081891	雅比沙拉酱	3
6918011061360	鑫利达板栗	6	6944848456350	梦阳奶粉	5
6932010061459	幸福方便挂面	7	6942425987629	日明腐乳	7
6958786200067	婴儿湿巾	4	6944848450350	可口年糕	8
6934848456092	可乐年糕	142	6932010061865	万胜瓷砖	8
6918010061369	脆香饼干	16	6920907800171	婴儿美羊奶粉	4
6932010061853	乐纳可茄汁沙丁鱼罐头	10	6932010061952	日月腐乳	12
6933434567891	幸福方便面	11	6932010061780	大玉牌大豆酶解蛋白粉	14

表 4-10　物动量 ABC 分类标准

累计品种所占比重/%	0＜A≤8	8＜B≤24	24＜C≤100
累计周转量所占比重/%	0＜A≤60	60＜B≤90	90＜C≤100

（选自 2022 年全国职业院校技能大赛——智慧物流作业方案设计与实施赛项样题）

任务三 仓库货物堆码设计

 引导案例 M物流公司仓储物料堆码标准

一、目的：明确物料堆码标准，确保物料储存质量，减少存货损失及安全风险。

二、范围：工厂所有进行库存管理的原辅材料及产成品。

三、职责：仓库

四、内容：

1. 物料堆码标准

物料堆码标准见表4-11。

表4-11 物料堆码标准   单位：m

物料类别	堆垛方法	堆垛层数	堆垛长度	堆垛宽度	堆垛高度	其他要求
易耗品材料类	货架堆垛	≤2层	≤2	≤0.6	≤0.5	不超出货架
五金配件类	货架堆垛	≤2层	≤2	≤0.6	≤0.5	不超出货架
电器、产品类	货架堆垛	≤2层	≤2	≤0.6	≤0.5	不超出货架
产成品类	托盘堆垛	≤6层	≤1.2	≤1	≤2	不超出拖板

2. 物料堆码要求

（1）所有物资必须按货位、货号或存放区指定存放，摆放范围不得超出货位、货号或存放区域以外。

（2）合理 根据物资的性质、形状、规格、质量等设计垛形，使物资不受损。不同物资须分开堆码，同一物资不同批号要留有区分间隔（至少10cm），物料堆码合理，须遵行下重上轻，下大上小的原则。物料垛形不得超出货架或拖板范围。

（3）牢固 物料堆放的货垛形状稳定牢固，不偏不斜，不歪不倒，不压坏底层物资；托盘摆放的物资应采用适当的摆放方式，以提高其稳定性。

（4）定量 根据货架及拖板的堆码标准，使货垛层数定量，标记明显，便于记数清点和发货。

（5）整齐 垛形规格一致，各垛排列整齐有序，包装标签标识一律朝外，便于区分。大小不一或长短不齐的物料应一头向外排齐。

（6）节约 物资堆码过程中一次堆码成形以节约人力，物资堆码应节省仓位，有利提高仓容利用率。

（7）方便 物资堆码应方便装卸搬运作业，方便维护保养，方便物资检查、盘点及防火安全等。

3. 货垛的"五距"要求

（1）墙距 货垛与墙的距离，内墙距≥0.3m，外墙距≥0.5m；

（2）柱距 货垛与屋柱的距离，柱距≥0.3m；

（3）顶距 货垛顶部与仓库屋顶平面之间的距离，顶距≥0.3m；

（4）灯距 货垛与照明灯、电器或其他热源之间的距离，灯距≥0.3m；

（5）垛距 货垛与货垛之间的距离≥0.1m；

4. 物资"五五"摆放

仓库物资按不同品种、规格、形状，以"五"为基本计数单位进行堆垛，既方便盘点、发放，又整洁美观，可以提高工作效率，充分利用仓储容积。

【引例点评】对物流企业在仓库进行货物堆垛时有必要明确物料堆码标准，物料堆码要求，保证在货品储存品质及库内消防安全。

【任务发布】仓库货物堆垛设计需要考虑哪些因素，应遵循哪些原则？货物堆垛设计的内容包括哪些方面？

知识储备

中华人民共和国国家标准《物流术语》(GB/T 18354—2021) 对堆码的定义：**堆码**是指将物品整齐、规则地摆放成货垛的作业。物品堆码根据物品的包装、外形、性质、特点、种类和数量，结合季节和气候情况，以及储存时间的长短，将物品按一定的规律码成各种形状货垛的作业。堆码的主要目的是便于对物品进行维护、盘点等管理，并提高仓库利用率。

一、货物堆码的原则和要求

货物堆码是根据货物的特性、形状、规格、重量及包装质量等情况，同时综合考虑地面的负荷、储存的要求，将货物分别叠堆成各种码垛。科学的货物堆码技术、合理的码垛，对提高入库货物的储存保管质量，提高仓容利用率，提高收发作业及养护工作的效率，都有着不可低估的重要作用。

（一）堆码的原则

1. 分类存放

不同类别的物品分类存放，甚至分区分库存放；不同规格、批次的物品分位、分堆存放；残损物品要与原货分开；需要分拣的物品，在分拣之后，应分类存放，以免混串；不同流向、经营方式的商品分类存放。

2. 选择适当的搬运活性

为了减少作业时间、次数，提高仓库物流速度，应根据物品作业的要求，合理选择物品的搬运活性，对搬运活性高的入库存放物品，也应注意摆放整齐，以免堵塞通道，浪费仓容。

3. 面向通道，不围不堵

面向通道包含两层含义：一是所有物品的货垛、货位都有一面与通道相连，处在通道旁，以便能对物品进行直接作业；二是货垛以及存放物品的正面，尽可能面向通道，以便察看。物品的正面是指标注主标志的一面。

4. 尽可能地向高处码放，提高保管效率

有效利用库内容积应尽量向高处码放，为防止破损，保证安全，应当尽可能使用货架等保管设备。

5. 注意上轻下重，确保稳固

当货物重叠堆码时，应将重的货物放在下面，轻的货物放在上面。

6. 根据出库频率选定位置

出货和进货频率高的货物应放在靠近出入口、易于作业的地方；流动性差的货物放在距离出入口稍远的地方；季节性货物则依其季节特性来选定放置的场所。

7. 同一品种在同一地方保管

为提高作业效率和保管效率，同一货物或类似货物应放在同一地方保管。员工对库内货物放置位置的熟悉程度直接影响着出入库的时间，将类似的货物放在邻近的地方也是提高效率的重要方法。

8. 便于识别，点数原则

将不同颜色、标记、分类、规格、样式的商品分别存放；每垛商品可按 5 或 5 的倍数存放，以便于清点计数。

依据物品形状来保管也是很重要的，如标准化的商品应放在托盘或货架上来保管。

（二）货物堆码的要求

在物品堆码前要结合仓储条件做好准备工作，在分析物品的数量、包装、属性的基础上，需遵循以下几方面的要求进行物品的堆码。

1. 科学合理

应根据货物的性质、形状、规格、数量、包装等采用相应的堆码方式；要按照货物的品种、规格、型号、生产厂家、进货批次分别堆垛，堆垛时贯彻先进先出原则。

2. 牢固安全

堆码时严格遵守安全操作规程，防止建筑物超过安全负荷量。码垛必须不偏不斜，不歪不倒，确保堆垛的安全和牢固。

3. 整齐美观

货垛按一定的规格、尺寸叠放，排列整齐，或采用"五五化"堆码，过目成数。商品包装标识应一律向外，便于查找。

4. 方便节约

便于装卸搬运，便于收发保管，便于日常检查和保养，便于消防安全，堆垛时应注意节省空间位置，适当、合理地安排货位的使用，提高仓容利用率。

5. 注意货垛"五距"要求

货物堆码应符合"五距"安全规范要求。"五距"指的是垛距、墙距、柱距、顶距和灯距。堆垛货垛时，不能倚靠墙、靠柱、碰顶、贴灯，不能紧挨旁边的货垛，必须留有一定的间距，方便商品的进出和消防用途。

（1）垛距　货垛与货垛之间的必要距离，称为垛距，常以支道作为垛距。垛距能方便存取作业，起通风、散热的作用，方便消防工作，垛距一般不小于 1m。S 表示垛距，如图 4-12 所示。

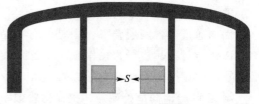

图 4-12　垛距示意图

（2）墙距　为了防止库房墙壁和货场围墙上的潮气对商品的影响，也为了散热通风、消防工作、建筑安全、收发作业，货垛必须留有墙距。墙距可分为库房墙距和货场墙距，其中，库房墙距又分为内墙距和外墙距。内墙距是指货物离没有窗户墙体的距离，此处潮气相对少些，一般距离不小于 0.3m；外墙距是指货物离有窗户墙体的距离，这里湿度相对大些，一般距离不小于 0.5m。S 表示墙距，如图 4-13 所示。

（3）柱距　为了防止库房柱子的潮气影响货物，也为了保护仓库建筑物的安全，必须留有柱距。柱距一般为 0.3～0.5m。S 表示柱距，如图 4-14 所示。

（4）顶距　货垛堆放的最大高度与库房、货棚屋顶横梁间的距离，称为顶距。顶距能便于装卸搬运作业，能通风散热，有利于消防工作，有利于收发、查点。顶距一般不小于 0.5m，具体视情况而定。S 表示顶距，如图 4-15 所示。

（5）灯距　货垛与照明灯之间的必要距离，称为灯距。为了确保储存商品的安全，防止照明灯发出的热量引起靠近商品燃烧而发生火灾，货垛必须留有足够的安全灯距。灯距按规定应有不少于 0.5m 的安全距离。S 表示灯距，如图 4-16 所示。

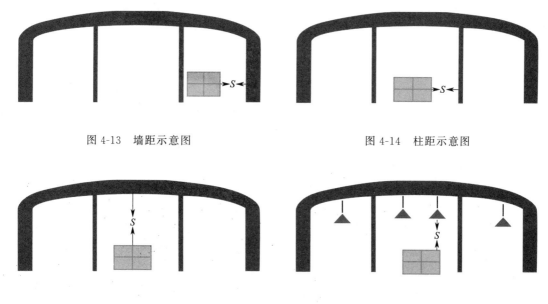

图 4-13　墙距示意图　　　　　　　　　　图 4-14　柱距示意图

图 4-15　顶距示意图　　　　　　　　　　图 4-16　灯距示意图

二、货物堆码设计的内容

为了达到堆码的基本要求，必须根据保管场所的实际情况、物品本身的特点、装卸搬运条件和技术作业过程的要求，对物品堆码进行总体设计。设计的内容包括垛基、垛形、货垛参数、物品堆码存放方式、垫垛和苫盖等。

（一）垛基

垛基是货垛的基础，其主要作用是：承受整个货垛的重量，将商品的垂直压力传递给地坪；将商品与地面隔离，起防水、防潮、通风的作用；垛基空间为搬运作业提供方便条件。因此，对垛基提出以下要求：

（1）将整垛商品的重量均匀地传递给地坪。垛基本身要有足够的抗压强度和刚度。为了防止地坪被压陷，应扩大垛基同地坪的接触面积，衬垫物要有足够的密度。

（2）保证垛基上存放的商品不发生变形。露天场地应平整夯实，衬垫物应放平摆正，所有衬垫物要同时受力，且受力均匀，大型设备的重心部位应增加衬垫物。

（3）保证良好的防潮和通风。垛基应为敞开式，有利于空气流通。可适当增加垛基的高度，特别是露天货场的垛基，其高度应为 30～50cm，必要时可增设防潮层，露天货场的垛基应保持一定的坡度，以利排水。

（二）垛形

垛形是指货垛的外部轮廓形状。按坪底的平面形状可以分为矩形、正方形、三角形、圆形、环形等。按货垛立面的形状可以分为矩形、正方形、三角形、梯形，另外还可组成矩形-三角形、矩形-梯形、矩形-半圆形等复合形状。如图 4-17 所示。

不同立面的货垛都有各自的特点：矩形、正方形垛易于堆码，便于盘点计数，库容整齐，但随着堆码高度的增加，货垛稳定性就会下降；梯形、三角形和半圆形垛的稳定性好，便于苫盖，但是不便于盘点计数，也不利于仓库空间的利用；矩形-三角形等复合货垛恰好

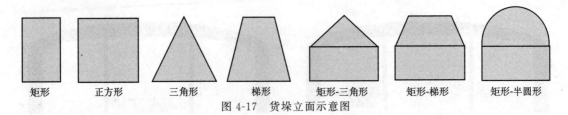

| 矩形 | 正方形 | 三角形 | 梯形 | 矩形-三角形 | 矩形-梯形 | 矩形-半圆形 |

图 4-17　货垛立面示意图

可以整合它们的优势，多用于露天存货的堆垛。

垛形的确定需要根据商品的特性、保管的需要，实施作业方便、迅速和充分利用仓容的原则。仓库常见的垛形有：平台垛、起脊垛、行列垛、立体梯形垛、井形垛、梅花形垛等。

1. 平台垛

平台垛即先在底层以同一个方向平铺摆放一层货物，然后垂直继续向上堆积，每层货物的件数、方向相同，垛顶呈平面，垛形呈长方体（见图4-18）。实际操作中并不都是采用层层加码的方式，往往是从一端开始，逐步后移。平台垛适用于同一包装规格整份批量货物，包装规则、能够垂直叠放的方形箱装货物，大袋货物，规则的成组货物，托盘成组货物等。平台垛可以用于仓库内和无须遮盖的堆场放的货物码垛。

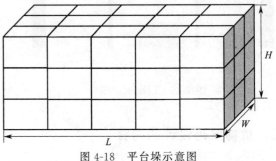

图 4-18　平台垛示意图

平台垛具有整齐、便于清点、占地面积小、方便堆垛操作的优点。但该垛形不具有很强的稳定性，特别是硬包装、小包装的货物有货垛端头倒塌的危险，所以在必要时，如太高、长期堆存、端头位于主要通道等情况下要在两端采取一定的加固措施。对于堆放很高的轻质货物，往往在堆码到一定高度后，向内收半件货物后再向上堆码，从而使货垛更加稳固。

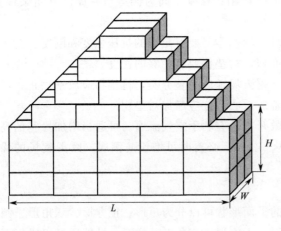

图 4-19　起脊垛示意图

标准平台垛的货物件数为：$A = L \times W \times H$

式中　A——总件数；

　　　L——长度方向件数；

　　　W——宽度方向件数；

　　　H——层数。

2. 起脊垛

先按平台垛的方法堆码到一定的高度，以卡缝的方式将每层逐渐缩小，最后使顶部形成屋脊形（见图4-19）。起脊垛是堆场场地堆货的主要垛形，货垛表面的防雨遮盖从中间起向下倾斜，方便排雨水，防止水湿货物。有些仓库由于陈旧或建筑简陋有漏水现象，仓内的怕水货物也应采用起脊垛堆垛并遮盖。

起脊垛是平台垛为了适应遮盖、排水需要而做的变形，故具有平台垛操作方便、占地面积小的优点，适用平台垛的货物同样可以适用起脊垛堆垛。但是起脊垛由于顶部压缝缩小以及形状不规则，造成清点货物不便，顶部货物的清点需要在堆垛前以其他方式进行。另外，由于起脊的高度使货垛中间的压力大于两边，因而采用起脊垛时库场使用定额要以脊顶的高度来确定，以免中间底层货物或库场被压坏。

起脊垛的货物件数为：$A = L \times W \times H + 起脊件数$

式中　A——总件数；

　　　L——长度方向件数；

　　　W——宽度方向件数；

　　　H——未起脊前层数。

3. 行列垛

行列垛将每批货物按行或列的方式进行排放，每行或列为一层或数层高，货垛呈长条形（见图 4-20）。行列垛适用于批量小的货物的码垛，如零担货物。为了避免混货，每批货物单独码放。长条形的货垛使每个货垛的端头都延伸到通道边，作业方便而且不受其他阻挡。但每垛货量较少，垛与垛之间都需留空，垛基小而不能堆高，因此占用较大的库场面积，库场利用率较低。

4. 立体梯形垛

立体梯形垛是在最底层以同一方向排放货物的基础上，向上逐层同方向减数压缝堆码，垛顶呈平面，整个货垛呈下大上小的立体梯形状（见图 4-21）。立体梯形垛适用于包装松软的袋装货物和上层面非平面而无法垂直叠码的货物的堆码，如横放的卷形、桶装、捆包货物。立体梯形垛极为稳固，可以堆放得较高，充分发挥仓容利用率。对于在露天堆放的货物采用立体梯形垛，为了排水需要可以起脊变形。

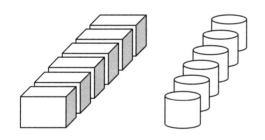

图 4-20　行列垛示意图　　　　　　图 4-21　立体梯形垛示意图

为了增加立体梯形垛的空间利用率，在堆放可以立直的筐装、矮桶装货物时，底部数层可以采用平台垛的方式堆放，在码放一定高度后再使用立体梯形垛。

每层两侧面（长度方向）收半件（压缝）的立体梯形垛件数为：

$$A = (2 \times L - H + 1) \times H \times W \div 2$$

式中　A——总件数；

　　　L——长度方向件数；

　　　W——宽度方向件数；

　　　H——层数。

5. 井形垛

井形垛用于长形的钢管、钢材及木方的堆码。它是在以一个方向铺放一层货物后，以垂直方向进行第2层的码放，货物横竖隔层交错逐层堆放，垛顶呈平面（见图4-22）。井形垛垛形稳固，但每垛边上的货物可能滚落，需要捆绑或者收进。井形垛不方便作业，需要不断改变作业方向。

井形垛总件数为：$A=(L+W) \times H \div 2$

式中　A——总件数；

　　　L——纵向方向件数；

　　　W——横向方向件数；

　　　H——层数。

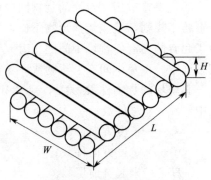

图4-22　井形垛示意图

6. 梅花形垛

对于需要立直存放的大桶装货物，将第1排（列）货物排成单排（列），第2排（列）的每件靠在第1排（列）的两件之间卡缝，第3排（列）同第1排（列）一样，然后每排（列）依次卡缝排放，形如梅花（见图4-23）。这种垛形较为紧凑，充分利用了货件之间的空隙，更好地利用仓容面积。

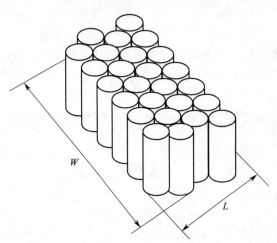

图4-23　梅花形垛示意图

对于能够多层堆码的桶装货物，在码放第2层时，将每件货物压放在下层的3件货物之间，四边都缩半件，形成立体梅花形垛。

单层梅花形货垛总件数为：$A=(2 \times W-1) \times L \div 2$

式中　A——总件数；

　　　L——长度方向件数；

　　　W——宽度方向件数。

（三）货垛参数

货垛参数是指货垛的长、宽、高，即货垛的外形尺寸。通常情况下要先确定**货垛长度**，例如，长形材料的定尺长度就是其货垛的长度，包装成件商品的垛长应为包装长度或宽度的整数倍。**货垛宽度**应根据库存商品的性质、要求的保管条件、搬运方式、数量多少以及收发制度等确定，一般多以2个或5个单位包装为货垛宽度。**货垛高度**主要根据库房高度、地坪承载能力、商品本身及包装的耐压能力、装卸搬运设备的类型和技术性能、商品的理化性质等确定。在条件允许的情况下应尽量提高货垛的高度，以提高仓库的空间利用率。货垛的3个参数决定了货垛的大小，每个货垛不宜太大，以利于先进先出和加速商品的周转。

（四）物品堆码存放方式

1. 散堆法

散堆法适用于露天存放的没有包装的大宗物品，如煤炭、矿石等，也可适用于库内少量存放的谷物、碎料等散装物品。

散堆法是直接用堆扬机或者铲车在确定的货位后端起，直接将物品堆高，在达到预定的货垛高度时，逐步后推堆货，后端先形成立体梯形，最后成垛。由于散货具有流动、散落性，堆货时不能堆到太近垛位四边，以免散落使物品超出预定的货位。

2. 堆垛法

对于有包装（如箱、桶）的物品，包括裸装的计件物品，采取堆垛的方式储存。堆垛方式储存能够充分利用仓容，做到仓库内整齐，方便作业和保管。物品的堆码方式主要取决于物品本身的性质、形状、体积、包装等。一般情况下多采取平放，使重心最低，最大接触面向下，易于堆码，稳定牢固。

常见的堆码方式包括重叠式、纵横交错式、仰俯相间式、压缝式、通风式、栽柱式、衬垫式等。

（1）重叠式　重叠式也称直堆法，是逐件、逐层向上重叠堆码，一件压一件的堆码方式。为了保证货垛稳定性，在一定层数后改变方向继续向上，或者长宽各减少一件继续向上堆放。该方法方便作业、计数，但稳定性较差。适用于袋装、箱装、箩筐装物品，以及平板、片式物品等。如图 4-24 所示。

（2）纵横交错式　纵横交错式是指每层物品都改变方向向上堆放。适用于管材、捆装、长箱装物品等。该方法较为稳定，但操作不便。如图 4-25 所示。

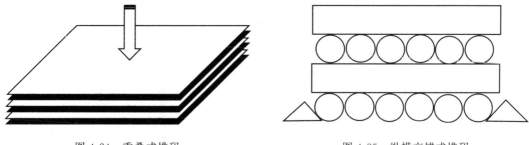

图 4-24　重叠式堆码　　　　　　　　　图 4-25　纵横交错式堆码

（3）仰俯相间式　对上下两面有大小差别或凹凸的物品，如槽钢、钢轨等，将物品仰放一层，在反面俯放一层，仰俯相向相扣。该垛极为稳定，但操作不便。如图 4-26 所示。

图 4-26　仰俯相间式堆码

（4）压缝式　将底层并排摆放，上层放在下层的两件物品之间。如图 4-27 所示。

（5）通风式　物品在堆码时，任意两件相邻的物品之间都留有空隙，以便通风。层与层之间采用压缝式或者纵横交错式。通风式堆码可以用于所有箱装、桶装以及裸装物品堆码，起到通风防潮、散湿散热的作用，但是空间利用率较低，如图 4-28 所示。

（6）栽柱式　码放物品前先在堆垛两侧栽上木桩或者铁棒，然后将物品平码在桩柱之间，几层后用铁丝将相对两边的柱拴连，再往上摆放物品。此法适用于棒材、管材等长条状物品。如图 4-29 所示。

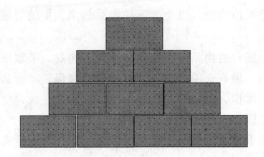

图 4-27 压缝式堆码

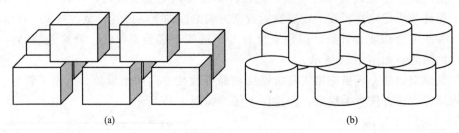

(a)   (b)

图 4-28 通风式堆码

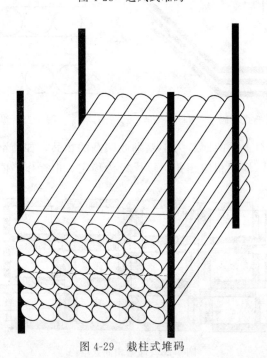

图 4-29 栽柱式堆码

（7）衬垫式 码垛时，隔层或隔几层铺放衬垫物，衬垫物平整牢靠后，再往上码。适用于不规则且较重的物品，如无包装电机、水泵等。

3. 托盘上存放物品

由于托盘在物流系统中的运用得到认同，因此就形成了物品在托盘上的堆码方式。托盘是具有标准规格尺寸的集装工具，因此，在托盘上堆码物品可以参照典型堆码图谱来进行。如硬质直方体物品可参照我国国家标准 GB/T 4892—2021《硬质直方体运输包装尺寸系列》，硬质直方体在尺寸为 1140mm×1140mm 托盘上的堆码图谱进行。圆柱体物品可参照我国国家标准《圆柱体运输包装尺寸系列》，圆柱体在尺寸为 1200mm×1000mm、1200mm×800mm、1140mm×1140mm 托盘上的堆码图谱进行。

4. "五五化"堆垛

"五五化"堆垛就是以五为基本计数单位，堆码成各种总数为五的倍数的货垛，以五或五的倍数在固定区域内堆放，使货物"五五成行、五五成方、五五成包、五五成堆、五五成层"，堆放整齐，上下垂直，过目知数。便于货物的数量控制、清点盘存。如图 4-30 所示。

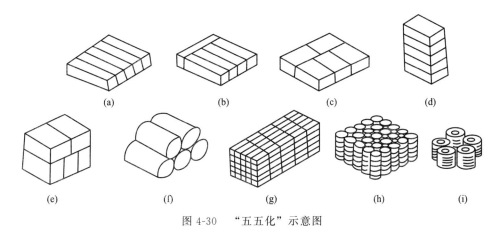

图 4-30　"五五化"示意图

（五）垫垛和苫盖

1. 垫垛

垫垛是指物品码垛前，在预定的货位地面位置，使用衬垫材料进行铺垫。常见的衬垫物有废钢轨、钢板、木板、枕木、水泥墩、帆布、油毡、芦席、塑料薄膜等。

（1）垫垛的目的

垫垛是仓储保管作业中不可缺少的一个环节，通过将货垛底部货物与地面垫隔并垫高，可隔离地面潮湿，便于通风透气，避免潮气侵入货物而受损，提高储存货物的保管养护质量，目的可归纳为以下几个方面：

① 使地面平整，便于堆码；

② 使堆垛物品与地面隔开，防止地面潮气和积水浸湿物品；

③ 通过强度较大的衬垫物使重物的压力分散，避免损害地坪；

④ 使地面杂物、尘土与物品隔开，保证货物整洁；

⑤ 形成垛底通风层，有利于货垛通风排湿；

⑥ 使物品的泄漏物留存在衬垫之内，防止流动扩散，以便于收集和处理。

（2）垫垛的基本要求

① 所使用的衬垫物与拟存物品不会发生不良影响，并具有足够的抗压强度；

② 地面要平整坚实、衬垫物要摆放平整，并保持同一方向；

③ 衬垫物间距适当，直接接触物品的衬垫面积与货垛底面积相同，衬垫物不伸出货垛外；

④ 要有足够的高度，露天堆场要达到 0.3～0.5m，库房内 0.2m 即可。

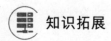 **知识拓展**

垫垛要求取决于不同类型的堆码场地

堆码场地可分为三种：库房内堆码场地、货棚内堆码场地和露天堆码场地。不同类型的堆码场地，进行堆码作业时，会有不同的要求。

（1）库房内堆码场地　用于承受货物堆码的库房地坪，要求平坦、坚固、耐摩擦，一般要求$1m^2$的地面承载能力为$5\sim10t$。堆码时货垛应在墙基线和柱基线以外，垛底须适当垫高。

（2）货棚内堆码场地　货棚是一种半封闭式的建筑，为防止雨雪渗漏、积聚，货棚堆码场地四周必须有良好的排水系统，如排水沟、排水管道，等等。货棚内堆码场地的地坪应高于棚外场地，并做到平整、坚实。堆码时，货垛一般应垫高$20\sim40cm$。

（3）露天堆码场地　露天货场的地坪材料可根据堆存货物对地面的承载要求，采用夯实泥地、铺沙石、块石地或钢筋水泥地等。应坚实、平坦、干燥、无积水、无杂草，四周同样应有排水设施，堆码场地必须高于四周地面，货垛必须垫高$40cm$。

（3）垫垛物数量的确定

一些单位质量大的物品在仓库中存放时，如果不能有效分散物品对地面的压力，则有可能会对仓库地面造成损害，因此要考虑在物品底部和仓库地面之间衬垫木板或钢板。

衬垫物的使用量除考虑将压力分散在仓库地坪载荷限度之内外，还需要考虑这些库用耗材所产生的成本。因此，需要确定使压力小于地坪载荷的最少衬垫物数量。计算公式为：

$$n=\frac{Q_{物}}{l\times w\times q-Q_{自}}$$

式中　n——衬垫物数量；

　　　$Q_{物}$——物品重量；

　　　l——衬垫物长度；

　　　w——衬垫物宽度；

　　　q——仓库地坪承载能力；

　　　$Q_{自}$——衬垫物自重。

2. 苫盖

苫盖是指采用专用苫盖材料对货垛进行遮盖，以减少自然环境中的阳光、雨雪、刮风、尘土等对物品的侵蚀、损害，并使物品由于自身理化性质所造成的自然损耗尽可能地减少，以保护物品储存期内的质量。

常用的苫盖材料有帆布、芦席、竹席、塑料膜、铁皮铁瓦、玻璃钢瓦、塑料瓦等。

（1）苫盖的基本要求

苫盖的目的是给物品遮阳、避雨、挡风、防尘。苫盖的要求如下：

① 选择合适的苫盖材料。选用防火、无害的安全苫盖材料，苫盖材料不会对物品发生不良影响，成本低廉，不易损坏，能重复使用，没有破损和霉变。

② 苫盖牢固。每张苫盖材料都需要牢固固定，必要时在苫盖物外用绳索、绳网绑扎或者用重物镇压。

③ 接口处互相叠盖。苫盖的接口要有一定深度的互相叠盖，不能迎风叠口或留空隙，苫盖必须拉挺、平整，不得有折叠和凹陷，防止积水。

④ 底部与垫垛齐平。苫盖的底部与垫垛齐平，不腾空或拖地，并牢固地绑扎在垫垛外

侧或地面的绳桩上，衬垫材料不露出垛外，以防雨水顺延渗入垛内。

⑤ 加层苫盖。使用旧的苫盖物或在雨水丰沛季节，垛顶或者风口需要加层苫盖，确保雨淋不透。

（2）苫盖方法

① 就地苫盖法。直接将大面积苫盖材料覆盖在货垛上遮盖，一般采用大面积的帆布、油布、塑料膜等。就地苫盖法操作便利，但基本不具备通风条件。

② 鱼鳞式苫盖法。将苫盖材料从货垛的底部开始，自下而上呈鱼鳞式逐层交叠围盖。该方法一般采用面积较小的瓦、席等材料苫盖。鱼鳞式苫盖法具有较好的通风条件，但每件苫盖材料都需要固定，操作比较烦琐复杂。

③ 活动棚苫盖法。将苫盖物料制作成一定形状的棚架，在物品堆垛完毕后，移动棚架到货垛加以遮盖；或者采用即时安装活动棚架的方式苫盖。该方法较为快捷，具有良好的通风条件，但活动棚本身需要占用仓库空间，也需要较高的购置成本。

任务实施

某第三方物流公司一仓库内墙长 42m，宽 21m，高 4.1m，沿着宽方向的走道宽 2.6m，沿着长方向的走道宽 1.8m（走道在中间），库房长方向墙距 1m，宽方向墙距 0.8m，库内无柱子、间壁墙、扶梯及其他固定设施（见图 4-31）。现用该仓库储存一批洗衣机（立着堆放），包装长 0.8m，宽 0.6m，高 1m，毛重 50kg，包装承压能力 110kg，问：最多能储存多少台洗衣机？

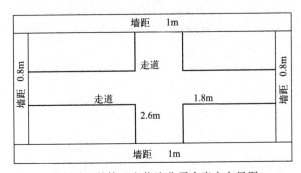

图 4-31　某第三方物流公司仓库内布局图

理论测试

一、单选题

1. 下面不属于垛基的作用是（　　　）。

A. 将整垛货物的重量均匀地传递给地坪　B. 保证垛形美观漂亮

C. 保证良好的防潮和通风　　　　　　　D. 保证垛基上存放的物品不发生变形

2. 下图货物的堆码方法是（　　　）。

A. 重叠式　　　　　B. 压缝式　　　　　C. 仰伏相间式　　　D. 纵横交错式

3. 按周转频率将货物分为 ABC 三类，其中 A 类是流动速度最快的货物，B 类是流动速度次快的货物，C 类是流动速度慢的货物，分类之后，将周转快的 A 类货物放到离（　　　）近的位置或便于搬运的位置。

A. 入库口　　　　　B. 库中心　　　　　C. 出库口　　　　　D. 过道

4. 大宗没有包装的物料在仓库或露天货场上存放时，适合用（　　）存放。

A. 货架存放　　　　　B. 散堆存放　　　　　C. 成组堆码存放　　　D. 垛堆存放

5. 货垛与照明灯之间的必要距离称为灯距。灯距必须严格规定不得小于（　　）。

A. 0.2m　　　　　　B. 0.3m　　　　　　C. 0.5m　　　　　　D. 0.7m

6. （　　）的划分主要就是根据库区场地条件、仓库的业务性质和规模、商品储存要求以及设备的性能和使用特点等因素，对储存空间、作业区域、站台及通道进行合理安排和布置。

A. 仓储功能区域　　　　　　　　　B. 仓储储存区域

C. 仓储拣选区域　　　　　　　　　D. 仓储备货区域

7. 仓库动线的规划通常首要先考虑仓库物品的（　　）。

A. 出货频率高低　　　　　　　　　B. 作业量大小

C. 作业时间分布　　　　　　　　　D. 作业设备类别

8. （　　）是指由人或物在仓库内移动，形成的一系列的点连接而成的线。

A. 作业标志线　　　　　　　　　　B. 仓库动线

C. 作业警示线　　　　　　　　　　D. 仓库分拣线

9. 实行 ABC 管理中，A 类物品占总数的（　　）货物。

A. 70%左右，物动量低　　　　　　B. 10%左右，物动量高

C. 20%左右，各类　　　　　　　　D. 50%左右，重点

10. 以下属于 U 形动线主要特点的是（　　）。

A. 月台资源能综合运用　　　　　　B. 适用于流通加工中心

C. 可同时处理高频率和低频率的货品　D. 可以应对进出货高峰同时发生的情况

二、多选题

1. 堆码时要注意"五距"。下面属于堆码"五距"的有（　　）。

A. 垛距　　　　　B. 内墙距　　　　　C. 柱距

D. 顶距　　　　　E. 灯距

2. 以五为基本计算单位，堆码成各种总数为五的倍数的货垛，以五或五的倍数在固定区域内堆放，使货物"五五成行、五五成方、五五成包、五五成堆、五五成层"，堆放整齐，上下垂直，目的是便于（　　）。

A. 美观　　　　　B. 数量控制　　　　　C. 清点盘存　　　　　D. 牢固

3. 常见的物流作业动线类型包括（　　）。

A. U 形动线　　　B. L 形动线　　　C. I 形动线　　　D. X 形动线

4. 常见的堆码方式包括（　　）。

A. 重叠式　　　　B. 纵横交错式　　　C. 仰俯相间式　　　D. 压缝式

5. 在进行储存面积"非保管区"设计时应考虑的因素包括（　　）。

A. 墙间距　　　　B. 收发货区　　　　C. 库内办公地点　　　D. 储存区域

三、判断题

1. 将周转率低的物品存放在进出库装卸搬运最便捷的位置。（　　）

2. 纵列式布局是指货位、货架或货垛的长度方向与仓库的侧墙互相垂直布置。（　　）

3. 储存区是仓库储存货品、进行整件拣选的区域。储存区是仓库的主体和核心，是物资管理活动的主要场所，区内通常设有储存、搬运、消防、警卫等设施。（　　）

4. 随机货位存放方式货品可随机放在任何空闲的位置上，不分类分区。优点：由于货位可

共用，储存空间的利用效率较高；出入库管理容易。（ ）

5. I 形动线适用于流通加工中心。（　　　）

四、案例分析题

仓库的货位布局原本是横列式布局，但在开业后一段时间的操作后，发现叉车在转弯时要不断调整方向，效率不高，为了便于叉车作业并提高作业效率，仓库管理员请来设计者再进行修改，通过修改后仓库的管理人员非常满意，请问修改后的货位布局是什么样的？

项目五　货物入库作业

知识目标	◇ 掌握入库作业的流程。 ◇ 掌握影响入库作业的影响因素。 ◇ 熟悉入库单所包含的信息内容。 ◇ 掌握组托图的绘制方法。
技能目标	◇ 会结合各种入库任务制定入库作业计划。 ◇ 会根据入库作业计划准备进行接货、验收、码盘和上架等操作。 ◇ 会运用仓储管理软件进行信息化管理。 ◇ 会绘制组托示意图。
职业素养目标	◇ 培养执行入库流程的工作能力。 ◇ 具有工作过程中的安全意识。 ◇ 具有细致严谨的工作态度。 ◇ 具有敬业和吃苦耐劳的责任意识。

岗课赛证融通说明

本项目内容是仓储管理人员入库作业应具备的基础知识和基本技能；对接物流管理 1+X 职业技能等级证书（中级）考核中入库作业计划的编制及实施，物品入库准备，入库检验，储位安排等部分需要掌握的理论考点和实操考点；对接物流服务师国家职业技能标准（2020 年版）中入库作业计划的编制、实施及异常情况的处理等知识要求；对接全国职业院校技能大赛——智慧物流作业方案设计与实施赛项中编制货物验收单、制定货物组托示意图、上架储位安排等部分的内容，全国物流服务师职业技能竞赛中确定货品储位数量，编制货品储位规划，编制入库作业计划等部分的内容。

任务一　入库作业准备工作

引导案例

某光电科技有限公司总部共有成品仓库 3 个，分别是成品一组仓库、成品二组仓库和成品三组仓库。他们是按产品的型号不同而将产品分放在不同的仓库：其中成品一组仓库位于一楼，目的是方便进出货，所以那里存放的货物相对种类比较多一点，如筒灯、灯盘等。并且所有的外销品也存放在一组。成品二组仓库储存的主要是路轨灯、金卤灯、T4灯、T5灯以及光源。公司的几大光源都存放在成品二组仓库。成品三组仓库主要存放特定的格栅灯、吸顶灯、导轨灯以及别的公司的一些产品。

该公司现有一批24箱周转量低的金卤灯、18箱周转量高的T5灯需要入库。仓管员在核对进货账卡，对货物进行清点后，了解仓库库存、设备、人员情况，清查货位，发现仓库中刚好有一个托盘货架空缺，且这两种产品没有期初库存。仓管员根据入库需求制定入库计划，因T5的周转量相对较大，出库频率高，将其存放在了货架的下层且靠近出口通道处，以便于货物的出入库作业；金卤灯周转量较低，出入库的频率不高，将其放于三层货架上。

【引例点评】仓管员根据仓库布局原则，结合货物需求及物品各自特点，将T5灯存放在货架的下层且靠近出口通道处，而将金卤灯存放在三层货架上是合理的。因为T5灯的周转量相对较大，出入库频率较高，将其存放在货架的下层且靠近出口通道处，有利于货物的出入库作业；金卤灯周转量较低，出入库频率不高，所以将其存放在货架的三层。

【任务发布】货物入库作业是仓储作业管理的第一步，也是关键环节，它直接关系到后面的库内、出库作业管理能否顺畅进行。货物入库一般经过入库前的准备、接货、卸货、货物验收、堆码组托、储位分配、上架等环节，仓储部门根据入库计划及时做好入库前的准备，确保货物准确迅速地完成入库作业。

根据客户的入库任务单进行入库前准备，包括入库货品分析、仓库库场情况等，选择接货方式，进行货物的验收，合理规划储位进行上架作业或堆码作业。

 知识储备

一、入库作业流程

入库作业也称收货作业，它是仓储工作的第一步，是指从接受入库作业申请开始，由编制入库计划、入库准备、接运卸货、货物检验、储位安排、入库信息处理等一系列环节构成，其流程图如图5-1所示。

入库申请 → 编制入库计划 → 入库准备 → 接运卸货 → 货物检验 → 储位安排 → 入库信息处理

图5-1　入库作业流程

入库工作质量直接影响后续货物的储存保管以及出库业务，关系到整个仓储作业的效率和效益，因此加强入库作业管理十分重要。

二、接收入库申请

入库申请是存货方对仓储服务产生需求，并向仓储企业发出通知的活动。接收入库申请是物流企业入库作业的开始，常见的第三方仓储型物流企业受理的储存业务主要包括两种类型，即合同协议储存和临时委托储存。

合同协议储存是指根据平等互利、等价有偿的原则，仓储企业和货主之间采取签订仓储保管合同或协议的一种储存方式。实际运作过程中，合同协议储存大致有三种形式：

（1）定品名、定数量，储存业务由仓储企业统一安排；

（2）定库房、定面积、定商品大类，储存业务由保管方承担，即"包仓代管"；

（3）定库房、定面积、定商品大类，储存业务由存货方承担，即"包仓自管"。

临时委托储存是指仓储企业接受系统外或社会性商品，采取临时储存的一种储存方式。

采用这种储存方式时，首先由货主向仓储企业提出临时委托储存的申请，在仓库认为可能接收的条件下，货主填写委托储存申请单，并按流程组织商品入库。对于这类储存形式，一般仓库采用"逐笔清"的方式，即一批货物储存业务结束时立即结算费用。在此本任务主要分析临时委托储存。

仓储企业在接到入库申请后，对客户的入库作业计划进行评估，并结合仓储企业自身业务状况进行反馈。若不符合入库作业要求予以拒绝并作出合理的解释，争取获得客户的谅解；若符合入库作业要求，接受此项业务，制定入库作业计划，做好入库前的准备。

拓展阅读

入库通知单

对符合入库作业的产品，存货人（客户）会提交给仓储企业一份入库通知单，即向仓储企业提出入库申请的书面形式。来源于客户或供应商的入库申请，其主要目的是存货方向仓储企业预报入库信息、申请入库。入库通知单形式多样，但内容一般包括入库通知单编号、入库时间、供应商、商品名称、包装规格、单价、重量、生产日期、保质期和入库数量等信息，是生成仓储企业入库作业计划的基础和依据。入库通知单的式样见表 5-1。

表 5-1 入库通知单式样

入库通知单编号：R20220617　　　　　　　　计划入库时间：到货当日

序号	商品名称	包装规格 （长×宽×高）/mm	单价 /（元/箱）	重量 /kg	堆码 层限	生产日期	保质期	入库/箱
1	休闲黑瓜子	203×153×160	100	12	3层	2022 年 4 月 8 日	12 个月	35 箱
2	可乐年糕	220×180×160	100	8	3层	2022 年 4 月 4 日	12 个月	29 箱
3	顺心奶嘴	265×210×240	100	8	3层	2022 年 4 月 10 日	6 个月	30 箱
4	婴儿美奶粉	235×160×160	100	10	3层	2022 年 4 月 11 日	12 个月	40 箱

供应商：××××××有限公司

三、编制入库作业计划

入库作业计划是仓储企业根据入库通知单，结合自身情况制定仓储要达到的目标及实现目标的方法。主要包括到货时间、接运方式、包装单元与状态，货品名称、规格、属性、单件体积与重量、数量储存时间和储存要求，物流、化学特性等详细信息，还包括人员、设备及作业时间的组织等工作安排。仓储部门需要对入库作业计划进行详细的分析，并根据货物在库时间，理化特性，单品体积、重量及包装物等，合理安排货位。仓库部门通过对入库作业计划做出测评与分析，即可进行货物入库前的准备工作。

入库作业计划编制是对后续入库作业的指导，每一步都关系到入库工作顺利与否，一般包括以下几个步骤：

（1）明确入库货品的属性及储存要求，以便为入库货物安排适宜的储位，为后续实施在库保管提供便利条件；

（2）为即将入库的货品进行编码，便于仓储企业对入库货品进行管理；

（3）根据货物的数量和体积规划入库货物所需储存空间；

（4）为相应的货品准备苫垫物品；

（5）安排具体人员操作入库作业工作。

四、入库准备

（一）货位准备

1. 平置库货位准备

根据入库作业计划，对于完成验收手续后需要放入平置仓库的货物，主要工作是进行分类堆码存放。堆码是根据货物的特性、包装、保管要求以及方便操作作业和充分利用仓容等因素，将货物按一定的规律码成各种形状的货垛，必要时进行合理的苫垫。

在准备平置库货位时，需要考虑预计到货物品的特性、体积、质量、数量和到货时间等信息，结合物品分类、分区和货位堆码要求，核算出货物所需储存面积，预先确定物品的储存位置。

一般而言，确定货物所需储存面积时，必须考虑的因素包括仓库的可用高度、仓库地坪荷载即地坪单位面积最大承重量（地面每平方米的承重量单位：kg/m^2）、货物包装物所允许的堆码层数，以及物品包装物的长、宽、高。对于就地堆码的货物需要设计的内容包括货物所需占地面积、垛高、垛长和垛宽。计算方法如下：

（1）计算出单位包装物的底面积和货物单位面积重量，计算公式如下：

单位包装物底面积＝长×宽

货物单位面积重量＝单位货物毛重÷单位包装物底面积

（2）由于可堆码层数受地坪荷载、仓库高度、货物包装物所允许高度三个因素影响，所以分别计算三种情况下可堆码的层数，计算公式如下：

① 考虑地坪荷载可堆码层数 a＝地坪单位面积最大承重量÷货物单位面积重量

② 考虑仓库高度可堆码层数 b＝仓库可用高度÷箱高

③ 考虑货物包装物所允许高度可堆码层数 c＝货物包装物标志限高

（3）综合考虑以上三个因素取最小值确定可堆码层数，即：

可堆码层数＝$\min$［堆码层数 a，堆码层数 b，堆码层数 c］

（4）最后确定占地面积的大小，计算公式如下：

占地面积＝单位包装物面积×堆数＝单位包装物面积×（入库总量÷可堆码层数）

【点对点例题】入库通知

今收到供货商发来入库通知单，计划到货日期为明天上午 10 点，内容如下：

品名：五金工具	包装规格：500mm×400mm×600mm
包装材质：松木	单体毛重：50kg
包装标识限高：4 层	数量：3600 箱

已知仓库高度为 4.8m，堆场地坪荷载：2000kg/m²；仓库顶距不小于 0.5m，垛型要求为重叠堆码的平台垛。如果你作为仓库管理员请计算出至少需要多大面积的储位。如果目标储存区域可堆垛宽度限制为 8.0m，计算出计划堆成的货垛的垛长、垛宽及垛高各为多少箱。

解：　　　　　单位包装物底面积＝0.5×0.4＝0.2(㎡)

单位面积重量＝50÷0.2＝250(kg/㎡)

考虑地坪荷载可堆码层数 a＝2000÷250＝8(层)

考虑仓库高度可堆码层数 b＝(4.8－0.5)÷0.6＝7(层)

考虑货物包装物所允许高度可堆码层数 c＝4(层)

确定堆码层数 $\min$[8,7,4]＝4(层)

所需储位面积＝0.2×(3600÷4)＝180(㎡)

$$垛宽＝8÷0.4＝20（箱）$$
$$垛高＝4　箱$$
$$垛长＝3600÷20÷4＝45（箱）$$

答：至少需要 $180m^2$ 的储位，如果目标储存区域可堆垛宽度限制为 8.0m，堆成重叠堆码的平台垛垛长 45 箱，垛宽 20 箱，垛高 4 箱。

2. 货架库货位准备

计划入库货品如果上架储存，在明确储存位置和所需货位数量的同时，还需要准备好相应数量的托盘。

（1）货架库货位优化　决定计划入库物品的储存位置的关键因素是物动量分类的结果，高物动量的物品应该选择首层，中物动量的物品应该选择中间货位层，低物动量的物品则应该选择上层货位，见图 5-2。

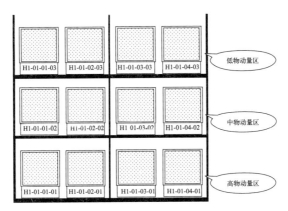

图 5-2　货架储存与货位优化示意图

（2）货架库货位及托盘数量准备　为保证计划入库的货品能够顺利入库，仓库人员应在入库前准备出足够的货位和上架所需的托盘。在计算所需货位及托盘数量时，应考虑以下几方面的因素：计划入库的货品种类及包装规格、货架货位的尺寸、所需托盘规格、叉车作业要求。在货架库入库时需注意与平置仓不同的在于对货位净高的要求，以及叉车作业空间的预留，一般作业空间不小于 90mm。

【点对点例题】威盛物流公司收到一份入库通知单，计划入库货物为吉欧亚干红葡萄酒，包装规格：$460mm×260mm×252mm$，堆码层限为 3 层，每层可码放 9 箱，共 536 箱。货架规格：货架层高为 1400mm，横梁高为 12mm，托盘规格：$1200mm×1000mm×160mm$，叉车上架作业空间 90mm，问：该批货物入库前需准备多少个货位和托盘？

解：①确定码放层数。货架层高为 1400mm，横梁高为 120mm，由此可知货架间的净高为 1280mm，物品上架后考虑托盘的高度 160mm，和叉车上架作业空间 90mm，综合考虑以上因素，托盘码放层数的计算公式为：

码放层数＝（货架每层高度－货架横梁高度－托盘高度－叉车上架作业空间）÷货物包装高度
$$＝（1400－120－160－90）÷252＝4.09≈4（层）$$

由于该货物堆码层限为 3 层，所以堆码层数＝min［3，4］＝3（层）

②货位数量及所需托盘数量。每个托盘码放 3 层，每层码放 9 箱，所以每个托盘（或每个货位）可码放 27 箱，则该批货物所需托盘（或货位）的数量为：

货物所需托盘（或货位）的数量＝物品总量÷单位托盘（或货位）码放数量

$$=536÷27＝19.85≈20（个）$$

即该批货物入库前需要准备 20 个货位和托盘。

（二）苫垫物品的准备

根据预计到货物品的特性、体积、重量、数量和到货时间等信息，结合货物分区、分类和货位管理要求，需要做好防雨、防潮、防尘、防晒的准备，即准备好所需的苫垫材料。苫垫材料应根据货位位置和货物特性进行合理的选择。

垫垛材料的选择主要考虑货物避免受地坪潮气的侵蚀，并满足垛底通风的需求，主要材料包括：枕木、方木、石条、水泥墩、防潮纸（布）及各种人工垫板等。

苫垫材料的选择主要考虑货物免受风吹、雨打、日晒、冰冻的侵蚀，主要材料包括：塑料布、席子、油毡、铁皮、苫布等。

（三）人员及单证的准备

按照货物的入库时间和到货数量，安排好相关作业人员，包括质量检验人员、仓库验收人员、装卸搬运人员等，以保证货物到达后，人员及时到位。仓库验收相关作业人员还应按照公司规定备齐货物入库所需用的各种单证、报表、记录簿，如入库记录、理货检查单、料卡、残损单等，可预先填写妥善，以便使用。

🕐 任务实施

作为仓库管理员，请根据仓库库容、设备、人员、入库商品信息编制入库计划，预估所需要的存货空间，做好货物接运与检验的准备，以确保货品安全、准确入库。某平置库储存区地坪荷载为 $2t/m^2$，库高 6m，计划入库一批金属零件，包装规格为 600mm×500mm×1000mm，单体毛重为 60kg，包装标识限高为 5 层，则这批货物的可堆存层数为多少？

● 任务二　货物接运与检验作业 ●

➡️ 引导案例　M 公司进货检验流程说明：

（1）原材料（含主要辅料、添加剂等）、外购外协件进厂应分类分批存放在仓库指定地点，并做好待检标识。

（2）供方按合同要求随原材料、外购外协件进厂时提交的质量证明文件和试样交技术质量部检查员，如不符合手续或手续不全，检查员可拒绝接收。

（3）检查员根据进货检验指导书进行检验并填写进货质量检验记录做出合格或不合格的结论。

（4）技术质量部可采用以下一种或多种方式对进货产品进行验证：

① 根据供方提供的质保书进行验证。

② 根据检验指导书进行全数或抽样检验和试验。

③ 由认可的试验室出具检验/试验报告并核对报告。

④ 根据事先在质量协议中规定的检验项目，对供方所提供产品的质保书或自检报告进行确认。

⑤ 对进货产品经检验合格或已提供了质保书的情况下，对供方进行第三方现场审核。

（5）技术质量部检查员将检验结果通知仓库保管员办理入库或拒收手续。

（6）检查员应按相关检验指导书或验收标准规定填写各项检验、试验记录或报告并定期整理，连同质量原始凭证存档保管。检验和试验报告等证明文件要有检查员盖章或签字方可有效。

（7）公司为防止产品不合格造成风险，不论供方以前质量业绩是否良好，一律不免检。

【引例点评】仓管员对收货区中的货物进行验收作业，货物验收完毕后，若存在破损等异常情况，仓管员在入库单的备注上注明异常情况，如"污损××箱""破损××箱""错误××箱""未封箱××箱"，并在仓管员签字处签仓管员三个字，同时要求送货人在送货人签字处签字，仓管员将入库单交给送货人员后，才能将货物拉出收货区。

【任务发布】物品到达仓库除了一小部分由供货单位直接运到仓库交货之外，大部分需要经过铁路、公路、水路、航空等运输方式转运。凡经过交通运输部门转运的货物，均需经过仓库接运后，才能进行入库验收。接运卸货的主要任务是及时准确地向运输部门提取入库货物，要求手续清楚，责任分明，为仓库验收工作创造有利条件。

如何做好接运货物的准备？仓储公司接到一票货物去车站接货，请问要注意哪些事项？如果是到仓库提货呢，要注意哪些？仓库管理员收到入库订单一份，仓库管理员准备验收入库，仓管员需要注意些什么呢？

 ## 知识储备

物品的接运卸货是储存物品的仓库直接与外部发生的经济联系，实际上是物品入库业务的第一道作业环节。做好货物接运业务（见图5-3）管理的意义在于，防止把在运输过程中或运输之前已经发生的货物损害和各种差错带入仓库，减少或避免经济损失，为验收或保管保养创造良好的条件。

图 5-3　货物接运示意图

一、货物接运方式

1. 车站、码头接货

车站、码头接货一般是指仓储企业受存货人委托或合同约束到车站、码头接运物品到储存地。主要适用于零担托运和小批量货物的入库。车站、码头接货需注意以下几方面事项：

在接货前，熟悉货物的基本情况，提货员对所提取商品的品名、型号、特性和一般保管要求及装卸搬运注意事项有全面的了解；同时做好接运货物的准备工作，如安排装卸运输工具、留出存放商品的场地等。提货员在到货前，要了解到货时间和交货情况，根据到货多少，组织装卸人员、机具和车辆，按时前往提货。

在接货过程中，验货与接货同步，提货时应根据运单以及有关资料详细核对品名、规格及数量，并要注意商品外观，查看包装、封存是否完好，有无玷污、受潮、水渍等异常情况。若有疑点或与运单不符，应当场要求运输部门检查。对于短缺损坏的情况，属于运输部门责任的，应做好相应记录；属于其他方面责任的，需要承运人证明并做好相应记录，并由承运人签字。

在短途运输过程中，做到不混不乱，避免碰坏损失。危险品应按照危险搬运规定办理。物品到库后，提货员应与保管员密切配合，尽量做到提货、运输、验收、入库、堆码一条龙作业，从而缩短入库验收时间，并办理内部交接手续。

2. 专用线接车

所谓专用线就是专门为某企业修建或使用的铁路专用线，一般为支线。通过专用线接车是指仓储企业在本企业的专用线上接货，一般适用于大批整车物品的接运入库。

接到专运线的到货通知后，应立即确定卸货货位，力求缩短场内搬运距离，组织好卸车所需要的机械、人员及有关资料，做好卸车准备。

车皮到达后，引导对位，进行检查。看车皮封闭情况是否良好，即卡车、车窗、铅封、苫布等有无异常情况；根据运单及相关资料核对货物名称、数量、规格，检查包装是否受损、受潮或存在其他损坏现象。在检查中若发现问题，则应请铁路部门派人员复查，做好记录，记录事项要与实际情况相符。

卸车时要注意为货物验收和入库保管提供便利条件，分清车号、品名和规格，不混不乱，保证包装完好。在卸货作业时不仅应注意保护货物，保证包装完好，还应根据货物的性质合理堆放，避免混淆。

卸车后应在货物外包装上标明车号和卸车日期，编制卸车记录，记录卸车货位规格、数量，连同有关证件和资料向保管人员交代清楚，办好内部交接手续。

3. 仓库自行接货

仓库应根据提货通知，了解所提货物的名称、性能、数量、规格，准备好提货所需要的工具设备及人员，配备保管人员在供应方处当场检验质量，清点数量，并做好验收记录，接货与验收合并一次完成。

4. 库内接货

库内接货是指仓储企业在仓库内接到存货委托人送来的物品，一般仓库和供货单位在同城。货主将货物直接运送到仓库储存时，保管人员或验收人员要直接与送货人员办理交接手续，凭送货单或订货合同、订货协议等当面点验所送货物的品名、规格、型号、重量和数量以及有关单证和资料，并查看货物的外观质量，当面做好验收和记录。

如果验收时发现货物有短缺、损坏等问题，一定要分清责任，即会同送货人员查实，由送货人员出具书面证明，签章确认，留作处理问题的依据。如果无法当面完成全部验收项目，要在送货单位回执联内注明具体查验内容。

二、商品接运业务中货损货差处理

在接运过程中，有时会发现或发生差错，如错发、混装、漏装、丢失、损坏、受潮、污损。这些差错有的是由发货方造成的，有的是由承运方造成的，也有的是在接运短途运输装卸中自己造成的。这些差错，除了由于不可抗拒的自然灾害或者货物本身性质引起的外，所有差错损失应向责任者提出索赔。

（一）责任划分的一般原则

（1）在交给运输部门前和承运前发生的货损或者由发货单位过失、处理不当发生的货损，由发货单位负责。

（2）从交通运输部门向发货单位接收货物起，到交付货物给收货人时止，发生的货损（除自然灾害，货物本身性质和发、收、中转单位的责任造成的损失外）由运输部门负责。

（3）收货单位与交通运输部门办好货物交接手续后，从提货后所发生的损失或由于收货单位工作问题发生的损失，由收货单位负责。

（4）从接收中转货物起，到交送运输部门转运时止，所发生的损失或由于中转单位工作问题发生的损失，由中转单位负责。

（二）货损货差的处理

发生货损货差时，应保护好现场，做好事故记录，划清责任界限，并以此作为事故处理和索赔的依据。在处理事故时，要实事求是，客观反映真实情况，事故各方要互相协作，认真、妥善地处理事故。正确分析事故发生的原因和处理方法的依据是事故记录，因此事故记录非常重要，在事故发生时，必须要把事故详细情况记载下来。铁路记载货运事故的记录有两种：货运记录和普通记录。

货运记录是指货物在承运单位运输过程中发生货损、货差、有货无票、有票无货或其他情况需要证明铁路同托运人或收货人之间的责任时，由承运单位编制的一种证明文件。分析货运事故，确定责任的依据就是货运记录，尤其是一旦发生经济纠纷时，货运记录是具有法律效用的证明文件，也是托运人或收货人向承运人要求赔偿货物损失的依据。

普通记录不具备索赔的效力，仅是收货单位向有关部门交涉处理的依据，是承运部门开具的一般性证明文件。遇到下列情况时需要填写普通记录：铁路专用线自装自卸的货物发生货损货差时；篷车的铅封印纹不清、不符或没有按照规定施封发生货损货差的；施封车门、车窗关闭不严，或者门窗有损坏发生货损货差的；篷布苫盖不严实，有漏雨或其他异常情况发生货损货差的。

三、货物验收

货物到库后，仓库收货人员首先要检查货物入库凭证，然后根据入库凭证开列的收货单位和货物名称与送交的货物内容和标记进行核对。入库通知单、订货合同要与供货单位提供的所有凭证逐一核对，相符后，才可以进入下一步的实物检验，对货物数量检验、外观质量检验、包装检验，运用感官检验和理化试验的方法进行检验，对不同的货物实行全检或抽检，根据检验情况填写验收报告，处理验收中发现的问题。如果发现有证件不齐或不符等情况，要与存货、供货单位及承运单位和有关业务部门及时联系解决。

验收过程中的货物检验是指验收人员按照验收业务流程，在核对凭证无误的前提下，依照规定程序和手续对入库货物进行数量和质量检验的经济技术活动。

（一）货物验收的原则

货物验收的基本要求主要有及时、准确、严格、经济四个方面。在进行商品验收时，基本的验收要求是"认真、及时、准确"。其中"认真"要求工作人员在工作时要细心负责，严格按照验收的方法、过程对货物进行检验。"及时"就是要求在规定的时间内及时将货物验收完毕。商品入库验收具有很强的时间观念，必须做到及时验收，从而可以及时发现入库货物中存在的问题，尤其是质量问题，以便及时采取措施。所谓"准确"就是以商品入库平整为依据，准确地检查入库货物的实际数量和质量状况，并通过书面材料准确地反映出来，做到账、卡、物相符，降低收货差错率，提高企业的经济效益。

（二）货物检验方式

货物检验有全检和抽检两种基本方式。所谓全检是指对于批量小、规格尺寸和包装不整齐以及要求严格验收的货物，必须对所有货物全部进行检验的一种方式。它需要消耗较多的人力、物力和时间，但是可以保证验收质量。所谓抽样检验，就是借助数理统计方法，从一批货物中，随机地抽取部分货物进行检验，根据这部分货物的质量情况，判断该批货物的质量状况，从而决定该批货物质量是否合格的一种货物检验方式。一般情况下，对于批量较大、规格尺寸和包装完好、货物质量信誉较高以及验收条件有限的情况，特别是进行货物的理化性能检验时采用这种方式，本部分重点介绍抽样检验方式。

1. 抽样检验的必要性

采用抽样检验的方式进行货物质量验收的好处是：可以节约人力，提高货物入库速度。可以保证检验的准确性，减少因拆包开箱而对货物质量产生的影响。由于许多货物都是连续地批量生产，抽验一定数量，就可以代表整批货物的质量状况。另外，有些货物包装技术性较强，如使用专用机械打包，或真空压缩包装，拆开验收后，其包装便不能复原，势必会影响货物质量，使用抽样检验方式，可以减少因检验而造成的经济损失。有些货物经开箱、拆包检验之后，因与外界（如空气、水分、阳光等）接触，会引起质量变化，有些货物经过破坏性的检验便失去其使用价值（如灯泡使用寿命检验），采取抽检的方式，可以使损失控制在合理的范围之内。

2. 抽样检验比例的确定

抽样检验比例首选以合同规定为准，合同没有规定时，抽验比例一般为5％～15％。在确定验收比例时，一般考虑以下因素：

（1）货物的性质、特点　不同的货物具有不同的特性。如玻璃器皿、保温瓶胆、瓷器等容易破碎；皮革制品、副食品、果品、海产品等容易霉变；香精、香水等容易挥发，这些货物的验收比例可以大一些。而肥皂、香皂之类，外包装完好，内部不易损坏，验收比例可以小一些。

（2）货物的价值　贵重货物，如价格高的精密仪器、名贵中药材（人参、鹿茸等），入库时验收比例要大一些，或者全验。而一般价值较低、数量较大的小货物可少验。

（3）货物的生产技术条件　对于生产技术条件好、工艺水平较高、产品质量好而且稳定的货物可以少验；而对于生产技术水平低，或手工操作、产品质量较差而又不稳定的需要多验。

（4）供货单位的信誉　有的企业历来重视产品质量，并重视产品的售后服务工作，长期以来仓库在接收该厂产品时没有发现质量、数量等问题，消费者对该企业的产品也比较满意，这样的企业供应的货物可以少验或免验，而对于信誉较差的企业提供的产品则要多验。

（5）包装情况　包装材料差、技术低、结构不牢固，都会直接影响货物质量和运输安全，从而造成散失、短少或损坏，因此，收货时，对包装质量完好的货物可以适当少验，反之则要多验。

（6）运输工具　货物在运输过程中，使用的运输工具、运距以及中转环节的不同等，对货物质量、数量都会有不同程度的影响。因此，入库验收时，应视不同情况确定验收比例。如对于汽车运输，且运距较长，由于途中振荡幅度大，损耗会多一些，因此，需要确定较大的验收比例；而水路或航运，由于途中颠簸小，损耗自然会少一些，因此可以少验。

（7）气候条件　经过长途转运的货物，可能由于气候条件的变化，质量会受到一定的影响。即使同一地区，季节变化对货物质量也会产生影响。所以，对怕热、易熔的货物，夏天要多验；对怕潮、易溶解的货物，在雨季和潮湿地区应多验；怕冻的货物，冬天应多验。

（三）货物检验程序

货物进入仓库前经过一系列生产和储运环节，质量和数量可能发生某种程度的变化。所以凡是货品进入仓库进行储存，必须经过检查验收，只有验收后的货品才可以入库保管。

货物验收的依据主要是货主的入库通知单、订货合同、调拨通知单或采购计划，在这些资料中，最主要的依据是货主的入库通知单。对于无合同、无计划的到货，应及时通知货主查询，经批准后，才能办理入库手续。货主应及时将订货合同、到货计划送交仓库。仓库接到货主的入库通知单等资料后，应按照资料的要求及有关规定认真核对，如内容不完备、不明确或者有错误，应及时通知或退回货主补齐。货物验收具体包括验收准备、核对凭证、实物检验和填写验收单据四个作业环节。

1. 验收准备

仓库接到提货通知后，应根据货物的性质和批量提前做好验收前的准备工作，大致包括人员准备、资料准备和器具准备。人员准备即安排负责质量验收的技术人员或用料单位的专业技术人员，以及配合质量验收的装卸搬运人员；资料准备即收集并熟悉待验货物的有关文件，例如技术标准、订货合同等；器具准备即准备好验收用的检验工具，例如衡器、量具等。

2. 核对凭证

入库货物必须具备的凭证及说明有以下几方面。

（1）入库通知单和订货合同副本，这是仓库接收货物的凭证。

（2）供货单位提供的材质证明书、装箱单、磅码单、发货明细表等。

（3）货物承运单位提供的运单，若货物在入库前发现残损情况，还要有承运部门提供的运输记录或普通记录，作为向责任方交涉的依据。

（4）核对凭证也就是将上述凭证加以整理全面核对的单据。入库通知单、订货合同要与供货单位提供的所有凭证逐一核对，相符后才可进行下一步实物检验。

3. 实物检验

所谓实物检验，就是根据入库单和有关技术资料对实物进行数量、质量和包装的检验，即符合货物数量是否与入库凭证相符，货物质量是否符合规定的要求，货物包装是否保证在储存和运输过程中的安全。

（1）数量检验 数量检验是保证物资数量准确的重要步骤，一般在质量验收之前，由仓库保管职能机构组织进行。按商品性质和包装情况，数量检验分为3种形式，即计件、检斤、检尺求积。

① 计件。计件是按件数供货或以件数为计量单位的商品，做数量验收时的清点件数。一般情况下，计件商品应全部逐一点清，固定的小件商品，如果包装完好，打开包装对保管不利。国内货物只检查外包装，不拆包检查；进口商品按照惯例办理。

② 检斤。检斤是按重量供货或以重量为计量单位的商品，做数量验收时的称重。金属材料、某些化工产品多半是检斤验收。按理论换算重量的商品，先要通过检斤，如金属材料中的板材、型材等，然后按规定的换算方法换算成重量验收。对于进口商品，原则上应全部检斤，但如果订货合同规定按理论换算重量交货，则应该按合同规定办理。所有检斤的商品，都应填写磅码单。

③ 检尺求积。检尺求积是对以体积为计量单位的商品，如木材、竹材、砂石等，先检尺后求体积所做的数量验收。凡是经过检尺求积检验的商品，都应该填写磅码单。

在做数量验收之前，还应根据商品来源、包装好坏或有关部门规定，确定对到库商品是采取抽验还是全验方式。在一般情况下数量检验应全验，即按件数全部进行点数，按重量供货的全部检斤，按理论换算重量供货的全部先检尺，后换算为重量，以实际检验结果的数量为实收数。有关全验和抽验，如果商品管理机构有统一规定时，则可按规定办理。

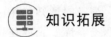 知识拓展

数量检验范围

不带包装的（散装）货物的检斤率为100％，不清点件数。

有包装的毛检斤率为100％，回皮率为5％～10％，清点件数为100％。

定尺钢材检尺率为10％～20％，非定尺钢材检尺率为100％。

贵重金属材料100％过净重。

有标量或者标准定量的化工产品，按标量计算，核定总重量。

同一包装、规格整齐、大批量的货物，包装严密、符合国家标准且有合格证的货物，采取抽查的方式检验，抽查率为10％～20％。

（2）质量检验　货物质量验收是检验货物质量指标是否符合规定的工作。仓储部门按照有关质量标准，检查入库货物的质量是否符合要求。质量验收有感官检验法和仪器检验法两种方式。感官检验法是依靠验收人员丰富的货物知识和实践经验，通过视、听、味、触、嗅觉来判断货物质量的方法。它的优点是简便易行，不需要任何设备，或者只需要一些简单的工具就能迅速做出质量判断。这种方式的缺点是检验效果有一定的局限性，很难精确地测定出货物质量的数据指标。仪器检验法是利用各种仪器设备，对货物的规格、成分、技术要求和标准等进行物理、化学和生物的分析测定。它的优点是检验的准确度高，但需要投入比较昂贵的仪器设备。

质量检验包括外观检验、尺寸精度检验、机械物理性能检验和化学成分检验4种形式。仓库一般只做外观检验和尺寸精度检验，后两种检验如果有必要，则由仓库技术机构取样，委托专门检验机构检验。

①外观检验。在仓库中，质量验收主要指商品外观检验，由仓库保管职能机构组织进行。外观检验是指通过人的感觉器官，检验商品的包装外形或装饰有无缺陷；检查牢固程度；检查商品有无损伤，如撞击、变形、破碎等；检查商品是否被雨、雪、油污等污染，有无潮湿、霉腐、生虫等。外观有缺陷的商品，有时可能影响其质量，所以对外观有严重缺陷的商品，要单独存放，防止混杂，等待处理。凡经过外观检验的商品，都应该填写"检验记录单"。商品的外观检验只通过直接观察商品包装或商品外观来判别质量情况，大大简化了仓库的质量验收工作，避免了各个部门反复进行复杂的质量检验，从而节省大量的人力、物力和时间。

②尺寸精度检验。商品的尺寸精度检验由仓库的技术管理职能机构组织进行。进行尺寸精度检验的商品，主要是金属材料中的型材、部分机电产品和少数建筑材料。不同型材的尺寸检验各有特点，如椭圆材主要检验直径和圆度，管材主要检验壁厚和内径，板材主要检验厚度及其均匀度等。对部分机电产品的检验，一般请用料单位派员进行。尺寸精度检验是一项技术性强、很费时间的工作，全部检验的工作量大，并且有些特征只有通过破坏性的检验才能测到。所以，一般采用抽验的方式进行。

③理化检验。理化检验是对商品和物理化学性质所进行的检验，一般主要是对进口商品进行理化检验。对商品内在质量的检验要求一定的技术知识和检验手段，目前仓库多不具备这些条件，所以一般由专门的技术检验部门进行。

以上质量检验是商品交货时或入库前的验收。在某些特殊情况下，尚有完工时期的验收和制造时期的验收，这就是指在供货单位完工和正在制造过程中，由需方派员到供货单位进行的

检验。应当指出，即使在供货单位检验过的商品，或者因为运输条件不良，或者因为质量不稳定，也会在进库时发生质量问题，所以交货时入库前的检验，在任何情况下都是必要的。

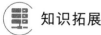 **知识拓展**

质量检验范围

带包装的金属材料，抽检率为 $5\%\sim10\%$。

无包装的金属材料全部目测检查，检查率少于 10%，运输、起重设备 100% 检查。

仪器仪表外观质量缺陷检查率为 100%。

易于发霉、变质、受潮、变色、污染、虫蛀、机械性损伤的货物，抽检率为 $5\%\sim10\%$，外包装质量缺陷检验率为 100%。

对于供货稳定，信誉、质量较好的厂家产品，特大批量货物可以采用抽查的方式检验质量。

进口货物原则上 100% 逐件检验。

（3）包装检验 货物包装验收，通常是在初步检查验收时进行的，主要是查看包装有无水湿、油污、破损等，其次是查看包装是否符合有关标准要求，包括选用的材料、规格、制作工艺、标志、打包方式等。另外对包装材料的干湿度也要检验，包装的干湿程度，表明包装材料中含水量的多少，这对货物的内在质量会产生一定的影响。对包装物干湿度的检查，可利用测湿仪进行测定。当需要开箱拆包检验时，一般应有两人以上在场同时操作，以明确责任。

仓库在货物验收过程中，如发现货物数量与入库凭证不符，质量不符合规定，包装出现异常情况时，必须做出详细记录。同时将有问题的货物另行堆放，并采取必要的措施，防止损失继续扩大，立即通知业务部门或邀请有关单位现场察看，以便及时做出处理。

4. 填写验收单据

货物经检验后，仓库保管员应按照质量合格的实际数量填写货物验收单，见表 5-2；验收中如果发现数量不符或有质量等方面的问题，可填写货物验收异常统计表，见表 5-3。相关检验单据填写后，经仓库负责人、核对人员核对签字后，作为今后与供应方、运输方交涉的依据。

表 5-2 货物验收单

序号	商品名称	包装规格	单位	应收数量	实收数量	包装形式	质量	验收人
1								
2								
3								
4								
5								
验收时间：					验收人：			

表 5-3 货物验收异常统计表

序号	交货单编号	货物名称	数量	供应商	交货日期	不良内容	处理方法
1							
2							
3							
4							
5							
验收时间：				验收人：			

（四）货物验收中发现问题的处理

货物验收中，可能会发现诸如证件不齐、数量短缺、质量不符合要求等问题，应区别不同情况，及时处理。

（1）验收中发现问题等待处理的货物，应该单独存放，妥善保管，防止混杂、丢失、损坏。

（2）数量短缺在规定磅差范围内的，可按原数入账，凡超过规定磅差范围的，做好验收记录，与货主一起向供货单位办理交涉手续。凡实际数量多于原来发出数量的，可由主管部门向供货单位退回多发数，或补发货款。在货物入库验收过程中发生的数量不符情况，其原因可能是发货方在发货过程中出现了差错，误发了货物，或者是在运输过程中漏装或丢失了货物等。

（3）质量不符合规定时，应及时向供货单位办理退货、换货交涉，或征得供货单位同意代为修理，或在不影响使用的前提下降价处理。货物规格不符或错发时，应先将规格对的予以入库，规格不对的做出验收记录交给主管部门办理换货。

（4）证件未到或不齐时，应及时向供货单位索取，到库货物应作为待检验货物堆放在待验区，待证件到齐后再进行验收。证件未到之前，不能验收，不能入库，更不能发货。

（5）属承运部门造成的货物数量短少或外观包装严重残损等，应凭接运提货时索取的"货运记录"向承运部门索赔。

（6）价格不符，供方多收部分应予以拒付，少收部分经过检查核对后，应主动联系，及时更正。

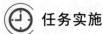
任务实施

根据入库通知单要求，M仓储中心需要对2400箱午餐肉罐头到当地的转运站进行接货，作为仓库主管，请制定接货计划，安排车辆完成货物接运任务。同时安排仓储中心按照验收流程组织人员进行验收，处理验收过程中出现的问题。

任务三 货物组托与上架作业

引导案例

M物流公司收到一份入库通知单，见表5-4，共包含六种货品，仓库管理员小李如何安排这些货物上架。

表5-4 入库任务单

入库任务单编号：R20210510 计划入库时间：到货当日

序号	商品名称	包装规格 （长×宽×高）/mm	单价 /（元/箱）	重量 /kg	生产日期	保质期	入库/箱	备注
1	雀巢奶粉	203×153×160	100	12	2022年3月8日	12个月	36	
2	顺心奶嘴	220×180×160	100	8	2022年3月9日	24个月	29	
3	佳宝核桃仁	265×210×240	100	8	2022年3月10日	6个月	57	
4	乐之饼干	235×160×160	100	10	2022年3月11日	12个月	56	
5	维达湿巾	297×223×240	100	8	2022年3月12日	36个月	34	
6	金鸽瓜子	273×215×180	100	11	2022年3月13日	12个月	29	

供应商：××商贸有限公司

【引例点评】仓管员将验收通过的货品堆码到托盘上，利用手持终端扫货品标签和托盘标签完成组托作业。仓管员利用手动叉车将堆码货物的托盘运至托盘货架区，利用手持终端对货品条码、储位标签进行扫描，仓管员再次用堆垛机完成货物托盘的上架操作。

【任务发布】货物组托是指把小件的货物拼放在一个标准的托盘上，以提高货物装卸的速度。近年来越来越多的仓库采用托盘货架储存，特别是商贸流通类的配送中心。采用托盘货架储存的，首先要进行货物的组托作业。本项任务主要是根据入库的货物尺寸大小、性质等因素进行组托及上架作业。

 ## 知识储备

一、货物组托原则

合理地对货物进行组托可以节省托盘和货位的使用量，节省托盘和货位的使用量是节约成本的重要途径之一。组托时应遵循以下原则：

（1）整齐原则　要求货物上下层堆码整齐，不超过托盘边缘。

（2）堆高原则　组托时应充分利用托盘的面积，尽可能堆高以充分利用其空间。但考虑叉车的操作要求，组托高度最高点距离上层货架横梁不小于150mm。

（3）牢固原则　货物堆放应保证牢固，可采用奇数层和偶数层交替摆放等方式提高牢固程度。

（4）方便原则　每层货物箱数尽量相同，有利于盘点。

二、货物组托方式

货物组托是指把货物按照一定的方式码放在托盘上，将整托货品和托盘绑定，形成一个物流单元的作业。托盘单元载货在物流领域已经非常普及，在仓库货架托盘存放及在平置库内托盘直接堆垛时都需要进行码盘作业。

1. 重叠式组托

重叠式即各层的码放方式相同，上下对应，各层之间没有交叉搭接，如图5-4所示。这种组托方式的**优点**是：操作简便，速度快，包装物四个角和边重叠垂直，承载力大。**缺点**是：各层之间没有压缝，缺少相互咬合作用，稳定性差，容易发生塌垛。这种方式适用于货物底面积较大，确保有足够的稳定性的情况。如果采取重叠式组托并配有其他稳定措施，不但能保持稳固，还能发挥码盘操作高效率的优势。

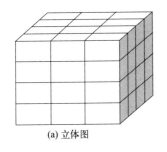
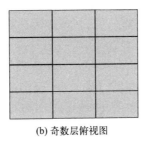

(a) 立体图　　　　　　　　　(b) 奇数层俯视图　　　　　　　　　(c) 偶数层俯视图

图5-4　重叠式组托

2. 纵横交错式组托

纵横交错式是指相邻两层货物的摆放旋转 90°，一层横向放置，另一层纵向放置，各层之间纵横交错堆码，如图 5-5 所示。这种组托方式的**优点**是：操作比较简单，各层间也有压缝，但咬合强度不是特别高，能有效地用于正方形托盘，比较适合自动码盘操作。

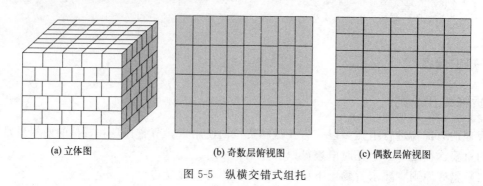

(a) 立体图　　　　(b) 奇数层俯视图　　　　(c) 偶数层俯视图

图 5-5　纵横交错式组托

3. 正反交错式组托

正反交错式是指同一层中不同列的货物以 90°垂直码放，相邻两层货物的摆放旋转 180°，如图 5-6 所示。与纵横交错式对比，正反交错式相邻两层的码盘图谱的方向相差不是 90°而是 180°。这种组托方式的**优点**是：各层间压缝效果好，咬合强度高，码放后货物稳定性强。**缺点**是：操作比较麻烦。长方形托盘多采用这种组托方式。

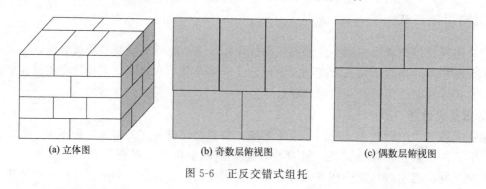

(a) 立体图　　　　(b) 奇数层俯视图　　　　(c) 偶数层俯视图

图 5-6　正反交错式组托

4. 旋转交错式组托

旋转交错式是指同一层中相邻两个货物以 90°垂直码放，相邻两层货物的摆放相差 180°，如图 5-7 所示。这种组托方式的**优点**是：在每一层货物之间咬合强度高，各层间压缝效果好，码放后货物不易塌垛。**缺点**是：组托难度大，易在旋转体中间形成空穴，降低托盘的使用效率。

以上四种有代表性的码垛方式，大体可分为重叠式（图 5-4）和交错式两种。交错式是上述纵横交错式（图 5-5）、正反交错式（图 5-6）及旋转交错式（图 5-7）的总称。前者具有便于码垛操作的特点，后者则有托盘货物的稳定性好的优势。

【点对点练习】货物码盘示意图的绘制

托盘尺寸为 1200mm×1000mm×160mm，货品 1 包装尺寸为 316mm×211mm×200mm，采用旋转交错式组托示意图，如图 5-8 和图 5-9 所示。

托盘尺寸为 1200mm×1000mm×160mm，货品 2 包装尺寸为 260mm×155mm×160mm，采用正反交错式组托示意图，如图 5-10 和图 5-11 所示。

(a) 立体图

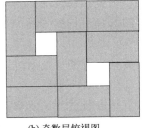
(b) 奇数层俯视图

(c) 偶数层俯视图

图 5-7 旋转交错式组托

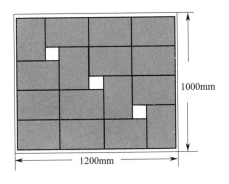

图 5-8 货品 1 奇数层俯视图

图 5 9 货品 1 偶数层俯视图

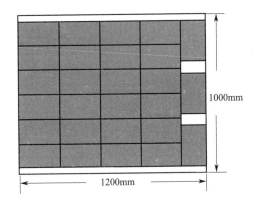

图 5-10 货品 2 奇数层俯视图

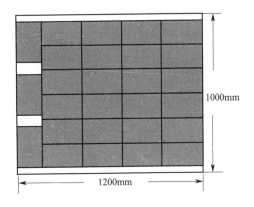

图 5-11 货品 2 偶数层俯视图

三、货物上架作业

1. 货物上架的要求

（1）防超载 货物存放的每层重量不得超过货架设计的最大承载量。

（2）防超高 受货架层高限制，货物码放的尺寸略小于净空间 5cm。

（3）防撞击 叉车、液压车等作业工具在作业过程中，应注意作业安全，避免与货架进行碰撞。

（4）防头重脚轻 应遵循高层放轻货，低层放重货的原则。

2. 上架作业流程

（1）核对商品信息 负责上架的工作人员从收货区进行商品的核对，一是要核对信息的

115

正确性，二是要检查码放的标准等，根据核对情况来判断是否可以安排上架。

（2）选择上架货位　上架货位的选择可依据货品 ABC 分类的结果，也可根据货物属性确定上架货位。

（3）仓储系统录入　仓库管理员利用智能穿戴系统进行托盘扫描与目标货位的扫描，同时进行上架信息的核对。

（4）规范码放　对上架完成的货品进行整理，要求码放整齐，箱码等条码信息要朝外。

 任务实施

任务 1　编制入库作业计划

请根据出库作业周报表（表 5-5）、物动量 ABC 分类标准（表 5-6）、入库任务单（表 5-7），编制入库作业计划，包括物品 ABC 分析、入库验收单、货物组托示意图。

表 5-5　商品出库作业周报表

制表人：××　　　　　　　　　　　　　　　　　　　　　　　　　　制表时间：2022 年 9 月 30 日

货品编码/条码	货品名称	出库量/箱	货品编码/条码	货品名称	出库量/箱
6932010061822	阿一波橄榄菜	246	6902774003017	六神花露水	2218
6931528109163	百家好旋转拖把	475	6932010061860	六神喷雾艾叶花露水	330
6917878007441	百岁山矿泉水	52707	6903148042441	脉动	4830
6901521103223	佰草集美白面膜	1227	6932010061853	米多奇雪饼	2608
6918010061360	厨师红烧牛肉米饭	934	6920855052068	米老头蛋黄煎饼	2381
6932010061907	好丽友巧克力派	22999	6932010061846	同享九制话梅	76
6932010062065	好丽友薯片	33708	6920855784129	旺旺仙贝	1559
6939261900108	恒大冰泉	32753	6932010061969	乌江涪陵榨菜	6116
6932010061877	乐事薯片（原味）	8515	6918163010887	宜洁垃圾袋	2742
6918163010887	雷达电热蚊香液	1883	6932010061952	樱之花防蛀防霉樟脑丸	103

表 5-6　物动量 ABC 分类标准

ABC 分类	累计品种所占比重	累计周转量所占比重
A 类	0～20%	0～80%（含 80%）
B 类	20%～50%	80%～95%
C 类	50%～100%	95%～100%

表 5-7　入库任务单

入库任务单编号：R20190413　　　　　计划入库时间：到货当日

序号	商品名称	包装规格 （长×宽×高）/mm	单价 /(元/箱)	重量/kg	入库/箱	生产日期
1	六神花露水	316×211×200	100	10.2	64	2022 年 10 月 11 日
2	乌江涪陵榨菜	360×190×260	100	10	16	2022 年 11 月 15 日
3	恒大冰泉	580×300×180	100	10	24	2022 年 12 月 24 日

供应商：××商贸有限公司

任务 2　就地堆码存储区规划

入库通知

今收到供货商发来入库通知单，计划到货日期为明天上午 10 点，内容如下：

品名：五金工具　　　　　**包装规格：500mm×300mm×1200mm**

包装材质：松木　　　　　　　单体毛重：50kg

包装标识限高：4 层　　　　　数　　量：3600 箱

如果此批货物露天堆存，你作为仓库管理员请计算出至少需要多大面积的储位。如果目标储存区域地坪荷载为 $2t/m^2$，可堆垛宽度限制为 5.0m，计算出计划堆成的货垛的垛长、垛宽及垛高各为多少箱？

注：垛型要求为重叠堆码的平台垛。

理论测试

一、单选题

1. 小配件与小配件分为一类，小饰品与小饰品分为一类，作业手段相似的分为一类，这是基于（　　）分配货位。

A. 周转频率　　　　B. 产品相似性　　　　C. 产品相关性　　　　D. 产品相容性

2. 批量小、规格尺寸和包装不整齐，价值高的商品，或者退换货商品，易霉变、残损的商品适合于（　　）。

A. 全验　　　　　　B. 数量检验　　　　C. 抽验　　　　　　D. 质量检验

3. 木材适用于（　　）数量检验方式。

A. 计件　　　　　　B. 检斤　　　　　　C. 检尺　　　　　　D. 测量内径

4. 到货批量较小、采用零担托运的货物一般采用（　　）的方式接运。

A. 本库接货　　　　　　　　　　　　B. 车站、码头提货

C. 供货仓库提货　　　　　　　　　　D. 铁路专用线接货

5. 相邻两层货物的摆放旋转90°，一层横向放置，另一层纵向放置。每层间有一定的咬合效果，牢固度较好的组托方法是（　　）。

A. 重叠式　　　　　B. 正反交错式　　　C. 纵横交错式　　　D. 旋转式

二、多选题

1. 货物接运的方式有（　　）。

A. 本库接货　　　　　　　　　　　　B. 车站、码头提货

C. 供货仓库提货　　　　　　　　　　D. 铁路专用线接货

2. 下列属于验收工作的要求有（　　）。

A. 及时　　　　B. 有效　　　　　C. 严格　　　　　D. 经济

3. 入库商品主要凭证有（　　）。

A. 检验单　　　　B. 入库通知单　　　C. 装箱单　　　　D. 货物运单

4. 在平置库储位面积计算时，需要考虑的因素包括（　　）。

A. 仓库的高度　　　　　　　　　　　B. 地面荷载

C. 物品堆码层数限制　　　　　　　　D. 物品属性

5. 验收中有可能出现的问题有（　　）。

A. 单货不符　　　　　　　　　　　　B. 数量不符

C. 质量问题　　　　　　　　　　　　D. 规格问题

三、判断题

1. 验收是保证仓库保管质量的第一道关口，是仓储作业过程中必须做的交接工作。（　　）

2. 平房仓库顶距应不小于 0.2m；多层库房顶距不得小于 0.3m。留顶距主要是为了通风。（　　）

3. 抽验适合于批量大、价值低，或者质量稳定、规格整齐、供货商信誉较好的货物，或者验收条件有限的场合。（　　）

4. 煤炭数量验收时进行称重，其数量检验方式被称为检斤。（　　）

5. 由于入库商品为固定数量包装，包装规格为 12 包/每箱，入库查验时，按 100% 比例开箱抽验是否是 12 包/箱。（　　）

四、案例分析题

某仓储企业 12 月 10 日收到外埠某企业入库申请单一张，到港日期为 12 月 15 日，入库物品为木质包装箱的五金制品，共 600 箱，每箱体积为 0.5m×0.4m×0.4m，毛重为 80kg/箱，包装物允许堆高 4 层，仓库地坪设计载荷为 1.2t/m²。

1. 阐述本次仓储业务中的入库准备的内容。

2. 计算此项业务所必需的货位面积，如果货位宽度受限为 4m 则如何安排堆垛。

项目六　货物在库作业

知识目标	◇ 熟悉常用的货物养护技术。 ◇ 掌握盘点的工作流程。 ◇ 掌握补货的方法。 ◇ 掌握库存控制的方法。
技能目标	◇ 能依据货物保管要求制订货物保管与养护方案。 ◇ 会独立或与他人合作完成盘点作业。 ◇ 会货物的补货作业。 ◇ 会用科学的方法进行库存控制。
职业素养目标	◇ 具有认真严谨的工作态度和精益求精的工匠精神。 ◇ 具备应急处理的能力。 ◇ 具备数据分析的能力。 ◇ 具有成本节约的意识。

岗课赛证融通说明

本项目内容是仓储管理人员在库作业应具备的基础知识和基本技能；对接物流管理 1+X 职业技能等级证书（中级）考核中货物盘点的方法与内容，确定盘点策略，选择盘点方式，库存控制的目的及基本方法，制定库存管理计划，优化库存结构等部分需要掌握的理论考点和实操考点；对接物流服务师国家职业技能标准（2020 年版）中物料需求计划的制定，库存控制方法等知识要求；对接全国职业院校技能大赛——智慧物流作业方案设计与实施赛项中编制盘点作业计划，编制补货作业计划等部分的内容，全国物流服务师职业技能竞赛中库存管理方法等部分的内容。

任务一　货物保管与养护

 引导案例　商品养护小知识

1. 库存茶叶的保管保养措施

首先，茶叶必须储存在干燥、阴凉、通风良好，无日光照射，具备防潮、避光、隔热、防尘、防污染等防护措施的库房内，并要求进行密封。

其次，茶叶应专库储存，不得与其他物品混存，尤其严禁与药品、化妆品等有异味、有毒、有粉尘和含水量大的物品混存。库房周围也要求无异味。

最后，一般库房温度应保持在15℃以下，相对湿度不超过65％。

2. 库存啤酒的质量控制措施

首先，啤酒入库验收时外包装要求完好无损、封口严密、商标清晰；啤酒的色泽清亮，不能有沉淀物；内瓶壁无附着物；抽样检查具有正常的酒花香气，无酸、霉等异味。

其次，鲜啤酒适宜储存温度为0～15℃，熟啤酒适宜储存温度为5～25℃，高级啤酒适宜储存温度为10～25℃，库房相对湿度要求在80％以下。

再次，瓶装酒堆码高度为5～7层，不同出厂日期的啤酒不能混合堆码，严禁倒置。最后，严禁阳光暴晒，冬季还应采取相应的防冻措施。

【引例点评】货物在储存期间会因为自身特性、环境因素、人为因素等影响而发生各种各样的变化，进而降低自身的价值或使用价值。因此，要对储存货物做好日常保管与养护工作。

知识储备

货物的保管与养护是指仓库针对货物特性，在储存过程中采取科学的方法对货物进行保管、保养和维护工作，防止或延缓货物质量变化，保持货物的使用价值的行为。货物在储存过程中之所以发生质量变化，既与货物自身的成分有关，又与外界环境条件有关，特别是所有货物的质量几乎都与空气温湿度有密切关系。为保养维护好完好质量，就需明确与掌握质量变化的内因和外因，特别是要明确和掌握如何正确控制与调节仓库温湿度，维持良好的货物储存条件，以确保货物的在库安全。货物在储存过程中，由于各种外界因素的影响，会发生多种质量变化，在任务中，对货物的霉腐、锈蚀、虫害和老化现象进行重点探讨，探索它们的养护技术和方法，通过这些方法的实施，保证了货物的储存质量。

一、影响货物变化的因素

货物在库存过程中的质量变化归纳起来有物理机械变化、化学变化、生理生化变化及其他生物引起的变化等。

（一）商品的物理机械变化

物理变化是只改变物质本身的外表形态，不改变其本质，没有新物质的生成，并且有可能反复进行的质量变化现象。商品的机械变化是指商品在外力的作用下，发生形态变化。物理机械变化的结果会造成数量的损失和质量降低，甚至使商品失去使用价值。商品常发生的物理机械变化有商品的挥发、熔化、溶化、渗漏、串味、沉淀、沾污、破碎与变形等。

1. 挥发

挥发是低沸点的液体商品，在空气中经汽化而散发到空气中的现象。这种挥发的速度与气温的高低、空气流动速度的快慢、液体表面接触空气面积的大小成正比关系。防止商品挥发的主要措施是加强包装密封性。此外，要控制仓库温度，高温季节要采取降温措施，保持较低温度条件下储存，以防挥发。

2. 熔化

熔化是指低熔点的商品受热后发生软化以致化为液体的现象。商品的熔化，除受气温高低的影响外，还与商品本身的熔点、商品中杂质种类和含量高低密切相关。熔点越低，越易熔化；杂质含量越高，越易熔化。商品熔化，有的会造成商品流失、粘连包装、沾污其他商品；有的因产生熔解热而体积膨胀，使包装爆破；有的因商品软化而使货垛倒塌。预防商品的熔化应根据商品的熔点高低，选择阴凉通风的库房储存。在保管过程中，一般可采用密封和隔热措施，加强库房的温度管理，防止日光照射，尽量减少温度的影响。

3. 溶化

溶化是指有些固体商品在保管过程中，能吸收空气和环境中的水分，当吸收数量达到一定程度时，就会溶化成液体。易溶性商品具有吸湿性和水溶性两种性能。商品溶化与空气温度、湿度及商品的堆垛高度有密切关系。商品溶化后本身的性质并没有变化，但由于形态改变，给储存带来很大的不便。对易溶化商品应按商品性能，分区分类存放在干燥阴凉的库房内，避免与含水分较大的商品储存在一起。在堆码时要注意底层商品的防潮和隔潮，垛底要垫得高一些，并采取吸潮和通风相结合的温度、湿度管理方法来防止商品吸湿溶化。

4. 渗漏

渗漏是指液体商品，特别是易挥发的液体商品，由于包装容器不严密、包装质量不符合商品性能的要求及在搬运装卸时碰撞震动破坏了包装，而使商品发生跑、冒、滴、渗的现象。商品渗漏，与包装材料性能、包装容器结构及包装技术优劣有关，还与仓储温度变化有关。因此，对液体商品应加强入库验收和在库商品检查及温度、湿度控制和管理。

5. 串味

串味是指吸附性较强的商品吸附其他气体、异味，从而改变本来气味的变化现象。商品串味与其表面状况、与异味物质接触面积的大小、接触时间的多少以及环境中的异味的浓度有关。预防商品的串味，应对易被串味的商品尽量采取密封包装，在储存中不得与有强烈气味的商品同库储藏，同时还要注意仓储环境的清洁卫生。

6. 沉淀

沉淀是指含有胶质和易挥发成分的商品，在低温和高温等因素影响下，引起部分物质的凝固，进而发生沉淀和膏体分离的现象。预防商品的沉淀，应根据不同商品的特点，防止阳光照射，做好商品冬季保温工作和夏季降温工作。

7. 沾污

沾污是指商品外表沾有其他脏物，染有其他污秽的现象。其主要原因是生产、运输储存中卫生条件差以及包装不严所致。对一些外观质量要求较高的商品，如服装、仪器等要特别注意储存过程中卫生条件及包装的整洁。

8. 破碎与变形

破碎与变形是常见的机械变化，是指商品在外力作用下所发生的形态上的改变。对于容易破碎和变形的商品，要注意妥善包装，轻拿轻放。在库房内堆垛高度不能超过一定的压力限度。

（二）商品的化学变化

商品的化学变化与物理变化有本质的区别。化学变化不仅改变了商品的外表形态，也改变了商品的本质，并且有新物质生成，且不能恢复原状的变化现象。商品化学变化过程即商品质变过程，严重时会使商品失去使用价值。商品的化学变化形式主要有氧化、分解、水解、化合、聚合、裂解、锈蚀、风化等形式。

1. 氧化

氧化是指商品与空气中的氧气及其他能放出氧的物质，所发生的与氧结合的变化。商品发生氧化，不仅会降低商品的质量，有的还会在氧化过程中，产生热量，发生自燃，有的甚至会发生爆炸事故。容易发生氧化的商品品种比较多，所以对此类商品，要储存在干燥、通风、散热和温度比较低的库房，才能保证其质量安全。

2. 分解

分解是指某些性质不稳定的商品，在光、热、电、酸、碱及潮湿空气的作用下，由一种物质生成两种或两种以上物质的变化现象。商品发生分解反应后，不仅使其数量减少、质量降低，有的还会在反应过程中，产生一定的热量和可燃气体，并引起事故。

3. 水解

水解是指某些商品在一定条件下，遇水所发生分解的现象。水解的实质是分子与水作用而发生复分解。如肥皂在酸性溶液中能全部溶解，蛋白质在碱性溶液中易水解，这样就与原来的商品具有不同的性质。此类商品在储存过程中，要注意包装材料的酸碱性，还要注意与哪些商品不能同库储存。

4. 化合

化合是指商品在储存期间，在外界条件的影响下，两种或两种以上的物质相互作用，而生成一种新物质的反应。此种反应，一般不是单一存在于化学反应中，而是两种反应（分解和化合）依次先后发生。如果不了解这种情况，就会给保管和养护此类商品造成损失。

5. 聚合

聚合是指某些商品，在外界条件的影响下，能使同种分子互相加成后，而结合成一种更大分子的现象。储存和保管养护此类商品时，要特别注意日光和储存温度的影响，以便防止发生聚合反应，造成商品质量的降低。

6. 裂解

裂解是指高分子有机物（如棉、麻丝、毛、橡胶、塑料、合成纤维等），在日光、氧、高温条件的作用下，发生分子链断裂、分子量降低，从而使其强度降低，力学性能变差，产生发软、发黏等现象。此类商品在保管养护过程中，要防止变热和日光的直接照射。

7. 锈蚀

锈蚀是指金属或金属合金，与周围的介质相接触时，相互间发生了某种反应，而逐渐遭到破坏的过程。金属商品之所以会发生锈蚀，其一是由于金属本身化学性质不稳定；其二是由于受到水分和有害气体的作用所造成的。金属制品的锈蚀不仅会使金属制品的重量减少，更为严重的是会影响制品的质量和使用价值、美观性等。

8. 风化

风化是指含结晶水的商品，在一定温度和干燥空气中，失去结晶水而使晶体崩解，变成非结晶状态的无水物质的现象。

（三）商品的生理生化变化及其他生物引起的变化

生理生化变化是指有生命活动的有机体商品，在生长发育过程中，为了维持它的生命，本身所进行的一系列生理变化。这些变化主要有呼吸、发芽、胚胎发育、后熟。其他生物引起的变化有霉腐、虫蛀等。

1. 呼吸

呼吸是指有机商品在生命活动过程中，不断地进行呼吸，分解体内有机物质，产生热量，维持其本身的生命活动的现象。呼吸作用可分为有氧呼吸和无氧呼吸两种类型。不论是有氧呼吸还是无氧呼吸，都要消耗营养物质，降低商品的质量。保持正常的呼吸作用，是有机体的基本生理活动，商品本身也具有一定的抗病性和耐储存性。因此，鲜活商品的储藏应保证它们正常而最低的呼吸，利用它们的生命活性，减少商品损耗，延长储藏时间。

 知识链接

有氧呼吸和无氧呼吸

有氧呼吸是指细胞在氧的参与下，通过酶的催化作用，把糖类等有机物彻底氧化分解，产生出二氧化碳和水，同时释放出大量能量的过程。有氧呼吸是高等动物和植物进行呼吸作用的主要形式，因此，通常所说的呼吸作用就是指有氧呼吸。细胞进行有氧呼吸的主要场所是线粒体。一般来说，葡萄糖是细胞进行有氧呼吸时最常利用的物质。

生物进行呼吸作用的主要形式是有氧呼吸。那么，生物在无氧条件下能不能进行呼吸作用呢？科学家通过研究发现，生物体内的细胞在无氧条件下能够进行另一类型的呼吸作用——无氧呼吸。无氧呼吸一般是指细胞在无氧条件下，通过酶的催化作用，把葡萄糖等有机物质分解成为不彻底的氧化产物，同时释放出少量能量的过程。这个过程对于高等植物、高等动物和人来说，称为无氧呼吸。如果用于微生物（如乳酸菌、酵母菌），则习惯上称为发酵。

2. 发芽

发芽是指有机体商品在适宜条件下，冲破"休眠"状态，发生的发芽、萌发现象。发芽的结果会使有机体商品的营养物质，转化为可溶性物质，供给有机体本身的需要，从而降低有机体商品的质量。在发芽萌发过程中，通常伴有发热、生霉等情况，不仅增加损耗，而且降低质量。因此对于能够萌发、发芽的商品必须控制它们的水分，并加强温湿度管理。

3. 胚胎发育

胚胎发育主要是指鲜蛋的胚胎发育，当温度和供氧条件适宜的情况下，会发育成血丝蛋或血坏蛋。胚胎发育会使鲜蛋的新鲜程度和食用价值大大降低。可通过低温储藏、密封等方式预防胚胎发育。

4. 后熟

后熟是指瓜果、蔬菜等食品在脱离母株后继续其成熟过程的现象。后熟活动完成后，鲜活货物就容易发生腐烂变质等现象，从而难以继续储存。储存期间需要控制其储存环境的日照和温湿度，以调节后熟过程，延长其储藏期。

5. 霉腐

霉腐是商品在霉腐微生物作用下所发生的霉变和腐败现象。霉腐会使货物完全丧失其使用价值，甚至有时还会产生有毒物质。

6. 虫蛀

虫蛀是指货物在储存期间受到害虫蛀蚀的现象。凡是包含有机成分的货物都容易遭到虫蛀。虫蛀会破坏货物的组织结构，而且害虫排泄的各种代谢物会污染货物，从而影响货物外观或使用价值。

二、货物保管和养护的措施

货物储存期间要根据货物的特性、储存条件制订相应的保管和养护措施。货物的保管应遵循"以防为主、防治结合"的原则。货物的在库保管和养护工作主要有如下几个方面。

（一）日常在库检查

仓库内的货物性质各异、品种繁多、规格型号复杂，在储存期间会受到多种因素的影响。一些货物入库时没有异常，但经过一段时间的储存，可能就会出现一些问题，如果仓管员能够及时发现并采取措施，有效控制外界因素的影响，就可避免货物受到损失。

要做到这一点，就需要进行日常的在库检查，检查的重点如下：入库时发现已有问题的货物；性能不稳定或不够熟悉的货物；堆放场所不太适宜的货物；已有轻微异状但尚未处理的货物；储存时间较长的货物；储存在近窗、靠墙、垛底等容易发生问题处的货物。在库检查可以定期或不定期地进行，以便及时发现问题并进行处理。

检查完毕后应填写仓库检查记录表（见表 6-1），对有问题的货物填写异常货物情况表（见表 6-2）。对能够解决的问题应及时解决，不能解决的，应向上级汇报。

表 6-1　仓库检查记录表

序号	内容	月	月	月	月	月	月	月
		周一	周二	周三	周四	周五	周六	周日
1	货物摆放							
2	货物状态							
3	用具管理							
4	作业通道							
5	库房门窗							
6	库房照明							
7	库房清洁							
8	标志内容							

检查人签字：　　　　　　　　　　　　　　　　日期：

表 6-2　异常货物情况表

序号	货物编码	货物名称	异常情况	货物数量	处理结果	质检员
1						
2						
3						
4						
5						

仓管员签字：　　　　　　　　　　　　　　　　日期：

（二）仓库温、湿度的控制

根据货物性质、库房条件和气候变化规律，采取相应的措施控制仓库的温、湿度，能够为货物创造一个良好的储存环境。常用的控制温、湿度的方法有通风、密封、除湿等。

知识链接

常见货物的安全温度和湿度，见表6-3。

表6-3 常见货物的安全温湿度表

货物名称	安全温度/℃	安全相对湿度/%
皮革制品	5～15	60～75
橡胶制品	25以下	80以下
金属制品	35以下	75以下
竹木制品	30以下	60～75
塑料制品	5～25	80以下
玻璃制品	80以下	80以下
人造革	－10～20	75以下
纸制品	35以下	75以下

1. 通风

通风就是根据空气流动的规律，利用库内外空气温度不同而形成的气压差，使库内外空气形成对流，来达到调节库内温度和湿度的目的。通风可以降温驱潮，也可以升温增潮，还可以排除库内污浊空气和消除货物散发的有害气体，使库内空气适宜储存货物。

通风方式主要有自然通风和强迫通风两种。自然通风是指利用仓库内外空气的压力差，来实现空气对流和交换方式；强迫通风是指利用通风机械产生的压力或吸引力，来强迫库内外空气对流和交换的方式。

通风时应注意以下几方面的问题：

（1）在一般情况下，应尽可能利用自然通风，只有当自然通风不能满足要求时，才考虑强迫通风。

（2）在利用自然通风降温降湿的过程中，应注意避免因通风产生的副作用。

（3）强迫通风多采用排出式，即在排气口安装排风扇。通风机械的选择，应根据实际需要与可能，并要考虑经济实用。

（4）通风必须与仓库密封相结合，为潮湿的仓库通风后，应及时密封仓库，以免库内再次受潮。

2. 密封

密封就是利用防潮、绝热、不透气的材料把货物尽可能严密地封闭起来，以隔绝空气、降低或减小空气温湿度对货物的影响，从而达到货物安全储存的目的。密封的方法主要有整库密封、小室密封、按垛密封、货架密封、货箱密封、单件密封等。

3. 除湿

当库内湿度过高，不适宜货物保管，而库外湿度也过大，不宜进行通风散潮时，就需要进行除湿了。除湿的方法主要有：利用冷却方法使水汽在露点温度下凝结分离；利用压缩法提高水汽压，使之超过饱和点，成为水滴而被分离出去；使用吸附剂吸收空气中的水分，常用的吸湿剂有生石灰、氯化钙、氯化锂、硅胶、木灰、炉灰等。

（三）霉腐的防治

防治霉腐是指预防货物发霉、腐败，并对已出现的货物采取救治措施。常见的防治霉腐的措施有以下几种。

1. 低温防霉腐

低温防霉腐包括冷却法和冷冻法。

（1）冷却法　又称冷藏法，是使贮存温度控制在 0～10℃ 的低温防霉腐方法。例如蔬菜、糕点等。但在此低温下，低温性霉腐微生物仍然适于繁殖，因此，采用冷却法的食品贮存期不宜过长。

（2）冷冻法　将贮存温度控制在 −18℃ 的低温防霉腐方法。先将食品进行深冷速冻处理，使食品深层温度达到 −10℃ 左右时，再移至 −18℃ 温度下贮存。这时，所有霉腐微生物都停止繁殖，长时间的冷冻还能造成部分微生物死亡。因此，采用冷冻法适宜长期贮存生鲜动物食品。

2. 干燥防霉腐

通过脱水干燥，使商品的水分含量在安全贮存水分之下，以抵制霉腐微生物的生命活动而达到商品防霉腐目的的一种养护方法。按照脱水手段的不同，分为自然干燥法和人工干燥法。

自然干燥法是利用阳光、风等自然因素，对商品进行日晒、风吹、阴凉而使商品脱水的干燥方法，此法简单易行，成本低廉，常用于粮食、食品等商品的贮存。人工干燥法是利用热风、直火、远红外线、微波、真空等手段使商品干燥的方法，此法需要一定的设备、技术和较大的能量消耗，成本较高，主要用于食品的贮存。

3. 气调防霉腐

根据好氧微生物需氧代谢的特性，通过调节密封环境中气体的组成成分来抑制霉腐微生物的生理活动、酶的活性和减弱鲜活食品的呼吸强度，以达到食品防霉变、防腐烂和保鲜的目的。

按照设备条件的不同，缺氧气调防霉腐分为自发气调法和机械气调法。自发气调法又称普通气调法，是利用鲜活食品本身的呼吸作用来降低塑料薄膜内氧的含量，增加二氧化碳浓度，起到气调的作用。机械气调是在密封库或密封垛内，利用二氧化碳或氮气发生器等设备，填充二氧化碳或氮气、排出空气的气调方法。

（四）货物锈蚀的防护

仓储货物的锈蚀一般是指金属制品的锈蚀，它是由于金属表面受到周围介质的化学作用或电化学作用而引起的破坏现象，它是一种自然现象，是仓储货物养护的主要内容之一。

金属制品在储存中发生锈蚀的因素有两个方面，一是金属本身的因素，二是外界各种因素的影响。金属制品的防锈的方法包括：控制和改善储存条件；涂油防锈；气相防锈；可剥性塑料封存。

（五）虫害的防治

仓库中虫害的危害涉及的货物品种较多，粮食、油料、饲料受虫害影响最为严重，还包括中药材、茶叶、皮革制品、纺织品、纸张等。货物中发生虫害如不及时采取措施进行杀灭，常会造成严重损失。仓库虫害的防治工作有以下两个方面：

1. 杜绝仓库虫害来源

货物储存的环境不清洁，容易引起微生物、虫类寄生繁殖，从而损害货物质量。杜绝虫害来源首先做好环境卫生，保持干净整洁并定期做好消毒工作，以杜绝虫源及虫害生长繁殖的环境；同时在货物入库时做好虫害的检查和处理工作。

2. 采取药物和物理防治

（1）物理防治　物理防治是指利用各种物理因素破坏害虫生理活动及机体结构，使其不能生存或繁殖。例如通过自然或人为地调节库房温度，使库内最低温度和最高温度超过害虫存活的界限，达到致死害虫的目的。

（2）化学防治 化学防治是利用化学药剂即杀虫剂杀灭害虫的方法，具有彻底、快速、效率高的优点，兼有防与治的作用。在实施时应考虑害虫、药剂和环境三者之间的关系，尽可能选择药剂低毒、高效且对环境无污染的方法。

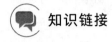 **知识链接**

不同类型商品仓库保管要求

家电：

（1）按品种、规格、体积、重量等特征决定堆码方式及区位，仓库物品堆放整齐、平稳。

（2）分类清楚，储物空间分区及编号，标示醒目、朝外，便于盘存和领取。

（3）地面负荷不得过大、超限，通道不得乱堆放物品。

（4）保持适当的温度、湿度、通风、照明等条件。

食品：

（1）凡食品入库前必须做好检查和验收工作，有发霉、变质、腐败、不洁的食品和原料，不准入库。

（2）食品入库后，原料分类存放，对主粮食物不得靠墙或直接放在地面上，以防止潮湿、发霉变质，做到勤购、勤卖，避免存放时间过长，降低食品质量。

（3）食品在仓库存放期间，要经常倒仓检查。发现变质腐败等情况，应及时报告领导，以便及时处理。不合格食品不得出库。

（4）仓库内保持清洁、卫生、空气流通、防潮、防火、防虫蛀。仓库内严禁吸烟。

（5）仓库内物品存放要整齐划一，做到无鼠、无蝇、无虫、无灰尘。

（6）加强入库人员管理。非仓库管理人员，未经许可不得进入仓库。

冷冻类食品：

（1）物料或成品要严格根据贮藏的温度要求分别储存入相应的高温冷藏库（0℃以上）和低温冷冻库（0℃以下）内，区别存放，分开管理。

（2）物料或成品进入库后，必须按照相应区域分开堆放、分类管理。

（3）特殊物料或待处理产成品进入冻库后要做好特别标识，隔离存放与管理。

（4）物料及成品堆放离墙≥45cm，隔地≥20cm，高度不宜超过风机出风口，防止阻碍冷气流动。

（5）冷库要保持整洁、卫生，做到无积水、无结冰、无霉斑，坚持每日小扫，高温冷藏库每周消毒一次，低温冻藏库每月消毒一次。

（6）冻库仓管员每小时巡查仓库一遍，认真填写安全检查表各项内容，并认真填写"冻库安全检查表"。

（7）库内严禁吸烟及随地吐痰，严禁闲杂人员进入库内，任何进入冷库人员必须听从仓管员的统一指挥。

（8）若发现"温/湿度波动情况检查记录表"上记录的冷库温度超出规定范围时，或冷库温度在除霜时超出规定范围1.5h未能恢复正常时，仓管员必须及时通知工程组尽快调温或检修。

纺织品：

（1）商品在进货前，必须进行质量检验，把好质量关，严格控制已霉商品或超过安全水分含量的商品以及其他有变异的商品进入店铺内；或者经过相应处理后，再予进货。

（2）清除适于霉菌滋长发育的条件，改变微生物的生态环境，使库内温湿度控制在一定标准以下适时做好防霉腐工作，以达到安全养护的目的。

（3）纺织类商品特别是化纤类纺织品，一般应存放在密封较好的仓库中，这样才能使商品养护最安全化。堆码宜用行列式或围垛式，堆成丁字形或井字形通风垛，垛高不宜过高，以12个高为宜。

药品：

（1）指导保管人员对药品进行合理储存。

（2）检查在库药品的储存条件，配合保管人员进行仓间温、湿度等管理。

（3）对库存药品进行定期质量检查，并做好检查记录。

（4）对中药材和中药饮片按其特性，采取干燥、降氧、熏蒸等方法养护。

（5）对由于异常原因可能出现质量问题的药品和在库时间较长的中药材，应抽样送检。

（6）对检查中发现的问题及时通知质量管理机构复查处理。

（7）定期汇总、分析和上报养护检查、近效期或长时间储存的药品等质量信息。

（8）负责养护用仪器设备、温湿度检测和监控仪器、仓库在用计量仪器及器具等的管理工作。

（9）建立药品养护档案。

危险品：

（1）化学危险品入库时，应严格检验物品质量、数量、包装情况、有无泄漏。

（2）入库后应采取适当的养护措施。

（3）仓库配备足够的与危险化学品性质相适应的消防器材，并由专人维护和保养。

（4）在贮存期内，定期检查，发现其品质变化、包装破损、渗漏、稳定剂短缺等，应及时处理。

（5）库房温度、湿度应严格控制，经常检查，发现变化及时调整。

（6）在仓库堆垛设立明显的防火等级标志，出入口和通向消防设施的道路应保持畅通。

任务实施

接受质检任务，对所接受的质检任务进行分析，分析内容包括质检对象、质检内容、质检时间。并制定质检策略，包括编制质检作业计划，确定质检内容，制定质检方式。

任务二　货物盘点

引导案例　M连锁商店的盘点制度

1. 每日交接班盘点

每日闭店前对当日店内货物数量进行盘点，记入交接班日志，盘点人签字确认。第二天接班人员根据交接班日志核实数量，准确无误后签字确认，如发现问题及时同交接人联络，并报店长。短少货物由责任人按现行卖价赔偿；若责任不清，双方共同赔偿。

2. 周盘点

每周一进行周盘点，确认货物数量、库存数量，根据存货情况做好补货申请。每月对账盘点，每月结账后3日内，将回款明细表上报总部，同总部对账，做到账账相符，账物相符。盘点时间为每月最后一天，由店长组织，同一时间统一盘点。

盘点结果由区域主管签字确认后，于每月 1 日提交货调员。盘点单原件、出库单原件、特种货物管理表原件由区域主管于次月带回总部存档。区域主管和店长对盘点数据、结果负责。盘点损失由责任人按现行卖价赔偿，责任不清由店员全体共同赔偿。盘点多出的货物或金额，查不清原因的，多出部分归公司所有。每月最后一天结账的样板店，回款明细表要同盘点单一同于每月 1 日上报。

【引例点评】 盘点是一项日常工作，是账务与实物之间的一个衔接点，当发现账务与实物出现差异的时候，就要查明原因，做出处理结果，不同的差异原因得出不同的处理结果，主要的处理结果有账务调整、补充单据、盘亏赔偿损失等。

【任务发布】 作为仓库管理员在不影响正常的仓储作业的情况下，如何编制盘点作业计划？如何选择合理的盘点方式？如何确定盘点策略并组织实施？

 ## 知识储备

一、盘点的定义及目的

中华人民共和国国家标准《物流术语》(GB/T 18354—2021) 对盘点的定义：**盘点**是指对储存物品进行清点和账物核对的活动。

盘点是指为了及时掌握货物的储存和流动情况，确保货物实存数与账、卡相符，而定期或临时对库内货物进行盘查、清点的作业活动。

二、盘点作业的内容

（一）盘点前的准备工作

盘点前的准备工作是否充分，直接关系到盘点作业能否顺利进行，甚至盘点是否成功。盘点的基本要求是必须做到准确快速，为了达到这一基本要求，盘点人员应做好以下准备工作：

（1）确定盘点的具体方法和作业程序。

（2）配合财务会计做好准备。

（3）设计印制相关单据，如盘点表（见表 6-4），盘点盈亏汇总表（见表 6-5）。

（4）准备盘点用的基本工具。

表 6-4　盘点表

盘点序号：　　　　　　　盘点范围：　　　　　　　盘点时间：

商品名称	货位地址	规格	单位	账面数量	盘点实存	差异数量

盘点人：　　　　　　　复盘人：　　　　　　　监盘人：

表 6-5　盘点盈亏汇总表

商品名称	货位地址	规格	单位	数量	单价	盘盈（+）盘亏（-）	原因	调整措施

（二）确定盘点时间

为了保证账物相符，货物盘点次数越多越好，但盘点需投入人力、物力、财力，有时大型全面的盘点还可能引起生产的停顿，所以合理确定盘点时间非常必要。

在确定盘点时间时，要根据仓库货物周转速度来确定。对于货物周转速度不快的仓库，可以半年至一年进行一次盘点。对于货物周转速度较快的仓库，可根据储存货物的特性、价值大小、重要程度来确定盘点时间，盘点时间可以从每天、每周、每月到每年一次不等。另外必须注意的是，每次盘点持续的时间应尽可能短，全面盘点以 2～6 天内完成为佳，盘点的日期一般选择在以下两种情况。

（1）财务结算前夕　通过盘点结算损益，以查清财务状况。

（2）淡季　淡季储货较少，业务不太繁忙，盘点较为容易，投入资源较少，且人力调动也较为方便。

三、盘点的方式

盘点货物前，应根据货物性质、价值和仓储经营特点来确定盘点方法。盘点方法主要有账面盘点法和现货盘点法两种。

（一）账面盘点法

账面盘点法又称永续盘点法，是指将每天出入库货物的数量、单价等信息详细记录在账面上，逐笔汇总账面结存数，以便随时从计算机或账册上查询货物的出入库情况和结存量。账面盘点法的记录格式如表 6-6 所示。这种方法常适用于数量少、单价高的货物。

表 6-6　账面盘点表

商品名称：　　　　　　　　　　　编号：

订购点：　　　　　　　　　　　　经济订购批量：

日期	订购		入库数量			出库数量		现存数量		备注
	数量	请购单	数量	单价	总价	数量	货单	数量	总价	

（二）现货盘点法

现货盘点法又称实地盘点法，是指先到仓库查点货物数量，再根据货物数量和单价计算出库存金额的方法。现货盘点法又可分为以下几种。

1. 动态盘点法

动态盘点法是指对发生过出入库业务变动的货物的数量和金额进行及时清点、核对，以查看货物实存数与账、卡是否相符的一种盘点方法。这种方法能够及时反映货物的收发和结存动态。

2. 重点盘点法

重点盘点法是指对价值高、周转率高或易损耗的货物进行定期清点的方法。这种方法针对性强，工作量相对较小，但盘点范围相对狭窄。

3. 循环盘点法

循环盘点法是指分时段、按顺序地分批清点货物，到了月末或期末就可对所有货物完成至少一次清点的方法。这种方法所需的时间和人员较少，能够及时发现差错并查明原因。

4. 期末盘点法

期末盘点法是指在一段时期的期末对所有货物进行全面清点的方法。这种方法可简化日常核算工作，但工作量大，需要动员大量盘点人员，且须停止仓库业务，会给企业造成一定损失。

【提示】目前，国内许多仓库都使用计算机来处理库存账务，当账面库存数与实际库存数发生差异时，很难断定是记账有误还是实际盘点中出现错误，所以可以采取账面盘点法与现货盘点法相结合的方法进行盘点。

（三）培训盘点人员

要使盘点工作顺利进行，盘点时必须有相应人员协助，对协助人员要进行有效组织和短期培训，并进行合理分工。人员的培训包括两部分，一是识别货物的培训，二是盘点方法的培训。

（1）对复盘与监盘人员进行识别货物的培训。复盘与监盘人员对货物大多并不熟悉，因此要加强其对货物的认识，以利于盘点工作的进行。培训时最好将易于识别的货物交给复盘与监盘人员，且每次盘点所分配的货物最好相同或相似，减少每次盘点的变动数。

（2）对所有参与盘点的人员进行盘点方法培训。仓库的盘点程序与方法确定后一般即成为制度，对于参加盘点的所有人员，都要进行盘点程序、方法、盘点单填写等内容的培训，使其在充分了解整个盘点过程的基础上开展盘点工作。

（四）清理盘点现场

盘点现场即库房内货位管理包括的区域，盘点开始之前必须对其进行整理，以提高盘点作业的效率和盘点结果的准确性。清理工作主要包括以下几个方面：

（1）对已验收入库的货物进行整理归入货位，对未验收入库的属于供应商的货物，应区分清楚，避免混淆。

（2）盘点场所关闭前，要提前发出通知，将需出库配送的货物提前做好准备。

（3）账卡、单据、资料均应整理后统一结清。

（4）预先鉴别变质、损坏的货物。对储存场所堆码的货物进行整理，特别是对散乱货物进行收集与整理，以方便盘点时计数。在此基础上，由仓管员进行预盘，以便提前发现问题并加以预防。

（五）进行盘点作业

到确定的盘点时间后，盘点的仓库停止出入库的各种操作，盘点人员在盘点期间，要认真核对实物的品名、数量等内容，做到盘点工作准确无误。

1. 初盘作业

初盘作业一般由两人进行，一人点数，一人记录、填写盘点单。盘点单一式三联，一联贴于货物上，另外两联转交复盘人员。

2. 复盘作业

初盘结束后，复盘人员进入盘点区域，复盘既可采用全面复盘也可采用抽盘，但抽盘比例不得低于30%。抽盘时可以采用由账至物或者由物至账的形式，由账至物就是在盘点单上随意抽出若干项目，逐一到现场核对，检查盘点单与实物是否一致；由物至账就是在现场随意指定一种货物，再由此回查盘点单，看二者是否一致。

对于复盘没有问题的项目，复盘人员在盘点单上签字；对于有问题的项目，要与初盘人员、仓管员一起再次进行盘点，修改盘点单并签字。复盘人员将签好字的两联盘点单一并上交财务部。

（六）评估盘点结果

评估盘点结果是指分析盘点所得数据与账面数据之间的差异。若发现二者的差异已超出容许的误差范围，则应分析形成差异的原因。分析时可从以下思路着手：

（1）账务处理制度和流程不完善，导致货物数量不能完全体现出来。

（2）进行出入库作业时，货物清点有误。

（3）记账人员素质低或责任心不够，导致货物数量被多记、漏记或误记。

（4）盘点前出入库单据未结清，导致账面数据不准确。

（5）盘点时发生漏盘、重盘、错盘现象，导致盘点数据错误。

（6）盘点时因操作不当导致货物损坏或丢失。

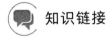 **知识链接**

评估盘点结果的常用指标

盘点数量误差＝实际库存数量－账目库存数量

盘点数量误差率＝（盘点数量误差÷实际库存数量）×100%

盘点品项误差率＝（盘点误差品项数－盘点实际品项数）×100%

盘点次数误差率＝（盘点误差次数÷盘点总次数）×100%

平均每件盘点金额误差＝盘点误差总金额÷盘点误差总件数

平均每品项盘点次数误差率＝（盘点误差次数÷盘点误差品项数）×100%

四、盘点盈亏处理

查清差异原因后，应对盘点盈亏等问题进行处理，从而使货物实际数量与账面数量保持一致。

【提示】盘点盈亏是指盘盈和盘亏。其中，盘盈是指盘点实物存数或价值大于账面存数或价值；盘亏是指盘点实物存数或价值小于账面存数或价值。因次品、不良品而造成的货物减少部分，也视为盘亏。

处理盘点结果的措施主要包括以下几种：

（1）修正账、卡错误 对于账面、货卡记录有误的，应按盘点的实际货物数量和质量状况进行修正，以防止账、卡的错误延续、扩大和再发生。

（2）处理呆滞货物 呆滞货物是可用品，但由于其周转率极低，所以特别容易被忽视。对于盘点时发现的呆滞货物，应以打折出售、改造利用、交换交易等方式予以处理。

（3）处理盘点盈亏 对经相关部门领导审核批准后的盘点差异处理，要填写货物盘点盈亏调整表（见表6-7），并对库存账目和货卡进行调整。

表6-7 货物盘点盈亏调整表

货物名称	单位	账面数据			盘点实存			盈亏数据				价值增减				差异原因	调后数量	备注
		单价	数量	金额	单价	数量	金额	盘盈		盘亏		增价		减价				
								数量	金额	数量	金额	数量	金额	数量	金额			

财务部门：　　　　　　　使用部门：

仓库主管：　　　　　　　货物所属公司主管：　　　　　　制表人：

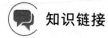 **知识链接**

盘点在库存管理中发挥的作用

企业的损益与物料库存有密切的关系，而物料库存金额的正确与否有赖于存量与单价的正确性。因此为求得损益的正确性，必须加以盘点以确知物料现存数量，对遗漏的订货可以迅速采取订购措施。

采购部门因工作疏漏而漏下的订单，通过盘点，可以加以补救。

仓库的账务与实物，一般来讲必须做到日清月结，但在大多数企业，做到每天结账的可能性很小，主要原因是单证的不齐全，还有一个重要的原因就是工作量太大，企业所给予的人力物力不能完成这项繁重的工作。为尽可能地做到账务与实物的一致，并与财务要求保持一致，财务部一般会要求仓库每月盘点一次，以满足会计核算的要求，每个季度财务部与仓库部/生管部会同盘点一次，并以半年度盘点和年底盘点最为重要。

盘点是一项日常工作，是账务与实物之间的一个衔接点，当发现账务与实物出现差异的时候，就要查明原因，做出处理结果，不同的差异原因得出不同的处理结果，主要的处理结果有账务调整、补充单据、盘亏赔偿损失等。

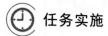 **任务实施**

制定盘点作业计划，选择适合的盘点方式，盘点前制作相关盘点表格，能够在仓储管理系统中完成盘点工作。

● 任务三 补货作业 ●

引导案例

请 M 配送中心补货员根据任务需求完成补货作业。任务要求：对于需要补货的货物制定补货计划，配送中心运作规定，拣货区货物补货时，每次补充到该库位的最大库存容量。计划制定完成后，在任务实施阶段需要在系统中录入对应的补货单，并执行补货作业。根据作业计划填制表6-8。

表6-8 补货作业计划表（一）

物料代码	货物名称	拣货区库位	当前库存量	最大库存容量/箱	计划补货量/箱

【引例点评】库内补货作业需要检查指定的几种货物的拣货区库存量，对比其补货点判断是否需要补货，对于需要补货的货物设计合理的库内补货作业。

【任务发布】补货作业与拣选作业息息相关，不仅要确保存量满足拣选需求，而且不能补充过量，同时要将其安置在方便存取的位置上，以便提高出库效率。什么时候补货？补货作业的方式有哪些？补货量如何确定？

知识储备

一、补货作业的含义

补货作业是将物品从仓库保管区域搬运到拣货区的工作。《物流中心作业通用规范》（GB/T 22126—2008）将补货作业定义为：配送中心拣货区的存货低于设定标准的情况下，将货物从仓库保管区域搬到拣货区的作业活动。

补货作业的目的是将正确的货物在正确的时间、正确的地点，以正确的数量和最有效的方式送到指定的拣货区，保证拣货区随时有货可拣，能够及时满足客户订货的需要，以提高拣货的效率。

 知识链接

保管储区与动管储区分区的必要性

保管储区是指货物进行储存的区域，而动管储区是指在拣货作业时所使用的拣货区域，此区域的货品大多在短时期即将被拣取出货，其货品在储位上流动频率很高，所以称之为动管储区。

动管储区的功能是满足拣货的需求，为了使拣货时间及距离缩短并降低拣错率，就必须在拣取时能很方便、迅速地找到欲拣取的货品的所在位置。

从物料管理的角度上看，储位分为保管储区和动管储区已经能够实现，分成保管储区和动管储区则需二次补货，但缩短了行走距离与寻找货品的时间。

从综合作业时间与效率两者同时考虑，两区域并存确有其必要性；对商品种类作 ABC 分析，将 A 类商品放在动管储区，而 B，C 类商品放在保管储区。有效地运用整理、整顿，并将货架编号、货品编号、货品名称简明地标示，再利用灯光、颜色进行区分，不但可以提升拣货效率，同时也可以降低拣错率。

二、补货作业的方式

1. 整箱补货

整箱补货是由货架保管区补货到流动货架的拣货区，这种补货方式的保管区为料架储放区，动管拣货区为两面开放式的流动棚拣货区。拣货员拣货之后把货物装上输送机并运到发货区，当动管区的存货低于设定标准时，则进行补货作业。这种补货方式由作业员到货架保管区取货箱，用于推车载箱至拣货区。较适合于体积小且少量多样出货的货品。

2. 托盘补货

托盘补货是以托盘为单位进行补货。托盘由地板堆放保管区运到地板堆放动管区，拣货时把托盘上的货箱置于中央输送机送到发货区。当存货量低于设定标准时，立即补货，使用堆垛机把托盘由保管区运到拣货动管区，也可把托盘运到货架动管区进行补货。这种补货方式适合于体积大或出货量多的货品。

3. 货架上层到货架下层的补货方式

此种补货方式保管区与动管区属于同一货架，也就是将同一货架上的中下层作为动管区，上层作为保管区，而进货时则将动管区放不下的多余货箱放到上层保管区。当动管区的存货低于设定标准时，利用堆垛机将上层保管区的货物搬至下层动管区。这种补货方式适合于体积不大、存货量不高，且多为中小量出货的货物。

三、补货时机

补货作业的发生与否主要看拣货区的货物存量是否符合需求，因此究竟何时补货要看拣货区的存量，以避免出现在拣货中才发现拣货区货量不足需要补货，而影响整个拣货作业，通常可采用批次补货、定时补货或随机补货3种方式。

1. 批次补货

在每天或每一批次拣取之前，经电脑计算所需货品的总拣取量和拣货区的货品量，计算出差额并在拣货作业开始前补足货品，这种补货原则比较适合于一天内作业量变化不大、紧急追加订货不多，或是每一批次拣取量需事先掌握的情况。

2. 定时补货

将每天划分为若干个时段，补货人员在时段内检查拣货区货架上的货品存量，如果发现不足，马上予以补足。这种"定时补足"的补货原则，较适合于分批拣货时间固定且处理紧急追加订货的时间也固定的情况。

3. 随机补货

随机补货是一种指定专人从事补货作业方式，这些人员随时巡视拣货区的分批存量，发现不足随时补货。此种"不定时补足"的补货原则，较适合于每批次拣取量不大、紧急追加订货较多，以至于一天内作业量不易事前掌握的场合。

任务实施

（1）盘点作业完成后，对拣选区进行补货作业；

（2）以箱为单位补货，每次补货到本货位的做大量；

（3）拣货区SKU存量低于下限启动补货作业，拣选区储存信息见表6-9。

表6-9 拣选区储存信息

序号	商品名称	货位地址	库存量	库存上下限
1	烤花生仁	S2-01-01-01	15	45/30
2	利鑫达板栗	S2-01-02-01	8	40/15
3	美汁源果粒橙450mL	S2-01-03-01	13	40/10
4	美汁源白葡萄＋槐花420mL	S2-01-04-01	12	40/10

（4）烤花生仁源货位地址H2-01-04-01，装箱数24袋；利鑫达板栗源货位地址H2-01-03-01，装箱数15袋。

（5）请根据上述信息，完成补货计划表6-10的填制。

表6-10 补货作业计划表（二）

序号	品名	源货位	目标货位	补货数量

任务四　库存控制

引导案例

一家小面包店，专门制作甜甜圈。老板按照员工数量和员工的生产速度，核定每天能够制作1000个甜甜圈，于是按照制作的比例购买了一天量的原材料。但一天下来老板发现这样一个情况，实际一共只做了800个甜甜圈，而且这800个甜甜圈只卖出了650个。那么库存就出来了——余下能够制作200个甜甜圈的原材料和没能卖出去的150个甜甜圈。由此可见，库存的主要来源有两种：购买与制造。那么产生库存是一件好事还是坏事呢？

【引例点评】库存是好事还是坏事不能一概而论。我们可以从购买和制造两个方面来看待库存。

企业和工厂拥有库存可以保障生产供应。对生产原材料进行一定的库存，可以保证生产过程中不会因为原材料断供而发生停产的事件，维持生产的稳定。企业按销售订单与销售预测安排生产计划，并制订采购计划，下达采购订单。为了降低因为供应不足而产生的风险，企业就会对原材料拥有一定的库存。

企业和工厂拥有库存可以保障销售供应。对生产的产品进行一定的库存，可以保证销售过程中不会因为货物的断供而发生脱销的现象，维持销售的稳定。企业会按对市场需求的预测进行生产，但市场是变化多端的，受消费者需求等各种因素的影响，企业无法真正预知市场的变化。因此拥有一定的销售产品库存，可以有效地应对市场的多变性。

【任务发布】很多生产型企业和工厂都会面临库存的问题，为什么会产生库存？库存有什么必要？如何安排库存，使其尽可能地合理呢？

知识储备

对于仓库经营管理者来说，既要满足用户存取商品的各种需要，又要增加收入，降低成本以提高盈利，扩大市场，因此库存管理越来越为企业经营者特别是物流经营管理者所关注，任何企业为了进行生产和提供服务都要保持适量的库存。库存管理的任务就是通过科学的决策，使库存既满足生产或流通的需要，又使总库存成本最低。

中华人民共和国国家标准《物流术语》(GB/T 18354—2021) 对库存的定义：**库存**是指储存作为今后按预定的目的使用而处于备用或非生产状态的物品。广义的库存还包括处于制造加工状态和运输状态的物品。通俗地说，库存是指企业在生产经营过程中为了将来的耗用或者在销售过程中为了将来的销售而储备的资源。

一、确定库存数量

1. 最低库存数量

最低库存数量是为了保证消费的供应，同时又在考虑企业自身的条件后，确定的库存数量应维持的最低界限。最低库存量分为理想最低库存量和实际最低库存量两种。

(1) 理想最低库存量　是指从开始订购商品到订购商品送达仓库为止的这段时间内，维持企业正常运营所需商品的数量。这是仓库所需维持的临界库存，一旦商品的库存量低于此界限，就有缺货的危险。

(2) 实际最低库存量　是指理想最低库存量加上安全库存量之和。这是许多明智的企业家，为了防止一些突发事件而造成缺货的现象，从而专门确定的。实际最低库存量常称为最低库存量。

2. 最高库存数量

最高库存数量为了防止库存商品过多，浪费资金，仓库应限定各种商品的最高库存水平，即商品的最高库存量，作为内部进货控制的最高界限。一般情况下，商品的库存数量不得超过最高界限。

3. 平均库存数量

平均库存数量是指一段时期内（一年或一季）库存量的平均数，是库存管理中重要的概念。由于进货次数和出库量的不同，可分为以下两种情况。

（1）一次进货，每次等量等时出库。由于出库的数量及间隔时间相等，所以实际库存量呈阶梯形下降，于是库存量近似为一条下降的直线。直线下的三角形面积，就是这段时期的库存量。因而，平均库存量即为进货量的一半。

（2）多次等量进货，依次等量出库。即一次到货后，随着依次等量出库，库存量逐渐下降，等库存量为零时又有一批新货入库，库存量又上升到最高，这样循环往复。所以，实际库存量呈多次性上升，每次又呈阶梯形下降。若将阶梯形折线化为近似直线进行分析，同样平均库存量等于每次进货量的一半。

二、计算安全库存量

安全库存量是指为了防范仓库经营过程中的风险而设置的库存量。仓库在日常生产经营的过程中经常会遇到供货不及时，运输中断，需求量不确定等突发事件，所以仓库需要有一个安全库存量（又称缓冲性库存量）作保险，以应对各种意外情况。这种考虑仓库经营过程中风险因素的安全库存量，对于建立先进的库存模型、提高用户满意度具有十分重要的保证意义。但值得注意的是，安全库存会增加库存成本，必须适度。

三、库存成本构成

库存成本是整个物流成本中的一个主要组成部分，而物流成本又占国民经济产值的很大部分。在整个库存经营过程中，会发生各种各样的费用，主要有以下几种费用。

1. 订货费

订货费是指订货过程中发生的与订货有关的全部费用，包括差旅费、订货手续费、通信费、招待费以及与订货人员有关的费用。订货费用的特点是，在一次订货中，订货费用与订货量的多少无关，而若干次订货的总订货费用与订货次数有关，订货次数越多，总订货费用越多。

2. 保管成本

保管成本是指在保管过程中为物资保管所花费的全部费用。包括：出入库的装卸、搬运、堆码和检验费用；保管工具和用料费用；仓库房租水电费；保管人员的有关费用；保管过程中的货损；保管物资占用资金的银行利息等。保管费用与被保管物资数量和保管时间的长短有关，所保管的物资数量越多，保管时间越长，所耗费的保管费用越高。

3. 缺货成本

缺货成本是指因存货不足而造成的损失，包括由于材料供应中断造成的停工损失、丧失销售机会的损失等。缺货成本的确定应视企业是否允许出现存货短缺的情况而定。若允许缺货，则缺货成本便与存货数量反向相关；若不允许缺货，则缺货成本为零。

4. 进货成本与购买成本

进货成本是指在进货途中为进货所花费的全部支出，即运杂费，包括运费、包装费、装卸费、租赁费等。购买成本即购买物品的原价。它们的特点是当订货的数量、订货的地点确定以后，总的购买成本和总的进货成本就是确定不变的，不会随着进货批量的变化而变化。也就是说，进货成本与购买成本与订货数量无关，批量大小都不会影响其总进货成本和总的购买成本。我们把这种与订货批量无关的成本称为固定成本，而把那些与订货批量有关的成本称为变动成本。因此，进货成本与购买成本是固定成本，而订货成本、保管成本、缺货成本是可变成本。

四、库存成本控制方法

（一）定量订货法的运用

定量订货法是指库存量下降到一定水平（即订货点）时，按固定的订货批量［一般以经济订货批量（EOQ）为标准］进行订货。要解决两个关键问题：一是订货点的问题，即库存量到达哪个点时需要订货；二是订货量的问题，即每次订购多少数量。

1. 订货点的确定

在定量订货法下，当库存数量降到某个库存水平时就发出订货信息，发出订货信息时仓库里该品种保有的实际库存量叫作订货点。订货点是一个决策变量，它是直接控制库存水平的关键。订货点要适中，如果订货点太低，可能导致订货物资还没到，库存物资就没有了，造成缺货；如果订货点太高，则可能导致订货物资采购入库，而原有的库存物资还没有卖完，造成库存量过高。通常情况下，合理的订货点就等于订货周期内的平均需求量。但为了防止因需求量变动而导致缺货，在确定订货点时一般应增加一定的安全库存，此时，订货点的计算公式如下：

$$订货点＝订货提前期×平均需求速率＋安全库存量$$

订货提前期是指从发出订货通知到所订货物到达所需要的时间，用 T 来表示，T 越长，订货点就越高。T 取决于供货时间的长短、产品生产、运输路途的远近和运输速度。平均需求速率是指用单位时间内的平均需求量 R 来表示。需求速率越高，则订货点越高。安全库存量是在订货提前期需求量之上附加的一个保险容量。

【点对点例题】企业某种物资的订购量为 3000 个，平均提前时间为 5 天，平均日需求量为 40 个，预计日最大消耗量为 90 个，试求其订货点。

解：安全库存量＝（90－40）×5＝250（个）

订货点＝5×40＋250＝450（个）

当仓库里的货物储存数量降到 450 个时，仓库需要发出订单订货。

2. 订货批量的确定

订货批量的确定，即解决一次订货多少合适的问题。确定订货批量要考虑需求速率和经营费用。订货批量就是一次订货的数量，直接影响库存量的高低，同时也直接影响物资供应的费用。订货批量过小，减少了库存量及其相关成本，但不一定能保证满足用户需要；订货批量过大，虽然可以较充分地满足用户需要，但库存成本较高。

设订货点为 Q_d，最高库存量为 Q_{max}，订货批量为 P，提前期为 $t_n (n＝1,2,\cdots)$，需求速度为 $v_n (n＝1,2,\cdots)$，安全库存量为 Q_a，则定量订货法的原理如图 6-1 所示。

由图 6-1 可知，当库存量以 v_1 的速度下降到订货点 Q_d 时发出订单，订货批量为 P，当

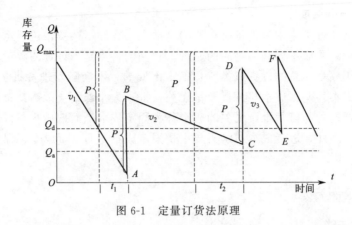

图 6-1　定量订货法原理

提前期 t_1 结束时，库存量下降到 A 点，所订购的货物到达，库存量增加 P 并到达 B 点。然后，当库存量以 v_2 的速度下降到订货点 Q_d 时，定量订货系统又发出订货单，订货批量为 P，提前期 t_2 结束时，库存量下降到 C 点，所订购的货物到达，库存量增加 P 并到达 D 点。如此不断循环。

独立需求下库存控制的一种基本方法是 EOQ（economic order quantity，经济订货批量）。库存控制模型是指通过平衡订货成本和储存成本，确定一个最佳的订货数量来使库存总成本最低的方法。自 1915 年美国学者 F. W. 哈利斯首次提出 EOQ 的公式以来，被广泛地应用于库存控制中。数学推导的各种严格假设，并未限制经济订货批量法的广泛应用，只要稍作修改，它就可以应用于存在数量折扣、非同时补充订货以及通货膨胀等多种现实情况时的库存控制。此外，经济订货批量法还使得分类和归集储存成本及订货成本数据的工作变得不再那么棘手。这里，我们只介绍 EOQ 基本模型下的 EOQ 算法。

（1）EOQ 基本模型的假设条件　EOQ 基本模型的应用需要以下假设条件：

① 需求量已知并且稳定不变，库存量随着时间均匀连续地下降；

② 库存补充的过程可以在瞬间完成，即不存在一边进货一边消耗的问题；

③ 产品的单位价格为常数，不存在批量优惠；

④ 储存成本以平均库存为基础进行计算；

⑤ 每次订货成本及订货提前期均为常数；

⑥ 对产品的任何需求都能及时满足，不会出现缺货情况，即缺货成本为零；

⑦ 企业资金充足，不会因资金短缺而影响进货。

（2）EOQ 基本模型的原理　通常情况下，单项货物的年库存总成本由采购成本、订货成本、储存成本和缺货成本四部分组成。由于缺货成本很难衡量，所以一般在计算库存总成本时仅考虑采购成本、订货成本和存储成本三个因素，这三项成本与订货批量之间的关系如图 6-2 所示。

由上述分析可知，库存总成本＝采购成本＋订货成本＋储存成本＋缺货成本，而在 EOQ 基本模型假设条件下，缺货成本为零。所以，库存总成本＝采购成本＋订货成本＋储存成本。

库存控制主要是在上述三种成本中做出抉择。例如，一方面，如果我们增加订货量，则周转库存量就会上升；另一方面，由于每次的订货量增加，每年订货次数减少，从而使订货成本下降。所以，库存控制就是要在这些相互矛盾的因素中做出最佳的选择。

订货成本随着批量的增加而下降，储存成本随批量的增加而增加，当储存成本等于订货

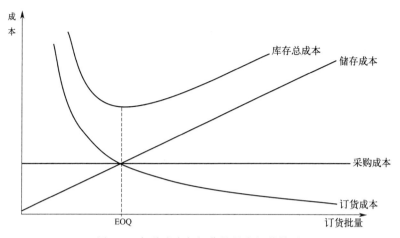

图 6-2 各种成本与订货批量之间的关系

成本时，总成本最少。

（3）EOQ 的计算公式 假定年需求总量为恒定值 D，每次订货量为 Q，则相应的年订货次数为 $\dfrac{D}{Q}$，在上述假定下，年订货成本为 $\dfrac{D}{Q} \times S$，年保存成本为 $\dfrac{Q}{2} \times H$。

$$T_{\mathrm{C}} = DV + \frac{D}{Q} \times S + \frac{Q}{2} \times H$$

式中 T_{C}——年库存总成本；

$\quad\ \ D$——年需求总量；

$\quad\ \ V$——单位货物的采购成本；

$\quad\ \ S$——单次订货成本；

$\quad\ \ H$——单位货物的年储存成本（$H = VI$，I 为年储存费率）；

$\quad\ \ Q$——每次订货量；

$\quad\ Q/2$——年平均库存量。

经济订货批量就是当储存成本等于订货成本时使库存总成本达到最低，即 $\dfrac{D}{Q} \times S = \dfrac{Q}{2} \times H$，由上述公式可推导得出经济订货批量 EOQ 的计算公式如下：

$$\mathrm{EOQ} = \sqrt{\frac{2DS}{H}} = \sqrt{\frac{2DS}{VI}}$$

【点对点例题】某企业年需某货物 1200 个，该货物的单价为 10 元/个，年储存费率为 20%，每次订货成本为 300 元。试求该货物的经济订货批量 EOQ 和年库存总成本。

解：由题中所给条件可知，$D = 1200$ 个，$V = 10$ 元/个，$I = 20\%$，$S = 300$ 元，则：

经济订货批量 $\mathrm{EOQ} = \sqrt{\dfrac{2 \times 1200 \times 300}{10 \times 20\%}} = 600$（个）

年库存总成本 $= 1200 \times 10 + 1200 \div 600 \times 300 + 600 \div 2 \times 10 \times 20\% = 13200$（元）

因此，在每次订货批量为 600 个时，年库存总成本最低，为 13200 元。

（4）定量订货法库存控制优缺点

优点：①管理简便；②便于安排库内作业活动，节约理货费用；③便于按经济订购批量订购，节约库存总成本。

缺点：①不便于对库存进行严格管理；②订购之前各项计划比较复杂。

适用范围：消费量计算复杂的物品以及通用性强、需求总量比较稳定的物品等。

（二）定期订货法的运用

定期订货法是按预先确定的订货时间间隔进行订货补充的库存管理方法。预先确定一个订货周期 T 和最高库存量 $Q_{\max}$，周期性地检查库存，根据最高库存量、实际库存、在途订货量和待出库商品数量，计算出每次订货批量，发出订货指令，组织订货。定期订货法是指按一定的订货周期订货，设订货周期为 T，最高库存量为 $Q_{\max}$，提前期为 $t_n(n=1,2,\cdots)$，需求速度 $v_n(n=1,2,\cdots)$，订货批量为 $P_n(n=1,2,\cdots)$，安全库存量为 Q_a，则定期订货法的原理如图 6-3 所示。

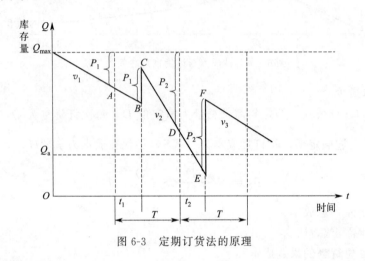

图 6-3　定期订货法的原理

由图 6-3 可知，当库存量以 v_1 的速度下降到 A 点时，进入了预定的订货周期，此时检查库存量并确定订货批量 P_1（$Q_{\max}$ 与实际库存量之差），然后发出订单。提前期 t_1 结束时，库存量下降到 B 点，所订购的货物到达，库存量增加 P_1 并到达 C 点。

然后，库存量以 v_2 的速度下降到 D 点时，第一个订货周期结束，并进入新的订货周期，此时检查库存量并确定订货批量 P_2，然后发出订单。提前期 t_2 结束时，库存量下降到 E 点，所订购的货物到达，库存量增加 P_2 并到达 F 点。如此不断循环。

 知识链接　定量订货法和定期订货法二者的区别

定量订货法与定期订货法的区别如表 6-11 所示。

表 6-11　定量订货法与定期订货法的区别

项目	定量订货法	定期订货法
订货时点	库存量下降到预定的订货点时	预先确定的订货周期
订货批量	固定	不固定，根据实际库存量确定
适用范围	资金占用量大，重点管理的 A 类物	资金占用量不大，只需一般管理的 B、C 类货物

1. 订货周期 T 的确定

在定期订货法中，订货点实际上就是订货周期，其间隔时间总是相等的，它直接决定最高库存量的大小，即库存水平的高低，进而也决定了库存成本的多少。

从费用角度出发，如果要使总费用达到最小，可以采用经济订货周期的方法来确定。

假设以年为单位，根据：年采购成本＝年保管成本，即：

$$\frac{C}{T^*}=T^*\times\frac{R}{2}\times K$$

得

$$T^*=\sqrt{\frac{2C}{KR}}$$

式中　T^*——经济订货周期；

　　　C——单次订货成本；

　　　K——单位商品年储存成本；

　　　R——单位时间内库存商品需求量。

2. 最高库存量 Q_{max} 的确定

定期订货法的最高库存量是用以满足 $T+T_k$ 期间内的库存需求的，所以可以用 $T+T_k$ 期间的库存需求量为基础。考虑到为随机发生的不确定库存需求，再设置一定的安全库存。公式如下：

$$Q_{max}=R(T+T_k)+Q_s$$

式中　　　Q_{max}——最高库存量；

　　$R(T+T_k)$——期间的库存需求量平均值；

　　　　　T——订货周期；

　　　　　T_k——平均订货提前期；

　　　　　Q_s——安全库存量。

3. 订货批量的确定

定期订货法每次的订货数量是不固定的，订货批量的多少都是由当时的实际库存量的大小决定的，考虑到订货点时的在途到货量和已发出出货指令尚未出货的待出货数量，则每次订货的订货量的计算公式为：

$$Q_i=Q_{max}-Q_{Ni}-Q_{Ki}+Q_{Mi}$$

式中　Q_i——第 i 次订货的订货量；

　　Q_{max}——最高库存量；

　　Q_{Ni}——第 i 次订货点的在途到货量；

　　Q_{Ki}——第 i 次订货点的实际库存量；

　　Q_{Mi}——第 i 次订货点的待出库货物数量。

【点对点例题】某仓库 A 商品订货周期 18 天，平均订货提前期 3 天，平均库存需求量为每天 120 箱，安全库存量 360 箱。另某次订货时在途到货量 600 箱，实际库存量 1500 箱，待出库货物数量 500 箱，试计算该仓库 A 商品最高库存量和该次订货时的订货批量。

解：根据 $Q_{max}=R(T+T_k)+Q_s=120\times(18+3)+360=2880$（箱）

$\quad\quad Q_i=Q_{max}-Q_{Ni}-Q_{Ki}+Q_{Mi}=2880-600-1500+500=1280$（箱）

（三）批量折扣定量库存控制法

供应商为了吸引顾客一次购买更多的商品，往往会采用批量折扣的方法，即一次购买数量达到或超过某一数量标准时给予价格上的优惠。这个事先规定的数量标准，称为折扣点，在批量折扣的条件下，由于折扣之前购买的价格与折扣之后购买的价格不同，因此，需要对原经济订货批量模型做必要的修正。

在多重折扣点的情况下，先依据确定条件下的经济订货批量模型，计算最佳订货批量 Q^* 后分析并找出多重折扣点条件下的经济订货批量。多重折扣价格表见表 6-12。

表 6-12 多重折扣价格表

折扣区间	0	1	…	t	…	n
折扣点	Q_0	Q_1	…	Q_t	…	Q_n
折扣价格	P_0	P_1	…	P_t	…	P_n

其计算步骤如下：

步骤 1：用确定型经济批量的方法，计算出最后折扣区间（第 n 个折扣点）的经济批量 Q_n^*，与第 n 个折扣点的 Q_n 比较，如果 $Q_n^* \geqslant Q_n$，则取最佳订货量 Q_n^*；如果 $Q_n^* \leqslant Q_n$ 就转入下一步骤。

步骤 2：计算第 t 个折扣区间的经济订货批量 Q_t^*，若 $Q_t \leqslant Q_t^* < Q_{t+1}$，则计算经济订货批量 Q_t^* 和折扣点 Q_{t+1} 对应的总库存成本 TC_t^* 和 TC_{t+1}，并比较它们的大小。若 $TC_t^* > TC_{t+1}$，则令 $Q_t^* = Q_{t+1}$，否则就令 $Q_t^* = Q_t$。如果 $Q_t^* < Q_t$，则令 $t = t+1$，再重复步骤 2，直到 $t = 0$，其中 $Q_0 = 0$。

【点对点例题】一家公司每年要购进 1200 台某产品，供应商的条件：（1）订货量大于等于 75 单位时，单价 32.5 元；（2）订货量小于 75 单位时，单价 35 元。每次订货费用 8 元，单位产品的年库存保管费为其单价的 12%，试求最优订货批量。

解：$D = 1200$ 台/年，$S = 8$ 元

当 $V_1 = 32.5$ 元/台，$H_1 = 3.9$ 元/(台·年)

当 $V_2 = 35$ 元/台，$H_2 = 4.2$ 元/(台·年)

（1）求 $P_1 = 32.5$ 元/台时

$$Q_1 = \sqrt{\frac{2DS}{H}} = \sqrt{\frac{2 \times 1200 \times 8}{3.9}} = 70.16 \approx 71 \text{（台）}$$

该价格对应的批量为 ≥75 台，故不合适。

取这个价格下最小采购量 75 台，计算其总成本：

$C(75) = 32.5 \times 1200 + 8 \times (1200 \div 75) + 32.5 \times 12\% \times (75 \div 2) = 39274.25 \text{（元）}$

（2）求 $P_2 = 35$ 元/台时

$$Q_2 = \sqrt{\frac{2DS}{H}} = \sqrt{\frac{2 \times 1200 \times 8}{4.2}} = 67.61 \approx 68 \text{（台）}$$

该价格对应的批量为小于 75 台，合适。

但要比较 $C(75)$ 与 $C(68)$ 之间的大小，取小者对应批量。

$C(68) = 35 \times 1200 + 8 \times (1200 \div 68) + 35 \times 12\% \times (68 \div 2) = 42283.9 \text{（元）}$。

因为 $C(68) > C(75)$，所以应该确定其订货批量为 75 件。

（四）ABC 库存管理法

1. ABC 分类管理法的基本原理

ABC 分类法在前面的物动量分析中已有提到，与库存管理中的 ABC 分类管理的思想是一样的，但划分的标准有所不同。物动量 ABC 分析以周转量为划分依据，而库存管 ABC 分类主要以货物所占的资金为划分依据。一般来说，仓库的库存物资种类繁多，每个品种的价格不同，库存量也不等。有的物资品种、数量不多但价值很大，而有的物资品种、数量很多但价值却不高。为了使有限的时间、资金、人力等资源得到更有效的利用，而要对库存物资

进行分类管理，将管理的重点放在重要的库存物资上，即依据库存物资重要程度的不同分配相应的资源，分别进行管理，这就是库存的 ABC 分类管理法。

ABC 分类管理法又称为重点管理法，是指将库存物资按品种和占用资金的多少分为重要的库存（A 类）、一般重要的库存（B 类）和不重要的库存（C 类）三个等级，然后针对不同等级分别进行控制。属于 A 类的是数量少、价值高的最重要的物资，这类物资品种少，大约只占全部库存物资总品种数的 10%，而单位价值却很大，大约占到全部库存物资总金额的 70%。属于 C 类的是为数众多的低值物资，其特点是，从品种数来看，这类物资的品种数大约占到全部物资总品种数的 70%，而金额大约只占全部物资总金额的 10%。B 类物资则介于这两者之间，从品种数和金额看，大约都只占全部物资总数的 20%。在管理控制库存时，对于金额高的 A 类物资，应作为重点加强管理与控制；对于 B 类物资，应进行一般的管理和控制；而 C 类物资品种数繁多，但价值不高，只需稍加管理和控制。

2. ABC 分类管理法的操作步骤

仓库如果采用 ABC 分类管理法对库存进行控制，一般有以下几方面的实施步骤。

（1）分析收集库存数据 根据仓库的账面或者仓储管理信息系统里的库存数据，将需要分类管理的库存物资的有关信息找出，主要包括每种商品的单价、商品年销售量或者库存量等。

（2）处理数据 对收集到的原始数据进行整理汇总并按要求进行计算，即把各种库存物资全年平均耗用量分别乘以它的单价，计算出各种物资耗用总量以及总金额。按照各品种物资占用金额的大小顺序重新排列，并分别计算出各种物资所占用总数量和总金额的比重，即百分比，然后算出累计百分比。

（3）编制 ABC 分析表 在总品目数不太多的情况下，可以用大排队的方法将全部品目逐个列表。按销售额的大小，由高到低对所有品目按顺序排列；将必要的原始数据和经过统计汇总的数据，如销售量、销售额、品种数、计算品种所占百分比、累计品种所占百分比、销售额所占百分比，累计销售额所占百分比。

（4）绘制 ABC 分析图 以库存品种数累计百分比为横轴，以年销售额累计百分比为纵轴，在坐标图上描点，并连接各点，则得到 ABC 曲线。按 ABC 分类管理法的分类标准分成 A、B、C 三个区域，则哪个品种的点落在哪个区域就为哪一类。

（5）确定重点管理方式 根据 ABC 分析的结果，对 A、B、C 三类商品采取不同的管理策略，见表 6-13。

表 6-13 ABC 三类商品采取不同的管理策略

类别	管理策略
A 类	(1)勤进货,最好买了就用,用时再买,宁缺勿多,以降低库存量,减少资金占用,提高资金周转率; (2)同供应商建立良好的关系,关注进货价格,保证进货质量和供货及时; (3)注意储存条件,确保商品保存质量; (4)经常检查,严加控制
B 类	(1)采用比 A 类货物相对简单的管理方法; (2)B 类货物可以采用定期订货方式或定期与定量混合的订货方式; (3)进行一般检查、一般控制即可,库存量可较大
C 类	(1)将一些货物不列入日常管理的范围,如对于螺钉等数量大且价值低的货物不作为日常盘点的货物,并可规定最少出库的批量,以减少处理的次数; (2)由于物品价值较低,安全库存量可以大一些,以减少订购次数,降低费用; (3)减少这类货物的盘点次数; (4)给予最低的优先作业次序

（五） CVA 库存管理法

1. CVA 库存管理法的提出

企业在生产经营过程中需要用到多种物料，其中有一部分物料属于关键物料，具有不可替代性，对生产和经营具有重要意义。如果这些关键物料缺货，会严重影响正常生产经营，甚至会导致生产停工待料，经济损失巨大。尤其是 B 类物品和 C 类物品在管理中可能不被重视，其中的关键物料就有可能产生上面的问题，给企业带来不必要的风险，有的物品虽然价值不高，在 ABC 分类中属于 C 类物品，库存控制时不被重视，但却是生产中必不可少的关键物品，如果缺少了它，则无法正常运转，无法生产。因此，从生产经营的角度看，有的物品属于设备的关键零部件，虽然价值不高，但是缺了它，生产经营将无法继续进行。

这反映出 ABC 库存管理法存在的缺陷，即部分关键物料得不到应有的重视。因此有必要对 ABC 库存进行更细的分类：将 A 类物品再分为关键的和次要的；将 B 类物品分为关键的、次要的和不重要的；将 C 类物品亦分为关键的、次要的和不重要的。对于关键的物料，按照 ABC 分类法，即使是 C 类物品，也应该加强管理，保证供应，避免缺货。这实质上就是 CVA 库存管理法。

2. CVA 库存管理法的基本思想

CVA 库存管理法，即关键因素分析法（eritical value analysis，CVA）。CVA 的基本思想是按照物料对生产经营的关键性或客户的重要性将物料或客户需求分成 3～5 类，即最高优先级、较高优先级、中等优先级和较低优先级等。

不同等级的物料在生产经营中的地位不同，需要采取不同的管理策略，具体见表 6-14。

表 6-14 不同等级的物料采取不同的管理策略

库存类型	特点	管理措施
最高优先级	经营管理中的关键物品，或 A 类重点客户需要的物品	不许缺货
较高优先级	生产经营中的基础性物品，或 B 类客户需要的物品	允许偶尔缺货
中等优先级	生产经营中比较重要的物品，或 C 类客户需要的物品	允许合理范围内缺货
较低优先级	生产经营中需要，但可替代的物品	允许缺货

（六） MRP 库存控制法

MRP（material requirement planning，物料需求计划）库存控制法是指通过计算物料的需求数量和需求时间，来解决生产企业内物料采购和库存问题的管理方法。

1. MRP 库存控制法的基本原理

MRP 库存控制法的基本原理就是企业根据客户需求制订生产计划和进度，然后根据产品结构和当前库存状况，逐个计算出产品所需物料的数量和需求时间，从而确定物料的加工进度或订货日程，使所需物料在规定的时间内到达仓库。其逻辑原理如图 6-4 所示。

由图 6-4 可以看出，MRP 的基本任务主要有两个：一是从最终产品的生产计划导出相关物料的需求量和需求时间；二是根据物料的需求时间和生产周期确定其开始生产（订货）的时间。

MRP 提供了物料需求的准确数量和时间，试图在保证足够的生产物流供应的前提下使库存量最小化，主要解决由某种特定的最终产品的需求所决定的原材料和中间产品的供应

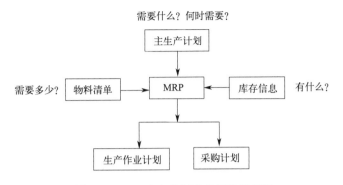

图 6-4 MRP 库存控制法的逻辑原理图

问题。

2. MRP 的输入信息

MRP 是一个基于计算机的库存管理系统，主要输入信息包括主生产计划、物料清单和库存信息。

（1）主生产计划 主要描述主产品（即产成品）及其零部件在各时间段内的需求量。

（2）物料清单 主要描述主产品的层次结构关系及其数量，它是确定主产品及其各个零部件的需求数量、所需时间和装配关系的基础。

（3）库存信息 主要描述主产品及其所有零部件的现有库存量和计划接收量。这些信息主要包括现有的库存量、在途库存、提前期、订货批量、安全库存、物料特性和用途、供应商资料等。

3. MRP 的输出信息

MRP 系统的输出信息较多，其中最关键的是生产作业计划和采购计划。

（1）生产作业计划 根据 MRP 形成的产品制造任务单，主要描述需企业内部生产的产品和零部件的数量、生产时间。

（2）采购计划 根据 MRP 形成的采购订单，主要描述需外购的零部件的订货时间和数量。

4. MRP 系统的运行步骤

MRP 系统需要借助于计算机来运行，其运行步骤大致如下：

（1）根据市场预测和客户订单，正确编制可靠的生产计划，在计划中规定生产的品种、规格、数量和交货日期。同时，生产计划必须是同现有生产能力相适应的计划。

（2）正确编制产品结构图和各种物料、零件的用料明细表。产品结构图是从最终产品出发，把产品作为一个系统，其中包括由多少个零部件所组成，每个产品从总装、部装、部件、零件可划分为几个等级层次，而每一层次的零部件又由多少个小零件组成。

（3）正确掌握各种物料和零件的实际库存量，以及最高库存量和安全库存量等有关资料。

（4）正确规定各种物料和零件的采购交货期，以及订货周期和订货批量。

（5）根据上述资料，通过 MRP 的逻辑运算确定各种物料和零件的总需要量（按产品结构图和明细表逐一核算）以及实际需要量。

（6）按照各种物料和零件的实际需要量，以及规定的订货周期和订货批量，向本企业生产车间发出生产指令或向采购部门发出采购通知单。

【点对点练习】主产品的层次结构

物料清单所描述的主产品层次结构一般表现为树形结构图，如图 6-5 所示。

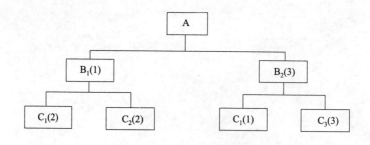

图 6-5　主产品层次结构关系图

图 6-5 所示的 A 表示主产品，A 由 1 个 B_1 和 3 个 B_2 组成。其中，B_1 又由 2 个 C_1 和 2 个 C_2 组成，B_2 又由 1 个 C_1 和 3 个 C_3 组成。

根据以上结构图，可以计算出制造 1 个产品 A 所需的零部件的数量：

C_1 的数量＝2B_1 的数量＋1B_2 的数量＝2＋3＝5

C_2 的数量＝2B_1 的数量＝2

C_3 的数量＝3B_2 的数量＝3×3＝9

由此可知，每生产一个产品 A，就需要 5 个 C_1，2 个 C_2 和 9 个 C_3。

 任务实施

小明每天都要喝酸奶，他想要通过网购的方式买一些，他不能一次把全年的酸奶都买了，因为冰箱装不下，而且冰箱使用也需要耗电，估算一瓶酸奶在冰箱里冷藏每天需 0.01 元电费。那么，为了节省冰箱电费，小明能否每次只购买一瓶酸奶呢？也不行，因为每次网购需要支付 20 元运费，长此以往，运费会是一大笔费用。请大家运用经济订购批量的知识来帮帮小明解决这个问题。

理论测试

一、单选题

1. 物品的吸湿性、导热性、耐热性、透气性等性质反映了物品的（　　），此性质会影响到货物储存的质量。

A. 物理性质　　　　B. 化学性质　　　　C. 化学成分　　　　D. 机械性能

2. （　　）是将所有货物一次点完，因此工作量大、要求严格。

A. 期末盘点　　　　B. 循环盘点　　　　C. 账面盘点　　　　D. 接力盘点

3. 月度盘点的工作内容不包括（　　）。

A. 账物数量的盘查　　　　　　　　B. 放置状态的查验

C. 盘点工作的评价　　　　　　　　D. 安全状态的查验

4. 库存中的资金占用成本、储存空间成本、库存服务成本和库存风险成本等四项费用是指库存成本中的（　　）。

A. 库存持有成本　　B. 订货成本　　　　C. 生产准备成本　　D. 缺货成本

5. 采用 CVA 法对库存货物进行分类，凡属于中等优先级的货物，对其应采取（　　）的管理措施。

  A. 不允许缺货   B. 允许缺货

  C. 允许偶尔缺货   D. 允许合理范围内缺货

二、多选题

1. 盘点作业的目的包括（ ）。

  A. 确定现存量   B. 确认企业损益

  C. 核实商品管理成效   D. 发现账物不符的原因

2. MRP 的输入信息包括（ ）。

  A. 采购计划   B. 主生产计划   C. 物料清单   D. 库存信息

3. 对在库货物来讲，影响其质量变化的外因主要有（ ）。

  A. 自然因素   B. 人为因素   C. 处理期   D. 储存期

4. 降低安全库存的措施包括（ ）。

  A. 改善需求预测   B. 缩短订货周期与生产周期

  C. 增加设备、人员的柔性   D. 减少供应的不稳定性

5. 库存管理方法的评价指标主要有（ ）。

  A. 库存成本   B. 库存周转率   C. 客户满意度   D. 库存周转次数

三、判断题

1. 溶化是指低熔点的商品受热后发生软化以致化为液体的现象。（ ）

2. 仓库盘点作业开始之前不必对盘点场所进行清理。（ ）

3. 永续盘点法是指对商品进出动态频率高的，或易损耗的，或昂贵商品的一种盘点方法。（ ）

4. 账面盘点又称为实地盘点。（ ）

5. 实际盘点过程中，当账面数与实存数发生差异时，应采用现货盘点方式以查清误差出现的原因。（ ）

项目七　货物出库作业

知识目标	◇ 熟悉出库作业的流程。
	◇ 掌握出库作业的准备工作。
	◇ 掌握分拣配货作业的基本知识和流程。
	◇ 掌握出库交接作业的方法和步骤。
技能目标	◇ 会解决出库作业流程中的各种实际问题。
	◇ 会结合各种出库任务，合理选择和使用各种设施设备。
	◇ 能制定和填写出库单、拣选单、点检单等单据报表。
	◇ 会处理出库异常事件。
职业素养目标	◇ 具有出库作业岗位素养及职业判断能力。
	◇ 具备遵循工作流程，认真严谨、团结协作的职业态度。
	◇ 培养良好的沟通能力和协调能力。
	◇ 培养统筹规划、理论联系实际的能力。

岗课赛证融通说明

本项目内容是仓储管理人员出库作业应具备的基础知识和基本技能；对接物流管理 1＋X 职业技能等级证书（中级）考核中出库作业计划的编制及实施，拣选方式的确定及拣选策略的运用等部分需要掌握的理论考点和实操考点；对接物流服务师国家职业技能标准（2020 年版）中出库作业计划的编制、实施及异常情况的处理等知识要求；对接全国职业院校技能大赛——智慧物流作业方案设计与实施赛项中订单有效性分析，客户优先权分析，拣选单的编制，客户与月台对照表的编制，送货单的编制等部分的内容，全国物流服务师职业技能竞赛中根据客户发送的出库作业信息在系统中完成出库作业等部分的内容。

任务一　出库作业准备工作

引导案例

M 贸易公司是 N 物流公司的长期仓储客户，M 贸易公司存放了大量的不锈钢板等商品在 N 物流公司的仓库。M 贸易公司和 N 物流公司双方签订了仓储保管合同，约定 N 物流公司需凭盖有 M 贸易公司印章及销售主管签名的提货单，才能发放库存的不锈钢板等商品。M 贸易公司留下公司印章式样和销售主管签字式样在 N 物流公司的业务受理大厅，双方还约定 N 物流公司若对 M 贸易公司的提货单有疑问，须暂缓发货并立即与贸易公司负责人或销售主管取得联系。

2022 年春节长假期间的正月初四这天，N 物流公司业务受理大厅来了几位手持 M 贸易公司提货单前来提货的人员。这几位提货人员衣冠楚楚，对各位业务受理人员非常客气，连连致以新春的祝福，物流公司的业务受理员也非常热情地接待了他们。经办的业务受理员看到提货单上印章、签字齐全，没有严格按照与客户的合同规定，没有严格执行审核出库凭证的流程去核对印鉴和签字，就向保管员开具了发货通知。

正月初八，春节长假后上班的第一天，M 贸易公司与 N 物流公司核对库存商品数量，发现仓库发出了库存商品，而春节期间 M 贸易公司并没有开出提货单。经公安部门侦查，这是一起伪造公章、模仿签名的诈骗案件。在这起诈骗案件中，犯罪嫌疑人提取不锈钢板 23.9t，价值 75 万元，给 N 物流公司造成了巨大的经济损失。

思考题：

1. 商品出库凭证通常包括哪些内容？
2. 仓库方面在审核出库凭证时，审核的主要内容是什么？
3. 本案例在审核出库凭证时，存在哪些问题？正确的做法是什么？
4. 本案例导致库存商品被诈骗提取的严重事件的原因是什么？

【引例点评】出库管理有严格的作业流程，这就需要仓库管理人员熟知出库管理的各个环节，并且对工作的每个环节都要求规范的操作和严谨的工作态度。

【任务发布】仓储企业接到客户的出库请求后，出库活动就拉开了序幕。仓储企业需根据客户出库要求，按照出库作业的流程，进行出库凭证的审核，随后进行分拣配货、复核点交、装车发运、现场整理等一系列作业过程。请根据出库单进行规范的出库操作。

知识储备

一、出库作业流程

货物出库作业是仓储作业管理的一个重要环节，也是仓库作业的最后一个环节。是指仓储经营人根据客户发来的订单或者仓单持有人所持有的仓单，进行订单信息处理、拣货、分货、复核点交、包装，直到把货物点交给提货人的一系列作业过程，其流程图如图 7-1 所示。

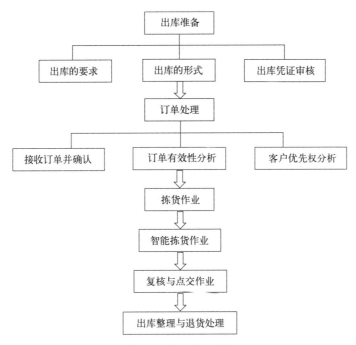

图 7-1　出库作业流程

整个流程从收到客户的订单开始，首先将客户订单根据仓库现有库存信息进行订单处理，确定接受与否，或者接受的程度；做出库前的准备，包括明确出库要求和出库形式，审核出库凭证，对存在问题的出库凭证进行处理；然后根据处理后的订单信息进行拣货，从仓库中取出客户所需的货物；拣货完成后，若仓库分区是按储存区和拣货区设置的，一旦发现拣货区所剩余的存货量低于拣货区储存的最低标准，则必须由储存区向拣货区进行补货作业；从仓库中拣选出来的货物经过复核、点交后即可出库；出库后仓内需进行销账和现场清理工作，并对出现的异常情况进行处理。

【点对点案例】红叶仓储企业二号仓库20××年8月25日收到一份提货单，得知有800台彩色电视机、300台冰箱、500箱500g饼干、1000箱碗装快速面、600箱335mL饮料、400箱550mL矿泉水、500袋1kg洗衣粉等商品需出库，仓库需马上组织人员进行商品出库的准备工作。

如果你是仓管负责人，你该如何处理？

二、物品出库形式

物品出库的主要形式有送货、自提、过户、取样、转仓等，其含义和说明如表 7-1 所示。

表 7-1　物品出库形式

形式	含　义	说　明
送货	仓储部门根据提货单等出库凭证，将货物直接送到客户指定的地点	仓储部门可提前安排相关作业，合理地使用运输工具，方便收货单位取货

形式	含　义	说　明
自提	客户或其代理人持出库凭证,自备运输工具直接到仓库取货	具有"提单到库,随到随发,自提自运"的特点。仓管员根据出库凭证将货物当面点交给提货人员,并在库内办理交接手续,以划清责任
过户	在货物并未实际出库的情况下,将货物的所有权就地转移给新客户	可省去很多日常的出库作业活动,节省时间、人力和物力。采用这种方式出库时,仓储部门必须以原客户开出的正式过户凭证为依据办理过户手续
取样	客户因货物质量检验、样品陈列等需要,到仓库提取货样	客户取样时,仓储部门必须根据客户填制的正式取样凭证发放货样,并做好详细的账务记录
转仓	仓储部门为了满足客户需要或改变货物的储存条件,将货物从一个仓库转移到另一个仓库	货物转仓时,仓储部门必须以业务部门或客户开出的正式转仓单为依据,组织货物出库并办理转仓手续

【点对点案例】提货单造假

20××年5月,浙江省余姚刑侦大队接到一家贸易公司的报警:一汽车驾驶员持一张该公司发出的提货单到公司仓库提货,所提货物价值7800余元。幸亏该公司仓库保管员警觉,通过比对发现提货单上专用章与公司专用章的原件不太相同,经进一步核实,该提货单果真为假。从该案例可获得哪些启示?

三、出库作业要求

货物出库必须符合仓库管理的有关规定和要求,做到"三不、三核、五查",出库作业要求如图 7-2 所示。

物品出库要严格执行各项规章制度,杜绝差错事故,以提高服务质量,提高客户满意度。对货物出库的基本要求如下:

1. 做好发放准备

为使物品及时流通,合理使用,必须快速、及时、准确地发放。为此必须做好发放的各项准备工作。如"化整为零"、集装单元化、备好包装、复印资料、组织搬运人力、准备好出库的各种设施设备及工具。

2. 凭单证出库

出库业务必须依据正式的出库凭证办理,任何非正式的凭证均视为无效凭证,不能作为出库的依据。

3. 严格执行出库业务程序

出库业务程序是保证出库工作顺利进行的基本保证,为防止出现工作失误,在进行出库

图 7-2　出库作业要求

作业时,必须严格履行规定的出库业务工作程序,使出库业务有序进行。

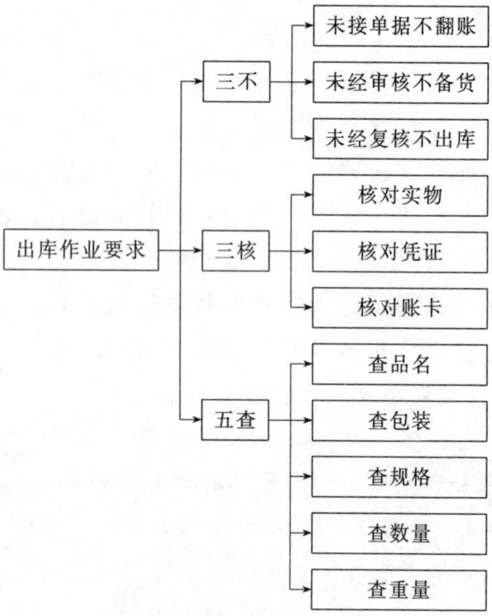

4. 准确无差错

仓库管理人员发货时,应按照发货凭证上列明的物品品名、产地、规格、型号、价格、数量、质量准确发货,当面点清数量和检验质量。确保出库物品数量准确、质量完好、包装牢固、标志正确、发运及时,避免发生运输差错和损坏物品的事故。

5. 坚持先进先出原则

在保证库存物品的价值和使用价值不变的前提下，坚持"先进先出"的原则，同时要做到有保管期限的先出；保管条件差的先出；容易变质的先出；近失效期的先出；包装简易的先出；回收复用的先出。其目的在于避免物品因库存时间过长而发生变质或影响其价值和使用价值。

6. 发货和记账要及时

保管员接到发货凭证后，应及时发货，不压票；物品发出后，应立即在物品保管账上核销，并保存好发料凭证，同时调整垛牌或料卡。

7. 保证安全

物品出库作业要注意安全操作，防止损坏包装和震坏、压坏、摔坏物品。同时，还要保证运输安全，做到物品包装完整，捆扎牢固，标志清楚正确，性能不相互抵触和影响，保障物品质量安全。仓库作业人员必须经常注意物品的安全保管期限等，对已变质、已过期失效、已失去原使用价值的物品不允许出库。

【点对点案例】吉林玉米中心批发市场玉米储存出库要求

吉林玉米中心批发市场（以下简称市场）明确要求交易商玉米出库须持市场批准的"吉林玉米中心批发市场交货仓库出库通知单"，并通知交货仓库安排接收玉米事宜。

包粮出库过程中必须凭市场签发的提货单提货，提货人应出具单位介绍信和本人身份证，并在交货仓库登记、签字结清相应全部费用。出库重量以实际过交货仓库经计量检验合格的地磅为准，扣减损耗后，短缺重量由交货仓库承担。

玉米散粮出库过程中原则上应以整仓为单位，也可以按实际接货量出库，出库检验标准按吉玉中市［2007］7号文件执行，必须凭市场签发的提货单提货，提货人应出具单位介绍信和本人身份证，并在交货仓库登记、签字结清相应全部费用，出库重量以实际过交货仓库经计量检验合格的地磅为准，扣减损耗后，短缺重量由承担。

仓储等费用由交易商按市场最新公布已执行的标准向交货仓库支付。交货仓库杂项作业服务费由交易商和交货仓库双方协商制定。

四、物品出库凭证审核

仓库接到出库凭证（仓单），即出库单（图7-3）后必须对出库凭证进行审核。审核的内容包括以下几个方面。以下内容有一项不符，仓库有权拒绝发货，待原开证单位（货主）更正并盖章后，才可继续发货。

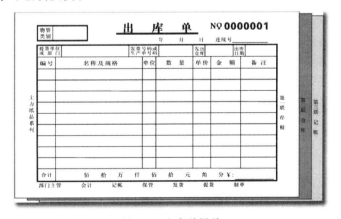

图7-3 出库单样单

（一）出库审核的内容

1. 审核提货单

要审核提货单的合法性和真实性，或审核领料单上是否有其部门主管或指定的专人签章，手续不全的不予出库。如遇特殊情况（如救灾抢险），则需经有关部门负责人同意后方可出库，出库后需补办手续。

2. 核对物品的相关信息

要核对物品的编号、品名、型号、规格、单价、数量、等级或型号、应发数量、单位有无差错、涂改等信息。

3. 核对收货单位、到货站、开户行和账号

要核对收货单位、到货站、开户行和账号是否齐全和准确，如果是收货人自提出库，则要核查提货单有无财务部门准许发货的签章。提货单必须是符合财务制度要求的具有法律效力的凭证。

（二）出库凭证审核中的问题及处理方式

出库凭证审核中的问题主要有出库凭证超过提货期限，出库凭证有疑点或者情况不清楚，出库凭证有假冒、复制、涂改等情况，物品进库未验收，或者期货未进库的出库凭证，客户将出库凭证遗失等情况对其处理方式见表7-2。

表7-2　出库凭证审核中的问题及处理方式

问题	处理方式
出库凭证超过提货期限	用户前来提货，必须先办理手续，按规定缴足逾期仓储保管费，然后方可发货
出库凭证有疑点或者情况不清楚	及时与出具出库单的单位或部门联系，妥善处理
出库凭证有假冒、复制、涂改等情况	及时与仓库保卫部门联系，严肃处理，触犯法律的应依法移交公安机关处理
物品进库未验收，或者期货未进库的出库凭证	一般暂缓发货，并通知货主，待货到并验收后再发货，提货期顺延，保管员不得代发代验
客户将出库凭证遗失	客户应及时与仓库管理人员和财务人员联系挂失

 任务实施

××物流公司收到××公司以传真发来的出库通知，要求于第二天上午自提一批饮料。根据公司库存系统提示，这些货物都可正常提取。作为仓库发货人员，请做好出库准备。出库通知单见表7-3。

表7-3　出库通知单

发货库房：××物流公司仓库　　　　　　　客户名称：××
收货单位：××仓库　　　　　　　　　　　订单发出时间：2022.06.21 10:00
出库通知单号：20220621C01

序号	货物名称	数量	单位	备注
1	饮料A	10	箱	
2	饮料B	12	箱	
3	饮料C	10	箱	
4	饮料D	3	箱	
5	饮料E	2	箱	
6	饮料F	3	箱	
7	饮料G	5	箱	

要求：根据出库通知单制作出库单（表7-4）。

表 7-4 出库单

客户名称： 　　　　　　　　　　　　　　　　发货日期：

发货仓库： 　　　　　　　　　　　　　　　　储存凭证号码：

仓库地址：

品名	货号	单位	计划出库量	实际出库量	单价	押金	是否包装	备注

总计金额（人民币大写）

主管审批： 　　　　审核： 　　　　仓管员： 　　　　提货人：

任务二　订单处理作业

引导案例　Kiva Systems 可视化订单作业、包裹追踪

亚马逊 2012 年斥资 7.75 亿美元收购了机器人制造商 Kiva Systems，大大提升了亚马逊的物流系统。据悉时至 2015 年亚马逊已经将机器人数量增至 10000 台，用于北美的各大运转中心。Kiva 系统作业效率要比传统的物流作业提升 2~4 倍，机器人每小时可跑 30 英里（约 48.28km），准确率达到 99.99%。

（1）全球云仓库存共享　在中国就能看到来自大洋彼岸库存，亚马逊实现全球百货，直供中国，这是全球电商供应链可视化中，亚马逊独特的运营能力。在中国独一无二地实现了全球可视化的供应链管理。

（2）国内运作方面　亚马逊平台可以让消费者、合作商和亚马逊的工作人员全程监控货物、包裹位置和订单状态。比如：昆山运营中心品类包罗万象，任何客户的订单执行，从前端的预约到收货，内部储存管理、库存调拨、拣货、包装，以及配送发货，送到客户手中。

【引例点评】亚马逊在当年的"双十一"中的数据尤为可观。亚马逊"双十一"当日全国订单 100% 按计划完成出库和发货，正点送达率超过 98.4%，实现了与平时同样的时效和质量承诺。其中在 24 个城市，顾客当天上午下单，99% 已在当日完成上门配送。整个过程环环相扣，每个流程都有数据的支持，并通过系统实现全订单的可视化管理。

【任务发布】从接到客户订单开始到准备出货之间的作业阶段，称为订单处理。订单处理是与客户直接沟通的作业阶段，对后续的拣选作业、复核点交和出库整理会产生直接影响。本项任务主要是对订单进行处理作业管理。

知识储备

一、订单处理作业的含义

出库仓管员收到客户订货信息后，经确认核查其真实性和内容，传达拣货和出货信息，这一过程即为订单处理，也就是指从接到客户订货开始至准备着手拣货之间的作业过程。对于规模较大、货种规格较多的仓库中心，订单处理是个很复杂的信息作业活动。

首先，客户的订货形式和内容不同，有的上门订货，有的口头订货，订货量、品种规格、送货时间等条件各不相同，订单的形式和内容差别也很大。其次，客户订单转换为拣选单也常常比较麻烦。需要在一定的时间点上将品种、数量归并后形成。最后，还要制作送货单并通知客户收货。

订单处理通常包括有关客户及订单的资料确认、存货查询、单据处理、出货配发等。订单处理可以由人工或电脑信息系统来完成，其中，人工处理的弹性较大，但只适合少量的订单，一旦订单数量稍多，人工处理就变得缓慢且容易出错。而利用电脑信息系统来处理订单，能够实现订单格式的统一，客户在相同的信息窗口内输入订货信息，可以实现订货信息的快速、准确地传递和转换。通过辅助软件的开发和应用，实现合理而迅速的订单分批和订单分割。计算机处理订单能提供较大速率及较低的成本，适合大量的订单处理。

 知识拓展

订单本身没有统一的格式，其内容和格式往往根据交易双方的要求或实际情况来设计。表 7-5、表 7-6 分别为订单基本信息和订单商品信息表。

表 7-5　订单基本信息

订单号：	客户码：
客户指令号：	采购单号：
订单类型：	紧急程度：
订单来源：	送达时间：
状态：	执行状态：
订单优先级：	

表 7-6　订单商品信息表

货品编码	货品名称	规格	批次	单位	质量	数量	备注

二、订单处理作业流程

国外研究机构的调研结果表明，与订单准备、订单传输、订单录入、订单履行相关的物

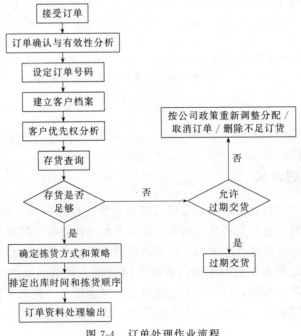

图 7-4　订单处理作业流程

流活动占到整个订单处理周期的 $50\%\sim70\%$。所以，出库时要认真管理订单处理作业过程中的各项活动。订单处理作业的具体流程如图 7-4 所示。

三、接收订单

处理订单首先从接收订单开始，接收订单主要是指订单员从客户处接收订单资料。客户的订货方式不同，订单的接收方式也不相同。客户订货的方式主要有传统订货方式和电子订货方式两大类，见表 7-7。

表 7-7 客户订货方式

客户 订货方式	分类	解释说明
传统 订货方式	厂商铺货	供应商直接将商品放在车上，一家家地去送货，缺多少补多少
	厂商巡货，隔日送货	供应商派巡货人员前一天先至各客户处巡查需要补充的货品，隔天再予以补货
	电话口头订货	订货人员将商品名称及数量，以电话口述向厂商订货
	传真订货	客户将所缺货资料整理成书面材料利用传真机传给厂商
	客户自行取货	客户自行到供应商处看货、补货，这种方式常用于传统杂货店且与供应商距离较近时
	业务员跑单接单	业务员至各客户处推销产品，后将订单携回或紧急时以电话先联络公司通知客户订单。这种方式订货数量难以准确，且容易造成商品管理混乱
电子 订货方式	订货簿或货架标签配合手持终端机及扫描器	订货人员携带订货簿及手持终端机巡视货架，若发现商品缺货则用扫描器扫描订货簿或货架上的商品标签，再输入订货数量，当所有订货资料皆输入完毕后，利用数据机将订货信息传给供应商或配送中心
	POS 订货	适合于连锁商业企业的销售终端向仓储中心订货
	电子订货系统 EOS	将应用系统产生的订货资料，由转换软件转成与供应商约定的共同格式，在约定的时间里将资料转送出去

电子订货方式与传统订货方式相比，具有传递速度快、可靠性好、准确性高及运行成本低等优势，因此电子订货方式将会成为订货信息的主要传递方式。

 知识链接

接单员的工作职责

接单员主要有下列 6 项工作职责：

（1）接收订单资料；

（2）在规定的时间内，将客户的订单进行确认和分类，并由此判断与确定所要配送货物的种类、规格、数量及送达时间；

（3）建立用户订单档案；

（4）对订货进行存货查询，并根据查询结果进行库存分配；

（5）将处理结果打印输出，如拣货单、出货单等；

（6）根据输出单据进行出货物流作业。

四、订单确认

订单确认的具体内容主要包括以下几点。

1. 确认货物品种、数量、日期

接收订单后就需对货物的品种、数量及日期进行确认。货物的品种、数量及日期的确认是对订货资料项目的基本检查，即检查品名、数量、送货日期等是否有遗漏、笔误或不符合公司要求的情形。尤其当送货时间有问题或出货时间已延迟时，更需与客户再次确认订单内容或更正运送时间。同样，采用电子订货方式接单时也应对接收的订货资料进行确认。

2. 确认订单形态与类型

若接收的订单表现为多种订单形态，出库仓管员应对不同的订单形态采取不同的交易及处理方式。如一般交易订单、现销式交易订单、间接交易订单、合约式交易订单、寄库式交易订单等，每种交易订单的交易流程必然不同。如表 7-8 所示。

表 7-8　不同订单形态的处理方式

订单形态	含义	处理方法
一般交易订单	接单后按正常的作业程序拣货、出货、发送、收款的订单	接到一般交易订单后，将资料输入订单处理系统，按正常的订单处理程序处理，资料处理完后进行拣货、出货、发送、收款等作业
现销式交易订单	与客户当场交易，直接给货的交易订单	在输入资料前就已把货物交给了客户，只需记录交易资料即可
间接交易订单	客户向配送中心订货，直接由供应商配送给客户的交易订单	接到间接交易订单后，将客户的订货资料传给供应商由其代配。客户的送货单是自行制作或委托供应商制作的，应对出货资料加以核对确认
合约式交易订单	与客户签订配送契约的交易订单	对待合约式交易订单，应在约定的送货期间，将订货资料输入系统处理，并设定各批次送货时间，以便在约定日期系统自动产生出货配送资料
寄库式交易订单	客户因促销、降价等市场因素先订购一定数量的商品，往后视需要再要求出货的交易订单	当客户要求配送商品时，系统应查询客户是否有此种寄库商品，若有，则出货时要从商品的寄库量中扣除

3. 确认订货价格

不同的客户、不同的订购量，可能有不同的价格，输入价格时系统应加以检查。若输入的价格不符，系统应加以锁定，以便主管审核。订货价格的确定如表 7-9 所示。

表 7-9　订货价格的确定

订单类型	订货价格
商品订货单	此订单对所有的可订货商品进行订货，不可以修改商品的进货价
商品促销订货单	此订单只能对有促销进价的商品订货
商品首次订货单	对有首单折扣的商品订货
商品可变价订货单	该订单可以修改商品的进货价
商品永续订货单	适用于每天都订货的商品

4. 确认加工包装

对于客户订购的商品，是否有特殊的包装、分装或贴标等要求，包括相关赠品或促销品的包装资料，都要详细确认记录。

此阶段所有需要确认的条件都核查处理完毕后，则此订货资料即为已接受的客户的出货资料，其中要包括物品项目、数量单价、交易配送条件、交货日期等。及时提交确认完毕的订单给后续作业环节，出库仓管员以此资料作为出货依据，并尽可能按照约定的条件完成出货。

当输入的项目发生错误时，与业务形态有关，一定要停止当前处理，改正相应的错误，必须对每一份订单做出完结的处理，不能影响下面的工作。

【点对点案例】订单处理各有各的道

联华生鲜食品加工物流中心是我国国内目前设备最先进、规模最大的生鲜食品加工物流中心，总投资为 6000 万元，建筑面积为 35000m²，年生产能力为 20000t，其中肉制品 150t，生鲜盆菜、调理半成品 3000t，西式熟食制品 2000t，产品结构分为 15 大类 1200 种生鲜食品。在生产加工的同时，物流中心还从事水果、冷冻品以及南北货的送货任务。连锁经营的利润源重点在物流，物流系统的评判标准主要有两个：物流服务水平和物流成本。

门店的要货订单通过联华数据通信平台，实时地传输到生鲜物流中心，在订单上制定各商品的数量和相应的到货日期。生鲜中心接收到门店的要货数据后，立即生成门店要货订单，按不同的商品物流类型进行不同的处理。

（1）储存型的商品　系统计算当前的有效库存，比对门店的要货需求以及日均配货量和相应的供应商送货周期，自动生成各储存型商品的建议补货订单，采购人员根据此订单再根据实际的情况做一些修改，即可形成正式的供应商订单。

（2）中转型商品　此种商品没有库存，直进直出，系统根据门店的需求汇总，按到货日期直接生成供应商的订单。

（3）直送型商品　根据到货日期，分配各门店直送经营的供应商，直接生成供应商直送订单，并通过 EDI（electronic data interchange，电子数据交换）系统直接发送到供应商处。

（4）加工型商品　系统按日期汇总门店要货，根据各产成品/半成品的 BOM（bill of material，物料清单）计算物料耗用。比对当前有效的库存，系统生成加工原料的建议订单，生产计划员根据实际需求做调整，发送采购部生成供应商原料订单。

各种不同的订单在生成完成或手工创建后，通过系统中的供应商服务系统自动发送给各供应商，时间间隔在 10 分钟内。

结合以上案例，讨论下列问题：

分析联华生鲜食品加工物流中心如何运用现代信息系统实现门店订单与供应商订单之间的对接与转换。

五、建立客户档案

将客户信息详细记录，不但能让此次交易更容易进行，且有利于增加以后的合作机会。客户档案除一般性的客户资料外，还应包含订单处理需要用到的及与物流作业相关的资料，包括：

（1）客户姓名、代号、等级形态（产业交易性质）。

（2）客户信用额度。

（3）客户销售付款及折扣率的条件。

（4）开发或负责此客户的业务员资料。

（5）客户配送区域。例如：地区、省、市、县及城市各区域等，基于地理位置或相关特性将客户分类于不同区域将有助于提升管理及配送的效率，例如：大分类——东北区、华南区、西北区，中分类——城市 A、城市 B、城市 C，小分类——某城市 A（县）区、某城市 B（县）区等。

（6）客户收账地址。

（7）客户点配送路径顺序。按照客户配送区域、路线、客户位置等因素，为客户分配适当的配送路径顺序。

（8）客户点适合的车辆形态。客户所在地点或客户卸货位置的街道对车辆大小有所限制。

（9）客户点卸货环境特性。客户所在地点或客户卸货位置环境，由于建筑物本身或周围环境特性（如地下室有限高或高楼层），可能造成卸货时有不同的需求及难易程度，必须把车辆及工具的调度考虑进去。

（10）客户配送要求。客户对于送货时间有特定要求，或有协助上架、贴标签等要求，也应在档案文件中标注说明。

（11）延迟订单处理指示。若客户能统一决定每次延迟订单的处理方式，则可事先将其写入资料档案，以省去临时询问或需紧急处理的不便。

通过高效科学的客户关系管理，把企业的注意力集中在客户身上，使企业能够最大限度地利用其以客户为中心的资源，从而提高客户满意度、忠诚度，提高企业的盈利能力。

【点对点案例】美乐公司客户档案见表 7-10。

表 7-10　美乐公司客户档案

客户编号	2008160906						
公司名称	美乐公司				助记码	ML	
法人代表	薛×	家庭地址	天津市××区××		联系方式	022-××××××××	
证件类型	营业执照	证件编号	××××××××××××××		营销区域	塘汉大	
公司地址	天津市××区××			邮编	×××××	联系人	范×
办公电话	022-××××××	家庭电话	022-××××××××		传真号码	022-××××××××	
电子邮箱	××××××	QQ 账号	××××××××××		MSN 账号	××××××	
开户银行	××银行			银行账号	××××××××××××××		
公司性质	中外合资	所属行业	零售业	注册资金	3600 万	经营范围	食品、日用品
信用额度	150 万元	忠诚度	高	满意度	较高	应收账款	149 万元
客户类型	重点型			客户级别	A		
建档时间	2008 年 8 月			维护时间	2015 年 4 月		
Web 主页	××××××						
备注：公司于每年 4 月 13～14 日货物盘点，盘点期间不收发货物							

六、订单有效性分析

对收到的客户订单逐一分析，判定订单是否有效，仅将有效订单纳入拣选计划的编制，无效订单则予以锁定。无论是何种订单，接收订单后都要查核客户的财务状况，以确定是否有能力支付该订单的账款（如客户与企业之间存在隶属关系特殊对待）。一般情况下，重点检查客户的应收账款是否已超过信用额度，具体可采取以下两种方法来核查客户信用的状况。

1. 输入客户代码或客户名称

输入客户代码或客户名称后，系统即加以检查客户信用状况，若客户应收账款已超过其信用额度，系统加以警示，以便输入人员决定是继续输入其订货资料还是拒绝计订单。

2. 输入订购项目资料

在输入客户订购项目资料后，若客户此次的订购金额加上之前累计的应收账款超过其信用额度，则系统应将此订单资料锁定，视为无效订单。待主管审核通过后，此订单资料才能进入下一个处理步骤。

核查完客户信用状况后，若订单属于正常订单，则进入下一环节。若订单属于问题订单，如金额有误、应收账款超过信用额度等，则应锁定订单并上报主管，对订单进一步审核。订单处理有效性分析的流程如图 7-5 所示。

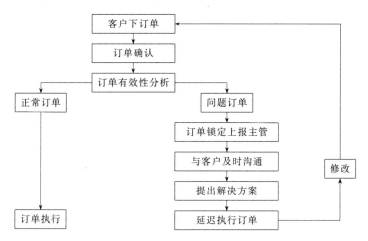

图 7-5　订单处理有效性分析的流程

【点对点例题】现有 A 公司、B 公司、C 公司、D 公司、E 公司、F 公司六家采购订单以传真方式到达物流中心，请分析这六份订单是否有效。判断依据：累计应收账款超过信用额度或者订单信息有误，其订单为无效订单，客户订单金额超过 1000 元时，可享受 8 折折扣价格。

查找这六家公司的客户档案资料，A 公司的应收账款（不含此次订单的货款）为 8.84 万元，其信用额度为 9 万元；B 公司的应收账款（不含此次订单的货款）为 189.9 万元，其信用额度为 190 万元；C 公司的应收账款（不含此次订单的货款）为 9.2 万元，其信用额度为 10 万元；E 公司的应收账款（不含此次订单的货款）为 102.5 万元，其信用额度为 110 万元；D 公司的应收账款（不含此次订单的货款）为 149 万元，其信用额度为 150 万元；F 公司的应收账款（不含此次订单的货款）为 142 万元，其信用额度为 150 万元。

这六家公司的采购订单见表 7-11～表 7-16。

表 7-11　A 公司采购订单

订单编号：D201804190101　　　　　　　　　　　　　　　　订货时间：2022.4.13

序号	商品名称	单位	单价/元	订购数量	金额/元	备注
1	贝多纸尿裤	箱	100	4	400	
2	怡宝纯净水	箱	100	2	200	
3	烤土豆	袋	100	1	100	
4	晨光 Q7 碳素笔	支	50	9	450	
5	2B 橡皮擦	块	50	2	100	
6	重庆怪味胡豆	袋	50	1	50	
7	可口可乐 500mL	瓶	50	4	200	
8	康师傅冰红茶	瓶	50	3	150	
9	芬达 330mL	听	50	4	200	
10	怡宝纯净水	瓶	50	4	200	
	合计			34	2050	

表 7-12　B 公司采购订单

订单编号：D201804190102　　　　　　　　　　　　　　　　订货时间：2022.4.13

序号	商品名称	单位	单价/元	订购数量	金额/元	备注
1	顺心奶嘴	箱	100	7	700	
2	可乐年糕	箱	100	5	500	

续表

序号	商品名称	单位	单价/元	订购数量	金额/元	备注
3	贝多纸尿裤	箱	100	16	1600	
4	烤土豆	袋	50	1	50	
5	舒肤佳香皂	块	50	3	150	
6	2B 橡皮擦	块	50	1	50	
7	重庆怪味胡豆	袋	50	1	50	
8	可口可乐 500mL	瓶	50	3	150	
9	康师傅冰红茶	瓶	50	2	100	
10	王老吉 330mL	听	50	2	100	
11	芬达 330mL	听	50	2	100	
12	怡宝纯净水	瓶	50	2	100	
	合计			45	3650	

表 7-13 C 公司采购订单

订单编号：D201804190103　　　　　　　　　　　订货时间：2022.4.13

序号	商品名称	单位	单价/元	订购数量	金额/元	备注
1	可乐年糕	箱	100	3	300	
2	贝多纸尿裤	箱	100	4	400	
3	烤土豆	袋	50	1	50	
4	重庆怪味胡豆	袋	50	1	50	
5	芬达 330mL	听	50	2	100	
6	可口可乐 500mL	瓶	50	3	120	
7	康师傅冰红茶	瓶	50	2	100	
8	王老吉 330mL	听	50	1	50	
9	怡宝纯净水	瓶	50	1	50	
	合计			18	1170	

表 7-14 D 公司采购订单

订单编号：D201804190106　　　　　　　　　　　订货时间：2022.4.13

序号	商品名称	单位	单价/元	订购数量	金额/元	备注
1	幸福方便面	箱	100	4	400	
3	隆达葡萄籽油	箱	100	2	200	
4	烤土豆	袋	50	1	50	
5	重庆怪味胡豆	袋	50	1	50	
6	可口可乐 500mL	瓶	50	1	50	
7	康师傅冰红茶	瓶	50	2	100	
8	王老吉 330mL	听	50	2	100	
9	芬达 330mL	听	50	2	100	
10	怡宝纯净水	瓶	50	2	100	
	合计			17	1150	

表 7-15 E 公司采购订单

订单编号：D201804190105　　　　　　　　　　　订货时间：2022.4.13

序号	商品名称	单位	单价/元	订购数量	金额/元	备注
1	贝多湿巾	箱	100	3	300	
2	隆达葡萄籽油	箱	100	2	200	
3	可乐年糕	箱	100	5	500	
4	乡巴佬卤蛋	袋	50	3	150	

续表

序号	商品名称	单位	单价/元	订购数量	金额/元	备注
5	ABCD洋芋片	袋	50	2	100	
7	可口可乐500mL	瓶	50	2	100	
8	康师傅冰红茶	瓶	50	2	100	
9	王老吉330mL	听	50	2	100	
10	芬达330mL	听	50	2	100	
	合计			23	1650	

表7-16　F公司采购订单

订单编号：D201804190104　　　　　　　　订货时间：2022.4.13

序号	商品名称	单位	单价/元	订购数量	金额/元	备注
1	亲亲奶嘴	箱	100	4	400	
2	可乐年糕	箱	100	7	700	
3	怡宝纯净水	箱	100	3	300	
4	猫耳朵	袋	50	2	100	
5	聪明香卤蛋	袋	50	2	100	
6	素牛肉布丁	袋	50	4	200	
7	可口可乐500mL	瓶	50	2	100	
8	康师傅冰红茶	瓶	50	2	100	
9	王老吉330mL	听	50	1	50	
10	芬达330mL	听	50	2	100	
11	怡宝纯净水	瓶	50	1	50	
	合计			30	2200	

【分析过程】

第一步，确认订单的基本信息是否有误价格、金额等基本信息无误。

第二步，分析客户的财务状况，见表7-17。

表7-17　客户的财务状况

客户类型	A公司	E公司	C公司	B公司	F公司	D公司
订单金额/万元	0.205	0.165	0.117	0.365	0.22	0.115
折扣后价格	0.164	0.132	0.094	0.292	0.176	0.092
应收款项/万元	8.84	102.5	9.2	189.9	142	149
累计应收款项/万元	9.004	102.632	9.294	190.192	142.176	149.092
信用额度/万元	9	110	10	190	150	150
差额/万元	−0.004	7.368	0.706	−0.192	7.824	0.908
客户类型	普通型	重点型	普通型	子公司	伙伴型	重点型
是否超额	是	否	否	是	否	否
是否有效	否	是	否	是	是	否
原因	累计应收款项超出信用额度，所以无效		订单信息有误			客户档案里盘点期间不收发货物
备注	无效	有效	无效	有效	有效	无效
处理方式	订单予以锁定，不予配送，订单返回销售部		订单予以锁定，不予配送，订单返回销售部			订单予以锁定，不予配送，订单返回销售部

主管签字：　　　　　　　　　　　　　　　　　　　　日期：2022.4.13

七、客户优先权分析

1. 客户优先权的确定原则

若订单的某商品总出货量大于可分配的库存量，则应如何取舍来分配这有限的库存？在这种情况下，可依据以下四个原则来决定客户订购的优先性，如表7-18所示。

表7-18　客户订购优先性的四个原则

序号	优先权分配	解释说明
1	具有特殊优先权者先分配	如前次即应允诺交货的订单如缺货补货订单、延迟交货订单、紧急订单、远期订单、母公司订单，或客户提前预约或紧急需求的订单，应有优先取得存货的权利
2	依客户等级来取舍	将客户重要性程度高的进行优先分配
3	依订单交易量或交易金额来取舍	将对公司贡献度大的订单作优先处理
4	依客户信用状况取舍	将信用较好的客户订单作优先处理

2. 客户优先权的确定方法

客户优先权的确定采用加权平均法，一般可以按以下3个步骤进行。

（1）确定影响客户优先权的关键指标。不同企业判断客户优先权的指标不完全相同，一般来说，可以考虑的指标包括信用额度、满意度、忠诚度、客户类型、合作年限、客户级别等。

（2）确定每个指标的权数。

（3）根据客户指标与权数确定客户优先权。

【点对点例题】经上述订单有效性分析后，B公司、E公司、F公司三家采购订单有效，将这3个客户的档案信息汇总，汇总表见表7-19。

表7-19　客户档案信息汇总表

指标	E公司	B公司	F公司
信用额度/万元	110	190	150
客户类型	重点型	子公司	伙伴型
客户级别	B	A	A
忠诚度	较高	高	高
满意度	较高	高	较高

客户优先权分析：

第一步：明确物流中心评价优先权的指标。

物流中心对客户优先权的评价方面选择了满意度、忠诚度、客户类型、客户级别这四个指标，将指标中的定性判断进行量化，将原有定性判断全部转化成定量判断，设置如表7-20所示。

表7-20　客户优先权赋分表

指标	客户类型					客户级别			忠诚度					满意度				
类型	子公司	伙伴型	重点型	一般型	普通型	A	B	C	高	较高	一般	较低	低	高	较高	一般	较低	低
赋分	5	4	3	2	1	3	2	1	2	1	0	-1	-2	2	1	0	-1	-2

第二步，明确物流中心对每个指标的权重，权重设置如表7-21。

表 7-21　权重设置表

指标	权重
客户类型	0.4
客户级别	0.3
忠诚度	0.2
满意度	0.1

第三步：进行加权求和，并根据结果大小确定优先顺序，对客户优先权的分析见表 7-22 所示。

表 7-22　客户优先权分析表

指标	权重	E 公司		B 公司		F 公司	
		类型	赋分	类型	赋分	类型	赋分
客户类型	0.4	重点型	3	子公司	5	伙伴型	4
客户级别	0.3	B	2	A	3	A	3
忠诚度	0.2	较高	1	高	2	高	2
满意度	0.1	较高	1	高	2	较高	1
评分		2.1		3.5		3.0	
优先权等级		三		一		二	

八、依客户优先权分配存货

（一）存货查询

存货档案的资料一般包括货品名称、代码、产品描述、库存量、已分配存货、有效存货及期望进货时间，查询存货档案资料，看此商品是否缺货，若缺货则应提供商品资料或是此缺货商品是否已经采购但未入库等信息，便于接单人员与客户协调是否改订其他替代品或是允许延后出货等权宜办法，以提高人员的接单率及接单处理效率。

（二）存货分配

订单资料输入系统，确认无误后，最主要的处理作业在于如何将大量的订货资料做最有效的汇总分类、调拨库存，以便后续的物流作业能有效地进行。存货分配的两种模式如下：

1. 单一订单分配

即在输入订单资料时，就将存货分配给该订单。此种情况多为线上即时分配。

2. 批次分配

先累计汇总数笔已输入的订单资料，再一次性分配库存。企业因订单数量多、客户类型等级多，且多为每天固定配送次数，所以通常采用批次分配以确保对库存做最佳的分配。

（三）存货分配的原则

采用批次分配时，需要注意订单的分批原则与方法，因货品品项、企业经营业务范围不同，各企业的分批原则也可能不同。一般而言，订单批次分配的处理原则与方法如表 7-23 所示。

表 7-23　订单批次分配的处理原则与方法

批量处理原则	批量处理方法
按接单时序划分	将整个接单时段划分为几个合理区段。若一天有多个送货批次,可配合配送批次将订单按接单先后顺序分为几个批次来处理
按送货区域路径划分	将同一送货区域路径的订单汇总后一起处理

续表

批量处理原则	批量处理方法
按流通加工需求划分	将需要加工处理或需要相同流通加工处理的订单一起处理
按车辆需求划分	若出库商品需要特殊的送货车辆(如低温车、冷冻车、冷藏车)或由于客户所在地、下货特性等需要特殊送货车辆,可汇总合并一起处理

存货分配方式决定了下一步的拣货作业,如果是单一订单分配,则采用单一顺序拣选;如果是批次分配,则采用批量拣选方式。

(四)分配后存货不足的处理

如果现有存货数量无法满足客户需求,客户又不愿以替代品替代时,则应按照客户意愿与公司政策来决定应对方式。

1. 依客户意愿来处理

客户的意愿一般有以下 3 种情形,见表 7-24。

表 7-24 不同客户意愿的处理方式

不同客户意愿	处理方式
客户不允许过期交货	要求删除订单上不足订货,甚至取消订单
客户允许不足额订货	等待有货时再给予补送
客户允许不足额订货	可以留待下一次订单一起配送

2. 依公司政策

一些公司愿意分批补货,但一些公司考虑分批出货的额外成本而不愿意分批补货,则可能会和客户协商取消订单,或要求客户将交货日期延后。

3. 存货不足的处理方式

结合客户的意愿及公司政策,一般对存货不足的情况有以下处理方式,见表 7-25。

表 7-25 存货不足的处理方式

存货不足的处理方式	具体说明
重新调拨	若客户不允许过期交货,而公司也不愿失去此客户订单时,则有必要重新调拨分配订单
补交货	若客户允许不足额的订货,等待有货时再补送,且公司政策亦允许,则采取"补送"方式。若客户允许不足额的订货或整张订单留待下一次订单一同配送,则也采取"补送"处理
删除不足额订单	若客户允许不足额订单,可等待有货时再予以补送,但公司政策并不希望分批出货,则只好删除不足额的订单。若客户不允许过期交货,且公司也无法重新调拨,则可考虑删除不足额的订单
延迟交货	有时限延迟交货:客户允许一段时间的过期交货,且希望所有订单一同配送。无时限延迟交货:不论需等多久客户皆允许过期交货,且希望所有订货一同送达,则等待所有订货到达后再出货
取消订单	若客户希望所有订单一同配送,且不允许过期交货,而公司也无法重新调拨时,则只有将整张订单取消

【点对点例题】经过客户优先权分析后,查询昌隆物流中心的重型(托盘)货架库存信息,如表 7-26 所示。

表 7-26 重型(托盘)货架库存信息

序号	货品名称	规格	入库日期	储存仓位	生产日期	单位	库存量	保质期
1	亲亲奶嘴	380mm×290mm×270mm	2022 年 2 月 20 日	H1-01-02-01	2021 年 8 月 28 日	箱	14	24 个月
2	亲亲奶嘴	380mm×290mm×270mm	2022 年 1 月 20 日	H1-01-01-01	2021 年 9 月 21 日	箱	4	24 个月
3	贝多纸尿裤	360mm×190mm×260mm	2022 年 1 月 21 日	H1-01-06-01	2022 年 1 月 15 日	箱	20	24 个月
4	可乐年糕	470mm×380mm×220mm	2022 年 2 月 23 日	H1-01-05-02	2022 年 2 月 20 日	箱	16	6 个月

序号	货品名称	规格	入库日期	储存仓位	生产日期	单位	库存量	保质期
5	隆达葡萄籽油	580mm×300mm×200mm	2022年2月18日	H1-01-01-02	2022年1月18日	箱	14	12个月
6	幸福方便面	470mm×380mm×220mm	2022年2月10日	H1-01-03-03	2021年10月15日	箱	10	12个月
7	怡宝纯净水	380mm×290mm×270mm	2022年1月10日	H1-01-02-03	2022年1月7日	箱	10	12个月
8	顺心奶嘴	316mm×211mm×200mm	2022年4月10日	H1-01-03-02	2022年1月7日	箱	64	12个月
9	贝多湿巾	580mm×300mm×180mm	2022年4月10日	H1-01-05-03	2022年1月24日	箱	24	12个月

根据以上信息编制库存分配计划表如表7-27所示。

表7-27　库存分配计划表

储位码	货品名称	计划出库量				实际出库量			
		美鄢公司	美来公司	美福公司	总数量	美鄢公司	美来公司	美福公司	总数量
H1-01-03-02	顺心奶嘴	7			7	7			7
H1-01-02-01	亲亲奶嘴		4		4		4		4
H1-01-06-01	贝多纸尿裤	16			16	16			16
H1-01-05-02	可乐年糕	5	7	5	17	5	7	4（缺货1箱）	16
H1-01-01-02	隆达葡萄籽油			2	4			2	4
H1-01-02-03	怡宝纯净水		3		3		3		3
H1-01-05-03	贝多湿巾			3	3			3	3

通过分析可知，美福公司出现缺货可乐年糕1箱，及时与客户沟通，经客户同意，紧急采购，延期不送。

九、订单资料处理结果输出

订单资料经上述处理后，即可开始打印一些出货单据，以展开后续的物流作业。主要包括拣货单、送货单、缺货资料等。

（一）拣货单

拣货单可提供商品出库指示资料，并作为拣货的依据。拣货单需配合配送企业的拣货策略及拣货作业方式来加以设计，以提供详细且有效率的拣货信息，便于拣货的进行。货单的打印应考虑商品储位，依据储位前后相关顺序打印，以减少业务人员重复往返取货，同时拣货数量、单位也要详细确认标示。

随着拣货、储存设备的自动化，传统的拣货单形式已不符合需求。利用电脑、通信等方式处理显示拣货信息的方式已取代部分传统的拣货表单，如配有电子标签的货架、拣货台车以及自动存取的自动化立体仓库等。采用这些自动化设备进行拣货作业，需注意拣货信息的格式与设备显示器的配合以及系统与设备间的信息传送及处理。

📋 **知识拓展**

拣货单可以分为分户拣货单和品种拣货单，分户拣货单适合于按单分拣法，品种拣货单适合于批量分拣法，分户拣货单的主要特点是以客户为单位，即分户拣货单体现的是一个客户所需的所有商品。品种拣货单则是以商品品种为单位，即一份拣货单体现的是对同一种商品的所有的客户需求情况。分户拣货单、品种拣货单的格式分别见表7-28、表7-29。

表 7-28　分户拣货单

拣货单编号				客户订单编号			
客户名称	美来公司						
出货时间				出货货位号			
拣货时间				拣货人			
核查时间	年　月　日至　年　月　日			核查人			
序号	储位号码	商品名称	规格型号	商品编码	包装单位			数量	备注
					箱	整	单件		

表 7-29　品种拣货单

拣货单号		包装单位				储位号码
商品名称	可乐年糕		箱	整托盘	单件	
规格型号		数量				
商品编码						
生产厂家						
拣货时间：　年　月　日至　年　月　日　　拣货人：						
核查时间：　年　月　日至　年　月　日　　核查人：						
序号	订单编号	客户名称	包装单位			数量	出货货位	备注
			箱	整托盘	单件			

（二）送货单

物品交货配送时，通常附上送货单给客户清点签收。因为送货单主要是给客户签收、确认的出货资料，其正确性及明确性很重要。要确保送货单上的资料与实际货物相符，除了出货前的清点外，对于出货单据的打印时间以及修改也须注意。

1. 单据打印时间

最能保证送货单上的资料与实际出货资料一样的方法是在出车前，一切清点动作完毕，而且不符合的资料也在电脑上修改完毕，再打印出货单。但此时再打印出货单，常因单据数量多，耗费许多时间，影响出车时间，若提早打印，则对于因为拣货分类作业后发现实际存货不足，或是客户临时更改订单等原因，造成原出货单上的资料与实际不符时，须重新打印送货单。

2. 送货单资料

送货单据上的资料除了基本的出货资料外，对于一些订单异动情形（如缺货品项或缺货数量等）也须打印注明。

（三）缺货资料

库存分配后，对于缺货的商品或缺货订单的资料，系统应提供查询或报表打印功能，以便工作人员处理。

1. 库存缺货商品

应提供依据商品类别或供应商类别查询缺货的商品资料，以提醒采购人员紧急采购。

2. 缺货订单

应提供依客户类别或外务人员类别查询缺货的订单资料，以便相关人员处理。

十、异常情况下的订单处理

掌握订单的状态变化及详细记录各阶段档案资料后，对于订单变动的处理则能更顺手，了解此订单异常时所处的状态，再针对其对应的档案加以修正处理。异常订单及处理方法如表 7-30 所示。

表 7-30　异常订单及处理方法

异常订单	处理方法
客户取消订单	客户取消订单会造成许多损失，因此在业务处理上需要与客户就此问题进行协商。若目前订单处于已分配未出库状态，则应从已分配未出库销售资料里找出此订单，将其删除，并恢复相关品项的库存资料；若此订单已处于拣货状态，则应从拣货未出库销售资料里找出此笔订单，进行处理，并恢复相关品项的库存资料，且将已拣出的物品重新退库，放回拣货区
客户增订	如果在出货前接到客户的增加订单，则应对之前的订单状态进行查询，根据订单状态决定是否进行合并订单，重新进行库存分配，一起拣选；或者另增订单，单独拣选，合并出库
拣货前发生缺货	拣货时发现缺货，则应从已拣货未出库销售资料里找出此缺货订单资料，进行修改
配送前发生缺货	当配送前装车清点时才发现缺货，则应从已拣货未出库销售资料里找出此缺货订单资料，进行修改
送货时客户拒收	人员送货时，若客户对送货品项、数目有异议予以拒收，或是发生少送或多送，则回库时应从在途销售资料里找出此客户的订单资料进行修改，以反映实际出货资料

 任务实施

订单有效性与客户优先权分析

1. 实训目的

熟悉订单处理流程，能够根据订单流程完成订单处理，能够对问题订单进行处理，能够进行客户优先权分析。

2. 任务内容

2022 年 5 月 10 日，某物流配送中心收到以下 4 家客户的订单（表 7-31～表 7-34）。

表 7-31　德福公司采购订单

订单编号：D202205100101　　　　　　　　　　　　订货时间：2022.5.10

序号	商品名称	单位	单价/元	订购数量	金额/元	备注
1	兴华苦杏仁	箱	100	5	500	
2	可乐年糕	箱	100	4	400	
3	恒大冰泉 500mL	瓶	100	2	200	
4	百岁山饮用天然矿泉水 348mL	瓶	50	9	450	
5	农夫山泉饮用天然水 380mL	瓶	50	1	50	
6	康师傅包装饮用水 550mL	瓶	50	1	50	
7	小茗同学冷泡茉莉萃茶 480mL	瓶	50	2	100	
8	旺仔牛奶 245mL	瓶	50	2	100	
9	海之言柠檬果味饮料 500mL	瓶	50	2	100	
10	伊藤园浓茶绿茶饮料 500mL	瓶	50	1	50	
11	伊藤园无糖绿茶饮料 500mL	瓶	50	1	50	
	合计			30	2050	

表 7-32 德鄢公司采购订单

订单编号：D202205100102　　　　　　　　订货时间：2022.5.10

序号	商品名称	单位	单价/元	订购数量	金额/元	备注
1	兴华苦杏仁	箱	100	9	900	
2	梦阳奶粉	箱	100	4	400	
3	幸福方便面	箱	100	2	200	
4	顺心奶嘴	箱	100	5	500	
5	农夫山泉饮用天然水 380mL	瓶	50	1	50	
6	统一绿茶茉莉味 500mL	瓶	50	2	100	
7	康师傅浓浓柠檬红茶 450mL	瓶	50	1	50	
8	康师傅包装饮用水 550mL	瓶	50	1	50	
9	小茗同学冷泡茉莉萃茶 480mL	瓶	50	2	100	
10	旺仔牛奶 245mL	瓶	50	1	50	
11	海之言柠檬果味饮料 500mL	瓶	50	2	100	
12	伊藤园浓茶绿茶饮料 500mL	瓶	50	1	50	
13	伊藤园无糖绿茶饮料 500mL	瓶	50	2	100	
	合计			33	2650	

表 7-33 德来公司采购订单

订单编号：D202205100103　　　　　　　　订货时间：2022.5.10

序号	商品名称	单位	单价/元	订购数量	金额/元	备注
1	诚诚油炸花生仁	箱	100	5	500	
2	隆达葡萄籽油	箱	100	2	200	
3	幸福方便面	箱	100	2	200	
4	可乐年糕	箱	100	3	300	
5	农夫山泉饮用天然水 380mL	瓶	50	2	100	
6	百岁山饮用天然矿泉水 348mL	瓶	50	2	100	
7	恒大冰泉 500mL	瓶	50	2	100	
8	康师傅包装饮用水 550mL	瓶	50	2	100	
9	小茗同学冷泡茉莉萃茶 480mL	瓶	50	1	50	
10	旺仔牛奶 245mL	瓶	50	1	50	
11	海之言柠檬果味饮料 500mL	瓶	50	2	100	
12	伊藤园浓茶绿茶饮料 500mL	瓶	50	2	100	
13	伊藤园无糖绿茶饮料 500mL	瓶	50	1	50	
	合计			27	1950	

表 7-34 德麟公司采购订单

订单编号：D202205100104　　　　　　　　订货时间：2022.5.10

序号	商品名称	单位	单价/元	订购数量	金额/元	备注
1	顺心奶嘴	箱	100	8	800	
2	可乐年糕	箱	100	3	300	
3	幸福方便面	箱	100	2	200	
4	娃哈哈饮用纯净水 550mL	瓶	50	8	400	
5	一次性使用医用普通口罩	包	50	2	100	
6	清亮一次性雨衣	包	50	2	100	
7	康洁垃圾袋	包	50	3	150	
8	好帮手洗澡巾	袋	50	2	100	
9	伊藤园浓茶绿茶饮料 500mL	瓶	50	2	100	
10	伊藤园无糖绿茶饮料 500mL	瓶	50	2	100	
11	金正儿童碗	个	50	2	100	
	合计			36	2450	

4 家客户的档案如表 7-35～表 7-38。

表 7-35 德福公司客户档案

客户编号	2003020106						
公司名称	德福公司			助记码		MF	
法人代表	赵××	家庭地址	天津市××区××		联系方式	022-×××××××	
证件类型	营业执照	证件编号	××××××××××××		营销区域	京津塘	
公司地址	天津市××区××			邮编	××××××	联系人	王×
办公电话	022-×××××××	家庭电话	022-×××××××		传真号码	022-×××××××	
电子邮箱	××××××	QQ 账号	××××××××××		MSN 账号	××××××	
开户银行	××银行海河支行			银行账号	××××××××××××		
公司性质	民营	所属行业	零售	注册资金	300 万	经营范围	日用品、食品
信用额度	12 万元	忠诚度	一般	满意度	高	应收账款	11.95 万元
客户类型	普通			客户级别	B		
建档时间	2003 年 2 月			维护时间	2021 年 3 月		
Web 主页	××××××						
备注:							

表 7-36 德来公司客户档案

客户编号	2004030123						
公司名称	德来公司			助记码		DL	
法人代表	王××	家庭地址	天津市××区××		联系方式	022-×××××××	
证件类型	营业执照	证件编号	××××××××××××		营销区域	天津市区	
公司地址	天津市西城区星河路 243 号			邮编	××××××	联系人	任××
办公电话	022-×××××××	家庭电话	022-×××××××		传真号码	022-×××××××	
电子邮箱	××××××	QQ 账号	××××××××××		MSN 账号	××××××	
开户银行	××××银行			银行账号	××××××××××××		
公司性质	民营	所属行业	零售业	注册资金	1200 万	经营范围	食品、办公用品
信用额度	150 万元	忠诚度	高	满意度	较高	应收账款	142 万元
客户类型	重点型			客户级别	A		
建档时间	2006 年 5 月			维护时间	2021 年 4 月		
Web 主页	××××××						
备注:							

表 7-37 德麟公司客户档案

客户编号	2009012403						
公司名称	德麟公司			助记码		DLL	
法人代表	李××	家庭地址	天津市××区××		联系方式	022-×××××××	
证件类型	营业执照	证件编号	××××××××××××		营销区域	华北地区	
公司地址	天津市××区××			邮编	300026	联系人	李凯
办公电话	022-×××××××	家庭电话	022-×××××××		传真号码	022-×××××××	
电子邮箱	××××××	QQ 账号	××××××××××		MSN 账号	××××××	
开户银行	××银行滨海支行			银行账号	××××××××××××		
公司性质	民营	所属行业	零售	注册资金	400 万	经营范围	食品、日用百货
信用额度	160 万元	忠诚度	较高	满意度	高	应收账款	152.5 万元
客户类型	重点型			客户级别	B		
建档时间	2009 年 1 月			维护时间	2021 年 3 月		
Web 主页	××××××						
备注:							

表 7-38　德鄢公司客户档案

客户编号	2008160902				助记码	DY	
公司名称	德鄢公司						
法人代表	薛×	家庭地址	天津市××区××		联系方式	022-××××××××	
证件类型	营业执照	证件编号	××××××××××××		营销区域	塘汉大	
公司地址	天津市××区××		邮编	××××××	联系人	范×	
办公电话	022-××××××	家庭电话	022-××××××××		传真号码	022-××××××××	
电子邮箱	××××××	QQ 账号	××××××××××		MSN 账号	××××××	
开户银行	××银行		银行账号	××××××××××××			
公司性质	中外合资	所属行业	零售业	注册资金	3600 万	经营范围	食品、日用品
信用额度	190 万元	忠诚度	高	满意度	高	应收账款	178 万元
客户类型	伙伴型		客户级别	A			
建档时间	2008 年 8 月		维护时间	2021 年 4 月			
Web 主页	××××××						
备注：							

（1）请根据以上资料对客户订单进行有效性分析。

（2）假设现有库存不能满足所有订单需求，请对有效订单进行客户优先权分析，作为分配存货的依据。

● 任务三　拣货作业 ●

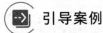

引导案例

上海某超市物流有限公司坐落在上海市市级物流园区——普陀区桃浦西北物流园区内，物流中心有新、老两个仓库（3.3 万平方米），主要承担 600 家供应商的进货仓储管理、100 家直营店和 1700 家加盟店的日常配货管理，以及每年 4 次的针对加盟店的特卖会。

公司通过 ABC 分析、优化拣货路线、采用标签拣选以及恰当的拣货策略，来提高拣货速度，减少配货差错率。该物流中心日常人均拣货量达到 1000～1500 件，配货差错率逐步降到 2‰，配送费率逐步降到 2‰，配送作业成本至少减少 500 万元。

试分析拣货作业对于企业仓储管理的重要性及提高拣货作业效率的途径。

【引例点评】 一个先进的货物分拣系统意味着比竞争对手更快的物流速度，更好地满足顾客的需求，其潜在的回报是惊人的。建立一个先进的货物分拣系统，结合有效的吞吐量不但可以节省数十、数百，甚至数千万元的成本，而且可以大大提高工作效率，显著降低工人的劳动强度。

【任务发布】 拣货作业是出库作业的中心环节，有人称之为物流出库配送的"心脏"。拣货作业的目的是迅速、准确地集中顾客所订购的商品。本项任务主要是在接收客户订单信息的基础上，分析拣货单位模式，根据客户订单的特点选择不同的拣货作业方法，结合实际业务选择合适的拣货策略。

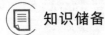

知识储备

一、拣货作业概述

1. 拣货作业的含义

拣货作业是出库作业的核心环节。所谓拣货，是根据客户的订货要求或配送企业的作业计划，将商品从其储位或其他区域拣取出来的作业过程。

拣货作业不仅工作量大，工艺复杂，而且要求作业时间短，准确度高，服务质量好。因此，加强对拣货作业的管理非常重要。在拣货作业中，根据配送的业务范围和服务特点，即根据客户订单所反映的商品特性、数量多少、服务要求、送货区域等信息，采取科学的拣货方式，进行高效的作业是出库作业中关键的一环。

2. 拣货单位

拣货单位基本上可分为托盘、箱（外包装）、单品（小包装）以及特殊货物四种形式。拣选单位是根据订单分析结果决定的。如果订单的最小单位是箱，则拣选单位最少要以箱为单位。

在进行拣货系统规划时，通常用 PCB 分析法来确定拣货包装单位。

（1）托盘（P） 由箱堆码在托盘上集合而成，经托盘装载后加固，每托盘堆码数量固定，拣货时以整托盘为拣取单位。

（2）箱（C） 由单件装箱而成，拣货过程以箱为拣取单位。

（3）单品（B） 单件商品包装成独立的单元，以该单元为拣取单位。

（4）特殊品 特殊品是指体积大、形状特殊，无法按托盘或箱归类，或必须在特殊条件下作业的物品，如大型家具、冷冻物品等。拣选系统的设计将严格受其限制。

拣货单位还需要与库存单位结合起来考虑，表 7-39 概括了拣货的出库模式。

表 7-39 拣货出库模式

模式	储存单位	拣货单位	记录
Ⅰ	托盘	托盘	P→P
Ⅱ	托盘	托盘＋箱	P→P+C
Ⅲ	托盘	箱	P→C
Ⅳ	箱	箱	C→C
Ⅴ	箱	箱＋单品	C→C+B
Ⅵ	箱	单品	C→B
Ⅶ	单品	单品	B→B

 知识拓展

分拣作业预期目标

① 少等待——尽可能缩短闲置时间。

② 少拿取——尽可能采用输送设备或搬运设备，减少人工搬运。

③ 少走动——规划好拣货路线，尽可能缩短行走路径。

④ 少思考——尽可能做到操作简单化。

⑤ 少寻找——通过储位管理或电子标签等辅助拣选设备，尽可能缩短寻找货物的时间。

⑥ 少书写——尽可能不用纸制单据进行拣货，不但能够提高拣货效率，还能降低出错率。

⑦ 少检查——尽可能利用条码设备进行货品检查，减少人工目视检查。

二、拣货方法

拣货作业最简单的划分方式，是将其分为按单拣取、批量拣取与复合拣取三种，下面分别介绍。

1. 按单拣取

按单拣取又称"拣取式""摘果式"拣取，这种方式是针对每一张订单，形成拣选信息，由拣货人员按照客户订单所列的商品及数量，将商品从储存区域或分拣区域取出，将配齐的商品放置到发货场所指定的位置。如图 7-6 所示。

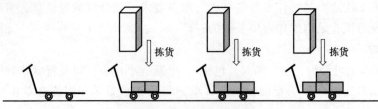

图 7-6　按单拣取示意图

按单拣取的准确度较高，很少发生差错，而且机动灵活。这种拣货方式可以根据用户要求调整拣货的先后次序，对于紧急需求，可以集中力量快速拣货。一张货单拣货完毕后，物品便配置齐备，配货作业与拣货作业同时完成简化了作业程序，有利于提高作业效率，（按单拣取拣货单见表 7-40）。

表 7-40　拣货单——按单拣取

拣货单号：				拣货时间：			
顾客名称：				拣货人员：			
				审核人员：			
				出货日期：　　年　　月　　日			
序号	储位号码	商品名称	商品编码	包装单位			拣取数量	备注
				整托盘	箱	单件		

2. 批量拣取

批量拣取又称"分货式"或"播种法"拣取，这种方法将数张订单汇总成一批，再将各订单相同的商品订购数量加总起来，形成拣选信息，一起拣取处理，之后再按不同的客户进行分货，直至配齐所有客户的订货。如图 7-7 所示。

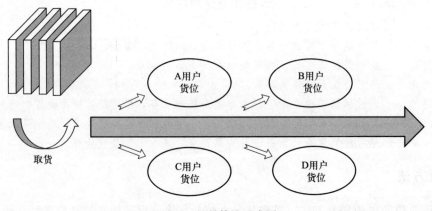

图 7-7　批量拣取示意图

与按单拣取相比，批量拣取由于将各用户的需求集中起来进行拣货，所以有利于进行拣货路线规划，减少不必要的重复行走。但其计划性较强，规划难度大，容易发生错误，批量拣取拣货单见表7-41。

表 7-41　拣货单——批量拣取

拣货单号：			拣货时间：		
商品名称：			拣货人员：		
商品编码：			审核人员：		
规格型号：			出货日期：　　年　　月　　日		

序号	订单编号	客户名称	包装单位			数量	备注
			整托盘	箱	单件		

3. 复合拣取

复合拣取是指按单拣取与批量拣取的组合运用，以克服订单拣选和批量拣选方式的不足。根据订单的品种、数量及出库频率，确定哪些适合订单拣选，哪些适合批量拣选，分别采取不同的拣选方式。按单拣取和批量拣取的区别见表7-42。

表 7-42　按单拣取和批量拣取的区别

拣货方式	优点	缺点	适用范围
按单拣取	①作业方法简单 ②作业前置时间短 ③作业人员责任明确，易于安排人力 ④拣货后不用进行分类作业，适用于配送批量大的订单的处理 ⑤导入容易，作业弹性大	①商品品类多时，拣货行走路径加长，拣货效率降低 ②拣货区域大时，搬运系统设计困难 ③少量多次拣取时造成拣货路径重复，效率降低	①用户不稳定，波动较大 ②用户之间共同需求差异较大 ③用户需求种类较多，不便于统计和共同取货 ④用户的配送时间有明确要求且要求不一 ⑤传统仓库改建成的配送中心
批量拣取	①提高计划规模，降低计划成本 ②可以缩短拣货时间的行走时间，增加单位时间的拣货量 ③节省人力，减少与其他作业的冲突	①对紧急订单无法做及时的处理 ②积累订单数量时，延长停滞时间 ③增加分货作业 ④必须全部作业完成后才能发货	①用户稳定，数量较多 ②用户之间共同需求大 ③用户需求种类较少，便于统计和共同取货 ④用户配送时间没有明确要求 ⑤专业性强的配送中心

【点对点例题】通过订单有效性分析处理、客户优先权分析后，对美鄢公司、美福公司、美来公司三家客户实施拣货作业，选择拣货方法，完成三份订单的拣货作业。

第一步，分析三家公司的共同出库货物是储位码：H1-01-05-02的可乐年糕，拣选总数量为16箱，采用批量拣取的拣选方法进行。拣货单（一）见表7-43。

表 7-43　拣货单（一）

货品名称：可乐年糕				储位码：H1-01-05-02				
日期：××××年××月××日				拣选总数量：16				
序号	客户名称	订单编号	拣选数量	规格	月台号	缺货	备注	
1	B公司	D201804190102	5	箱	1			
2	F公司	D201804190104	7		2			
3	E公司	D201804190105	4		4	缺货1箱	库存不足	

第二步，出库完成可乐年糕货物后，分析出三家公司再无共同出库货物，对其他货物实施

按单分拣的拣选方法进行。拣货单（二）～（四）见表7-44～表7-46。

表 7-44 拣货单（二）

客户名称：B公司			订单编号：D201804190102			
日期：××××年××月××日			拣选总数量：23			
序号	货品名称	储位码	拣选数量	规格	月台号	缺货	备注
1	顺心奶嘴	H1-01-03-02	7	箱	1		
2	贝多纸尿裤	H1-01-06-01	16				

表 7-45 拣货单（三）

客户名称：F公司			订单编号：D201804190104			
日期：××××年××月××日			拣选总数量：7			
序号	货品名称	储位码	拣选数量	规格	月台号	缺货	备注
1	亲亲奶嘴	H1-01-02-01	4	箱	2		
2	怡宝纯净水	H1-01-02-03	3				

表 7-46 拣货单（四）

客户名称：E公司			订单编号：D201804190105			
日期：××××年××月××日			拣选总数量：5			
序号	货品名称	储位码	拣选数量	规格	月台号	缺货	备注
1	隆达葡萄籽油	H1-01-01-02	2	箱	4		
2	贝多湿巾	H1-01-05-03	3				

三、拣货策略

拣货策略是影响拣货作业效率的重要因素，主要包括分区、订单分割、订单分批和分类4种，这4种策略可以单独或组合使用，形成多种拣货策略。

（一）分区策略

所谓分区策略就是将拣货作业场地做区域划分，按分区原则的不同，一般有以下三种分区方法。

1. 拣货单位分区

将拣货作业区按拣货单位划分，如箱装拣货区、单品拣货区，或是具有特殊货品特性的冷冻品拣货区等。其目的是使储存单位与单位分类统一，以方便分拣与搬运单元化，使拣货作业单纯化。

2. 拣货方式分区

在不同的拣货单位分区中，依拣货方法及设备的不同，又可细分为若干分区。分区的原则通常按商品销售的 ABC 分类而来。按各品类的出货量大小及拣取次数的多少，各作 A、B、C 群组划分。再根据各群组的特征，选定合适的拣货设备及拣货方式。这种方式可将作业区单纯化、一致化，以减少不必要的重复行走所耗费的时间。

3. 工作分区

在相同的拣货方式下，将拣货作业场地细分成不同的分区，由一个或一组固定的拣货人员负责拣取区域内的货物。这一策略的优点在于能减少拣货人员所需记忆的存货位置及移动距离，缩短拣货时间。同时，也可以配合订单分割策略，运用多组拣货人员在短时间内共同完成订单的拣取。

接力式拣货就是工作分区下的产物，只是其订单不作分割或不分割至各工作分区，拣货人员以接力的方式来完成所有的拣货作业。

（二）订单分割策略

当订单上订购的货品项目较多，或是拣货系统要求及时快速处理时，为使其能在短时间内完成拣货处理，可将订单分成若干子订单交由不同拣货区域同时进行拣货作业。将订单按拣货区域进行分解的过程叫作订单分割。

订单分割一般是与拣货分区相对应的，对于采用拣货分区的配送企业，其订单处理过程的第一步就是要按区域进行订单的分割，各个拣货区根据分割后的子订单进行拣货作业，各拣货区子订单拣选完成后，再进行订单的汇总。

（三）订单分批策略

订单分批是为了提高拣货作业效率而把多张订单集合成一批，进行批次分拣作业。若再将每批次订单中的同一商品种类汇总拣取，然后把货品分类至每一顾客订单制，则形成批量拣取，这样不仅缩短了拣取时平均行走搬运的距离，也减少了储位重复寻找的时间，进而提高了拣货效率。订单分批方式有以下四种。

1. 总和计量分批

合计拣货作业前所有累积的订单中每一商品项目的总量，再按这一总量进行拣取。这样便可将拣取路径减至最短，同时储存区域也较单纯化，但需要功能强大的分类系统来支持。此种方式适合于配送客户数量较多且稳定，订货类型差异小、数量大，需求频率为周期性配送。

2. 时窗分批

当客户要求紧急发货时，可利用此策略，开启短暂而固定的时窗五或十分钟，再将这一时窗中所有的订单做成一批，进行批量拣取。这一方式常与分区及订单分割联合运用，特别适合于到达间隔时间短而平均的订单形态，同时订购量及种类不宜太多。这种分拣方式较适合密集频繁的订单，且能应付紧急插单的需要。

3. 固定订单量分批

订单分批按先到先处理的基本原则，当订单累积达到设定的数量时，开始进行拣货作业。这种方式偏重于维持较稳定的作业效率，但在处理速度上慢于时窗分批方式。这种策略适合客户数量稳定，订货类型差异小且数量不大。

4. 智慧型分批

订单输入电脑经电脑处理后，将拣取路径相近的订单分成一批。采用这种分批方式的配送企业通常将前一天的订单汇总后，经过电脑处理在当天产生拣货单据，速度较快。

智慧型分批最重要的是货品储存位置和货位编码的相互配合，使得订单输入货品编号后就可凭借货品货位编号了解货品储存位置，再根据拣选作业路径的特性，找出订单分批的法则。

（四）分类策略

当采用批量拣货作业方式时，拣货完后还必须进行分类，因此需要相配合的分类策略。分类方式大概可以分成两类。

1. 分拣时分类

在分拣的同时将货品按各订单分类，这种分类方式常与固定量分批或智慧型分批方式联用。因此需使用电脑辅助台车作为拣货设备，才能加快分拣速度，同时避免错误发生。较适用于少量多样的场合，且由于拣选台车不可能太大，所以每批次的客户订单量不宜过大。

2. 分拣后集中分类

分批分拣和计量分拣后再集中分类。一般有两种分类方法：一是以人工作业为主，将货品总量搬运到空地上进行分发，而每批次的订单量及货品数量不宜过大，以免超出人员负荷；二是利用分类输送机系统进行集中分类，是较自动化的作业方式。当订单分割愈细，分批批量品相愈多时，常使用后一种方式。

【点对点案例】仓储主管的拣货困境

黄豪是某网络超市的仓储主管，他以 ABC 存货管理法解决了公司存货有的过高、有的不足的问题。现在仓库里所有的商品根据不同的销售特性进行了分类，每类设定了安全库存线，一旦出现缺货就马上通知供应商补货，而长期存放的冷门商品数量也得到了有效控制，并通知销售部经常进行促销处理，仓库的管理比原来有序多了。

然而公司的促销活动让仓库重陷困境——由于促销使销售量大大增加，送货不及时，客户投诉频繁。面对这些突如其来的问题，总经理要求黄豪用 3 天的时间解决。作为本市最著名的网络超市的仓库主管，黄豪掌管着公司上百种货物的仓储以及配送业务。由于该部门的重要性，黄豪一直都是直接向总经理汇报情况的。在黄豪的组织下，仓库的管理人员又根据工作内容的不同分成这样几个小组：收货组、存货管理组、发货组。收货组主要负责接收并且检验从不同供应商那发来的货品数量是否正确，质量是否合格；存货管理组的主要职责是负责所有在库商品的保质期监督，及时把仓库各种货物的消耗情况汇报给黄豪，以便通知公司的采购部门及时补充必要的存货；而发货组的任务是处理客户的订单，并且组织人力到仓库进行相应的拣货及配货工作，然后送交运输部门进行运送。黄豪仔细检查了一遍公司的存货，一切正常，并没有预想中的发生缺货导致不能准时发货的现象。那究竟是什么原因呢？

为了弄清楚事实，黄豪马上召集仓库各个小组的负责人开会，讨论问题的原因以及解决方案。收货组组长表示收货方面一切正常，所有订购的货品都按时送到公司的仓库并且完成入库；存货管理组组长则表示在库商品情况良好，过期损坏指数均在控制水平线内，并且库存商品足够应付每天的订单数量，没有缺货现象；发货组组长认为发货情况总体正常，只是由于每张订单所订购商品的品种和数量不同，所以有些时候订单处理很快，有些时候则会有一些延迟，工人比较吃紧。黄豪凭着多年的仓库管理经验，感觉可能这就是问题的关键所在。为了进一步了解情况，黄豪和发货组组长一起来到了仓库的拣货区。

拣货区在仓库的东端，紧靠着装货口，所有的订单都会在拣货区完成分拣、配货，然后由装货区发送。黄豪走进拣货区的时候，十多个工人正推着小货车，在这里穿梭往返。黄豪仔细地打量了一遍拣货区，食品区、饮料区、日用品区、电器区和礼品区的货物都有条不紊地堆放着，虽是有多有少，可多的少的都不至于太离谱，每个区有固定的员工负责该区商品的分拣。这种方法就是公司上个季度新推行的分区拣货法。

经过试验，比起以前的单人拣货法，效率确实是有不少的改进。所谓单人拣货法，就是一张订单上所有商品的分拣都由一名拣货员完成，不管商品的种类数量是多少，这个拣货员会依次经过整个拣货区的各个区域进行拣货。黄豪接手以前，这里用的就是单人拣货法。而分区拣货法，就是把整个拣货区分成几个区，每张订单都从食品区开始，而食品区的拣货员只负责分拣订单上所有的食品项目。当他完成所有食品的分拣后，就把订单交到食品区和饮料区之间的交接点。而饮料区的拣货员则会从交接点这里取得订单，继续进行订单上饮料的拣货。以此类推，订单依次经过日用品区、电器区和礼品区，最后到达装货区的时候，所有的商品的分拣也就完成了。相比较而言，由于分区拣货法中拣货员所负责的范围较小，更容易熟悉自己分区内商品的分布，因此效率会比单人拣货法高。另外，按照订单的次序进行拣货对后面的配送非常重要。送货队通常会根据不同的客户地址先后排序，为了避免重复搬运和移动，送货队对货物在车内存放的位置很有讲究。后送达的货物，因为要后取出，所以会先装车，尽量安排在车的靠里面的位置；反之，先送达的客户的货物要尽量靠近车门，方便提取，所以要后装车。所以当送货队有了客户排程之后，拣货部会按照送货的逆序来排列订单，再发放给拣货工人依次分拣。这样就能保证分拣完的货物按照需要的顺序送到装车处，不用再花时间、人力进行调整排序，这也是分区拣货法的优点之一。想到这里，黄豪禁不住佩服当时自己想出的这个好法子。黄豪最先到达食品区，眼前的景象让他颇感满意，三个拣货员聚集在一排货架前，正麻利地配货。让他不解的是，拣货小车前进的速度却慢得像蜗牛爬。发货组长见状，苦着脸说："今天订单里的食品需求量很大，我们的人手不够，还有那么多订单积压在那里。"黄豪一扭头，果然看见食品区前面的小桌上堆积着厚厚的订单。

走过两排货架，就是饮料区，这里却是另一番光景。三个拣货员正闲坐着聊天，拣货车里空空如也，交接点上一张订单也没有。黄豪探了探头，发货组组长立马凑上来解释："这三个是饮料组的，负责饮料的拣货，今天的订单上饮料的需求不多，所以他们暂时比较空闲。"黄豪觉得很奇怪，不是说人手不够吗？既然他们暂时空闲，为什么不多调些人手去食品组，少安排些人在饮料组？黄豪向发货组组长说明了自己的建议。本以为这个问题可以这样轻松解决，可是发货组组长仍然苦着一张脸说："黄经理呀，每张订单包括的类目都是不确定的，现在您看到的这些订单大多是食品多、饮料少，所以出现了食品组忙得焦头烂额，而饮料组却闲得优哉游哉的情况。可有的时候情况是完全相反的，饮料多而食品少，我总不能老把人调来调去吧？"发货组组长叹了口气，既然开了口，索性就说清楚吧，也得让领导知道自己的难处。"因为我们无法预测下一张订单究竟是哪个组的商品比较多，所以人手很难调配。其实不光是食品区和饮料区，其他分区也存在同样的情况。由于每张订单上所包括各类商品的比例不一样，造成不同分区的工作量分配变化很大。我们很难根据时刻变化的工作量来在各个分区之间进行调度。在为每个拣货区的人员配备制定预算的时候考虑了这一因素，特意比计算所得多加了一点富余，前一阵子订单量不多的时候，问题还不是太严重。但是最近搞促销，每天订单数量增加很多，这个问题顿时就变得棘手了。虽然各组拣货们开足马力，加班加点，但还是不能保证每张订单都能按时发出。"

"今天还有几张订单要完成啊？"想起食品区前面那厚厚的一叠订货单，黄豪也不禁有点焦急。

"今天从一大早开始忙，到现在也只出了150多张订单。黄经理，接货员们已经很努力了。可是由于正在搞促销，订单比平时多了一倍有余，估计今天还有三四十张要赶。现在已经快临近下班时间了，天天安排大伙加班也不是个办法，工人们已经开始抱怨了。要是长此以往，我真不知道该如何应对了！"发货组组长说了半天，却不知如何解决。

黄豪一时语塞，当时为该仓库设计这个分区拣货法，完全是以自己公司的做法为蓝本考虑的，没想到嘉农订单上的各类商品需求变化这么大，自己真是疏忽了。看来现在没法及时配货怪不得工人们，也怪不得发货组组长调动不力，全是自己当初在设计这个方案时考虑不周呀。

现在黄豪总算是知道问题出在哪里了，面对管理层的压力，属下的抱怨，黄豪的内心变得烦躁不安。3天的时间一过，如果自己再拿不出好的解决办法，只怕公司不辞退自己也没心思再干下去了。放弃这份与这群伙伴共同创下的事业，这是黄豪想都不敢想的结果。

黄豪想前两天曾和一个在软件公司工作的老朋友联系过。那个朋友正好提起过他们公司在开发一套仓库管理系统，也许用计算机软件控制可以提高效率，解决仓库现在的问题。可是现在还只是处于开发阶段，3天内肯定是用不上了。或者，增加人手？这个似乎是最简单易行的方法。但是现在公司的预算十分紧张，如果财务部发现仓库时不时会有闲置的工人，怎么也不会同意再增加人手的。继续加班加点，顶过这段促销高峰时期？工人们会愿意吗？而且即使愿意也会给公司增加一大笔加班费用，到时候又怎么向财务交代呢？一个又一个的问号闪过黄豪的脑海，让他百思不得其解。黄豪现在只希望有奇迹出现，能够拯救他棘手的工作。

结合以上案例，讨论下列问题：

1. 建议采用角色扮演法，将案例故事编排成一个情景剧。

2. 简述案例中提到的单人拣货法和分区拣货法的操作过程。

 任务实施

根据客户订单编制拣选单，为提高拣选效率，分别制作播种式拣选单和摘果式拣选单，见表 7-47、表 7-48。

表 7-47　播种式拣选单

货品名称：				商品条码：		
储存仓位：				拣选总量：		
序号	客户名称	订单编号	月台号	拣选数量	单位	备注

表 7-48　摘果式拣选单

公司名称：		订单编号：		月台号：	
序号	货品名称	储存仓位	数量	单位	备注

任务四　智能拣货作业

引导案例　京东物流"亚洲一号"百余台 5G"地狼" AGV 在长沙投用

《三湘都市报》记者在京东物流长沙"亚洲一号"智能物流园区（以下简称"长沙亚一"）内看到，百余台应用 5G 技术的"地狼"AGV 智能拣选机器人正式投用，标志着行业首次实现上百台 5G"地狼"AGV 的大规模开发作业。"地狼"AGV 是京东物流自主研发并具有自主知识产权的搬运机器人，通过多种创新场景应用，提高仓储作业效率，目前已广泛部署在国内外物流仓储自动搬运场景，而 5G 技术对"地狼"AGV 的加持，则极大提高了其运营效率。

据了解，"长沙亚一"有京东物流单仓货物操作量最大的一个"地狼"智能仓库，在 5G 加持下，"地狼"AGV 作业效率得到大幅提升，"长沙亚一"仅"地狼仓"的单日峰值拣货件数就超过 11 万件。

在"长沙亚一"，京东物流采用 5G 本地局域网方案，增加 5G 局域网设备，以及从工程上标准化改造存量"地狼"AGV 实现 5G 融合等举措，率先投用上百个 5G"地狼"AGV，推动园区运营管理综合效率大幅提升。

京东物流"地狼"AGV 货到人拣选方案让园区的坪效提升了 100%，搬运效率提升 200%。长沙亚一负责人表示，5G"地狼"AGV 解决了以前因网络延迟导致小车心跳超时出现异常的问题，极大地确保了地狼运营的平稳性，提升了效率，更好地保障峰值订单处理能力。

【引例点评】拣选方式选择及投入都是一个系统工程，随着互联网、物联网、大数据、人工智能等技术的发展，拣货方式和技术也发生了实质性变化：原始化→半自动化（少人化）→全自动化（无人化）→智慧化（数字化辅助决策）→智能化（自主决策）逐步发展。

【任务发布】拣货作业为仓储/配送物流中心最重要也是最占成本的环节，拣货作业的效率及正确性都大大地影响着企业的服务质量。拣选方式和技术直接影响着整个物流中心的拣选效率，关系到企业物流成本的高低，所以想要优化仓库作业成本及效率，首先要从拣选方式和技术来入手。

 知识储备

目前仓储物流中心常见的智能拣选作业技术有：手持 RF/PDA 拣选、语音拣选、灯光拣选、AR 视觉拣选、AS/RS 拣选、AGV 拣选等。按移动对象也可以分为"人到货""货到人""货到机器人"的拣选技术。

一、人到货

1. PDA 人工拣选（手持 RF/PDA 拣选）

人员使用手持设备扫描条码获取信息完成拣选作业，该方式需无线网络覆盖整个拣选作业区。拣货位商品可以是一位一品，也可以是一位多品。拣选准确性较高，造价和维护成本较低，灵活性强。但该拣选方式要求拣选人员熟悉货位位置。

优点： 解放双手，提高效率；能够随时记录拣货员的操作信息，方便跟踪追溯；提高准确率；无纸化作业，扫描即可完成拣货，方便快捷。

缺点： 需要人员对 PDA 操作熟悉，培训成本提高；核单效率受限于网络与 PDA 数量。

2. 电子标签拣选

电子标签拣选（按灯拣选）是一种基于 SKU 管理的拣选方式，市面上常见的 PTL 拣选大多结合电子标签使用。在每个货位安装提示灯，指示操作人员到达哪个货位、拣选什么货品、数量是多少。适用于小型商品拣选，拣货位固定一位一品。其优势是效率和准确率高，不依赖员工的熟练程度，但布局建设完成后不易更改。

优点： 借助视觉指示，解放双手，拣货速度快，在单个 SKU 拣取效率上更高。

缺点： 一旦布局完成，无法更改；增加 SKU，需要增加相应货架、标签，费用较高。

3. 语音拣选

语音拣选是指语音拣选系统将 WMS 系统（仓储管理系统）的指令转化为语音播报给作业人员，作业人员根据语音指令到达相应的货位，拣取货品，并通过口头语音应答来确认拣选作业的完成。其最大的优点是通过耳机等可穿戴设备，解放了拣选员的双手，对批量订单、大件及 SKU 较少、一单多件订单货物的拣选较适合，适用于电商、冷链、汽车、医药、城配、ToB 等多行业。

优点： 准确率高，无纸化作业，需较少的人工判断，作业速度较快。

缺点： 对拣货员语言有要求，对库房网络线缆连通有要求。语音拣货系统必须一个 SKU 一个库位，对操作的准确性要求比较高。另外，语音导航不具备导航功能，所以很考验拣货员对货位和仓库的熟悉程度，再者，语音拣选的识别能力不够，不能很好地保证拣选正确率，同时难以避免相似商品被错误拣选。

4. AR 眼镜视觉拣选

AR 全称 Augmented Reality，即增强现实技术。AR 视觉拣选是利用电脑技术将虚拟的信息叠加到真实世界，通过手机、平板电脑等设备显示出来，被人们所感知，从而实现真实与虚拟的大融合，赋予实物更多的信息，增强立体感，增强视觉效果和互动体验感。

拣选者佩戴增强现实眼镜，由眼镜的导航功能导航至拣选货位。所有的作业信息（如货架位置、产品、数量、产品选择等）全部投影在眼镜上，作业人员按照屏幕显示的作业流程进行标准化操作完成拣选作业。

优点： AR 拣选与语音拣货一样，解放了拣选作业人员的双手，同时又具备条形码复核能力，保障拣选质量与库存数据同步，使拣选错误率大大降低。

缺点： 目前硬件尚不完全成熟，比如头在旋转的时候传感器不同步，于是左右转动会有眩晕的感觉；眼睛通过内置增强屏幕看过去的时候会产生两个对焦，这两个焦点不重合，久了以后人也会发晕。

二、货到人

货到人拣选系统的技术，主要在于快速存取技术和拣选工作站技术。货到人拣选技术是当前应用较广、较流行的技术，主要包括 Miniload、多层穿梭、旋转货架、类 Kiva、料箱4 向穿梭车技术等。

货到人拣选技术主要分为平面型和立体型两大类，要完成的工作主要是存取（储）、输送、拣选。

平面型技术的典型系统如 Kiva 拣选系统、半自动旋转货架系统等。平面型技术不需要完成垂直方向的提升动作，这是与立体型技术的最大差异。从适应性讲，平面型技术适应于空间比较低的场合，储存空间以人的高度为限。

立体型技术的典型技术如料箱4 向穿梭车技术、旋转货架技术，Miniload 技术等。其出发点在于充分利用空间，最高可以达到 20m 左右（其中旋转货架只能达到 5m 左右）。相比平面型技术，立体型技术需要解决水平和垂直两个方向的快速输送问题，快速提升机是关键技术之一。

1. Miniload 堆垛机系统

Miniload 是堆垛机的一种，用于料箱立体仓库，适用于重量小的货物，速度奇快，业内平均可以做到 300m/min 水平速度。Miniload 堆垛机系统可以做到三伸位，高度可以达到 60m 左右，Miniload 系统是高储存密度的料箱智能拣选解决方案，是目前应用较早而且广泛的重要 "货到人" 拣选解决方案之一。

2. 多层穿梭系统

多层快速穿梭车系统是由小车、行走机构、存取机构、轨道系统组成，适用于小尺寸、多规格物料的高速缓存系统，具有柔性化、集成化、网络化、高精度、高速高效、稳定可靠以及节能环保等特点，非常适用于电商等拆零拣选需求巨大的行业。

优势： 多层穿梭车系统作业效率非常高，拣货效率是传统作业方式的 5～8 倍，一般可以达到 1000 次/h 以上，同时还可以大量节省人力成本；多层穿梭车系统最多为双伸位，高度大多为 6～18m，是高速度的储存解决方案。

3. Kiva 拣选系统

Kiva 技术拣选是使用 AGV 小车完成拣选及搬运作业，AGV 拣选小车根据系统指令，自动导航到商品位置停泊，通过车载显示终端告知拣选人员被拣选商品的位置和数量。也有企业使用类 Kiva 机器人拣货，机器人在接到拣货指令后，找到指定的货架，并将该货架运送到指定的拣选台，这是典型的货到人的拣选方式。

此类拣选技术项目实施速度快，交付周期短；更重要的是灵活性非常强，易于扩展，非常适用于 SKU 量大、商品数量多、有多品规订单的场景。

4. 4 向穿梭车拣选

所谓 4 向穿梭车（4-direction shuttle），即可以完成"前后左右"运行的穿梭车。4 向穿梭车由于其具有 4 个方向的移动能力，其适应场地的灵活性大大增加，有些不规则的场地也可以得到充分利用，这是多层穿梭车所无法比拟的。一方面可以大幅度提升空间利用率；另一方面，在许多老旧仓库改造中，4 向穿梭车具有更高的适应能力。

虽然 4 向穿梭车有很多优点，但也有一些缺点。比如说对货架的要求，4 向穿梭车由于有横向轨道的要求，因此对货架的精度要求更高，对安装精度的要求也更高，由此将会导致安装工期和成本的增加。又如，4 向穿梭车对调度系统的依赖，无疑增加了系统实施的难度，也提高了技术门槛，增加了成本。此外，从维护角度看，由于 4 向穿梭车在巷道中的位置不定，横向轨道限制了维护人员进入货架内部的道路，因此一旦出现问题，维修难度增加，反过来对总体设计提出限制要求，对小车和系统的可靠性要求大大增加。

5. AS/RS 拣选

AS/RS（automated storage and retrieval system，自动存取系统），也就是通常所指的自动化仓储系统，是由高层立体货架、堆垛机（或穿梭车）、输送系统、信息识别系统、计算机控制系统、通信系统、监控系统、管理系统等组成的自动化系统。

借助 WMS（仓储管理系统）、WCS（仓库控制系统）技术，通过堆垛机、穿梭车，按照订单需求从高位拣选货架拣选出对应 SKU 货品，以整拖为单位暂存拣货区，由人工或机械手臂，将货品进行扫描贴签的操作，投递于回流分拣线至场地集中分拣发货区，属于货到人的拣选方式。这种方式更加节省人力，且高效、精准，但初期的基建成本、设备成本投入大，建成后不易更改，且对货物的包装、货品的品类有一定限制。

【实践小案例】京东北京亚洲一号智能仓内"地狼"AGV 机器人，可以自动搬运整组货架，在行驶过程中，机器人可以自动规划路线、排队、躲避障碍物，拣选效率是传统人工拣选的 2 倍左右。

除了地狼系统，北京亚洲一号还应用了智能 Shuttle 货到人系统，相比前者，它的效率更高。Shuttle 是一种智能化水平非常高的货到人系统，主要实现入库、储存和拣选的功能，周转箱储存位总计约为 43000 个，设置 6 个拣选工作站。拣选工作站采用人体工程学设计，箱位倾斜 30°放置，采用无差错分拣理念管理操作流程，每人每小时最多可达到 1000 次抓取的作业效率。

北京亚洲一号的 Shuttle 设备占地数千平方米，高 19 层，穿梭车通过巷道进行储存及拣货操作，其储存密度是常规货架的 3 倍以上。穿梭车负责平行方向的搬运，提升机负责上下方向的搬运。通过操作 Shuttle 智能系统，每天无须走动即可完成拣货工作，相比常规人工拣货，效率提升了 6～8 倍。

三、货到机器人

"货到机器人"拣选采用机器人替代人，即通过机器人来识别、抓取商品并放在指定位置。但值得注意的是，由于"货到机器人"采用的是与"货到人"系统完全不同的设计逻辑——通过上位信息系统或者管理软件将物流系统的各个组成部分进行串联，因此前者并不能简单地视为后者的智能化升级，而是分属不同的拣选工艺。

与"货到人"拣选系统相比较，"货到机器人"拣选系统下的机器人不仅能够长时间重复拣选动作，节省人力，还可以大幅度提高拣选效率，保证准确率。因此，在人力成本越来越高的趋势下，"货到机器人"拣选无疑具有独特优势。

可以说，随着以智能制造为代表的制造业物流升级发展以及智慧物流的不断推进，无论从市场需求还是技术本身，都为"货到机器人"技术的发展和应用奠定了一定基础，而无人仓的落地，更为"货到机器人"提供了良好应用场景。

尽管"货到机器人"拣选系统已经开始在行业内逐步落地应用，但从全球范围来看，目前"货到机器人"拣选技术并不成熟，系统稳定性还有待提升，而且货到机器人相对货到人成本要高一些，另外对物品适应上还无法适应所有品类物品。按现如今大多数电商物流企业发展趋势来看，人机结合的拣选方式仍是智能化拣选发展进程中的主要方式。

除此之外，目前还有不少拣选方式在制造业得到应用。如基于工位的货到人拣选，将货物自动运输到拣选工位上，能减少举升、弯腰和伸展之类的单调而又繁重的工作，同时可提升效率；或在自动拣选区中，由自动拣选机或机器人承担订单处理任务，这种拣选技术方式在标准拣选流程中不需要人为干预，适合于高性能应用，或者要求质量和处理能力长期稳定不变的情况；此外还有利用传送带拣选、高架拣选等等多种技术方式。

🕐 任务实施

沧海物流有限公司是一家大型的仓储配送型第三方物流公司，主要为客户提供定制化仓储与配送服务。康师傅控股有限公司、联合利华集团、酷8电子商务有限公司是沧海物流有限公司的主要客户，公司仓库储存这几家客户的货物品类主要包括食品饮料、洗护用品、服装箱包、光盘等，并且货物都存放于C库房。

2022年3月23日，沧海物流有限公司C库房仓库管理员沈军接到仓库主管的工作指示，要完成当天的出库任务。沈军通过查看当日出库通知，发现3月23日有三个客户的货物需要出库，分别是康师傅控股有限公司、酷8电子商务有限公司及联合利华集团。

问题：如果你是沈军，你接到出库单后，如何进行货物的出库作业？

● 任务五　复核与点交作业 ●

➡️ 引导案例　Z物流公司的出库问题

Z物流公司是一家第三方物流公司，X物流公司仓库由于备货时不够仔细，导致错发货，将货主计划近期只在B地区销售的品种发送至异地，从而打乱了货主的整个营销策略，使货主的预期目标不能实现。根据合同中的有关条款，该物流公司将赔付高达10万元的罚款，后经与货主多次协商，对方作出了较大让步。

思考题：

1. 你认为该仓库问题出在哪些环节上？

2. 商品出库时有哪些要求？

【引例点评】仓库发货在备齐商品后，必须要经复核无误后，向提货人或运输人按单列货物逐件点交，明确责任，办理交接手续。

【任务发布】在出库阶段，复核和点交也是操作的关键环节。复核是防止出库差错的产生，点交是划清仓库和提货双方责任的手段。

📋 知识储备

一、复核

货物备好后，为避免和防止备货过程中可能出现的差错，复核人员按照出库凭证上所列的内容进行逐项复核。

1. 复核形式

（1）个人复核 即由发货保管员自己发货、自己复核，并对所发物资的数量、质量负全部责任。

（2）交叉复核 又称相互复核，即两名发货保管员对对方所发物资进行照单复核，复核后应在对方出库单上签名以与对方共同承担责任。

（3）专职复核 由仓库设置的专职复核员进行复核。

（4）环环复核 即发货过程的各环节，如查账、付货、检斤、开出门证、出库验放、销账等各环节，对所发货物的反复核对。这些分散的复核形式起到了分头把关的作用，都有助于提高仓库的出库作业质量。

2. 复核方法

按出库凭证上的内容逐项核对，包括品名、规格、数量、文件资料、证件及包装是否符合运输安全要求。

包装是否符合运输安全要求包括以下几个方面：

（1）能否承受箱内物品的重量，能否保证物料在运输装卸中不被破损。

（2）是否便于装卸搬运。

（3）易碎、易受潮的物料，衬垫是否稳妥，密封是否严密。

（4）收货人信息是否填写齐全。

（5）每件包装是否有装箱单，装箱单上的内容是否和实物一致。

3. 复核内容

（1）出库单据 核查出库凭证填写是否完整，是否符合规定手续，有无伪造、编造。包括：凭证中各项目填写是否完整，凭证中字迹是否清楚，有无涂改或过期，印章及签字是否齐全、真实，出库货物应附的技术证件是否齐全。

（2）出库实物 根据出库凭证核对待发货物，包括：核对货物的品种、数量是否准确，外观质量和包装是否完好，配套是否齐全。

（3）账货结存情况 对出库取货的货垛、货架上货物的结存数量进行核对，包括核查货物的数量和出库凭证上标明的账面结存数量是否相符，核对货物的货位、货卡有无问题，以便做到账、货、卡相符。

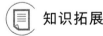 **知识拓展**

某医药企业药品出库复核制度

（1）仓储中心验发员负责药品的出库复核工作。

（2）药品出库应遵循"先产先出""近期先出"和按批号发货的原则。

（3）药品出库必须进行数量复核和质量检查，保管员、验发员应按出库单对实物检查，将数量、项目逐一核对，核对完后在出库单核对联上签章，方可发货。

（4）保管员在出库复核中，如发现以下问题停止发货和配送，并报质量管理部处理；药品出库时发现下列问题拒绝出库。

① 药品包装内有异常响动或液体渗透。

② 外包装出现破损、封口不牢、衬垫不实、封条严重损坏等现象。

③ 包装标识模糊不清或脱落。

④ 药品已超出有效期。

（5）药品出库后，如发现错误，应立即追回或补换，并填写换、补货记录表，认真处理。

（6）直接配送单与出库复核单无收款章不允许出库。临时借货的出库，需有董事长或总经理的签字或授权方可出库，事后补签。

（7）为便于质量跟踪，药品出库要做好出库复核记录。

（8）药品出库复核记录由专职复核员填写，电脑存档，记录保存至超过药品有效期一年，但不得少于 3 年。

（9）中药饮片出库要严格掌握发霉、变质情况，遵守质量有异拒绝出库的原则。

二、点交

货物经过复核后，如果是使用单位自行提货的，即可将货物同证件向提货人员当面点交，办理交接手续；如果是代运的货物，则要办清内部交接手续，向负责代运的人员点交清楚，由接收方签字。货物点交清楚，办完交接手续，该货物的保管阶段基本结束。

出库物品经复核后，要向提货人员点交，即清点交接。商品出库管理清点交接的工作要点主要有：

（1）仓库方面与提货人、承运人等要当面点交；

（2）仓库方面对重要商品、特殊商品的技术要求、使用方法、运输注意事项等，要主动向提货人、承运人交代清楚；

（3）清点交接完毕后，提货人、承运人必须在相关出库单证上签认，同时仓库保管员应做好出库记录。

【点对点案例】 拣货作业完成后，针对 B 公司、E 公司、F 公司三家客户的采购订单，货物备好后，为避免和防止备货过程中可能出现的差错，复核人员按照出库凭证上所列的内容进行逐项复核。经过复核后，要向提货人员点交，即清点交接。月台点检单如表 7-49～表 7-51 所示，月台、客户对照图如图 7-8 所示。

表 7-49 一号月台点检单——B 公司

序号	货品名称	单位	数量	计划出库量	实际出库量	备注
1	顺心奶嘴	箱	7	7		
2	可乐年糕	箱	5	5		
3	贝多纸尿裤	箱	16	16		
4	烤土豆	袋	1	1		
5	舒肤佳香皂	块	3	3		
6	2B 橡皮擦	块	1	1		
7	重庆怪味胡豆	袋	1	1		
8	可口可乐 500ml	瓶	3	3		
9	康师傅冰红茶	瓶	2	2		
10	王老吉 330ml	听	2	2		
11	芬达 330ml	听	2	2		
12	怡宝纯净水	瓶	2	2		
	合计		45	45		

表 7-50 二号月台点检单——F 公司

序号	货品名称	单位	数量	计划出库量	实际出库量	备注
1	亲亲奶嘴	箱	4	4		
2	可乐年糕	箱	7	7		

续表

序号	货品名称	单位	数量	计划出库量	实际出库量	备注
3	怡宝纯净水	箱	3	3		
4	猫耳朵	袋	2	2		
5	聪明香卤蛋	袋	2	2		
6	素牛肉布丁	袋	4	4		
7	可口可乐 500ml	瓶	2	2		
8	康师傅冰红茶	瓶	2	2		
9	王老吉 330ml	听	1	1		
10	芬达 330ml	听	2	2		
11	怡宝纯净水	瓶	1	1		
	合计		30	30		

表 7-51 三号月台点检单——E 公司

序号	货品名称	单位	数量	计划出库量	实际出库量	备注
1	贝多湿巾	箱	3	3		
2	隆达葡萄籽油	箱	2	2		
3	可乐年糕	箱	4	3		
4	乡巴佬卤蛋	袋	3	3		
5	ABCD 洋芋片	袋	2	2		
6	可口可乐 500ml	瓶	2	2		
7	康师傅冰红茶	瓶	2	2		
8	王老吉 330ml	听	2	2		
9	芬达 330ml	听	2	2		
	合计		22	21		

图 7-8 月台、客户对照图

任务实施

甲企业将电视机、洗衣机存放在 A 仓库，现在甲企业接到订单后，要求 A 仓库在 5 月 10 日出库 1000 台电视机，如果同学们作为仓库保管员，你应该怎样操作？

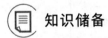

任务六　出库整理与退货作业处理

引导案例

郑州某地毯有限公司于 3 月 7 日准备出库编号为 14001 的原材料，应出货物包括：

01，羊毛 Aa，产品编号 CPBH001a，袋装，60kg/袋，共计 20 袋；

02，羊毛 Bb，产品编号 CPBH002b，袋装，60kg/袋，共计 20 袋；

03，羊毛 Ca，产品编号 CPBH003a，袋装，60kg/袋，共计 20 袋；

04，羊毛 Db，产品编号 CPBH004b，袋装，60kg/袋，共计 20 袋。

该公司仓库保管员李某准备该批货物出库通知单（RKTZD001），编制作业计划单号为 RKD001 的出库单，将该批原材料存放于编号为 KF001 的库房。但在出库验收中发现兴安盟羊毛 Db 质量没有过关，包装出现破损，要求产品编号为 CPBH004b 的羊毛 Db 全部退货。于是李安立即编制了作业计划为 CKD001 的退货申请单，退货单号是 THDH001，要求兴安盟更换产品编号为 CPBH004b 的羊毛 Db（其中送货单号是 SHDH001）。其他合格产品暂放在编号为 KF001 库房的暂存区。

待货品（羊毛 Db）更换完毕后一起入库。

如果你是李某，请根据上述信息完成退货申请单的缮制及暂存货品的入库单缮制。

1. 了解退货作业的流程和要求。

2. 根据实际情况和客户要求，完成退货作业。

【引例点评】 物品出库后，因出库时发生的差错造成商品退货，要对这部分商品进行妥善处理。

【任务发布】 在货物出库完毕后，出库整理和退货作业处理显得尤为重要，这一细节被多数人遗忘，本项任务主要是能结合实际业务完成出库整理和退货作业。

知识储备

一、出库整理

1. 销账

在货物出库完毕后，仓管员应及时将货物从仓库保管账上进行核销，取下垛牌，以保证仓库账账相符、账卡相符、账实相符，并将留存的单证、文件存档。在有仓储系统的仓储企业中，销账环节是在拣货作业中通过 RF 手持终端扫描货架及货物条码，并录入出库数量信息，由系统自动核销完成。

2. 清理

商品出库后，有的货垛被拆开，有的货位被打乱，有的现场还留有垃圾、杂物。保管员应根据储存规划要求，该并垛的并垛，该挪位的挪位，并及时清扫发货现场，保持清洁整齐，腾出新的货位、库房，以备新的入库商品之用。同时清查发货设备和工具有无丢失、损坏等。

二、异常情况处理

在货物出库过程中出于种种原因，会出现一些不正常的现象，若发现有异常问题，应及时进行处理，消除隐患和影响，并总结经验教训，不断提升服务质量。

1. 货物出库过程中出库凭证异常

（1）出库凭证如有假冒、复制、涂改等情况，应及时与保卫部门联系，妥善处理。

（2）未验收入库的物品，或者期货未进库的出库凭证，应暂缓发货，仓管员不得代发代验。

（3）出库凭证有疑点，或者情况不清楚时，应及时与制票员联系，及时查明或更正。

（4）出库凭证超过提货期限，用户前来提货时，必须先办理手续，按规定缴足逾期仓储保管费，方可发货。

（5）提货时，若提货人发现货品名称或规格有差错，仓管员不得自行调换货品，提货人必须到业务办理部门重新开具提货凭证后方可发货。

（6）如顾客遗失提货凭证时，必须由用户单位出具证明，到仓储部门制票员处登记并挂失，原制票员签字作为旁证，然后再到仓库出库业务员处报案挂失；如果报案时，货已提走，仓储部门不负任何责任，但有义务协助破案；如果货品还没有被提走，经业务员查实后，凭上述证明，做好挂失登记，将原凭证作废，缓期发货。而后发货员应时刻警惕，防止有人持作废凭证要求发货，一旦发现类似情况时，应立即与保卫部门联系处理。

2. 提货数与实存数不符

出现提货数量与货物实存数不符的情况，一般是实存数小于提货数。无论是何种原因造成的，都需要和仓库主管部门、货主单位及时取得联系后再做处理。一般有以下几种情况：

（1）入库时登账有误，增加了实收商品的签收数量，从而造成账面数大于实存数。此种情况可以采用报出报入的方法进行调整，即先按库存账面数开具物品出库单销账，然后再按实际库存数量重新入库登账，并在入库单上写明情况。

（2）仓库保管员串发、错发而引起实存数小于提货数时，应由仓库方面负责解决库存数与提单数间的差数。

（3）货主单位漏记账，没有及时核减开出的提货数，造成库存账面数大于实际储存数，应由货主单位核实后出具新的提货单，重新组织提货和发货。

（4）仓储过程中的损耗造成实存数小于提货数时，合理范围内的损耗，应由货主单位承担；而超过合理范围之外的损耗，应由仓储经营人或保管人按合同约定进行赔偿。

3. 漏记账和错记账

漏记账是指在物品出库作业中，由于没有及时核销物品明细账而造成账面数量大于或小于实存数量的现象。错记账是指在物品出库后核销明细账时没有按实际发货出库的物品名称、数量等登记，从而造成账实不符的情况。若出现以上问题，除及时向有关领导如实汇报情况外，同时还应根据原出库凭证查明原因调整保管账，使之与实际库存保持一致。如果由于漏记和错记账给货主、承运人和仓储部门造成了损失，应予赔偿，同时应追究相关人员的责任。

4. 串发货和错发货

串发货和错发货是指发货人员因不熟悉或疏漏将物品错发出库。如果物品尚未离库，应立即组织人力，重新发货；如果物品已经提出仓库，保管人员要根据实际库存情况，如实向仓库主管部门和货主单位讲明串发、错发物品的品名、规格、数量、提货单、承运人等情况，会同货主和承运人协商解决。

5. 包装破损

包装破损是指在发货过程中，因物品外包装破散、沙眼等现象引起的物品渗漏、裸露等问题。这类问题主要是在储存过程中因堆垛挤压、发货装卸操作不慎等情况引起的。发货时应经过整理或更换包装，方可出库，否则造成的损失应由仓储部门承担。

三、退货作业处理

1. 退货管理的含义

商品退货管理是指在完成物流配送活动中，由于用户方对于配送物品的有关影响因素存在异议，而进行处理的活动。

一般而言，现代退货管理涵盖下述各任务：

（1）尽可能减少或消除退货；

（2）退货流程处理；

（3）退货的再分配。

2. 退货原因

导致退货的原因多种多样，一般而言，可以分为以下几种。

（1）协议退货　与仓库订有特别协议的季节性商品、试销商品、代销商品等，协议期满后剩余商品仓库给予退回。

（2）有质量问题的退货　对于不符合质量要求的商品，接收单位提出退货，仓库也将给予退换。

（3）搬运途中损坏退货　商品在搬运过程中造成产品包装破损或污染，仓库将给予退回。

（4）商品过期退回　食品及有保质期的商品在送达接收单位时或销售过程中超过商品的有效保质期，仓库予以退回。

（5）商品送错退回　送达客户的商品不是订单所要求的商品，如商品条码、品项、规格、重量、数量等与订单不符，都必须退回。

3. 退货处理的方法

（1）无条件重新发货　对于因为发货人按订单发货发生的错误，应由发货人更新调整发货方案，将错发货品调回，重新按照原正确订单发货，中间发生的所有费用应由发货人承担。

（2）运输单位赔偿　对于因为运输途中产品受到损坏而发生退货的，根据退货情况，由发货人确定所需的修理费用或赔偿金额，然后由运输单位负责赔偿。

（3）收取费用，重新发货　因为客户自身原因导致订购商品与客户要求不符，可以再根据客户新的订单重新发货，但客户应该承担退换货过程中产生的费用。

（4）重新发货或替代　对于因为产品有缺陷，客户要求退货，配送中心接到退货指示后，营业员应安排车辆收回退费货品。将货品集中到仓库退货处理区域进行处理。

任务实施

1. 公司情况简介

某物流公司的主营业务是为线下和线上的商业零售公司提供仓储物流（包括冷链物流）服务，运营模式既有对企业（B2B）的物流，也有对个人（B2C）的快递。其业务覆盖我国内地行政区县的 90％以上。公司基础设施较完善，也积累了一定的管理经验，但是由于问题货和退货问题的处理比较繁杂，你能否站在仓管员的角度提供一些帮助？

问题货的出现常有两种情况，一是入库和出库点检时发现的；二是退货商品入库检验时出现的。不论是哪种情况均需按公司规定处理。

2. 公司对问题货的管理规定摘要

（1）入库点检时发现的问题货。在入库时发现质量问题的货物先冻结，查清原因。若是承运人的责任，依承运合同处理。在排除其他人的责任后，依据供应商（制造商）政策或销售合同处理。

（2）出库点检时发现的问题货。出库点检时发现质量问题的货物，先拣出并更换，保证出库顺畅。对出库问题货要查原因，若是人为因素造成的，要依据企业管理制度对责任人进行处罚；若是效期问题，按企业返库规定处理。

3. 公司对退货管理的认识

在公司的日常管理中，退货分析也是不充分的。事实上，退货收货的过程与单纯的收货是不一样的。这主要是因为退货的同时收货也发生了，需要处理的数据量成倍增加，况且退货作业是不均衡的，有很大的波动性。因此，在实际作业过程中，要将退货收货与退货处理区别开。其作业时间和作业量都是不一样的。

公司对退货的界定是：货已发出再取消订单即为退货。退货按公司退货规定执行；货未发出取消订单不属于退货，办理订单退款申请，退款申请的原因可选择对应原因，如：①不想要了；②发生降价；③选购失误；④不能按预计时间送达等。

4. 公司现有退货渠道的说明

第一种是客户（终端）退回到物流中心，做入库，可再进入流通渠道；第二种是物流中心退回供应商或者报废处理，由于物流企业不是供应商，因此在退货处理时除了要进行自身的财务处理外，还要对所发生的费用与供应商进行洽谈；第三种是客户（终端）直接退回到供应商（制造商），这种情况下物流企业不用进行任何处理。

5. 公司对返库货物的处理规定

（1）返库的商品，要看还能否进行销售，能销售的收货做入库，不能销售的收货后先冻结，不再进行销售，然后再进行处理，退厂或者转不良品。

（2）返库的商品如果是效期问题，也要收货冻结，然后再结合供应商政策进行退厂或打折处理。

（3）返库的商品若是品种规格或型号问题，也要收货冻结，然后再查找原因，酌情处理。

（4）返库的商品若只是运输包装（外包装）破损问题，收货后可按公司规定更换运输包装（外包装）；若是销售包装破损，结合供应商政策进行退厂或打折处理。

（5）生鲜食品管理等级为一级，其返库后不能再进入销售渠道，收货后先冻结，必须做返厂或销毁处理。

6. 供应商政策

（1）某奶制品公司的退货政策：不接受无理由退货。同城 B2B，直接退回供应商，物流费用按约定数期月结；同城 B2C 由物流上门取货，做报废处理，物流费用按单月结。

（2）某玻璃器皿厂与该物流公司的销售合同约定运输玻璃器皿等易碎产品免赔破损率为 0.5%，超出部分按市场价格的 50% 赔偿。

（3）物流公司与供应商的销售合同中对一些小商品（一般等级）中的常见问题做了较详细的规定。其中，金属件锈蚀问题出厂保质期为 6 个月；木制品发霉出厂保质期为 3 个月，开裂出厂保质期为 6 个月；塑料制品变形、开裂、老化出厂保质期为 5 个月。保质期内供应商不追究保存环境。免费更换，并承担物流费用。超过保质期的问题货，公司按单价的 70%，计提损失。

7. 有关资料

(1) 本月 5 日，公司收到 B2C 客户退回某奶制品公司（YJ）生产的保质期为 14 天的 A 酸奶（A200305）1 组（8 联杯）和保质期为 21 天的 B 酸奶（B200305）1 箱（每箱 12 罐），这两种酸奶均属于销售包装破损返库产品。订单号：DY0222002031。

(2) 本月 8 日，公司运送价值 56 万元，单价 112 元/对的高脚杯（Y200308）到 B2B 客户，途中发生交通事故，物流公司在事故中负全责。订单号：DYO222002032。返库盘点货物破损 30 对。

(3) 本月 11 日，乐乐便利店订单见表 7-52。

表 7-52　乐乐便利店订单

订单编号：DY0222002033

序号	商品名称	批号	规格	单位	单价/元	数量	备注
1	304 不锈钢尖匙	B2020101	单支	支	12	12	
2	儿童牙签牙线	E2020092	100 支/包	包	8	50	
3	天然桃木梳子	T2020113	TR18	把	22	12	
4	折叠水晶刷	Z2020124	双头	把	12	24	
5	一次性雨衣	Y2020085	加厚 6 丝	套	5	20	
6	尖嘴钳	J2020096	DL6 寸	把	15	5	
7	美目眼线贴	M2020087	中号 600	包	20	30	
8	120 记号笔	12020128	10 支/盒	盒	10	5	
9	双面搓澡巾	S2020119	大号	套	29	12	

在点检出库时，发现 2 把尖嘴钳有锈斑，查验进货单为 5 个月前出厂。

在点检出库时，发现天然桃木梳子 2 把，销售包装破损，1 把有霉点。经查验，

该批次为 2 个月前出厂。

(4) 本月 15 日张××在平台上购买了 1 双旅游鞋，收货试享后感觉舒适度较差，要求退货，且该产品符合"7 天内无理由退货"要求，张××承担退货物流费用。其订单号：DYO222002034。

(5) 本月 18 日，王××在平台上购买了 1 双皮鞋，收货后发现鞋码与订单不符，要求退货。其订单号：DO222020315。

作业或设计要求：

(1) 根据供应商政策对客户退回的永佳奶制品公司出品的 A 和 B 酸奶进行处理，选择并填写返库单，如有需要还可以补充列表。

(2) 根据某玻璃器皿厂（YYBL）与公司销售合同的约定处理，选择并填写返库单，如有需要还可以补充列表。

(3) 针对乐乐便利店订单点检出库商品的质量问题，请按公司有关规定和供应商（制造商）政策处理，选择并填写返库单，如有需要还可以补充列表。

(4) 本月 15 日，张××在平台购买 1 双旅游鞋，以"舒适度较差"为由退货，请根据公司规定进行退货处理，选择并填写返库单，如有需要还可以补充列表。

(5) 本月 18 日，王××在平台购买 1 双皮鞋，以"鞋码与订单不符"为由退货，请根据公司规定进行退货处理，选择并填写返库单，如有需要还可以补充列表。

(6) 请计算该物流公司由于工作失误造成的非正常支出为多少元。

理论测试

一、单选题

1. 由收货人或其代理持取货凭证直接到库取货，仓库凭单发货的出库方式属于（　　）。

A. 送货　　　　　　B. 收货人自提　　　C. 过户　　　　　　D. 转仓

2. 所谓（　　），主要是指发货人员由于对物品种类规格很不熟悉，或者由于工作中的疏漏，把错误规格、数量的物品发出库的情况。

A. 串发和错发货　　B. 漏记账　　　　　C. 错记账　　　　　D. 重复发货

3. 在发货过程中，如果物品包装破漏，发货时都应经过整理或更换包装，方可出库，否则造成的损失应由（　　）承担。

A. 收货人　　　　　B. 仓储部门　　　　C. 验收人员　　　　D. 运输单位

4. 出库程序包括核单备货、复核、（　　）、点交、登账、清理等过程。

A. 检验　　　　　　B. 计价　　　　　　C. 包装　　　　　　D. 清理现场

5. 提货方式是由要货单位凭（　　），自备运输工具到仓储企业取货的一种方式。

A. 库存凭证　　　　B. 入库凭证　　　　C. 拣货单　　　　　D. 提货单

6. 过户是一种就地划拨的出库形式，物品虽未出库，但是（　　）已从原存货户头转移到新存货户头。

A. 所有权　　　　　B. 使用权　　　　　C. 存储权　　　　　D. 保管权

7. 仓库管理部门备完货后，到运输单位办理货运手续，通过承运部门将物品运送到物品需要用部门所在地，然后由其去提取，这种出库方式是（　　）。

A. 自提　　　　　　B. 托运　　　　　　C. 转仓　　　　　　D. 送货

8. 属于货主单位漏记账而多开出库数，处理时（　　）。

A. 应由货主单位出具新的提货单，重新组织提货和发货

B. 应由仓库出具新的提货单，重新组织提货和发货

C. 应由仓库负责人出具新的提货单，重新组织提货和发货

D. 拒绝出库

9. 仓储过程中的损耗造成实存数小于提货数时，合理范围内的损耗，应由货主单位承担；而超过合理范围之外的损耗，应（　　）。

A. 由仓库经营人或保管人按合同约定进行赔偿

B. 仓库业务部门要负责解决库存数与提货数的差额

C. 由企业按合同约定进行赔偿

D. 根据实际情况决定赔偿方

10. 拣货方式可以最简单地划分为订单拣选、（　　）及复核拣选三种。

A. 摘果式拣选　　　B. 单一拣选　　　　C. 批量拣选　　　　D. 指令式拣选

二、多选题

1. 物品出库要求做到"三不、三核、五检查"，其中"三核"是指在发货时要核实（　　）。

A. 凭证　　　　　　B. 账卡　　　　　　C. 实物　　　　　　D. 货物质量

2. 出货管理应遵循以下几个原则：（　　）。

A. 先入先出原则　　　　　　B. 货物一致性原则　　　　C. 货位清空原则

D. 货物数量满足原则　　　　E. 货位归并原则

3. 物品出库要求做到"三不、三核、五检查"，其中"三不"是指（　　）。

A. 未接单据不翻账　　　　　　　　B. 未经审核不备货

C. 未经复核不出库　　　　　　　　D. 未经登记不出库

4. 拣货单位是指拣货作业中拣取货物的包装单位，通常拣货单位可分为（　　　）

A. 销售包装　　　　B. 托盘　　　　C. 箱（外包装）　　　D. 单件（小包装）

5. 物品出库要做到的"三不"是指（　　　）。

A. 未接单据不翻账　B. 未经核对不入账　C. 未经审核不备货　D. 未经复核不出库

三、判断题

1. 仓库的作业过程，从入库到出库不是连续进行的，而是间断进行的。（　　　）

2. 接运可在车站、码头、仓库或专用线进行，因而可以简单分为到货和提货两种方式。提货形式下，仓库不需要组织库外运输，到货形式下，仓库要组织库外运输。（　　　）

3. 仓库必须建立严格的出库和发运程序，严格遵循"先进后出"的原则。（　　　）

4. 漏记账是指在商品出库后核销明细账时没有按实际发货出库的商品名称、数量等登记，从而造成账实不相符的情况。（　　　）

5. 货位补货方式较适合体积大或出货量多的物品。（　　　）

6. 分拣作业中关键的环节是补货作业。（　　　）

四、案例分析

沧海物流有限公司是一家大型的仓储配送型第三方物流公司，主要为客户提供定制化仓储与配送服务。康师傅控股有限公司、联合利华集团、酷8电子商务有限公司是沧海物流有限公司的主要客户，公司仓库储存这几家客户的货物品类主要包括食品饮料、洗护用品、服装箱包、光盘等，并且货物都存放于C库房。

2017年3月23日，沧海物流有限公司C库房仓库管理员沈军接到仓库主管的工作指示，要完成当天的出库任务。沈军通过查看当日出库通知，发现3月23日有三个客户的货物需要出库，分别是康师傅控股有限公司、酷8电子商务有限公司及联合利华集团。

问题：如果你是沈军，你接到出库单后，如何进行货物的出库作业？

五、小组模拟训练

（1）训练目标　灵活地运用所学知识，解决实际问题，正确完成出库作业。

（2）岗位角色　将全班学生分组，每组5～8人。

（3）训练内容　接到出库单后，进行货物的出库作业。

（4）训练步骤

① 出库订单处理。

② 出库下架作业。利用RF手持终端下载作业任务，利用堆高车完成下架作业，将货物从相应货位取出并运至托盘货架交接区，利用RF手持终端确认货位地址。

③ 出库搬运。利用手动搬运车将货物运至发货理货区。

④ 卸货。按照出库单数量将相应的货物卸到发货理货区。

⑤ 返库搬运。对于整托出库货物要把货物从托盘搬运下，并把托盘回收到托盘存放区。

⑥ 归位。对于非整托出库的剩余货物和托盘须放回原货位。

⑦ 教师点评，并为各小组评分。

（5）注意事项

① 要进行出库前的准备工作。

②小组成员之间要相互配合，充分发挥团队精神。

③遵守纪律，听从指挥，表现出良好的综合素质。

（6）考核标准

考核评分表如表 7-53 所示。

表 7-53　考核评分表

考评人		被考评人	
考评地点		考核时间	
考评内容	出库作业实训		
考评标准	具体内容	分值	实际得分
	出库单制作是否正确	30	
	出库下架是否正确	20	
	出库搬运是否正确	15	
	卸货是否正确	20	
	返库搬运是否正确	15	
合计		100	

项目八　货物配送作业

知识目标	◇ 熟悉配货作业的流程与方法。 ◇ 掌握配送路线优化的方法。 ◇ 掌握车辆配载的原则和基本方法。 ◇ 掌握车辆调度的基本原则、方法和流程。
技能目标	◇ 会根据订单要求独立完成配货作业。 ◇ 会根据实际情况规划出最优配送路线。 ◇ 会根据客户要求、车辆及货物的具体特征设计车辆的配载方案。 ◇ 会编制送货作业计划，并进行合理的车辆调度安排。
职业素养目标	◇ 具有职业健康安全意识。 ◇ 具有细致严谨的工作态度。 ◇ 具有团队协作精神。 ◇ 培养组织协调和管理能力。

👥 岗课赛证融通说明

本项目内容是配送管理人员进行配送作业应具备的基础知识和基本技能；对接物流管理1+X职业技能等级证书（中级）考核中配送作业计划的内容及编制方法，配送路线优化的基本方法，运用配载的方法制定配载方案等部分需要掌握的理论考点和实操考点；对接物流服务师国家职业技能标准（2020年版）中配送作业计划的编制、实施及异常情况的处理知识要求；对接全国职业院校技能大赛——智慧物流作业方案设计与实施赛项中配送路线优化设计，设计配装配载方案等部分的内容，全国物流服务师职业技能竞赛中编写配送作业计划，使用节约里程法确定车辆行驶线路，配装配载要求等部分的内容。

● 任务一　配货作业 ●

 引导案例

上海某生鲜食品加工配送中心有限公司是联华超市股份有限公司的下属公司，主营生鲜食品的加工、配送和贸易，是具有国内一流水平的现代化的生鲜加工配送企业。

生鲜食品加工配送由于其商品的特殊性，是物流系统中复杂程度最高、管理最难，同时服务水平也要求最高的。生鲜商品大部分需要冷藏，所以其物流流转周期必须很短，才能节约成本；生鲜商品保质期很短，客户对其色泽等要求很高，所以在物流过程中需要快速流转。

门店的要货订单通过联华数据通信平台，实时传输到生鲜配送中心，在订单上标明各商品的数量和相应的到货日期，生鲜配送中心接收到门店的要货数据后，立即到系统中生成门店要货订单，此时可对订单进行综合的查询，在生成完成后对订单按到货日期进行汇总处理，系统按不同的商品物流类型进行不同的处理。

各种不同的订单在生成完成或手工创建后，通过系统中的供应商服务系统自动发送给各供应商，时间间隔在10分钟内。供应商收到订单后，会立即组织货源，安排生产或做其他的物流计划。

商品在配送中心经收货检验、储存、流通加工、分拣、配货完成后，都放置在待发库区，按正常的配送计划，这些商品在夜间被送到各门店，门店第二天清晨将新鲜的商品上架。在装车时按计划依路线门店顺序进行，同时抽样检查准确性，在货物装车的同时，系统能够自动算出包装物（笼车、周转箱）的各门店使用清单，装货人员也据此来核对差异。在发车之前，系统根据各车的配载情况出各运输的车辆随车商品清单、各门店的交接签收单和发货单。

商品到门店后，由于数量的高度准确性，在门店验货时只要清点总的包装数量，退回上次配送带来的包装物，完成交接手续即可，一般一个门店的配送商品交接只需要5分钟。

【引例点评】 该生鲜食品加工配送中心按照"合理规划、统一标准、经济实用、综合配套"和"优质、高效、低成本"的要求，以物流标准化管理为重点，根据总量和车辆人员情况设定加工和配送的批次，实现循环使用资源，提高效率。

在批次计划中，将提前规划好的配送路线分别分配到各批次中。根据批次计划，结合场地及物流设备的情况，做好配货的安排。如针对门店类型的配货限量控制，针对业务类型的配货限量控制，决定正常配货或批发配货。同时实行提前一天预约锁定库存，最大限度利用库存资源，预安排库存、拣货员等资源。而且是车到凭行驶证当场配货，解决了因配货场地有限而导致的瓶颈问题。

【任务发布】 毕业生小李入职到某电商配送中心实习，主要工作是协助配送主管根据订单计划制定配送计划，并落实执行，负责配送现场管理，组织、协调各小组开展工作，以及新员工的培训工作。如果你是小李，你将如何开展工作？

 知识储备

配送中心在接到客户订单之后，根据订单进行拣货、配货，制定配送作业计划，安排车辆，设计配载方案，优化配送路线，完成配送。配送送货的特点是距离短、批量小、频率高。要组织好配送活动中的送货作业，必须解决好送货路线的优化设计、车辆货物的配载、车辆安排与调度、制定送货作业计划，做好送货作业计划关系到设施设备、运输工具、人力资源的使用效率，关系到客户的满意度，关系到配送的时效性、配送成本和配送服务水平。

配货作业是指把拣取分类完成的货品经过配货检查过程后，装入容器和做好标志，再运到配货准备区，待装车后发送，配货作业既可采用人工作业方式，也可采用人机作业方式，还可采用自动化作业方式，如果有流通加工要求，组织方式有一点区别。

配货作业需按一定步骤进行，其步骤如图 8-1 所示。

图 8-1　配货作业流程

一、分货

分货作业是在拣货作业完成之后，将所拣选的货品根据不同的顾客或配送路线进行的分类，对其中需要经过流通加工的商品拣选集中后，先按流通加工方式分类，分别进行加工处理，再按送货要求分类出货的过程。该作业承接的是分拣作业的最后一个环节——货物集中。

若配送中心采用播种式拣货作业方式时，在拣取完毕后则需要根据订单类别、客户地理位置、送货要求、配送路线等相关信息对货物进行分类和集中的处理，在开展分货作业时，物流人员需要根据实际情况选择不同的分货方式，详见表 8-1。

表 8-1　常见分货方式

分货方式	分货步骤简介	效率分析
人工分货	指所有分货作业过程全部由人根据订单或拣货单自行完成，而不借助任何电脑或自动化的辅助设备	效率较低，适用于品种单一、规模较小的仓库
自动分类机分货	指利用自动分类机及分辨系统完成分货工作，其步骤如下：将有关货物及分类信息通过信息输入装置输入自动控制系统；自动识别装置对输入的货物信息进行识别；自动分类机根据识别结果将货物分类后送至不同的分类系统	用于多品种、业务繁忙的配送中心
旋转货架分货	指利用旋转货架完成分货工作，其步骤如下：将旋转货架的每一格当成相应客户的出货箱；作业人员在计算机中输入各客户的代号；旋转货架自动将货架转至作业人员面前	半自动化操作，节省成本

二、配货检查

配货检查是指拣取的货物经过分类、集中后，需要根据客户、车次对象等拣选货品作业产品号码及数量的核对，以及产品状态及品质的检验，以保证发运前货物的品种正确、数量无误、质量及配货状态不存在问题。配货检查属于确认拣货作业是否产生错误的处理作业，如果能先找出拣货作业不会发生错误的方法，就能避免事后检查，或只对少数容易出错的货品做检查。

配货检查最简单的方法就是人工检查，也就是将货品一个个点数并逐一核对出货单，再进而查验出货品品质及状态。

目前常用的配货检查方式如表 8-2 所示。

表 8-2　常用配货检查方式

检查方式	作业程序	作业效果
条形码检查	导入条形码，让条形码跟着货物。利用条形码扫描器读移动着的货物条形码，计算机自行统计扫描信息，并与出货单进行对比，从而检查货物数量和编号是否有误	相对于人工检查，效率高，出错率低

续表

检查方式	作业程序	作业效果
声音输入检查	当物流人员发声读出货物名称、代码和数量后,计算机接受声音并自动判别,转换成资料信息后,与出货单进行对比,从而判断是否有误	效率高,但要求作业人员发音准,且每次发音字数有限,否则会造成计算机识别困难,进而产生错误
重量计算检查	利用计算机计算出货单上的所有货物的总重量,再将计算结果与称出的货物的实际重量进行核对。利用装有重量检查系统的拣货台车拣货,则在拣取过程中就能利用此法来对拣货商品做检查,拣货人员每拣取一样货品,台车上的计重器就会自动显示其重量并做查对	可省去事后检查工作,而且效率及正确性极高

三、包装

包装是指在物流过程中,按一定的技术方法,用容器、材料和辅助物等对配送货物进行重新包装、打捆、印刷标识等作业活动。包装是货物流通加工作业的一种,这种包装可起到保护货物、降低货损、提高运输效率、指导装卸搬运作业及便于收货人识别等作用。

在社会再生产过程中,包装处于生产过程的末端和物流过程的开端,既是生产的终点,更是物流的开端。在现代物流中,包装是物流系统的一部分,是构成物流系统的分支系统之一。

(一)包装材料

包装材料是指用于制造包装容器和包装运输、包装装潢、包装印刷、包装辅助材料及包装有关材料的总称。在物流配送作业过程中常见的包装容器有包装箱、包装盒、包装袋、包装瓶、包装罐等。除包装容器外,常见的包装辅助材料还有胶带、防震板、充气枕、气泡垫、气泡袋、珍珠棉等。包装材料要求包括包装材料的类别、规格及型号等各个方面的规定。在物流配送作业过程中常用到的包装材料有:纸质、木材、塑料、金属、玻璃、陶瓷、藤条、纺织品、草、竹、柳条等。如表 8-3 所示。

表 8-3 常用包装材料

材料名称	特 点	材料及容器	注意事项
纸质包装材料	强度适宜,耐冲击和摩擦,密封性好,具有优良成型性和折叠性,容易批量生产,价格低廉,可回收利用,有良好的印刷性能	具体材料包括瓦楞纸、牛皮纸、玻璃纸、植物羊皮纸、沥青纸、板纸等	防潮、防火、防腐蚀、防虫害和鼠害等
塑料包装材料	有一定的强度和弹性,耐折叠、耐摩擦、耐冲击、抗震动,透明度好,重量轻,易成形,加工工艺简单,防水防潮性能好,可以保证包装物的卫生	主要用于包装的塑料种类有聚乙烯、聚丙烯、聚苯乙烯、聚氯乙烯、钙塑料等	容易带静电,透气性差,回收成本高,易污染环境
木材包装材料	材料轻、有一定弹性和强度、能承受冲击和震动、容易加工、价格低廉。不利于回收利用	包括软性薄膜、纤维材料和刚性成型材料等。制成各种包装袋、包装盒、包装箱、包装桶、周转箱、钙塑箱、托盘等	防潮、防火、防腐蚀、防虫害和鼠害等
金属包装材料	强度高,便于储存、携带、运输,有良好的阻气性、防潮性,便于对商品外表进行装潢设计	应用较多的包括镀锡薄板、涂料铁、铝合金等金属材料	化学稳定性差,易生锈,成本高
玻璃包装材料	可以保证食物纯度和卫生,不透气,容易密封,造型灵活	多用于饮料、化妆品、酒水等的内包装	耐冲击性低,需加防损辅助材料

(二)包装技术

在物流配送作业过程中常用的包装技术如表 8-4 所示。

表 8-4　常用的包装技术

包装技术	具体内容
防震保护技术	防震包装又称缓冲包装,是指为减缓内装物受的冲击和震动,保护商品免受损坏而采取一定防护措施的包装。防震保护技术在各种包装方法中占有重要地位
防破损保护技术	缓冲包装有较强的防破损能力,因而是防损包装中有效的一类。此外还可以采取例如捆扎及裹紧技术、集装技术、选择高强保护材料等防破损保护技术
防锈包装技术	防锈油、防锈蚀包装技术:用防锈油封装金属制品,不同类型的防锈油要采用不同的方法进行涂敷; 气相防锈包装技术:利用气相缓蚀剂,在密封包装容器中对金属制品进行防锈处理的技术
防霉腐包装技术	包装防霉腐变质,通常采用冷冻包装、真空包装或高温灭菌方法,还可以使用防霉剂
防虫包装技术	防虫包装技术常用的是驱虫剂,也可以采用真空包装、充气包装、脱氧包装等技术
危险品包装技术	对有毒物品的包装要有明显的标志,防毒的主要措施是包装严密,不漏,不透气。对有腐蚀性的物品要注意防止物品包装容器的材质发生化学变化。对于易燃易爆物品,要注意采用防爆炸的容器及包装方法
特种包装技术	包括充气包装技术、真空包装技术、收缩包装技术、拉伸包装技术、脱氧包装技术

（三）实施包装作业

1. 包装准备

包装人员接收包装任务时，须了解包装的具体要求，了解货物是否需要进行防霉、防湿、防虫害、防震或多功能包装，领取包装材料和工具。

2. 实施包装

包装人员在领取包装材料和包装工具后，即可开展具体的包装作业，将货物装进包装容器，按照统一规定的标准完成拼装、分装、换装、包扎、打捆以及加固等作业。

3. 装入装箱单

包装完毕后，包装人员应填写或打印好的装箱单，将其连同包装的货物一起放进相应的包装容器内。

4. 进行封装

将包装件、包装清单放入包装容器后，使用专业工具或封装设备将包装容器封起来，确保货物在配送过程中的安全性。

四、贴标记及标志

包装完毕后，需要在外包装容器上贴上有文字或图像说明的标签，以便相关作业人员快速辨认、识别货物，为货物在途跟踪、运输、交接、装卸搬运、核查清点等作业提供方便。

然后核对包装标志，检查包装的完好性，检查包装的安全性等。

包装标志又称为标记，是用文字、图形和阿拉伯数字等在包装上的明显位置注明规定或者自定的记号、代号及其他指示和说明事项。包装标志分为商品标志和货物标志两大类。

商品标志是指制造厂或者加工厂直接制作在产品或者随商品的销售包装上，标有商品的品名、规格、质量、制造厂名和商标、商品的使用和保管方法、内包装上商品的数量等的标志。

货物标志又称运输包装标志，是指货物外包装上的包装标志。在货物发运前，由托运人标注货物标注，可以在外包装上印刷或者挂签，或者用不干胶纸印贴。货物标志由识别标志、运输标志、操作标志和危险标志构成。

拓展阅读

物流是节能减排的重点行业之一，尤其在运输、配送环节，作业区域大部分都集中在人口密集的城市，对环境要求更高。

在包装方面，北京市循环利用周转箱、循环快递袋、无胶带纸箱等，在城乡配送企业中得到广泛应用，全市快递电子运单使用率已达99%，循环中转袋使用率达76%，1400余个邮政、快递营业网点设置了包装废弃物回收装置。

哈尔滨市主要品牌快递企业使用45mm以下"瘦身胶带"封装比例达到94%，电商快件不再二次包装比例达87%，可循环中转袋使用率达91%，按国家标准设置包装废弃物回收装置的网点数量达到194个，全面完成了国家邮政管理局制定的生态环保"9792"工程年度目标。

苏宁物流推出共享快递盒，全国累计投放量突破40万个，年均使用量累计超过1亿次，生鲜循环箱在45个城市实现常态化运用，每天节省泡沫箱超过5万个，通过苏宁小店设立"绿色灯塔"包装回收体系，实现传统纸箱包装的回收再利用。

"双十一"期间，菜鸟供应链联动500余商家，将原有塑料包装替换为环保袋，发自菜鸟仓的原装包装、环保拉链箱发货比例近50%。

此外，包括中国邮政、顺丰、韵达、申通、中通、圆通、百世等快递企业，相继在快递包裹的中转环节推广使用可循环中转袋。

【实践案例链接】 某电商配送中心包装复核工作流程

（一）配置

项目	内容
硬件	包装作业平台、移动台车、交接货筐、包装材料、包装工具
单据	出库通知单、拣货单、装箱单、配送快递单

（二）移交时双方按实物进行移交，每移交完一批货物，分拣管理员在包装作业区"库内交接表"进行数量确认，包装员根据"出库通知单"或"拣货单"型号、数量进行确认。

（三）双方签字完的"出库通知单"或"拣货单"正品储存区保留第二、四、五联，第三联放置"库内交接表"夹，由包装区保留，第四、五联由正品储存区当事人移交给订单管理员，第二联当事人保留。

（四）制定"型号包材对应表"明确各型号对应的包材尺寸、填充物等要求，便于新的包装人员工作，每当有新型号入库时要修改对应表。

（五）根据型号数量领取包材（存卡可以写总数，每次取件数方式记录），展开包材，先用胶带封底箱，顶箱在包装区不封箱。

（六）包装员凭"配送（快递）单"找到对应的"装箱单"，按"装箱单"中型号数量将对应货物（包括赠品、购物袋等）、快递单、"装箱清单"、维修卡放入箱中推入复核环节；复核人员仔细核对装箱清单、快递单、货物保证订单发货信息的准确性，全部通过扫产品条形码进行复核。（先扫快递，显示产品数量和型号，再扫描对应产品，保证出库装箱准确性），最后扫描包装纸箱（塑料袋）上条码记录包装用料，核对无误推入包装环节（如无此需求则省略）。

（七）包装员接到装箱后的产品、清单实施包装，贴面单作业，严禁包装人员直接拿着产品装箱包装，所有包装作业必须在复核人员复核后实施作业。打完一个包裹后将包裹放置在电子台秤上称重，并在快递运单重量栏填写实际重量。

（八）放到交接货筐内，装满一交接货筐通知交接管理员来点包裹数，双方签字确认，清点完将仓库笼放到临时包裹储存区等待快递公司取货。

（九）按承运商分类放入交接货筐，允许一板多型号，但必须是同一承运商。

（十）退回储存区货物交接同样在"库内交接表"登记，储存区分拣管理员签字确认。

（十一）管理要求：

1. 包装作业区必须配备相应的包装工具（胶带、工具刀等），加快包装速度。区内作业后现场整洁，作业工具摆放有序。

2. 目测产品异常（不限于损坏、污染、外包破损、异响、与产品名称明显不符等）产品不得进行包装工作。

3. 制定"包装标准"按照包装标准进行作业。

4. 要求使用填充物而未使用填充物的，如因此而造成破损，对包装区及交接区考核扣分。

5. 超出"型号包材对应表"尺寸大小 20％的严禁包装。

6. "库内交接表"日清日结，当天留存单据与交接表总数一致。

7. 所有签字齐全，日结时订单管理员移交来的"快递单"在同批量处理完或日结时未有货过来包装信息及时反馈回配送中心主管和正品储存区相关责任人。

8. 板夹内的"库内交接表"无当日以前的表，且以前的表放入安全储存区，每月装订成册。

9. 交接至交接作业区的货物每包装箱内有唯一的"快递单"，如有误每发现一次扣除包装组考核分。

10. 如发现因为包装问题引起破损或未按照"包装标准"进行作业的，发现一单包装组考核扣分。

11. 发现发货型号错误、多发、少发复核组人员扣除 1 分，造成损失的追究相关人员责任。

任务实施

（1）上网查阅，了解国家有关包装标准，熟练辨识货物包装标志。

（2）分组实地调查某电商配送中心，了解其物流包装是否合理。

任务二　配送路线优化设计

引导案例

对于连锁餐饮企业来说，由于原料价格相差不大，物流成本始终是企业成本竞争的焦点。对于锱铢必较的行业来说，靠物流手段节省成本并不容易。然而作为肯德基、必胜客等业内巨头的指定物流提供商，百胜物流公司抓住运输环节大做文章，通过合理的运输排程，有效地实现了物流成本的"缩水"。

由于连锁餐饮业餐厅的进货时间是事先约定好的，这就需要配送中心就餐厅的需要，制作一个类似列车时刻表的值班表，此表是针对连锁餐饮业餐厅的进货时间和路线详细规划制订的。制定值班表的基本思路是，设计出若干条送货路线，覆盖所有的连锁餐厅，最终达到总行驶里程最短、所需司机人数和车辆数最少的目的。

规划值班表远不止人们想象得那么简单。首先，需要了解最短路线的点数，从几个点到成百甚至上千个点，路径的数量也相应增加到成千上万条。其次，每个点都有一定数量的货物流需要配送或提取，因此要寻找的不是一条串联所有店的最短路线，而是每条串联几个点的若干路线的最优组合。另外，还需要考虑许多限制条件，如车辆运载能力、车辆数目、每个点在相应的时间开放窗口等，问题的复杂度随着约束数目的增加呈几何级数增长。

在值班表确定以后就要进入每日运输排程，也就是每天审视各条路线的实际货量，根据实际货量对配送路线进行调整，通过对所有路线逐一进行安排，可以去除几条送货路线，至少也能减少某些路线的行驶里程，最终达到增加车辆利用率、增加司机工作效率和降低总行驶里程、降低物流成本的目的。

　　【引例点评】通过上述案例可以看出，送货作业是配送作业流程的重要环节，送货费用的高低对配送总成本的影响很大。送货作业是以短途汽车运输为主，压缩成本的选择范围相对较少，难度相对较大，案例中主要采取的措施是详细设计路线优化。通过路线优化，提高车辆配载率，减少所需人员数、车辆班次，从而降低配送的总成本。

　　【任务发布】毕业生尹峥应聘到某餐饮配送中心，该配送中心主要周边200家连锁餐饮店配送生鲜食材，各门店执行日配计划，尹峥的主要工作是收集整理各门店需求订单，按各连锁餐饮店订单要求，制定配送计划，优化配送路线，选择合适的车辆，配送计划应在满足时间要求前提下，物流成本最低。如果你来帮尹峥做这项工作，你将如何做呢？

 ## 知识储备

　　配送路线是指各送货车辆向各个客户送货时所要经过的路线。配送路线是否合理直接影响到配送速度、成本和配送效益，合理确定配送路线所涉及的因素较多，包括客户的要求、配送货物状况、道路情况等，在配送路线选择的各种方法中，都要考虑到配送要达到的目标以及实现配送目标的各种限制条件，即在一定约束条件下选择最佳的方案。

一、配送路线优化设计的原则

　　无论采取哪种方法配送，都必须根据想要达到的目标及实现该目标的限制因素来确定配送路线。根据配送的具体要求，配送企业的实力及客观条件来确定所要选择的目标，一般有以下几种目标可供选择。

　　（1）以效益最高为目标的选择　是指以企业的利润值尽可能大为目标，选择以效益最高为目标主要考虑的是当前效益，同时也兼顾长远效益。

　　（2）以成本最低为目标的选择　配送路线与配送成本之间关系密切，选择成本最低为目标实际上也是选择以效益为目标。

　　（3）以路程最短为目标的选择　此种选择兼顾考虑时效性和成本，如果成本与路程相关性较强，可以选它作为目标。

　　（4）以吨千米最小为目标的选择　此种选择兼顾路程和运力，在节约里程法的计算中，会采用这个目标。

　　（5）以准时性最高为目标的选择　此种选择主要考虑时效性，是客户服务满意度重要指标，在即时配送等时效性要求高的物流服务中主要采用这个目标。

　　从以上几个目标来看路程最短、吨千米最小、劳动消耗最低、运力运用最合理都直接或间接与成本相关，而成本控制最终也影响到效益目标的实现。因此，成本控制在配送路线的选择与确定工作中占有核心地位。在实际中，应根据具体项目情况考虑以哪种目标为主。

二、配送路线优化的约束条件

　　无论选择哪个目标或实现哪个目标，都有一定的约束条件，只有在满足这些约束条件的前提下，才能实现这些目标，一般在进行配送路线的选择时，有以下几个约束条件：

　　（1）满足所有收货人对货物品种、规格、数量的要求；

　　（2）满足收货人对货物送达时间范围的要求；

　　（3）在允许通行的时间内进行配送；

　　（4）各配送路线的货物量不得超过车辆容积和载重量的限制；

（5）在配送中心现有运力允许的范围内。

三、配送路线优化的方法

从线路的角度看，配送属于末端运输、城市区域内送货，在以效益最高和成本最低的目标下，兼顾考虑时效、路程、运力、劳动消耗等，通常配送路线的优化选择是以路程最短原则来实现。根据配送作业的实际情况，配送业务中出现最多的是以下两种情况：第一种情况是从单个配送中心向单个客户往返送货；第二种情况是从单个配送中心向多个客户循环送货后返回。这两种情况的配送线路最短路线设计可以归结为两类问题，即两点间最短路问题和单起点多回路最短路线问题。

（一）两点间单配送路线选择

在配送线路设计中，单配送的起点与终点都只有一个，即有一个配送中心，向一个特定的客户进行专门送货时，这种情况一般是针对优质的主要客户，客户送货需求量大，且对到达时间准确性要求较高，需专门派一辆或多辆车一次或多次送货，这样的配送重点在于节省时间，多装快跑，提高送货时间准确性。

此种情况路线选择可以采用借助导航工具，根据行车人员的经验来选择配送路线。一般通过导航推荐路线方案，结合客户地理位置的情况、道路行驶规定和配送时间实际交通路线情况，做出最优路线选择。此外，如果配送路线的影响因素可用某种确定的数学关系表达，也可以采用数学计算法对配送路线方案进行优化，如破圈法、标号法、位势法、动态法等。

（二）单起点多回路配送路线选择

单起点多回路是指由一个配送中心向多个客户进行送货，送货车辆送完后再返回配送中心的路线。由于受送货时间及送货线路里程的制约，通常不可能用一条线路为所有客户送货，而是设计数条送货线路，每条线路为某几个客户送货。同一条线路上由一辆配装着这条线路上所有客户需求货物的车，按照预先设计好的最佳行驶线路依次将货物送达该线路上的每个客户，并最终返回配送中心。负责的送货车辆装载这条线路上所有客户货物的总量不能大于车辆的额定载重量，而且车辆在这条线路上每次运行的总里程不能超过配送线路的合理限度。找到这些线路的最短路线可保证按客户要求将货物及时送到，且能节约车辆行驶里程，缩短送货的整体时间，节约费用，还能客观上减少交通流量，缓解交通紧张压力。

解决单起点多回路最短路线问题常用的方法有节约里程法、中国邮递员问题解法等。其中，节约里程法是形成人工和计算机计算单起点多回路最短路线的基础。下面重点介绍节约里程法优化配送路线。

1. 节约里程法的含义

节约里程法是指由一个配送中心向多个客户进行共同送货，在一条线路上的所有客户的需求量总和不大于一辆车的额定载重量时，由一辆车配装所有客户需要的货物，按照一条预先设计好的最佳路线，依次将货物送到每一位客户手中，这样既可保证将货物及时、按需送交，同时又能够节约行驶里程，缩短整个送货时间，从而节约费用。节约里程法正是能做到这些的较为成熟的一种方法。

利用节约里程法确定配送线路的**主要思路**是：根据配送中心的运输能力、配送中心到客户的路线距离、各客户之间的路线距离，来制订使总的配送车辆吨公里（t·km）数达到或接近最小的配送方案。

2. 节约里程法的假设条件

在利用节约里程法时，为方便介绍我们作如下假设：

（1）配送货物允许拼装；

（2）各用户的位置及需求量已知；

（3）配送中心有足够的运输能力。

3. 节约里程法达到的目标

节约里程法制订出的配送方案除了使配送总吨公里（t·km）数最小外，还能够达到以下目标：

（1）能满足所有客户的订货需求；

（2）不超过车辆额定容积或额定载重量；

（3）每辆车每天的总运行时间或行驶里程不超过规定的上限；

（4）方案能满足所有客户的到货时间要求。

4. 节约里程法运用的原理

如图 8-2 所示，P 为配送中心所在地，C_1 和 C_2 为客户所在地，相互之间的道路距离分别为 a、b、c。送货方案有以下两种：

【方案一】 如图 8-3 所示，配送中心派一辆或两辆车分别对 C_1、C_2 两个客户往返送货，运输总距离为：$S_1=2a+2b$；

【方案二】 如图 8-4 所示，配送中心用一辆车向 C_1、C_2 巡回送货（假设这辆车能装载两个客户的需求），运输总距离为：$S_2=a+b+c$。

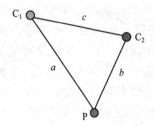

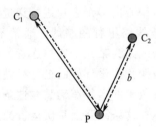

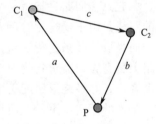

图 8-2　节约里程法　　　　　图 8-3　方案一　　　　　图 8-4　方案二

对比这两个方案，哪个更合理呢？这就要看哪个配送距离最小，配送距离越小，配送方案越合理。比较两种方案，将两种方案的运输距离相比较 $\Delta S=S_1-S_2=(2a+2b)-(a+b+c)=a+b-c$，若 $a+b-c>0$，说明后一种方案比前一种方案节约配送距离，则这个节约量"$a+b-c$"被称为**"节约里程"**。

5. 节约里程法的计算方法

节约里程法的**核心思想**是依次将配送作业中的两个回路合并成一个回路，使得每次合并后的总运输距离减少的幅度最大，直到达到一辆车的装载限制时，再进行下一辆车的优化。

根据节约里程法的思想，如果有一个配送中心 P 分别向多个客户配送货物，在汽车载重能力许可的前提下，每辆汽车的配送路线上经过的客户个数越多，则配送路线越合理，总配送距离越小。

计算过程如下：

步骤 1：用最短路径法计算网络节点之间的最短运输里程。

步骤 2：根据最短路径结果和节约里程法的基本原理计算出各客户之间的节约里程。

步骤 3：按照节约里程数大小进行排序。

步骤 4：考虑车辆载重量，组成配送路线图，确定最终配送方案。

【点对点案例】某配送中心 A 向 8 个用户进行业务配送，配送距离（千米）和需要量（吨）如图 8-5 所示。假设配送中心共有 6t 汽车若干，8t 汽车 1 辆。请用节约里程法选择最佳的配送路线。

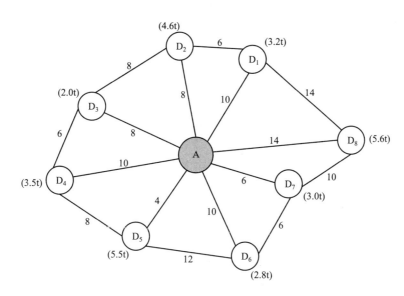

图 8-5　配送网络

解：

步骤 1：计算网络各节点之间的最短运输里程（即计算配送中心到用户及用户相互间的最短距离），见**图 8-6**。

	A							
D_1	10	D_1						
D_2	8	6	D_2					
D_3	8	14	8	D_3				
D_4	10	20	14	6	D_4			
D_5	4	14	12	12	8	D_5		
D_6	10	20	18	18	20	12	D_6	
D_7	6	16	14	14	16	10	6	D_7	
D_8	14	14	20	22	24	18	16	10	D_8

图 8-6　最短运输里程表（单位：km）

步骤 2：计算各客户之间的节约里程

由运输里程表，按节约里程的公式求得节约里程，见**图 8-7**。例如，D_1—D_2 的节约里程为：

$\Delta D_1 D_2 = AD_1 + AD_2 - D_1 D_2 = 10 + 8 - 6 = 12(km)$。

	D_1						
D_2	12	D_2					
D_3	4	8	D_3				
D_4	0	4	12	D_4			
D_5	0	0	0	6	D_5		
D_6	0	0	0	0	2	D_6	
D_7	0	0	0	0	0	10	D_7
D_8	10	2	0	0	0	8	10	D_8

图 8-7　节约里程表

步骤 3：将节约里程按照从大到小的顺序排列。

根据节约里程表，将节约里程由大到小进行排序，见表 8-5。

表 8-5　节约里程顺序表

序号	连接点	节约里程/km	序号	连接点	节约里程/km
1	D_1—D_2	12	6	D_6—D_8	8
2	D_3—D_4	12	7	D_4—D_5	6
3	D_6—D_7	10	8	D_2—D_4	4
4	D_7—D_8	10	9	D_2—D_8	2
5	D_1—D_8	10			

步骤 4：考虑车辆载重量，按节约里程大小的顺序，优化配送路线。

（1）初始方案　从配送中心分别向各个客户进行往返配送，共有 8 条送货路线，总行车里程为 140km，需要 6t 车 8 辆。如图 8-8 所示。

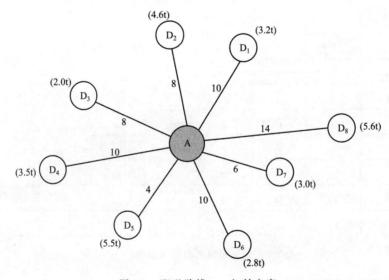

图 8-8　配送路线——初始方案

（2）优化方案 1　在初始解中寻找具有最大节约量的用户，并按节约里程由大到小的顺序连接起来，连接 D_1—D_2，形成同一巡回路线，注意不能超过汽车的额定载重量。

此时结果：配送路线共有 7 条，总行车里程为 128km，需要载重 8t 的车 1 辆，6t 的车 6 辆。规划的送货路线 1，装载货物 7.8t，运行距离 24km，如图 8-9 所示。

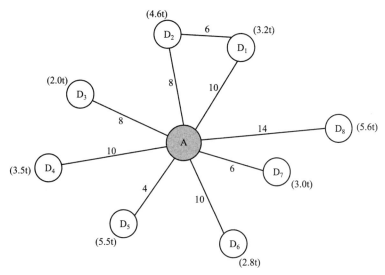

图 8-9　配送路线——优化方案 1

（3）优化方案 2　同理，按照节约里程大小顺序，考虑客户需求重量及现有车辆额定载重量，连接 D_3—D_4，形成巡回路线，组成送货路线 2，其装载重量为 5.5t，运行距离 24km，需要 1 辆 6t 的车。

此时结果：配送路线共有 6 条，总行车里程为 116km，车辆数为 8t 车 1 辆，6t 车 5 辆，如图 8-10 所示。

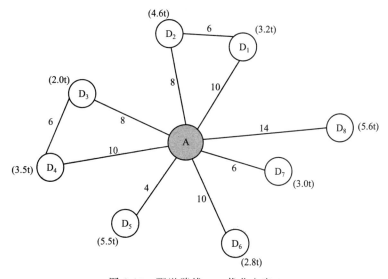

图 8-10　配送路线——优化方案 2

（4）优化方案 3　同理，按照节约里程大小顺序，考虑客户需求重量及现有车辆额定载重量，连接 D_6—D_7，形成巡回路线，组成送货路线 3，装载重量为 5.8t，运行距离 22km，需要 1 辆 6t 的车。

205

此时结果：配送路线共有 5 条，总行车里程为 106km，车辆数为 8t 车 1 辆，6t 车 4 辆，如图 8-11 所示。

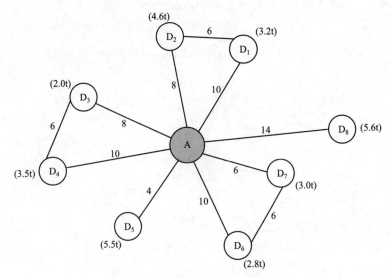

图 8-11　配送路线——优化方案 3

同理，按照节约里程顺序继续优化，考虑客户需求量及配送中心运力，直到没有可连接的用户为止。

得出最终配送方案：配送线路 5 条，总行车距离为 106km，需要 8t 的货车 1 辆，6t 的货车 4 辆。规划的配送路线如下：

配送路线 1：A—D₁—D₂—A，装载货物 7.8t，运行距离 24km，需要 1 辆载重 8t 的货车；

配送路线 2：A—D₃—D₄—A，装载货物 5.5t，运行距离 24km，需要 1 辆载重 6t 的货车；

配送路线 3：A—D₆—D₇—A，装载货物 5.8t，运行距离 22km，需要 1 辆载重 6t 的货车；

配送路线 4：A—D₅—A，装载货物 5.5t，运行距离 8km，需要 1 辆载重 6t 的货车；

配送路线 5：A—D₈—A，装载货物 5.6t，运行距离 28km，需要 1 辆载重 6t 的货车。

6. 节约里程法注意事项

在运用节约里程法时需要注意以下事项：

（1）适用于稳定客户群的配送中心，对于需求不固定的顾客，采用其他途径配送，或并入有富裕的配送路线中去；

（2）要考虑客户要求的交货时间，即一条线路的送货总里程不能太长，否则会影响向客户交货时间的准确性；

（3）不能超过车辆的额定载重量，且各配送路线的负荷量尽量平衡；

（4）要充分考虑道路运输状况，最终确定的配送路线要充分听取司机及现场工作人员的意见。

【实践调查】企业在配送路线优化方面的典型案例，小组讨论与分析。

🕐 任务实施

某配送中心 P 将于 2022 年 8 月 22 日向德家（A）、德鄢（B）、德乐（C）、德程（D）、德福（E）、德来（F）、德麟（G）、德兰（H）、德凯（I）、德翔（J）、德华（K）11 家公司配送货物。

配送中心及客户的坐标位置见图 8-12。图中连线处表示行驶路线，括号内的数字表示该点的坐标。靠近各公司的数字，表示各公司对货物的需求量（t）。配送中心备有 5t 和 7t 载重量的汽车可供使用，且车辆一次巡回里程不超过 55km。设送到时间均符合用户要求，试用节约里程法制订最优的配送方案（各点间距离的计算结果四舍五入取整）。

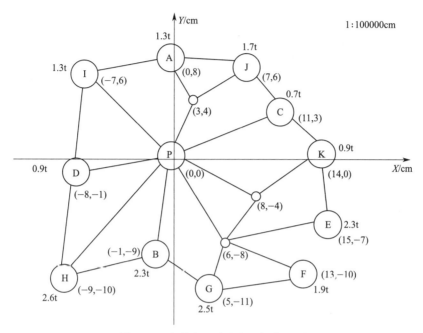

图 8-12　配送中心及客户坐标位置图

任务三　车辆配载

引导案例　谁是啤酒运输最佳拍档

　　札幌啤酒是日本具代表性的啤酒生产企业之一，在物流运送方面札幌集团将啤酒从静冈工厂运送到大阪配送中心时，即使货车已经装载到最大总量，啤酒桶也填不满货车内部，车厢顶部仍留有空间。回程时货车会装载空啤酒容器，也会有很大的空置空间。

　　而同一座城市，日清食品将方便面从静冈工厂运送到大阪配送中心时，方便面虽然可以装满整个货车空间，货车载重量却有很大富余量。从关西工厂回程时装的空托盘也装不满货车车厢。

　　于是札幌集团物流株式会社和日清食品株式会社于 2022 年 3 月 2 日起在静冈和大阪之间开始了啤酒和方便面的联合配载运输。

　　去程：

　　札幌啤酒将产品从静冈工厂运送到大阪物流中心（以下简称大阪 DC）。

　　日清食品将产品从静冈工厂运送到日清企业（大阪）。

　　共同运输后，在札幌静冈工厂装载啤酒桶的货车将停靠在日清食品静冈工厂，装载方便面后再运往大阪，并在各自的仓库卸货。

　　返程：

　　札幌啤酒将产品从大阪 DC 运送到静冈工厂。

　　日清食品将产品从关西工厂（滋贺）运送到静冈工厂。

　　共同运输后，札幌啤酒从大阪 DC 装载空啤酒容器的货车，如果满载，则直接前往札幌静冈工厂；如果车厢有空间，则在日清食品关西工厂装载空托盘，然后运往静冈，并在各工厂卸货。

两家公司实现共同配载运输后，通过将一些啤酒桶替换为日清食品的方便面，使货车达成满载，在重量和体积方面几乎实现了100%的装载率。

回程时，如果札幌的空啤酒容器无法实现满载，则可以在空置空间装载日清食品的空托盘，在提高装载率的同时实现100%的车辆实载率。

【引例点评】 从上述案例中可以看出，两家公司实现共同配载运输后，在重量和体积方面几乎实现了100%的装载率。在提高装载率的同时，也节约了人力与车辆，可以有效解决驾驶司机人手不足的问题。此外，与两家公司单独运输的传统方法相比，因共同配载配送减少约20%的货车使用数量，CO_2排放量每年可减少约10t。

【任务发布】 毕业生王伟入职某烟草物流配送中心工作，经过一段时间的实习，王伟发现长期以来该配送中心卷烟装车业务在单车配载优化环节，都是凭经验来给运输工具进行配载的，是否已经达到运输工具使用率的最大化、配载效益的最大化无从评估，同时这种配载方式强烈依赖员工的个人能力和经验，不利于大规模推广。因此，王伟认为有必要对烟草物流的智慧配载与装车方法进行深入研究，提出适用于烟草行业的配载与装车优化解决方案，从而提高车辆满载率和装车一次成功率。你认为他应该怎么做呢？

 知识储备

车辆配载是指车辆根据货物配载计划所进行的装载过程。配送线路的确定意味着送货先后次序的确定，也意味着货物装车顺序的确定。一般情况下，知道了客户的送货次序后，只要将货物依"先送后装"的顺序装车即可。但实际情况并不如此简单，由于配送的货物属于不同性质、不同种类，对装卸、受力、防震等有不同要求，而且其比重、体积及包装形式各异。因此，在装车时，需要合理安排，科学装车，既要考虑车辆的载重量，又要考虑车辆的容积，使车辆的载重量和容积都能得到有效的利用，同时又便于装卸，不会损坏货物。车辆配载就是要在充分保证货物质量和数量完好的前提下，尽可能提高车辆在容积和载重量两方面的利用率，以充分发挥运能，节省运力，降低配送费用。

一、配载的原则

车辆的配载要解决的是如何将货物装车、按什么次序装车的问题。为了有效利用车辆的容积和载重量，还要考虑货物的性质、形状、重量和体积等因素进行具体安排，一般应遵循以下原则：

（1）尽可能多地装入货物，充分利用车辆的有效容积和载重量；

（2）装入货物的总体积不超过车辆的有效容积；

（3）装入货物的总重量不超过车辆的额定载重量；

（4）重不压轻，大不压小，轻货应放在重货上面，包装强度差的应放在包装强度好的上面；

（5）货物堆放要前后、左右、上下重心平衡，以免发生翻车事故；

（6）尽量做到"先送后装"，即同一车中有目的地不同的货物时，要把先到站的货物放在易于装卸的外面和上面，后到站的货物放在里面和下面；

（7）货与货之间，货与车辆之间应留有空隙并适当衬垫，防止货损；

（8）货物的标签朝外，以方便装卸；

（9）装货完毕，应在门端处采取适当的稳固措施，以防开门卸货时，货物倾倒造成货损或人身伤亡。

二、配载时应注意的事项

为了减少或避免差错，在配载时应注意以下几个方面：

（1）尽量把外观相近、容易混淆的货物分开装载；

（2）不将散发异味的货物与具有吸收性的食品混装；

（3）切勿将渗水货物与易受潮货物一同存放；

（4）包装不同的货物应分开装载，如板条箱货物不要与纸箱、袋装货物堆放在一起；

（5）具有尖角或其他突出物的货物应和其他货物分开装载或用木板隔离，以免损坏其他货物；

（6）尽量不将散发粉尘的货物与清洁货物混装；

（7）危险货物要单独装载。

三、配载的计算

物流配送属于运输中的末端运输，一般采用汽车送货，由于货物的重量、体积及包装形式各异，所以具体车辆的配载要根据货物性质、运输条件要求、货物体积及车辆的具体情况综合考虑，多数情况下主要依靠经验或者简单的计算来设计配载方案。

车辆的配载计算要在一定的假设条件下进行，通常需要考虑：

（1）车辆容积和载重量的额定限制。配载追求载重量和容积的满载率，即实际所装货物的体积（重量）/车辆的容积（额定载重量）。

（2）货物的性质及运输条件要求。

（3）客户要求的送货时间及到达各客户送货点的先后顺序。每一个客户都有确定的一个送货点，有相应的驾驶时间用以到此送货点或从此送货点到下一个客户的送货点。

（4）每一份订单都包括货物的特定数量，每种货物的包装都可以测出长、宽、高。

（5）每种包装的货物不超过公路运输包装件的尺寸规定。

（6）货物的包装材料相同，且遵循配装的原则。

配载过程中，由于货物特征千变万化，车辆及客户要求也各有不同，因此装载人员常常根据以往积累的经验来进行配载。采用经验法装载时也需要用简单的数学计算模型来验证装载的货物是否满足车辆在载重量及容积方面的限制，及追求载重量和容积的满载率。数学计算模型如下：

$$\text{MAX} \sum_{i=1}^{n} x_i \tag{8-1}$$

s. t.

$$\sum_{i=1}^{n} V_i x_i \leqslant V_{车} \tag{8-2}$$

$$\sum_{i=1}^{n} W_i x_i \leqslant W_{车} \tag{8-3}$$

$$x_i \in \{0,1\}; i=1,2,\cdots,n \tag{8-4}$$

式中　x_i——客户的个数；

　　n——需送货客户点个数；

　　V_i——表示第 i 个客户货品的总体积；

$V_{车}$——表示配送车辆的有效容积；

W_i——表示第 i 个客户的货品总重量；

$W_{车}$——表示配装车辆的额定载重量。

模型中各参数说明如下：

式(8-1) 表示配载目标函数，即装入尽可能多的客户个数的货物。

式(8-2) 表示装入货品的总体积不超过车辆的有效容积。

式(8-3) 表示装入货物的总重量不超过车辆额定载重量。

式(8-4) 表示是 0—1 变量，即当 $x_i=1$ 时，表示第 i 个客户的货品装载入车，否则不装载（即该客户的订单上的货物一次性全部装入，如果不能一次性全部装入则完全不装，等待与下一车次的货物配装）。

配载计算模型只能初步验证是否满足载重量及车辆容积的要求，由于货物具体外形特征多种多样，必须通过实物测量及模拟装载后才能确定配载方案。除此之外，在货物种类较少、货物特征明显及客户要求相对简单的情况下，可以使用容重配装计算法来进行车辆配载。在车辆装载时，一般容重大（密度大）的货物往往装载的车辆最大载重量时，车辆的容积空间剩余还较多，而容重小（密度小）的货物装满车厢时，车辆的最大载重量还没有达到，这两种情况都会造成运力的浪费。因此，采用容重法将两者进行配装，是一种常用的配载装车方法。

厢式货车有确定的额定载重量和车厢容积，假设有两种需要送货的货物，A 货物容重为 R_1（kg/m^3），体积为 V_1（m^3），货物容重为 R_2（kg/m^3），单件体积为 V_2（m^3）。车辆额定载重量为 G（t），车辆最大容量容积为 V（m^3）。考虑 A、B 两种货物尺寸的组合装车后可能存在无法利用的空间，故设定车辆有效容积为 $90\%V$，现在计算配载方案。

在假设满载又满容的前提下，货物 A 装入数为 X，货物 B 装入数为 Y，则可得到方程组：

$$XV_1+YV_2=90\%V$$
$$XR_1V_1+YR_2V_2=G$$

求解这个方程组，得到 X、Y 的数值即为 A、B 两种货物各自装车的数量。

这个方程组只适用于两种货物的配载，如果配装货物种类较多，可以先从所有待装载的货物中选出容重最大和容重最小的两种货物进行配载；然后根据剩余车辆载重与空间，在其他待装货物中再选出容重最大和容重最小的两种进行配装，依次类推，直至车辆满载或满容。

解决车辆配载问题，在数据量小的情况下可以用手工计算出来，但当考虑到不同客户的具体送货要求、货物的多种特征以及送货车辆的限制时，计算的数量将极为庞大，依靠手工计算几乎不可能。而物流企业要想节约成本、提高工作效率就必须要提高装载货物的技术水平，在配送和装载货物的时候要学习现代物流的先进的技术手段，例如可以使用车辆配载软件，进行图形化模拟，输出配载方案。同时加大对电子遥控系统的应用，在配送和装载货物的时候用电子遥控可以极大地提高搬运和运输的工作效率，同时还能准确地掌握整个配送和装载货物的具体信息情况。

🕐 任务实施

假设现在有一辆厢式货车，车厢有效容积 20m³（长 5m×宽 2m×高 2m），最大载重为 4000kg。现在要求只装载食用油及盒装鸡蛋两种货物，食用油单件体积 1m³，容重为 900kg/m³，盒装鸡蛋容重为 600kg/m³，单件体积 0.4m³。

用容重法计算公式计算两种货物各装多少件。

任务四　送货作业计划与调度

引导案例

重庆时时鲜农业科技发展有限公司，位于重庆市铜梁高新区产业园，是一家专业从事食材生产、研发、采购、存储、检测、加工、分拣、配送等多种服务为一体的全渠道全品类现代智慧农业供应链服务企业。

为了食材的保鲜性，公司配备了专业的冷链物流车30余辆以及智能设施设备。从标准化托盘到叉车、智能分拣平台、智慧冷链系统等，这些智能化设施为装卸、称重、发货、分拣、运输等多个环节提供助力，增强配送效率，保障配送的及时性。

智慧冷链系统通过中控台仪表盘，以及驾驶室、车厢、车侧方安装的多个摄像设备，实现了配送过程中的全程实时监控，全面保障食品安全。将温度监控系统、GPS监控系统整合在一起，有效避免了运输过程中造成的二次污染。可以随时监控运输车辆以及配送员的实时位置以及车辆行驶速度，线路异常、停靠异常、温度异常、车厢开门异常、速度异常等情况，中控中心都能及时收到系统报警，并立即处理。有效避免了行驶过程中的各种安全事故，同时也保障了食品的安全。

【引例点评】从上述案例中可以看出，重庆时时鲜农业科技发展有限公司采用智能设施设备，增强了配送效率，保障了配送的及时性。尤其是通过智慧冷链系统，实现了配送过程中的全程实时监控，实时监控运输车辆以及配送员的实时位置以及车辆行驶速度，线路异常、停靠异常、温度异常、车厢开门异常、速度异常等情况，有效避免了行驶过程中的各种安全事故，同时也保障了食品的安全。

【任务发布】毕业生李楠入职某配送中心调度部门，主要职责是负责车线人员的排班、考勤，协助调度主管的管理事项及下达的执行工作，合理调度运输资源，监督部门各运输车线执行工作情况，协助处理各车线的异常工作情况，分析异常原因。假设现在公司安排你给新来的员工进行培训，你将如何做呢？

知识储备

在物流配送中，车辆调度问题是一个核心问题，直接影响着物流配送的服务质量和经济效益。物流配送车辆调度即是在满足客户需求的条件下，为客户配送合理的货物数量，派遣最少的车辆，并为配送车辆指派运输时间和运输费用最省的路线。因此，制订合理的送货作业计划，采用合理的、科学的方法来进行物流配送车辆调度，是物流配送中十分重要的一个环节。送货作业流程图见图8-13。

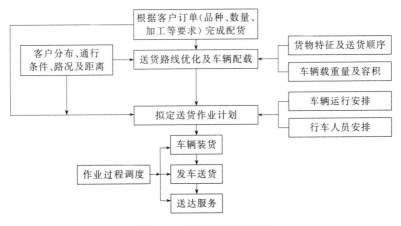

图8-13　送货作业流程图

一、制订送货作业计划

调度部门需要预先对送货任务进行估计，对运送的货物种类、数量、去向、运送线路、车辆种类及载重、车辆趟次、送货人员做出合理的计划安排。

1. 制订送货作业计划的主要依据

（1）客户订单要求 一般客户订单对配送商品的品种、规格、数量、送货时间、送达地点、收货方式等都有要求。因此，客户订单是拟订运送计划的最基本依据。

（2）客户分布、运送路线、距离 客户分布是指客户的地理位置分布。客户位置离配送据点的距离远近、配送据点到达客户收货地点的路径选择直接影响到输送成本。

（3）配送货物的体积、形状、重量、性能、运输要求 配送货物的体积、形状、重量、性能、运输要求是决定运输方式，车辆种类、载重、容积，装卸设备的制约因素。

（4）交通状况、装卸条件 道路交通状况、运达地点及其卸货作业地理环境、装卸货时间、天气等对配送作业的效率也起相当大的制约作用。

2. 送货作业计划的主要内容

按日期排定用户所需商品的品种、规格、数量、送达时间、送达地点、送货车辆与人员等。

首先对客户所在地的具体位置做系统统计，并做区域上的整体划分，再将每一客户包括在不同的基本送货区域中，以作为配送决策的基本参考（录入客户档案）。在区域划分的基础上再做弹性调整来安排送货顺序，根据客户订单送货时间确定送货的先后次序。

选择配送距离短、配送时间短、配送成本低的路线，需要根据客户的具体位置、沿途的交通情况等做出优先选择和判断。除此之外，还必须考虑有些客户所在地点的环境对送货时间、车型等的特殊要求。例如，有些客户一般不在上午或晚上收货，有些道路在某高峰期实行特别的交通管制等。因此，确定运送批次顺序应与配送线路优化综合起来考虑。

最终形成的送货作业计划应该包括：一定时期内（月、周、日）送货作业计划表（见表 8-6），以及依据综合送货作业计划制定的每一车次的单车作业计划表（见表 8-7），该表单交给送货驾驶员，执行完毕后交回。

表 8-6 送货作业计划表

日期	送货作业任务					车公里	吨公里
	起点	讫点	送货距离	送货次数	货物名称		
效率指标	标记吨位		日行程		实载率	运量	计划完成率
备注							

表 8-7 单车作业计划表

年　　月　　日

发货单位					
车号及车型			驾驶员		
送货点					
运行周期	发货时间		预计返回时间		
	到达时间	到达地点	离开时间	货物情况	收货人签字

	第 1 站				
车辆运行状态	第 2 站				
	第 3 站				
驾驶员签名			时间		
调度员签名			时间		

在送货作业过程，驾驶员如遇到各种障碍，应及时上报，以便管理人员及时调整变更计划。一旦作业计划被打乱，不能按原计划完成，计划人员应迅速做出变更及调整并协调相关部门或人员采取适当措施，保证计划的顺利实施。

二、车辆调度与实施

（一）车辆调度的基本原则

送货作业进行过程中常会遇到一些难以预料的问题，因此调度管理人员需要随时掌握车况、路况、气候变化、驾驶员状况、行车安全等情况，以确保送货作业过程的顺利进行。车辆调度工作应遵循以下原则：

（1）安全第一，质量第一原则 调度工作要始终把运行安全和质量控制放在首要位置；

（2）计划性原则 调度工作要根据客户订单要求并以运行计划为依据，监督和检查计划的执行情况，按计划进行送货作业；

（3）从全局出发，先重点后一般的原则 调度要从全局出发，保证重点，在作业安排中应贯彻先重点后一般的原则；

（4）兼顾效率成本原则 调度组织实施计划时，要努力降低消耗人力、物力，消耗资金占用，提高经济效益，注重服务效率的同时兼顾成本节约原则；

（5）合理性原则 要根据货物性能、体积、重量、车辆技术状况、道路通行条件、气候变化、驾驶员状况等因素合理调度车辆，合理安排车辆的运行路线，有效降低运输成本。

此外，送货作业进行过程中常会遇到一些难以预料的问题，如交货地点临时变更，车辆运行途中出现故障，路桥施工临时更换路线，天气突变，等等。因此，调度管理人员需要随时掌握车况、路况、气候变化、驾驶员状况、行车安全等情况，一旦作业计划不能按原计划完成，应迅速做出调整策略，并协调相关部门或人员采取适当措施，确保作业顺利进行。

（二）车辆调度实施的程序

1. 发车前查验

由于送货车辆经常变换，驾驶人员流动也比较频繁，所以为确保送货作业的安全，调度管理人员在送货车辆出发前必须仔细进行例行查验，查验内容主要有：查验机动车驾驶证，查验机动车行驶证，查验道路运输证，查验运行车辆完好证明，查验是否超限、超载等。

2. 车辆运行监控

在送货作业进行过程中，调度管理人员要实时地掌握车辆的运行情况，及时消除其工作中偏离计划要求的不正常现象，才能使已经制定的配送调度计划顺利完成。因此，必须对车辆运行过程进行有效监控，监控的内容主要包括：监督和指导货物的配载装运过程，监控车辆按时出车，监控按时到达装卸货地点，跟踪车辆完成计划的情况，了解不能完成计划的原因，并采取完成措施。

3. 填写调度日志

为不断改进调度管理的工作水平，调度管理人员还要进行日常统计工作。日常统计工作一般通过填写调度日志（表8-8）进行。调度日志是管理部门获得必要的统计资料的重要途径，根据调度日志统计出的资料，调度管理部门就能清楚地了解作业计划的执行情况，以便及时采取适当措施，保证完成计划。

表8-8 调度日志表

车牌牌照	驾驶员	发货时间	到达时间	送货路线	发车前查验	调度员确认	送货点到达情况	总发运车次累计
本月总发车次数								
正点发车率								
正点到达率								
调度调整情况记录								
备注								

调度员：　　　　　　　　　　　　　　　　　　年　　月　　日

4. 行驶作业记录管理

尽管人们可以通过建立数学模型使运输路线优化，利用计算机管理软件对车辆进行合理的调度，对货物实施实行有效配装配送计划可以做得非常周详，但影响货物配送效率及配送服务质量的因素很多，其中不乏许多不可预期的因素。在送货作业的进行过程中往往会出现因为临时的交通状况发生变化、天气变化、行车人员在外不按指令行车或外部驾驶过程中突发安全事故等难以直接控制或不可控制因素的影响而导致货物不能如期送达、货物受损等情况，从而使输送成本上升，最终影响配送服务质量与配送效益。因此，在送货作业管理中必须加强行驶作业记录管理和行车作业人员的考核与管理。

行驶作业记录管理主要有车辆行驶日报表管理方式、行车作业记录卡管理方式、行车作业记录器管理方式和车辆调度管理系统。

（1）车辆行驶日报表管理方式　车辆行驶日报表管理方式是通过行车驾驶人员填写表单来记录送货运输作业过程。利用日报表对送货车辆行驶情况做记录，能够反映出送货作业计划的执行效果，为后续作业计划管理提供参考。车辆行驶日报表常见格式见表8-9。

表8-9 车辆行驶日报表

车牌号			驾驶员姓名					
日期	地点	开车时间	送货地点	到达时间	卸货时长	行驶时间	行驶里程	备注
	总路程：　　　　km							
	总时间：　　h　　min							
油料使用状况								
油料	上次结存/L		加油/L		本次结存/L		消耗/L	备注
车辆使用油料								
主管				日期				

（2）行车作业记录卡管理方式　行车作业记录卡管理方式即对行车到站、离站实行定时打卡制度，以利于掌握在节点之间运输时间、节点装卸时间等，分析运送作业和交接作业效率等。

（3）行车作业记录器管理方式　利用行车作业记录器可以掌握车辆送货过程中的行驶状况，包括时间、里程数、行驶速度等。

（4）车辆调度管理系统　物流车辆调度管理系统主要由硬件系统和软件系统构成，其中硬件系统主要由计算机系统、电源系统、传感器及信号采集系统、LED 显示系统和通信系统等构成，而软件系统主要由数据采集模块、数据库模块、参数设置模块、LED 显示模块、无线通信模块、查询统计模块以及指挥室内车辆登记模块等构成。

车辆调度管理系统可用于管理内部车辆调度、派车的全部流程。车辆调度管理系统可通过监控中心，对车辆进行全程监控，可实时显示车队动态（车辆、人员、任务、位置、货物状况），并可以对车辆进行轨迹回放、停车地点、停车时间及运行速度等，监控中心可对车辆进行调度管理、人员管理、记录查询、统计分析等，通过实时了解货物、车辆状况，有效地控制车队、提高配送效率、降低成本、提高人车安全。

5. 行车作业人员考核

为了确保行车作业能够按送货作业计划有效运行，需要对行车作业人员进行考核和管理。对行车人员、作业人员进行考核，可以通过驾驶成绩报告书、配送人员出勤日报表等数据来反馈。如表 8-10、表 8-11 所示：

表 8-10　驾驶成绩报告书

日期	车牌	驾驶员 1	驾驶员 2	工作	行车	送货	消耗燃料/L	备注

表 8-11　配送人员出勤日报表

趟次编号：　　　　　　　　车号：　　　　　　　　类型：

驾驶员姓名：　　　　　　　配送员姓名：　　　　　　　年　　月　　日

交货地点	计划时间	到达时间	离开时间	经过时间	里程数	卸货量	卸货时间	送货单号	冷藏/冷冻温度	备注（延迟送达原因）

6. 送达与回访

当货物送达交货地点后，送货人员应协助客户将货物卸下车，放到指定位置，并与客户单位的收货人员一起清点货物，做好送货完成签收确认工作。同时可以随身携带送货服务质量跟踪表（主要包括送货准时性、货物完好性、服务态度等），请客户填写，对送货服务质量进行评价，送货时如果有退货、换货的要求，则应将退、换商品随车带回，并完成有关单证手续。

（三）车辆调度注意事项

（1）调度要留有余地　车辆调度工作要在时间、装载重量、体积等方面留有一定的余地，例如时间不能算得正合适，一旦出现差错将无法挽回或没有盘旋的余地；重量和体积不能算得太满，特别是临时或散货装载容易造成估计不准。

（2）调度尽早不宜迟 车辆调度工作要预先对货运业务进行安排，要充分考虑时间对于运输的重要性，事先进行调度策划，这对于做好整个业务安排是至关重要的。

（3）掌握动态及时调整 车辆调度工作要随时掌握车辆动态，及时调整调度运作，做到最合理、最经济和最好的服务安排。

（4）注重经验的积累 车辆调度工作要注意积累运作经验，记录运输常识和特殊处理事务的经验，例如车辆管制区域、特区运输规定、特殊客户的操作要求等。

（5）优先使用公司自有或长期合作的车辆，这样便于安排和节约资源。

📚 拓展阅读

2020年新冠疫情全球爆发，口罩紧缺、消毒液告急、生活物资供应不上，如何快速、精准地把大量救援物资配送到需求地是对物流配送的巨大挑战，全国物流行业紧急动员，数百万物流人坚守在岗位上，针对医用和生活物资紧缺，众多物流企业积极投入保障供应中。新冠疫情中物流在民生物资保障供应中表现出重要的作用，进一步提高了社会对物流业的关注与重视。

九州通医药集团物流有限公司：承接红十字会仓库运营，面对捐赠物资数量巨大、捐赠物资包装与标识不规范等问题，成立工作专班实行24h作业，依托自主研发的物流系统，发挥医药物流优势，实现捐赠物资入库出库高效有序，特别是对防护服、护目镜、口罩、手套、胶鞋等防疫物资，做到2h内完成从入库到出库全流程。

武汉金锣通食品销售有限公司：肩负着防疫期间民生物资保障供应的重任，全公司员工齐心协力，向湖北各大商超系统源源不断地供应火腿肠、方便面、罐头、调味品、饼干糕点类代餐食品、饮料等类别的商品约3000t。

苏宁物流："绿色通道"是社会公益组织与湖北之间的桥梁，将捐赠物资安全快速送达所需地区，总计12000名仓储和快递人员坚守岗位。

为全面解决城市配送领域的"三难"，即通行难、停靠难、装卸难问题，各地方政府纷纷出台政策，配送车辆通行管理进一步优化。

🕐 任务实施

物流企业使用的车辆调度管理软件或平台，小组讨论与分析车辆调度信息化管理与传统人工调度的相比优势在哪里。

🔄 理论测试

一、单选题

1. 以下（ ）方法是通过拼装运输提高配送车辆满积满载率，减少车辆数的投入，同时使得配送线路节约的里程数最大。

A. 节约里程法 　　 B. 最短路法 　　 C. 最大流法 　　 D. 成本控制法

2. 对同一车辆共送物品装车要（ ）。

A. 先送先装 　　 B. 后送先装 　　 C. 后送后装 　　 D. 随便装

3. 关于装车配载说法错误的是（ ）。

A. 散发粉尘的货品不能与清洁货品混装

B. 渗水货品不能与易受潮货品混装

C. 为节省空间货品与货品之间要紧挨着，不用留空隙并衬垫

D. 装载卷状筒状货品，须垂直摆放

4. 配送运输通常是一种（　　　）的运输形式。

A. 长距离、大批量　　　　　　　　　B. 低频率、小批量

C. 长距离、大批量、低频率　　　　　D. 短距离、小批量、高频率

5. 假设从配送中心 P 出发给客户 A 和客户 B 一起配送，P 到 A 的距离为 S_1，P 到 B 的距离为 S_2，A 到 B 的距离为 S_3，则配送节约里程数公式为（　　　）。

A. S_1+S_2　　　　B. $S_1+S_2-S_3$　　　　C. $S_1-S_2+S_3$　　　　D. $2S_1+2S_2$

6. 关于确定送货路线的目标，以下说法不正确的是（　　　）。

A. 以成本最低为目标　　　　　　　　B. 以路程最短为目标

C. 以吨千米最大为目标　　　　　　　D. 以准确性最高为目标

7. 节约里程法的基本思想是（　　　）。

A. 三角形的两边之和总是大于第三边　B. 各点间运送的总里程最短

C. 运行的总时间最少　　　　　　　　D. 服务的客户数量最多

8. 以下（　　　）属于车辆调度应遵循的首要原则。

A. 先近后远　　　　B. 先远后近　　　　C. 先重后轻　　　　D. 安全第一，质量第一

二、多选题

1. 以下哪些货物装箱时可以混装在一个包装箱内？（　　　）。

A. 矿泉水和可口可乐　　　　　　　　B. 婴儿奶粉和八四消毒液

C. 得力中性笔和打印纸　　　　　　　D. 感冒药和瓶装盐酸

2. 包装标准包括下列哪些？（　　　）。

A. 包装基础标准　　B. 包装材料标准　　C. 包装容器标准　　D. 包装技术标准

3. 节约里程法的适合条件包括（　　　）。

A. 适用于有稳定客户群的配送中心

B. 各配送线路的负荷要尽量均衡

C. 要满足各客户要求的交货时间

D. 每辆车每天总运行时间或行驶里程不超过规定上限

4. 制订送货作业计划的主要依据有（　　　）。

A. 客户订单　　　　　　　　　　　　B. 客户地址、分布区域

C. 运输路线、距离　　　　　　　　　D. 货物的体积、形状、重量、性能、运输要求

5. 配送路线合理与否对（　　　）影响很大。

A. 配送速度　　　　B. 配送成本　　　　C. 配送效率　　　　D. 配送准确性

6. 配送路线优化的约束条件有（　　　）。

A. 满足所有收货人对货物品种规格数量和送达时间的要求

B. 在允许通行的时间内进行配送

C. 配送路线的货物量不得超过车辆容积和载重量的限制

D. 在配送中心现有运力允许的范围内

7. 在进行车辆配载时应遵循的原则包括（　　　）。

A. 充分利用车辆的有效容积和载重量

B. 重不压轻，大不压小

C. 尽量做到"先送后装"

D. 货物标签朝外，方便装卸

8. 以下车辆配载时的注意事项，正确的有（　　　）。

A. 外观相近，容易混淆的货物分开装载

B. 切勿将渗水货物与易受潮货物一同存放

C. 不将散发粉尘的货物与清洁货物混装，危险货物要单独装载

D. 不用考虑货物性质，可以视车辆空间混装。

三、判断题

1. 货物装箱复核完毕后，需要将装箱单放置于包装箱内，再进行封箱，并在包装箱外部较为明显位置粘贴客户信息标签。（　　　）

2. 瓦楞纸箱是一种具有适宜的强度、耐冲击性和耐摩擦性、价格低且重量轻、具有优良成型性和折叠性，便于采用各种加工方法，可应用于机械化、自动化包装作业。（　　　）

3. 在社会再生产过程中，包装处于生产过程的末端和物流过程的开端，既是生产的终点，更是物流的开端。（　　　）

4. 配送顺序与货物装车配载顺序相一致。（　　　）

5. 相对于一般送货而言，配送是一种特殊的、高水平的送货形式。（　　　）

6. 紧急订单可以考虑优先配送。（　　　）

四、问答题

1. 简述车辆配载的原则及注意事项。

2. 简述车辆调度的基本原则及程序。

五、案例分析

（一）百胜餐饮的物流服务模式

百胜餐饮目前在中国 250 个城市拥有 1100 家肯德基分店、140 家必胜客分店、1 家 Taco Bell 和 8 家必胜客宅急送餐厅。为了满足如此一个庞大网络的需求，百胜餐饮需要一个大规模的物流网络，能够迅速实现包括易腐烂食品在内的各种产品的长途运输。在美国，百胜餐饮的配送一直由一家专业第三方物流公司来做，所以他们最初是想把美国的合作伙伴请到中国来继续为其服务。当时中国市场小，营运条件落后，让该物流公司望而却步。如果从企业的发展角度来讲，像百胜餐饮这样的跨国企业，最理想的做法是把物流外包给专业的第三方物流公司，并与之建立长期的战略合作伙伴关系。这样他们就可以集中精力开发市场，服务客户，增强核心竞争力。但是百胜餐饮自 1987 年进入中国到现在，一直都找不到一家理想的第三方物流公司，所以该公司创造出了业内公认的较成功的物流运营模式：自我服务＋供应商提供物流服务＋第三方物流服务（如图 8-14 所示）。

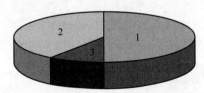

图 8-14　百胜餐饮的物流服务模式

1—自我物流服务：密集区域以及核心产品和有特殊要求的产品，占 50%；

2—第三方提供物流服务：分散区域以及对要求不是特别高的产品，占 40%；

3—供应商提供物流服务：在保证提供优质服务的前提下，

以成本最小化作为衡量标准，因地制宜，占 10%。

从图 8-14 中可以看出，百胜餐饮自我物流服务比例占 50%，主要进行核心业务以及有特殊要求的产品的物流服务，配送核心城市和餐厅密集型区域的核心产品，如必胜客餐厅的沙拉、肯德基餐厅的薯条（温度要求高）；第三方提供物流服务的比例占 40%，主要是在分散的区域以及对温度要求不是很高的产品；供应商提供物流服务的比例占 10%，例如，其在湖南省长沙市有一家面包供应商，但整个湖南省的物流配送是由华中地区的配送中心来进行的，为了避免货物迂回运输增加成本，长沙、株洲、湘潭地区的餐厅需要的面包全部由厂家直送。中国百胜餐饮的物流为自己的多种餐厅做配送，最难掌握的便是在提高品质服务与控制成本之间寻找一个平衡点。餐厅种类只有三种，但合起来近千家，分布在全国各地，每种餐厅配送的食物品种和状态都不一样，而且在一些地方还会有些地域差异，这对控制成本是个不利因素。百胜餐饮最终考虑的是如何去控制成本，所以他们打算采取这样的配送方法：自置一批冷藏车，负责冷冻食品的配送；冷藏食品和常温食品的配送工作则外包给其他公司；一些供应商可以提供配送的，比如面包和饮料，就由供应商直接把货物送到餐厅。只配送单一温度的食品，配送难度会比同时配送集中温度的食品难度小得多，这样百胜餐饮所付出的物流成本也会相应地降低。但百胜餐饮最后并没有选择这种做法，他们考虑到，如果把各类食品分开配送，对接受配送的餐厅来说，将会是一个沉重的负担，因为餐厅的工作人员忙着不停地收货、搬货，可能扰乱正常的营业秩序。后来，百胜餐饮采用了另一种解决方案，就是配备一种能在同一辆车中营造不同温度的车辆。这样，百胜餐饮可以先把所有食品集中到 DC（配送中心），根据每家餐厅的需要将需要配送的原料集中到一辆车中，然后一次性配送到餐厅。这种做法虽然提高了物流部门的成本，但却方便了餐厅的运作，同时百胜餐饮的服务品质也得以提高。从整体来看，只有把握住了服务与成本之间的平衡点，它的物流运作才是健康的。这是一种被同行业称为"灵活而实用"的物流模式。通过这种模式，百胜餐饮能够更贴近顾客，并能迅速地针对市场需求作出反应。

（二）百胜餐饮的物流管理经验

对连锁餐饮这个锱铢必较的行业来说，靠物流手段节省成本并不容易，然而，作为肯德基、必胜客等业内巨头指定的物流提供商，百胜餐饮抓住运输环节大做文章，通过合理的运输安排，降低配送频率，实施歇业时间送货等优化管理方法，有效地使物流成本"缩水"，给业内管理者指出了一条细致而周密的降低物流成本之路。

对于连锁餐饮业来说，由于原料价格相差不大，物流成本始终是企业成本竞争的焦点。据有关资料显示，在一家连锁餐饮企业的总体配送成本中，运输成本占到 60% 左右，而运输成本中的 55%～60% 又是可以控制的。因此，降低物流成本应当紧密围绕运输这个核心环节。百胜餐饮在运输环节上控制物流成本的措施是围绕以下几个方面展开的（如图 8-15 所示）。

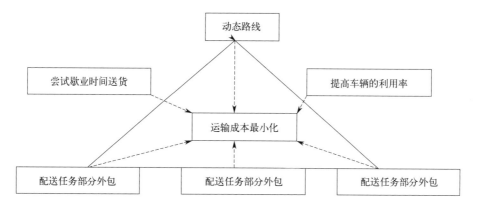

图 8-15　百胜餐饮运输成本最小化的措施

1. 配送任务部分外包

尽管中国百胜餐饮已有一百多辆车，但还是不能满足其所有的配送需求，所以他们将一部分配送任务外包。百胜餐饮的外包业务遵循如下原则：

（1）对路程特别远，车辆无法在一天内返回的任务就外包出去。因为百胜餐饮的车辆回程不能带其他公司的货，配送所花的时间过长，会提高成本。

（2）一些特殊的路线也必须外包出去。例如，百胜餐饮的司机一般不擅长山路，路线中有山路的部分可以交给别的公司来做。

（3）对长途运输，百胜餐饮有时会雇用更熟悉路况的当地运输企业。这种方法能够使公司节省成本，因为它在市场低迷时无须支付卡车及司机方面的成本，而一旦市场反弹，与这类当地企业的长期合作关系则有助于确保有足够的车辆满足公司产品的运输。

2. 合理进行运输排程

运输排程的意义在于：尽量使车辆满载，只要载重量许可，就应该做相应的调整，以减少总行驶里程。

由于连锁餐饮业餐厅的进货时间是事先约定好的，这就需要配送中心就餐厅的要求，制订一个类似列车时刻表的排程表，此表是针对连锁餐饮业餐厅的进货时间和路线而详细规划制订的。众所周知，餐厅的销售存在着季节波动性，因此排程表至少有旺季、淡季两套方案。有必要的话，应该在每次营业季节转换时重新审核运输排程表。安排排程表的基本思路是：计算每家餐厅的平均订货量，设计出若干条送货路线，使之能覆盖所有的连锁餐厅，最终达到总行驶里程最短、所需司机人数和车辆数最少的目的。

阅读案例，思考以下问题：

（1）百胜餐饮物流运作的成功经验给我们带来什么启发？

（2）除了以上两点物流管理经验以外你还能总结出什么物流管理经验？

智慧仓配运营绩效篇

项目九　智慧仓配运营成本分析

知识目标	◇ 熟悉仓配成本的概念及特点。
	◇ 熟悉仓配成本的分类及构成。
	◇ 掌握仓配成本的核算方法。
	◇ 掌握仓配成本的控制方法。
技能目标	◇ 会根据企业提供的数据，进行配送成本的核算并编制成本核算表。
	◇ 会根据成本核算表，优化企业配送成本。
	◇ 能运用理论知识进行仓储成本核算的基本技能。
	◇ 能灵活运用所学知识进行仓储成本核算及分析。
职业素养目标	◇ 具有工作过程中的低成本意识。
	◇ 具有细致严谨的工作态度。
	◇ 培养成本分析及规划的能力。
	◇ 培养合理控制仓储成本的能力

岗课赛证融通说明

　　本项目内容是仓配管理人员应具备的基础知识和基本技能；对接物流管理1＋X职业技能等级证书（中级）考核中成本核算方法、成本控制方法等部分需要掌握的理论考点；对接物流服务师国家职业技能标准（2020年版）中成本分析方法等知识要求；对接全国职业院校技能大赛——智慧物流作业方案设计与实施赛项中编制预算表、实施模块成本核算等部分的内容，全国物流服务师职业技能竞赛中智慧仓投资成本及运营成本分析等部分的内容。

● 任务一　仓储成本管理 ●

引导案例　沃尔玛的成本控制

　　沃尔玛成功的原因是什么？就此问题，一些国外专家研究得出的结果是，沃尔玛的竞争优势就在于价格的优势——天天低价。不过，天天低价是价格属性，不是产品，不是服务，不是环境。沃尔玛有五项竞争能力，最为核心的是成本控制能力，而业态创新能力、快速扩张能力、财务运作能力和营销管理能力，都是围绕着成本控制能力来运行的，这五项能力最终都在不同的方面节省了沃尔玛的整个运营成本，都是为运营成本服务的，为竞争优势服务的。

为了控制物流成本，需要在物流活动发生之前对物流成本进行事前预算和控制，一方面使物流成本的发生控制在一定的范围内，另一方面以事前的成本预算为依据，对实际物流成本进行分析，为今后的工作提供参考依据。

【引例分析】物流成本控制的理念一旦成为一个公司的核心经营目标，并且这个公司只要贯彻执行物流成本预算、控制的各项制度，那么就一定会成长为最具竞争力的公司。

【任务发布】物流活动最终得以实现必须通过配送才能完成，配送是流通加工、整理、拣选、分类、配货、运送等一系列活动的集合，因此配送成本的计算涉及多个环节，要对每个环节的成本都进行计算，最后汇总在一起，核算出配送成本。配送成本包括配送运输成本、储存保管成本、分拣成本、配装成本和流通加工成本等。

仓储成本核算主要包括以下任务：仓储日常发生费用支出后，按现行财务会计制度的要求，确认费用开支的真实性和合理性；根据总账和明细账，建议装卸搬运、堆存保管、流通加工等作业活动设立明细账，以便控制成本。

 ## 知识储备

一、仓储成本的含义

仓储成本是物流成本的重要组成部分，指在开展仓储业务活动中各种要素投入的以货币计算的总和，包括在储存、管理、保养、维护货物的相关物流活动中发生的各种费用，即伴随着物流仓储活动所消耗的物化劳动和活劳动的货币表现。大多数仓储成本不随存货水平的变动而变动，而是随存货地点的多少而变动。仓储成本包括仓库折旧、设备折旧、装卸费用、货物包装材料费用和管理费用等。

在许多企业中，物流成本的高低常常取决于仓储管理成本的大小，而且企业物流系统所保持的库存水平对于企业为生产或客户提供服务的水平起着重要作用。

二、仓储成本的分类

货物的仓储成本主要是指货物保管的各种支出，其中一部分为仓储设施和设备的投资，另一部分则为仓储保管作业中的活劳动或物化劳动的消耗，主要包括工资和能源消耗等。根据货物在保管过程中的支出，可以将仓储成本分成以下几类：保管费、仓库管理人员的工资和福利费、折旧费或租赁费、修理费、装卸搬运费、管理费用、仓储损失。库存可分为以下几大类：

1. 经常库存

经常库存也可被称为**周转库存**，这种库存是指为满足客户日常的需求而产生的，保持经常库存的目的是衔接供需，缓冲供需之间在时间上的矛盾，保障供需双方的经营活动都能正常进行。这种库存的补充是按照一定的数量界限或时间间隔进行的。

2. 安全库存

为了防止由于不确定因素（如突发性大量订货或供应商延期交货）准备的缓冲库存被称为安全库存。有资料表明，缓冲库存约占零售业库存的1/3。

3. 加工和运输过程库存

处于流通加工或等待加工而暂时被储存的商品叫作加工库存。处于运输状态（在途）或为了运输（待运）而暂时处于储存状态的商品叫作运输过程库存。

4. 季节性库存

季节性库存是指为了满足在一定的季节中出现的特殊需求而建立的库存，或指对在特定季节生产的商品、在产成的季节大量收存所建立的库存。

5. 沉淀库存或积压库存

沉淀库存或积压库存是指因商品品质出现问题或发生损坏，或者是因没有市场而滞销的商品库存，超额储存的库存也是其中一部分。

6. 促销库存

促销库存是指为了与企业的促销活动相配合而产生的预期销售增加所建立的库存。

7. 时间效用库存

时间效用库存是指为了避免商品价格上涨给企业带来亏损，或为了从商品价格上涨中得到利益而建立的库存。

三、仓储成本的构成

仓储成本主要是指货物保管的各种支出，一部分是仓储设施和设备的投资，另一部分是仓储保管作业中的活劳动或物化劳动的消耗，主要指工资和能源消耗等。

这里以生产销售型企业为例，讲述仓储成本的构成（见表 9-1）。

表 9-1　仓储成本的构成

企业类型	成本构成	明细分类
物流仓储企业 $C = C_f + C_v$	固定成本 C_f	仓库折旧、设备折旧、工资福利、仓储设备大修基金
	变动成本 C_v	保管成本、货物搬运成本、流通加工成本、电力热力成本、仓储保险费、资金利息、劳动保护成本、税金
生产销售型企业 $C = C_1 + C_2 + C_3 + C_4$	仓储持有成本 C_1	资金占用成本、仓储维护成本、仓储运作成本、仓储风险成本
	订货成本或生产准备成本 C_2	
	缺货成本 C_3	保持库存持有成本、缺货成本
	在途库存持有成本 C_4	

1. 仓储持有成本

仓储持有是指为了满足需要而保持一定数量商品的库存而发生的各种费用。仓储持有成本中变动成本和库存数量密切相关，其中包括库存商品所占有的资金占用成本、仓储维护成本、仓储运作成本和仓储风险成本。

（1）资金占用成本　**资金占用成本**，也称为利息费用或机会成本，是仓储成本的隐含费用，是指为了购买库存商品而发生的资金成本，库存商品或者物料占用本来可以用于其他投资的资金，这种资金是企业为了保持库存而舍弃的其他投资机会的资金，也就是常说的机会成本。

资金占用成本通常用持有库存货币价值的百分比表示，也有用确定企业新投资最低回报率来计算资金占用成本的。因为，从投资的角度来讲，库存决策与做广告、建新厂、增加机器设备等投资决策是一样的。为了核算方便，一般情况下，资金占用成本专指占用资金能够获得的银行利息。

资金占用成本反映企业失去的盈利能力，即如果资金投入到其他方面，就会要求取得投资回报，资金占用成本就是这种尚未获得回报的费用。

另外，资金的来源渠道可能是内部筹集，也可能是外部筹集，例如从银行贷款，这便会引起利息费用。资金成本在库存持有成本中占据大部分比例。

（2）仓储维护成本 **仓储维护成本**是指为了维护仓储管理而发生的各项费用，主要包括与仓库有关的取暖、照明、设备折旧、租赁、保险费用和税金等。

税金按物料金额计算，其变动随着库存水平的变化而变化。保险费用是给库存购买的意外保险，库存水平受保险费率的影响较小。根据产品的价值和类型，产品丢失或损坏的风险高，就需要较高的保险费用，保险费用将随着产品不同而有很大变化。在计算仓储服务成本时，必须考虑这些因素。另外，许多国家将存货列入应税的财产，高存货也会导致高税费。

（3）仓储运作成本 **仓储运作成本**主要指与商品的出入仓库有关的活动所发生的成本。也就是通常所说的搬运、装卸、分拣、堆垛、拆垛等活动所发生的各项费用。

其中，移仓成本是指为避免废弃而将库存从一个仓库所在地运至另一个仓库所在地时产生的成本，包括物料运输成本、人力搬运成本以及移仓过程中出现的物料损失和搬运工具的耗损等。物料运输成本涉及运输的距离和选用的交通方式的差异带来的成本；人力运输成本涉及物料的数量、质量，这些带来的搬运难度对于移仓成本的影响是不同的，同时，还受到市场上人力价格变动的影响。

（4）仓储风险成本 作为仓储持有成本最后一个主要组成部分的**仓储风险成本**，反映了一个非常大的可能性，即由于企业无法控制的原因，造成库存物料贬值、损坏、丢失、变质等损失。包括如下 4 项，具体如表 9-2 所列。

表 9-2　库存风险成本内容

项目	内容
废弃成本	是指由于再也不能以正常的价格出售而必然处理掉的成本。正常仓储过程中难免存在或多或少的废弃成本，虽然是一种资源的浪费，但是这是在所有仓库的运营过程中都不能规避的问题。如何降低废弃成本在仓储成本中所占比例的问题，才是最应该考虑的问题之一
损坏成本	是指仓库营运过程中发生的产品损毁而丧失使用价值的那一部分产品成本。仓储物品毁损问题涉及的金额可大可小，这和毁坏物品的数量与价值都有着密切的联系。毁坏物品涉及的数量大，毁坏成本就相对大；毁坏物品的价值高，毁坏成本的代价就大。此外还和物品的毁坏程度以及修复难度有关
损耗成本	是指因为盗窃造成的产品缺失而损失的那一部分产品成本。损耗成本中一般人为损耗占比较大，是由于盗窃以至直接无法找回，或者是在盗窃与找回的过程中发生了物品的损耗，甚至是无法修复的损耗
自然损耗	是指由于物料长时间暴露在空气中，受紫外线辐射等影响，即使采用了有关常规保护措施，依然面临着自然损耗的难题，但是这种类型的损耗在损耗成本中的占比较小，因为损耗时间比较长。同时，科学技术不断发展也使得保护措施越来越先进，损耗效率越来越低

2. 仓储订货和生产准备成本

（1）订货成本 订货成本，亦称订货费用、进货费用，是指企业向外部的供应商发出采购订单的成本，是从发出订单到收到存货整个过程中所付出的成本。包括差旅费、办公费、信息费、订单处理费等。

（2）生产准备成本 生产准备成本是指企业内部为了生存所需产品而发生的准备成本，当库存的某些产品不由外部供应而是由企业自己生产时，企业为生产一批货物而进行准备的成本。

3. 仓储缺货成本

缺货成本是指由于无法满足用户的需求而产生的损失。缺货成本一般由两部分组成：一是生产系统为处理延迟任务而付出的额外费用，例如原材料供应中断造成的停工损失、加班费、加急运输产生的额外运费等；二是产成品库存缺货造成的延迟发货损失、缺货导致企业丧失销售机会的损失、对企业收入的影响以及延迟交货的罚款等。因而缺货成本面临着一系列的损失，像停工、拖欠发货、丧失销售机会、商誉损害等。

不同企业类型下，缺货成本的影响是不同的，因而应该理智看待不同物品的缺货成本，例如有些企业利用"饥饿营销"的战略，故意营造出一种缺货的假象，进而引起消费者对于该产品更为强烈、迫切的需求。对于这种情况，不用考虑缺货成本。

（1）保险库存的持有成本　保险库存又称安全库存，是为了克服由于不可控因素对企业产需之间造成的差异，很多企业都会考虑保持一定数量的保险库存用来缓冲预防需求的不确定性。由此而发生的费用就是保险库存的持有成本。但是困难在于需要保持多少安全库存，安全库存太多，意味着多余库存，浪费资源，而安全库存不足就意味着会缺货。保险库存量设定的原则是：在保证生产经营的基础上最少量库存；不会因缺料导致生产经营的停滞，不会产生多余。

（2）缺货成本　缺货成本是由于企业库存不能满足外部客户销售需要和内部其他部门生产需要所造成的损失。对于外部缺货，可能导致延期交货、失销、失去客户三种情况的发生。

延期交货根据延迟时间的长短分为缺货商品在下次订货时得到补充和利用快递延期交货两种。断货商品延期交货，则会发生特殊订单处理和运输费用，而通常情况下对延期交货的特殊订单处理费用比普通订单处理费用要高，如利用快速、昂贵的运输方式运送延期交货商品，或从其他地区的仓库调入断货商品等。因此延期交货成本可以根据额外订单处理费用和额外运费来计算。

失销带来了直接损失与间接损失。直接损失就是说这批物料的销售利润损失，用该商品的利润率乘以客户的订货量来确定；间接损失是比直接损失影响更为深远的损失，由于缺货，原有的客户可能会转向同类型其他企业——也就是行业内竞争者的怀抱，而且在失销的基础上，断货可能还会造成企业商誉损失，给下次的合作商调整带来不利的行业影响，商誉损失很难估量，在仓储决策中常被忽视，但它对未来销售和企业的运作非常重要。除此之外，还有处理人员的精力浪费，机会损失等。

失去客户，由于断货给企业带来的最大损失是企业永远失去了客户，从而失去了未来的一系列收入，而这种损失是很难估计的，需要用管理科学的技术以及市场营销学的研究方法来分析计算。

4. 在途库存持有成本

在途库存持有成本不明显，然而在某些情况下，企业必须考虑这项成本。如果企业以目的地交货价销售商品，就意味着企业要负责将商品运达客户，当客户收到订货商品时，商品的所有权才转移。从理财的角度来看，商品仍是销售方的库存。因为这种在途商品在交给客户之前仍然属于企业所有，运货方式及所需的时间是储存成本的一部分，企业应该对运输成本与在途存货持有成本进行分析。

一个重要的问题是如何计算在途库存持有成本。在途库存的资金占用成本一般等于仓库中库存的资金占用成本。仓储运作成本、仓储维护成本一般与在途库存不相关，但对保险费用要加以考虑。由于运输服务具有短暂性，货物过时或变质的风险要小一些，因此仓储风险成本较小。一般来说，在途库存持有成本要比仓库持有成本小。在实际中，需要对每一项成本进行仔细分析，才能准确计算出实际成本。

5. 仓储储存成本与订货成本的关系

仓储储存成本与订货成本随着订货次数或订货规模的变化呈反方向变化。起初，随着订货批量的增加，订货成本下降比仓储储存成本增加更快；而当订货批量增加到某一点时，即订货成本的边际节约额等于仓储储存成本的边际增加额时，总成本最小。此后，随着订货批量的不断增加，订货成本的边际节约额比仓储储存成本的边际增加额要小，总成本不断增加。由此可见，总成本呈"U"形变化（见图9-1）。

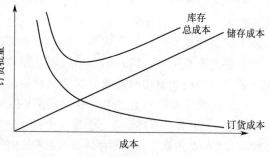

图 9-1　订货规模与成本的关系

四、仓储成本的核算

仓储成本核算以会计核算为基础，是仓储成本控制和管理的基点。仓储成本管理的任务是用最低的费用在适当的时间和适当的地点取得适当数量的存货。

（一）仓储成本的核算条件

1. 确定物流范围

物流范围一般是指物流起点到终点的长度，人们常说的物流有原材料物流、工厂内物流、从工厂到仓库到客户的物流等，这个范围是很广阔的。原材料物流是指原材料从供应商转移到工厂时的物流；工厂内物流，即原材料、半成品、成品到工厂内的不同车间、不同地点的转移和储存。总之，物流成本对物流范围的确定，即从哪里开始，到哪里结束，有着很大的影响。

2. 确定物流功能范围

物流功能范围是指运输、保管、配送、包装、装卸、信息管理等众多的物流功能中，把哪种物流功能作为计算对象和只把运输保管算作计算对象，所得出的数字是相差悬殊的。所以，物流功能范围往往内涵广阔，在确定物流成本时应该慎重考虑将哪些物流功能纳入计算范围。

3. 确定会计科目范围

成本计算科目的范围所指的是在会计科目中，把其中的哪些科目列入计算对象的问题。在科目中包含有外部开支和内部开支，外部开支包括运费开支、保管开支等，内部开支包括人工费、折旧费、修缮费、燃料费等。其中涉及的开支项目种类繁多，将哪些种类纳入科目范围对于物流成本的计算也是有着不容忽视的影响的。

考虑到这三方面的选择都会影响最终的物流成本的确定，在每次计算物流成本时建议按照统一的标准进行计算，否则可能会得出不实的结论，对于物流数据分析造成不良影响。同时，企业在确定物流条件时，应该立足企业实际情况，实事求是，得出适合企业实际情况的物流成本计算范围。

（二）仓储成本的计算方法

仓储成本的计算方法见表9-3。

表 9-3　仓储成本的计算方法

计算方法	概念	优点	缺点
先进先出法	先收到的存货先发出或先收到的存货先耗用	可以随时结转存货发出成本	较烦琐，价格波动时，对企业的利润和存货价值估计不准
一次加权平均法	根据期初存货的数量及当期全部进货数量作为权数来计算存货平均成本	在市场价格波动时，对存货成本的分摊较为折中	物价变动幅度较大时，与现行成本有较大的差异
移动加权平均法	每次收货后以各批入库数量与各批入库前的结存数量为权数重新计算一次加权平均成本	成本均衡，准确	工作量较大，对收发货较频繁的企业不适用

计算方法	概念	优点	缺点
个别计价法	把每一种存货的实际成本作为计算发出存货成本和期末存货成本的基础	发出存货成本符合实际情况,使成本与收入做最好的配合	操作成本高、工作内容烦琐
计划成本法	存货的收入、发出和结余均按预先制订的计划成本计价	对于存货品种繁多、收发频繁的企业,简化工作内容	与实际成本有一定的差异

1. 先进先出法

假定先收到的存货先发出或先收到的存货先耗用,收入存货时逐笔登记数量、单价和金额;发出存货时按照先进先出的原则,逐笔登记发出成本和结存金额。这种方法可以随时结转存货发出成本,但较烦琐;如果存货收发业务量大且存货单价不稳定时其工作量较大。物价持续上升时,期末存货成本接近于市价,而发出成本偏低,会高估企业当期利润和库存存货价值;反之会低估企业存货价值和当期利润。

采用有效的先进先出法,保证每个被储存物品的储存期不过长。它是一种有效的方式,也成了储存管理的准则之一。有效的先进先出方式主要有:一是采用计算机存取系统。采用计算机管理系统,根据物品入库时的时间,依靠按时间排序的软件,可以自动排列出货的顺序,从而实现先进先出。这种计算机存取系统还能将先进先出和快进快出结合起来,加快周转,减少劳动消耗。二是在仓储中采用技术流程系统的办法保证先进先出。最有效的方法是仓库中的技术流程采用贯通式货架系统,既可提高仓库利用率,又能使仓库管理实现机械化、自动化,是现代仓库的重要技术措施。

【点对点例题】例题9-1:某公司2021年1月初有某种存货数量为500件,单价10元;1月5日发出存货200件,1月10日入库300件,单价13元;1月15日发出存货400件;1月20日入库1000件,单价9元;1月25日发出存货300件。公司采用先进先出法,根据以上资料填写表9-4。

表9-4　库存成本统计表

日期		摘要	入库			发出			结存		
月	日		数量	单价	金额	数量	单价	金额	数量	单价	金额
1	1	期初结存							500	10	5000
	5	发出									
	10	入库									
	15	发出									
	20	入库									
	25	发货									
1	31	结算									

参考答案见表9-5。

表9-5　先进先出法计算库存成本统计表

日期		摘要	入库			发出			结存		
月	日		数量	单价/元	金额/元	数量	单价/元	金额/元	数量	单价/元	金额/元
1	1	期初结存							500	10	5000
	5	发出				200	10	2000	300	10	3000
	10	入库	300	13	3900				300	10	3000
									300	13	3900
	15	发出				300	10	3000	200	13	2600
						100	13	1300			
	20	入库	1000	9	9000				200	13	2600
									1000	9	9000

续表

日期		摘要	入库			发出			结存		
月	日		数量	单价/元	金额/元	数量	单价/元	金额/元	数量	单价/元	金额/元
	25	发货				200	13	2600			
						100	9	900	900	9	8100
1	31	结算	1300		12900	900		9800	900	9	8100

2. 一次加权平均法

根据期初存货的数量及当期全部进货数量作为权数来计算存货平均成本的一种方法。具体计算以月为标准，用月初结存存货金额加上全月收入存货金额，除以月初结存数量与全月进货数量之和，算出平均单位成本，再分别乘以本月发出存货的数量和期末结存的数量，计算出本月存货的发出成本和期末结存成本。

$$加权平均单位成本 = \frac{期初结存存货金额 + 本期收入存货金额}{期初结存存货数量 + 本期收入存货数量}$$

一次加权平均法所得出的成本不是每批货物的真实成本，只是一个折中的平均成本，因而物价剧烈波动的情况下，根据一次加权平均法所计算的结果与市场价格有一定的差距。

优点：只在月后一次计算加权平均单价，比较简单，而且在市场价格上涨或下跌时所计算出来的单位成本平均化，对存货成本的分摊较为折中。

缺点：在物价变动幅度较大的情况下，按加权平均单价计算的期末存货价值与现行成本有较大的差异。适合物价变动幅度不大的情况。这种方法平时无法从账上提供发出和结存存货的单价及金额，不利于加强对存货的管理。为解决这一问题，可以采用移动加权平均法或按上月月末计算的平均单位成本计算。

【点对点例题】根据例题9-1，采用一次加权平均法，计算该公司的单位成本。

参考答案：$加权平均单位成本 = \frac{5000 + 12900}{500 + 1300} = 9.94（元）$

3. 移动加权平均法

每次收货后以各批入库数量与各批入库前的结存数量为权数重新计算一次加权平均成本。因此，在移动加权平均法下，存货的平均单位成本将随着每次进货而变动。只要两次出货之间有进货发生，就必须重新计算单位成本，并据以决定该次的销售成本，因此移动加权平均法只适用于永续盘存制，不适用于定期盘存制。

$$移动加权平均成本 = \frac{本次进货前存货的结存金额 + 本次进货的金额}{本次进货前存货的结存数量 + 本次进货的数量}$$

这种方法所确定的存货成本虽然与市场价格有一些差距，但是比一次加权平均法更接近于当前市场价格，能够使企业及时了解存货的结存情况，计算的平均单位成本以及发出和结存的存货成本比较客观。但由于每次收货都要计算一次平均单价，工作量较大，对收发货较频繁的企业不适用。

【点对点例题】根据例题9-1，采用移动加权平均法，计算该公司的单位成本。

参考答案见表9-6。

1月10日入库后：

$$移动加权平均成本 = \frac{300 \times 10 + 300 \times 13}{300 + 300} = 11.5（元）$$

1月20日入库后：

$$移动加权平均成本=\frac{200\times11.5+1000\times9}{200+1000}=9.42（元）$$

表 9-6　移动加权平均法计算库存成本统计表

日期		摘要	入库			发出			结存		
月	日		数量	单价/元	金额/元	数量	单价/元	金额/元	数量	单价/元	金额/元
1	1	期初结存							500	10	5000
	5	发出				200	10	2000	300	10	3000
	10	入库	300	13	3900				600	11.5	6900
	15	发出				400	11.5	4600	200	11.5	2300
	20	入库	1000	9	9000				1200	9.42	11300
	25	发货				300	9.42	2826	900	9.42	8474
1	31	结算	1300		12900	900		9426	900	9.42	8474

4. 个别计价法

个别计价法，又称个别认定法或具体认定法，是以每次（批）存货的进货成本作为计算该次（批）发出存货成本。采用这种方法要求企业对每一种存货的品种规格、入账时间、单位成本和存放地点等都要做详细的记录。

优点在于计算发出存货的成本和期末存货成本计算合理、准确，但缺点也很明显，在存货收发频繁时，发出成本分辨工作量较大，记录和辨认成本较高。一般适用于不能替代的存货、为特定项目专门购入或制造的存货，是品种数量少、体积大、单位成本较高的存货计价最适宜的选择，因为只有物品的单个价值达到一定限度，才有必要使用正确性高的个别计价法，如珠宝、古董收藏、高档汽车、名画等贵重物品。

5. 计划成本法

存货的收入、发出和结余均按预先制订的计划成本计价，同时另设成本差异科目，登记、分摊、按期结转实际成本与计划成本的差额，期末将发出和结存存货的成本调整为实际成本。月末，再通过对存货成本差异的分摊，将发出存货的计划成本和结存存货的计划成本调整为实际成本进行反映的一种核算方法。因此这种方法适用于存货品种繁多、收发频繁的企业。实际成本与计划成本之间可能存在 3 种情况，如表 9-7 所列。

表 9-7　实际成本与计划成本之间可能存在的 3 种情况

存在的情况	解释
超支差异	实际成本高于计划成本,则实际资产＞账面资产,在"材料成本差异"科目(资产类)的借方登记补足
节约差异	实际成本低于计划成本,则实际资产＜账面资产,在"材料成本差异"科目(资产类)的贷方登记减去
相等	即实际成本等于计划成本

（三）仓储成本的核算

一般来讲，仓储成本的核算可以采用以下三种方法：

1. 按支付形态核算仓储成本

把仓储成本分别按仓储搬运费、仓储保管费、材料消耗费、人工费、仓储管理费、资金占用利息等支付形态分类，就可以计算出仓储成本的总额。这种计算方法是从月度利润表中"管理费用""财务费用""销售费用"等各个科目中，取出一定数值乘以一定的比率（指物流部门比率，分别按人数平均、台数平均、面积平均、时间平均等计算出来），算出仓储部门的费用，再将算出的成本总额与上一年度的数值作比较，分析增减的原因，最后制定修改方案。

【点对点例题】例题 9-2：DJ 物流公司 2022 年 12 月的按支付形态划分的仓储成本核算如表 9-8 所示。已知该公司员工共有 150 人，其中物流人员有 30 人，全公司占地面积 3200m²，物流设施面积 1800m²。试按支付形态核算其仓储成本。

表 9-8　DJ 物流公司 2022 年 12 月的仓储成本核算表

序号	项目	费用/元	计算基准/%	仓储成本/元	备注
1	仓库租赁费	50000	100	50000	金额
2	材料消耗费	15000	100	15000	金额
3	工资津贴费	350000	20	70000	人数比率
4	燃料动力费	7000	56.25	3937.5	面积比率
5	保险费	5000	56.25	2812.5	面积比率
6	修缮维护费	10000	56.25	5625	面积比率
7	仓储搬运费	14000	56.25	7875	面积比率
8	仓储保管费	20000	56.25	11250	面积比率
9	仓储管理费	10000	64	6400	仓储费比率
10	易耗品费	10500	64	6720	仓储费比率
11	资金占用利息	12000	64	7680	仓储费比率
12	税金等	15000	64	9600	仓储费比率
	合计	518500	38	196900	仓储费占费用总比率

计算基准的计算公式如下：$人数比率 = \dfrac{物流员工数}{全公司员工数} \times 100\% = \dfrac{30}{150} \times 100\% = 20\%$

$$面积比率 = \dfrac{物流设施面积}{公司面积} \times 100\% = \dfrac{1800}{3200} \times 100\% = 56.25\%$$

$$仓储费比率 = \dfrac{1\sim 8\ 项仓储成本之和}{1\sim 8\ 项费用之和} \times 100\% = \dfrac{301500}{471000} \times 100\% = 64\%$$

2. 按仓储项目核算仓储成本

按支付形态进行仓储成本分析，虽然可以得出总额，但是不能充分说明仓储的重要性。若要了解仓储的实际状态，了解哪些功能环节上有浪费，降低仓储成本，就应按仓储项目核算仓储成本。

与按支付形态计算仓储成本相比，这种方法更能进一步找出妨碍实现仓储合理化的症结，而且可以核算出标准仓储成本（单位个数、重量、容器的成本），以便确定合理化目标。

【点对点例题】例题 9-3：某物流公司 2022 年 12 月的按功能划分的仓储成本如表 9-9 所示，试按仓储项目核算其仓储成本。

表 9-9　某物流公司 2022 年 12 月的仓储成本核算表

序号	项目	费用/元	分项目				
			仓储租赁费/元	仓储保管费/元	仓储管理费/元	材料消耗费/元	搬运费
1	仓库租赁费	50040	50040				
2	材料消耗费	15092	4037	6202	2445	2408	
3	工资津贴费	315668	1653	219015	45000		50000
4	燃料动力费	6322	1350		3622	1350	
5	保险费	5124	2567	2532	25		

序号	项目	费用/元	分项目				
			仓储租赁费/元	仓储保管费/元	仓储管理费/元	材料消耗费/元	搬运费
6	修缮维护费	9798	3704		2390	3704	
7	仓储搬运费	14057				3559	10498
8	仓储保管费	19902		19902			
9	仓储管理费	9638	1496	1496	1494	5152	
10	易耗品费	10668				10668	
11	资金占用利息	11930	5022	6908			
12	税金等	16553	1666	6908		7979	
	合计	484792	71535	262963	54976	34820	60498
	物流成本构成/%		14.76	54.24	11.34	7.18	12.48

3. 按适用对象核算仓储成本

按仓储项目核算仓储成本，可以采取措施控制成本，实现成本降低，但是仍不能分别掌握每一种产品、每一个地区、每一位客户的仓储成本。因此需要进一步按适用对象计算仓储成本。

按适用对象核算仓储成本，即分别按商品、地区、客户等不同来计算仓储成本，由此可以分析服务不同的对象对仓储成本的影响，并以此为基础确定仓储服务收费标准。如按商品核算仓储成本是指把按项目计算出来的仓储费，以不同的基准分配给各类商品，以此计算仓储成本，并分析各类商品的盈亏。这种方法可以用来分析各类商品或客户的盈亏。核算仓储成本可以先按仓储项目归集，然后再将项目仓储成本分摊到产品、地区或客户。

五、仓储成本的分析与控制

（一）编制仓储成本预算

1. 编制仓储成本预算的概念

编制仓储成本预算即事前确定计划期内的成本项目和数额，明确降低成本的具体目标。

仓储成本预算也称为仓储成本计划，是根据仓储成本决策所确定的方案、预算期的任务、降低成本的要求以及有关资料，通过一定的程序，运用一定的方法，以货币形式规定预算期各个环节的耗费水平和成本水平，并提出保证预算顺利实现所采取的措施，是实施成本管理责任制的前提条件。

2. 编制仓储成本预算的步骤

第一，收集和整理相关资料

首先要收集和整理组织的历史仓储成本数据、定额、财务报表等，也需要通过多种方式收集和整理行业标杆企业或竞争企业的有关数据资料。

第二，分析上期预算的执行结果

如果企业在此之前已经有成本预算，还需要分析上一期预算的实际执行情况，从而了解企业的预算方法和企业预算的执行情况。

第三，选择合适的方法编制预算

一般有两种方法来编制仓储成本预算，一种是编制成本弹性预算，另外一种是编制成本零基预算，零基预算是以零为起点，从实际需要出发，结合企业资源情况，通过逐项审议各项成本费用支出的必要性、合理性以及支出数额的大小而编制的预算。

3. 编制仓储成本预算的方法

（1）编制仓储成本弹性预算 **弹性预算**是指在编制成本费用预算时，预先估计到计划期内业务量及可能发生的变动，编制出一套能适应业务量变化的成本费用预算，以便反映在各业务量情况下所需开支的成本费用。

弹性预算的编制是以历史成本费用数据为基础，其缺点是容易忽略过去支出中不合理的部分。

第一，确定各物流成本费用的成本依存度。成本依存度是指成本总额对业务量的依存关系。弹性预算的编制以成本依存度的划分为基础，因此物流企业在做成本弹性预算时必须先确定各成本项目的成本依存度，将他们划分为变动成本、固定成本和混合成本。

第二，选取恰当的业务量计量对象。编制弹性预算即要随业务量水平变化，计算出不同的计划成本费用。因此，应选择代表性强的业务量作为计量对象，并要求所选取的计量对象与预算中的变动部分有直接联系。

物流企业经常选取的业务量有小时订单处理量、运输吨千米、直接人工工时、设备运转时间等。

第三，确定各项成本与业务量之间的数量关系。逐项研究、确定各项成本与业务量之间的关系。混合成本要分解为固定成本和变动成本，变动成本则要进一步确定单位业务量的变动成本。

第四，选用表达方式，计算预算成本。

① 列表法。先确定业务量变化范围，划分出若干个业务量水平。再分别计算各项成本项目的预算成本，汇总列出一个预算表格，确定业务量变动范围时应满足业务量实际变动需要，确定的方法主要有：把业务量范围确定在正常业务量的 $70\%\sim110\%$ 之间，把历史上的最低业务量和最高业务量分别作为业务量范围的下限和上限；对企业预算的业务量做出悲观预测和乐观预测，分别作为业务量的下限和上限。

② 公式法。将所有物流服务成本项目分解为固定成本和变动成本，确定预算成本计算公式 $y=a+bx$ 中的系数。其中，a 为混合成本中的固定成本之和，b 为单位变动成本之和，x 为业务量。利用这一公式可计算任一水平业务量的预算成本费用。

（2）编制仓储成本零基预算 **零基预算**是以零为起点，从实际需要出发，结合企业资源情况，通过逐项审议各项成本费用支出的必要性、合理性以及支出数额的大小而编制的预算。零基预算有效地规避了弹性预算中历史数据中不合理的部分。

零基预算编制的步骤如下：

第一，根据计划期的目标和任务，各部门提出预算期内完成各自任务需要的各项成本费用开支的性质、目的及数额。

第二，对各项物流成本费用进行"成本-效益"分析，权衡利弊得失，评价成本费用的合理性。

第三，将各项成本费用按轻重缓急的先后顺序排序，考虑可动用的资金，先保证顺序在前的项目实施，依次类推，落实预算。

零基预算有利于消除不合理的成本费用支出，减少浪费，改善物流企业整个服务过程的成本控制效果，提高预算管理的效率。

（二）仓储成本的分析

仓储成本是因一段时间内储存或持有商品或物料而导致的，与所持有的平均库存量大致成正比。通过仓储成本分析，把库存控制在最佳数量，尽量少用人力、物力、财力把库存管理好，从而获取最大的供给保障。

仓储成本的分析可以从采购成本、储存成本、订货成本、缺货成本四个方面分析。采购成本、储存成本、订货成本已在项目六中的第四个任务中介绍，这里就不再赘述。缺货成本是指由于计划不周或环境条件发生变化，导致企业仓储中发生了缺货现象，从而影响了生产的顺利进行，造成了生存或销售上的损失，把由于缺货原因所造成的生产损失和其他额外支出称为缺货损失，如失销损失、信誉损失、紧急采购额外支出等。为了确定需要保持多少库存，有必要估算发生断货所造成的期望损失。首先，分析发生断货可能产生的后果，即延期交货、失销或失去客户。其次，计算与可能结果相关的成本，即利润损失。最后，计算一次断货的损失。

为了确定需要保持多少库存，有必要估算发生断货所造成的期望损失。首先，分析发生断货可能产生的后果，即延期交货、失销或失去客户。其次，计算与可能结果相关的成本，即利润损失。最后，计算一次断货的损失。

【点对点例题】 例题9-4：假设80％的断货导致延期交货，延期交货的成本是30元；10％的断货导致失销，失销的成本是50元；10％的断货导致失去客户，成本是100元。计算总的断货损失。

解：
$$延期交货损失＝30×80％＝24(元)$$
$$失销损失＝50×10％＝5(元)$$
$$失去客户损失＝100×10％＝10(元)$$
$$每次断货的期望损失合计＝24＋5＋10＝39(元)$$

由于一次断货造成的损失是39元，所以公司只要增加库存的成本少于39元，就应该增加库存，避免断货。

如果发生内部断货，则可能导致生产损失（机器设备和人员闲置）和交货期的延误。如果由于某项物品短缺而引起整个生产线停工，这时的断货成本可能非常高，尤其对于准时制生产管理方式的企业来说更是灾难性的。

（三）仓储成本控制指标

1. 单位销售额仓储成本率

$$单位销售额仓储成本率＝\frac{仓储成本}{销售额}×100％$$

2. 单位营业费用仓储成本率

$$单位营业费用仓储成本率＝\frac{仓储成本}{销售额＋一般管理费用}×100％$$

3. 仓储职能成本率

$$仓储职能成本率＝\frac{仓储成本}{物流总成本}×100％$$

4. 存货储存期控制指标

目标利润＝毛利－销售税金及附加－固定储存成本－变动储存成本
$$＝毛利－销售税金及附加－固定储存成本－每日变动储存成本×储存期$$

$$存货保利储存期＝\frac{毛利－销售税金及附加－固定储存成本－目标利润}{每日变动储存成本}$$

除了以上四个指标之外，还包括经济批量法（EOQ）和订货点控制法，此内容已在项目六中的第四个任务中介绍，这里不再赘述。

（四）仓储成本控制措施

仓储成本控制是指运用以成本会计为主的各种方法，预定仓储成本限额，按限额分配仓储成本和储存费用，以实际仓储成本与仓储成本限额比较，衡量仓储活动的成绩和效果，并以例外管理原则纠正不利差异，以提高工作效率，实现超过预期的仓储成本控制限额。

仓储成本控制是仓储成本管理的同义词，是企业的一种内部控制，目的是以最低的仓储成本达到预先规定的仓储质量和数量，包括一切降低储存成本的努力。

一般说来，仓储成本控制的措施包括以下几种：

1. 利用现代技术，控制合理成本

充分利用现代仓储技术和设备，提高各工作环节的作业效率。在一个库场中，一定量的工作费用支出，由于实际工效不一，所耗费的劳动力、机械设备消耗、燃料费有所不同，若仓储管理经营得好，则整个仓储费用就会降低，经济效益就会增加。因此，在仓储作业中要利用现代仓储技术和设备，提高劳动生产率，如采用计算机定位系统、计算机存取系统、计算机监控系统等计算机管理技术，仓储条码技术，现代化货架，专业作业设备、叉车、新型托盘等。

自动化仓储是现代物流系统中迅速发展的一个重要组成部分，它具有节约用地、减轻劳动强度、消除差错、提高仓储自动化水平及管理水平、提高管理和操作人员素质、降低储运损耗、有效地减少流动资金的积压、提高物流效率等诸多优点。用立体自动化仓储设备实现仓库高层合理化、存取自动化、操作简便化，从而降低仓储成本。

自动化仓储的主体是由自动化仓库组成的，其基本组成部分包括：建筑物、货架、理货区、管理区、堆垛机械、配套机械、相关的管理系统和信息系统。自动化仓储系统的软件硬件的资金额度投入量相当大，项目投资前需要统计近几年的仓库吞吐量、仓储容量、订单货物的类别等要素分析，对设备进行性能评估和选择。

2. 设计仓库结构，提高仓库容量

仓库的结构决策包括仓库的长度、宽度与高度的设计。

（1）仓库的长度与宽度　仓库长度与宽度的决策主要取决于仓库的搬运成本和仓库的建筑成本之间的权衡。弗朗西斯（Francis）的研究表明，首先要比较权衡搬运成本与仓库周长成本，然后再确定最优的仓库长与宽，这里的周长成本是指单位仓库周长的年建筑和维护成本。用 W^* 来表示仓库的最优宽度，用 L^* 表示仓库的最优长度，假定采用往返备货的方式，长宽的计算公式如下：

$$W^* = \sqrt{\frac{C+8K}{2C+8K}}\sqrt{S}$$

$$L^* = \frac{S}{W^*}$$

式中　K——每单位距离的年周长成本；

S——仓库的面积；

W^*——仓库的最优宽度；

L^*——仓库的最优长度；

C——单位货物单位距离搬运成本与该种货物全年吞吐数量的乘积。

此时，该仓库的总成本为 TC：

$$TC = 2\sqrt{\left(2K + \frac{1}{2}C\right)\left(2K + \frac{1}{4}C\right)} \times \sqrt{S}$$

需要注意的是，使用传送带搬运系统会弱化仓库结构与可变搬运成本之间的关系，因此上述公式不适用于传送带搬运系统。库房的长宽还取决于所需的出入口的数量，运输车辆的长度要求等。

【点对点例题】例 9-5：某仓库总面积为 1600m^2，单位长度的年周长成本为 750 元 $/\text{m}^2$，平均出入库货物的搬运成本为每件 0.05 元 $/\text{m}^2$，每年仓库平均作业量为 40000 件，仓库的年成本小于 20 万元，根据弗朗西斯的研究模型，计算出最优长度、最优宽度以及该仓库的总成本，判断该方案是否合理。

解：$C = 0.05 \times 40000 = 2000$（元 $/\text{m}^2$）

最优宽度：$W^* = \sqrt{\dfrac{C + 8K}{2C + 8K}} \times \sqrt{S} = \sqrt{\dfrac{2000 + 8 \times 750}{2 \times 2000 + 8 \times 750}} \times \sqrt{1600} \approx 35.84$（m）

最优长度：$L^* = \dfrac{S}{W^*} = \dfrac{1600}{35.84} = 44.64$（m）

总成本为：$TC = 2\sqrt{\left(2K + \dfrac{1}{2}C\right)\left(2K + \dfrac{1}{4}C\right)} \times \sqrt{S}$

$= 2\sqrt{\left(2 \times 750 + \dfrac{1}{2} \times 2000\right)\left(2 \times 750 + \dfrac{1}{4} \times 2000\right)} \times \sqrt{1600} \approx 178880$（元）

由于 $178880 < 200000$，因此该方案合理可行。

（2）仓库的高度　仓库的高度与建筑成本、仓储作业成本及货品的堆码要求等方面有关。如果仓库的高度增加，则仓库的容积也会增加，但由于仓库的屋顶和地面都没有发生改变，因此，仓库的建筑成本不会随容积的增大而同比例变动，仓库建筑成本的上升速度要小于容积上升的速度，换句话说就是增加仓库的高度可以带来仓库建筑成本的节约。但是，仓库高度增加，会提升仓储作业成本；同时为了能够进行高空作业还有可能要购买新的设备，当货物不适合进行多层次堆码时，还必须购买货架等设施设备，从而导致相关成本的增加。仓储作业成本与其他相关成本的增加会抵消建筑成本的下降，因此，在进行仓库高度决策时，应当对各方面的成本进行权衡。利用货架存放和空中悬挂是充分利用仓库高度的重要措施。

3. 优化仓库布局，提高仓库利用率

设计好仓库的基本结构以后，便要进一步研究货位、货架和巷道的布局。仓库的空间布局包括货架的数量、货架的放置方向及各货架上货位的数量。

常见的矩形仓库的货架布局形式有两种：货架垂直排放和货架水平排放。两种布局形式中，货物均由仓库的一侧的门入库，从另一侧的门出库，所有仓库空间被利用的概率相同。除了靠墙摆设的货架外，其余货架均为双面货架。

仓库布局的目标是使搬运成本、年仓库面积成本和与仓库规模（周长）相关的年成本三者之和最小。

仓储保管的货物成本，与库场面积利用率、货物储存量密切相关。从某种意义上说，不研究库场利用率，要降低仓储费用则无从谈起。一个库场的各项费用支出在相对稳定的情况下，单位面积储存量的增加与每吨货物的储存费用成反比。即单位面积储存量越大，储存费用越小。充分发挥库场使用效能是降低仓储成本的前提。加速企业原料、成品周转，充分发挥库场使用效能，提高仓容利用率。存货周转速度加快，能使企业的资金循环周转快、资本

增值快、货损货差小、仓库吞吐能力增强、成本下降。

现在许多大企业通过建立大规模的物流中心，把过去零星的库存集中起来进行管理，并对一定范围内的用户进行直接配送，从而降低仓储成本。所以进行适度集中，可以提高对单个用户的保证能力，有利于采取机械化、自动化方式。

仓库储存可以采取高垛的方法，增加储存的高度；缩小库内通道宽度以增加储存有效面积；采用侧叉车、推拉式叉车，以减少叉车转弯所需的宽度；减少库内通道数量以增加储存有效面积。仓储保管的货物成本，与库场面积利用率、货物储存量密切相关。

然而，在进行仓库布局时注意仓库的减少和库存的集中，有可能会增加运输成本。因此，企业要在运输成本、仓储成本和配送成本综合平衡的基础上考虑仓库布局与集中储存，在总储存费和运输费之间取得最优。

4. 加强内部管理，降低非正常损耗

库场储存的物品质量完好，数量准确，一定程度上反映了仓储管理质量。仓储保管的货物不仅品种多，而且数量大，由于各种货物性质各异，因此，所产生的货物损耗原因和具体情况也有所不同。为了避免或降低货物耗损，则应了解货物发生耗损的原因，以便采取有效的措施。应严格验收入库物品，做到不合格的材料、成品不进库，手续不全时绝不发料，质量有问题的产品绝不出厂。

对原料成品分类分区存放，科学进行堆码苫垫，控制好仓库温湿度，定期进行物品在库检查，确保账单相符、账账相符、账实相符。在实际工作中稍有差错，就会使账物不符，所以，必须及时准确地掌握实际储存情况，经常与账卡核对，无论是计算机管理还是人工管理，这都是不可缺少的。

在保证货物质量安全的情况下，更好地堆放和储藏物品，以节约保管费用，提高仓库与仓储设备的利用率，掌握好储存额的增减变化情况，充分发挥仓库使用效能，提高保管人员对通风、倒垛和晾晒等工作的效率，减少临时工工资的支出，做好仓库盘点工作，尽可能减少货物损失。

5. 保持三流一致，增强管理有效性

充分利用电子商务下仓储管理信息化、网络化、智能化的优势，努力使物流、信息流、资金流保持一致，有效地控制进、销、存系统，运用物流、资金流、信息流的动态资料辅助决策，能有效降低库存的成本费用，提高仓储服务的效率。

6. 加强核算分析，降低服务产品价格

仓储服务成本是制定仓储服务价格的主要依据。通过对仓储服务产品成本的科学管理，在逐步提升服务质量的前提下，使仓储服务成本降到最低，便可在社会平均利润率的基础上降低其产品成本价格，企业就可能争取到更多客户，从而占有更大的市场份额。

⏱ 任务实施

任务1　仓储成本控制

某食品有限公司的产品原料和包装材料有面粉、油脂、调料以及包装膜、包装箱等，财务部为了降低成本，希望降低库存；而生产部为了保证生产希望多保有一些库存。并且，双方在对库存成本的认识上也存在严重分歧，因此财务部李主管与生产部负责仓储的赵主管就库存的成本问题发生争论。

那么，你认为应如何计算库存成本？

任务2　掌握仓储成本计算方法

实训内容：某仓储企业八月发生了下列费用：仓储管理人员工资2000元，保管员工资800元，仓库电费1000元，仓库货架货柜摊销2000元，堆垛费600元，进出库短驳费1000元，仓储物品合理损耗600元，管理费用400元，销售费用800元，财务费用400元，支付货物保险费600元，大型吊车、叉车等设备维修费800元，仓库、设备等固定资产计提折旧2000元。请计算：

(1) 本月该企业共发生了多少仓储成本？其中：固定成本、变动成本分别为多少？

(2) 本月该企业期间费用为多少？仓储保管费是多少？

(3) 如果本月一共储存了小麦5000t，则每吨小麦仓储费是多少？

实训器具：无

实训要求：理解仓储成本的构成。

● 任务二　配送成本管理 ●

→ 引导案例　某超市控制配送成本案例

某超市股份有限公司决策层提出了"低收入、低风险、高效率、高产出"的"两低两高"原则，依托品牌效力，大力推进加盟连锁；充分发挥经营管理的综合优势，提出经营发展的"重加盟、重管理、重质量、重效益"的四重方针，精心构筑好特许经营体系，已经建立覆盖上海及江苏、浙江、安徽、江西、河南、山东、山西、湖南、湖北、北京11个省市的配送中心。

超市配送中心是针对零售商为主体的配送中心，具有较高的技术水平。

该公司认为影响顾客满意度的物流范围项目有：配送过程如何确保商品品质，门店紧急追加减货的弹性，根据实际确定配送时间安排，缺货率控制，退货问题，流通加工中的拆零工作，建立客户服务窗口等方面。对于配送过程中如何确保商品品质，他们的原则是：搬运次数越少，商品品质越能得到保证。尽量减少商品验收入库到门店上货架整个过程中的搬运次数。严格控制商品保质期是确保商品品质的首要条件。在配送过程中减少人工搬运，多用托盘和机械作业。

门店紧急追加减货的弹性，适当加强配送系统中"紧急加减货"功能；在深入调查研究的基础上，制定门店可以追加减货的条件。缺货率控制，公司重点抓采购部门的"缺货率管理"，采用电脑加强配送中心库存量的实时管理，保证配送中心有适当的库存量。实施自动补货系统，进一步降低商品的缺货率和库存量，提高周转率。

合理规划物流配送的流程是构筑配送体系的重要前提，是降低配送成本的重要保证。

为了准时将商品送到客户手中，该超市在运输管理调度方面遵循调度原则，并编制出合理的行驶路线和时间安排。

【引例分析】该超市物流配送调度原则如下：相互邻近的门店货装在同一辆车上安排在同一时间配送；配送路线从离物流中心最远送货点开始；同一辆车途经各门店路线呈凸状；尽量使用装载量较大的车辆。但对于规划线外的门店，特别是送货量小的使用载重量小的车辆，尽量减少门店工作时间过短的限制。车辆的调度可以减少时间的耗用率，货物能够快速地送达目的地，几乎无配送错率，提高物流的效率，降低物流配送成本。

【任务发布】在配送的过程中，涉及许多成本明细，上述案例中主要讲述了配送中的运输费用问题，如何合理调度车辆，设计合理配送路线。那么配送成本具体包括哪些？该如何进行核算，在核算的过程中需要注意哪些问题？同时，在控制配送成本时，需要采用哪些方法呢？

知识储备

一、配送成本的概念

配送成本是配送过程中所支付的费用总和。配送成本有狭义和广义之分。

1. 广义的配送成本

广义的配送成本构成复杂，几乎涉及了物流成本的各个项目，指为了开展配送业务所发生的各种直接费用和间接费用，是在配送活动中的备货、储存、分拣、配货、配装、送货、送达服务及配送加工的环节发生的各项费用的总和，是配送过程中所消耗的各种活劳动和物化劳动的货币表现。

2. 狭义的配送成本

狭义的配送成本是指配送环节所特有的成本费用，包括配送运输费用、分拣费用、配装费用及流通加工费用。配送各个环节的成本费用核算都具有各自的特点，例如流通加工的费用核算与配送运输费用的核算具有明显的区别，其成本计算的对象及计算单位都不同。本章，我们重点讲述配送成本的狭义概念。

如何以最少的配送成本在适当的时间将约定的物品送到适当的地方是企业面对的一个重要问题，加强对配送成本的管理控制显得十分必要。

二、配送成本的分类

企业可以按照不同标准对配送进行分类，从而提高管理效率。配送成本的分类方法的适用情况见表 9-10 所示。

表 9-10　配送成本的分类

分类标准	分类方法	明细举例
按配送成本的特性	固定成本	资本成本分摊、固定员工工资
	变动成本	装卸搬运费、保险费
按支付形态	配送运输费用	车辆费、营运间接费
	分拣费用	分拣人工费、分拣设备费
	配装费用	配装材料费、配装辅助费、配装人工费
	流通加工费用	流通加工设备费、流通加工材料费、流通加工人工费
实施配送的节点	配送中心配送	配送中心在物流供应链环节中，利用流通设施、信息系统平台，对物流经手的货物，作倒装、分类、流通加工、配套、设计运输路线、运输方式，为客户提供量身配送服务
	仓库配送	在保持仓库原功能前提下，以仓库原功能为主，再增加一部分配送职能
	零售企业配送	配送企业是零售企业，或零售企业作为销售战略的一环所进行的促销型配送形式
配送时间和数量	定时配送	按双方配送时间协议，按照规定的时间和时间间隔进行配送
	定量配送	按双方协议约定，可以按托盘、集装单元及车辆的装载有效地选择配送的数量
	定时定量配送	兼有定时、定量两种方式的优点，是一种精密的配送
	定时定路线配送	在规定的运行路线上，制定到达时间表，按运行时间表进行配送
	即时配送	按用户突然提出的时间、数量等要求，随即进行配送的方式

三、配送成本的构成

根据配送流程及配送环节，配送成本实际上是含配送运输费用、分拣费用、配装及流通加工费用等全过程。其成本应由以下费用构成，见表 9-11。

表 9-11　配送成本的构成

构成	职能	项目举例
配送运输费用	运输	运输、人工、水电、燃油等
分拣费用	分拣	分拣人工费用、分拣设备费用等
配装费用	包装	包装管理、通信、摊销费用
流通加工费用	流通加工	流通加工的材料、折旧、人工费等
仓储保管费用	保管	仓储用的材料、租赁、辅助费用等

1. 配送运输费用

配送运输费用是指配送车辆在完成配送货物的过程中，发生的各种车辆费用和运输间接费用。车辆费用指配送车辆从事配送作业所发生的各项费用。运输间接费用是指在配送运输环节，为管理和组织配送运输所发生的各项管理费用和业务费用，具体包括驾驶员及助手的工资及福利费、燃料费、轮胎费、修理费、折旧费、运输管理费、车船使用税等项目。

（1）工资及职工福利费　工资及职工福利费是指支付给配送车辆驾驶员的工资、津贴及按规定比例计提的职工福利费。

（2）燃料费　燃料费是指配送车辆运行过程中所耗用的燃料，如汽油、柴油等费用。

（3）轮胎费　轮胎费是指配送车辆耗用的外胎、内胎、垫带的费用支出及轮胎翻新费用和修补费。

（4）修理费　修理费是指配送车辆进行各级保养和修理所发生的工料费、修复旧件费用和行车耗用的机油费，以及计提的大修理费用。

（5）折旧费　折旧费是指配送车辆按规定计提的折旧费。

（6）运输管理费　运输管理费是指按规定向运输管理部门缴纳的营运车辆管理费。

（7）车船使用税、行车事故损失和其他费用　车船税是指企业按规定向税务部门缴纳的营运车辆使用税；行车事故损失是指配送车辆在配送过程中因行车肇事所发生的事故损失；其他费用是指不属于以上各项的车辆费用，如随车工具费、车辆清洗费、防滑链条费、中途故障救济费等。

配送运输费用在配送总成本构成中所占比例很大，应进行重点管理。

2. 分拣费用

分拣费用是指在完成货物分拣过程中，发生分拣设备费用和分拣人工费用。

（1）分拣设备费用　分拣设备费用是指分拣机械设备的折旧费用、维修费用、燃料消耗费；

（2）分拣人工费用　分拣人工费用是指从事分拣工作的作业人员及有关人员的工资、奖金、补贴等费用总和。

3. 配装费用

配装费用是指在完成配装货物过程中所发生的各种费用。配装费用主要包括配装材料费用、配装机械费用、配装技术费用、配装辅助费用、配装人工费用。

（1）配装材料费用　配装材料费用指配装过程中消耗的各种材料，常见的配装材料有木材、纸、自然纤维和合成纤维、塑料等。这些包装材料功能不同，成本相差很大。

（2）配装机械费用　配装机械的应用不仅可以极大地提高包装的劳动生产率，也大幅度地提高了配装水平，但是配装机械的广泛应用也使得配装费用明显提高了。

（3）配装技术费用　为使物资在流动过程中免受外界不良因素的影响，物资配装时一般要采取一定的技术措施，如缓冲包装技术、防震包装技术、防潮包装技术、防锈包装技术等。这些技术措施的设计、实施所支出的费用合称为包装技术费用。

（4）配装辅助费用 配装过程中还耗用的一些辅助材料，如包装标记、标志的印刷、标签、拴挂物费用等的支出。

（5）配装人工费用 配装人工费用是指从事包装工作的工人及有关人员的工资、奖金、补贴等费用总和即配装人工费用。

4. 流通加工费用

为了提高配送效率，便于销售，在物资进入配送中心后，必须按照用户的要求进行一定的加工活动，这便是流通加工。由此而支付的费用称为流通加工费用，主要包括流通加工设备费、流通加工材料费、流通加工人工费和流通加工其他费用。

（1）流通加工设备费用 在流通加工过程中，由于流通加工设备的使用而发生的实体损耗和价值转移。流通加工设备因流通加工形式不同而不同，购置这些设备所支出的费用，以流通加工费用的形式转移到被加工产品中去。如木材加工需要电锯，剪板加工需要剪板机等，购置这些设备所支出的费用，以流通加工费的形式转移到被加工的产品中去。

（2）流通加工材料费用 这是指在流通加工过程中，投入到加工过程中的一些材料消耗所需要的费用，即流通加工材料费用，包括直接消耗的材料、辅助材料、包装材料以及燃料和动力等费用。

（3）流通加工人工费 在流通加工过程中从事加工活动的管理人员、工人及有关人员工资、奖金等费用的总和。应当说明的是，流通加工人工费用的多少与加工的机械化程度和加工形式存在密切的关系。一般来说，加工机械化程度越高，则人工费用越低，反之机械化程度越低，则人工费用越高。

（4）流通加工其他费用 除上述费用外，在流通加工中耗用的电力、燃料、油料以及管理费用等。

实际应用中，应该根据配送的具体流程归集成本，不同的配送模式，其成本构成差异较大。相同的配送模式下，由于配送物品的性质不同，其成本构成差异也很大。

5. 仓储保管费用

仓储保管费用是指货物在储存活动过程中所消耗的物化劳动和活劳动的货币表现，配送中心主要经营业务是组织物品的配送，其中必然要包括储存和保管，这是生产过程在流通领域内继续消耗的劳动，由此所发生的储运业务费用是社会必要劳动的追加费用。虽然这种劳动不会提高和增加物资的使用价值，但参加物资价值的创造，增加了物资的价值。储运业务费用包括仓储费、进出库费和服务费用。

（1）仓储费 仓储费专指物资储存、保管业务所发生的费用。仓储费主要包括：仓库管理人员的工资，物资在保管保养过程中的毡垫、防腐、倒垛等维护保养费，固定资产折旧费，以及低值易耗的摊销、修理费、劳动保护费、动力照明费等。

（2）进出库费 进出库费是物资进出库过程中所发生的费用。进出库费主要包括，进出库过程中验收等所开支的工人工资、劳动保护费等，固定资产折旧费，以及大修理费、照明费、材料费、燃料费、管理费等。

（3）服务费用 配送中心在对外保管服务过程中所消耗的物化劳动和活劳动的货币表现。

四、配送成本的核算

由于配送作业是由多个环节构成，因此配送成本费用的核算是涉及多个环节的核算，是各个配送环节或活动的集成。

在计算配送成本时，应当先计算配送各环节的总成本，然后将各个环节的总成本加总后，得出配送总成本。即配送成本费用总额是由各个环节的成本组成。其计算公式如下：

配送成本＝配送运输费用＋分拣费用＋装配费用＋流通加工费用＋仓储保管费用＋信息处理费用

需要指出的是在进行配送成本费用核算时要避免配送成本费用重复交叉，夸大或缩小费用支出，均会使配送成本不真实，不利于配送成本的管理。

1. 配送运输费用的核算

配送运输费用的核算是指将配送车辆在配送生产过程中所发生的费用，按照规定的配送对象和成本项目，计入到配送对象的运输成本项目中去的方法。

物流配送企业月末应编制配送运输费用计算表，如表 9-12 所示，以反映配送环节在一定时期（年、季、月）的成本构成、成本水平和成本计划执行情况的综合性指标报表。利用配送费用汇总表，可以分析、考核各项计划的执行情况和各种消耗定额的完成情况，研究降低成本的途径，从而不断改善经营管理，提高配送的盈利水平。

配送运输费用汇总表分析主要是根据表中所列数值，采用比较分析法、计算比较本年计划、本年实际与上年实际成本升降的情况，并结合有关统计、业务、会计核算资料和其他调查研究资料，查明成本水平变动的原因，提出进一步降低成本的意见。

表 9-12　配送运输费用计算表

编制单位：　　　　　　　　　　　　　年　月　日　　　　　　　　　单位：元

项目		配送车辆合计	配送营运车辆			
			甲型车	乙型车	丙型车	丁型车
1. 车辆费用	工资					
	福利费					
	燃料费					
	轮胎费					
	修理费					
	折旧费					
	养路费及运输管理费					
	车船使用税、行车事故损失					
2. 营运间接费						
3. 配送运输总成本(项目1＋项目2)						
4. 周转量						
5. 单位成本(项目3÷项目4)						
6. 成本降低额						
7. 成本降低率						

注：1. 配送运输总成本：是指成本计算期内成本计算对象的成本总额，即各个成本项目金额之和。

2. 单位成本：是指成本计算期内各成本计算对象完成单位周转量的成本额。

3. 成本降低额：是指用该配送成本的上年度实际单位成本乘以本期实际周转量计算的总成本，减去本期实际总成本的差额。它是反映该配送运输成本由于成本降低，与上一年相比所产生的节约金额的一项指标。

成本降低额＝上年度实际单位成本×本期实际周转量－本期实际总成本

4. 成本降低率：是指该配送运输成本的降低额与上年度实际单位成本乘以本期实际周转量计算的总成本比较的百分比。它是反映该配送运输成本降低幅度的一项指标。

$$成本降低率＝\frac{成本降低额}{上年度实际单位成本×本期实际周转量}×100\%$$

2. 分拣费用的核算

分拣费用的核算指的是将分拣过程中所发生的费用，按照规定的成本计算对象和成本项目计入分拣成本。分拣费用项目包括分拣直接费用和分拣间接费用。企业月末应编制配送分拣费用计算表，如表 9-13 所示，用来反映配送分拣的总费用。

表 9-13 分拣费用计算表

编制单位：　　　　　　　年 月 日　　　　　　　单位：元

项目		合 计	分拣品种			
			甲仓库	乙仓库	丙仓库	丁仓库
分拣直接费用	工资					
	福利费					
	折旧费					
	维修费					
	其他费用					
分拣间接费用						
分拣总成本						

3. 配装费用的核算

配装成本的核算是指将配装过程中所发生的费用，按照规定的成本计算对象和成本项目计入配装成本，如表 9-14 所示。

表 9-14 配装费用核算表

项目	核算方法
材料费用	根据"材料发出凭证汇总表""领料单""领料登记表"等原始凭证中配装成本耗用的金额计入成本
工资、职工福利费	根据"工资分配汇总"和"职工福利费计算表"中的分配金额计入成本
配装机械费用	根据"固定资产"中有关配装机械的成本费用计算
配装技术费用	根据"无形资产"中有关配装技术的成本费用计算
辅助材料费用	根据"材料发出凭证表""领料单"中的金额计入成本
工资、职工福利费	根据"工资分配汇总"和"职工福利费计算表"中的分配金额计入成本
其他费用	根据"材料发出的凭证汇总表""低值易耗品发出凭证汇总表"中配装成本领用的金额计入成本
配装间接费用	根据"配送间接费用分配表"中的金额计入配装成本

企业期末应编制配装费用计算表，如表 9-15 所示，以反映配装过程发生的成本费用总额。只有进行有效的配装，才能提高送货水平，降低送货成本。

表 9-15 配装费用计算表

编制单位：　　　　　　　年 月 日　　　　　　　单位：元

项目		合 计	分拣品种			
			甲仓库	乙仓库	丙仓库	丁仓库
配装直接费用	工资					
	福利费					
	材料费					
	辅助费用					
	机械费用					
	技术费用					
配装间接费用						
配装总成本						

4. 流通加工费用的核算

流通加工费用可以按直接费用及间接费用两部分进行核算，直接费用包括直接材料费、直接人工费等，间接费用是指不能归属直接费用的加工支出。**直接材料费**是指产品流通加工过程中直接消耗的材料、辅助材料、包装材料及燃料和动力等费用；**直接人工费**是指直接进行加工生产的工人的工资总额和按工资总额提取的职工福利费等；**制造费用**是指物流中心设置的生产加工单位为组织和管理生产加工所发生的各项间接费用。企业期末编制流通加工费用计算表，如表9-16所示，以反映配送总成本和单位成本。

表9-16　流通加工费用计算表

编制单位：　　　　　　　　　　年　月　日　　　　　　　　　　单位：元

项目	合计	配装品种			
		甲产品	乙产品	丙产品	丁产品
直接材料					
直接人工					
制造费用					
合计					

5. 储存保管费用的核算

储存保管费用作为配送环节成本核算的内容，可按支付形态划分为对外支付的保管费和企业内部发生的仓储保管费。对外支付的保管费是指仓库租赁费，它可以全额直接计入仓储保管成本；企业内部发生的仓储保管费具体包括材料消耗费、工资及职工福利费、燃料动力费、保险费、修缮维护费、仓储搬运费、仓储保管费、仓储管理费、低值易耗品费用、利息和税金等。

仓储保管成本的核算是指将配送中心仓储活动在配送生产过程中所发生的费用，按照规定的成本计算对象和成本项目计入仓储保管成本。企业期末编制储存保管费用表，如表9-17所示，以反映储存保管费用。

表9-17　储存保管费用表

编制单位：　　　　　　　　　　年　月　　　　　　　　　　单位：元

项目	合计	配送仓库			
		甲仓库	乙仓库	丙仓库	丁仓库
仓库租赁费					
材料消耗费					
工资及职工福利费					
燃料动力费					
保险费					
修缮维护费					
仓储搬运费					
仓储保管费					
仓储管理费					
低值易耗品费用					
利息和税金					
合计					

五、配送成本控制方法

（一）配送成本的分析

物流配送成本是由多环节的成本构成的，因此对配送成本的分析也应当按照各环节成本进行逐项分析。配送成本分析方法多种多样，具体选用哪个方法，取决于企业成本分析的目的、费用和成本形成的特点、成本分析所依据的资料性质等。配送成本的分析方法包括：全面分析方法和成本详细分析方法。

由于配送是多环节物流活动的集成，在实际运行中会有一些不合理的情况出现，导致配送成本过高。其主要原因如下：

1. 库存决策不合理

配送应实现集中库存总量低于各客户分散库存总量，从而大大节约社会财富，同时降低客户实际平均分摊的库存负担。因此，配送企业必须依靠科学管理来实现一个低总量的库存，否则就会出现仅是库存转移，而未解决库存降低的不合理现象。配送企业库存决策不合理还表现在储存量不足，不能保证随机需求，失去了应有的市场。

2. 资源筹措不合理

配送是通过筹措资源的规模效益来降低资源筹措成本，使配送资源筹措成本低于客户自己筹措资源的成本，从而取得优势。如果不是集中多个客户需要进行批量筹措资源，而仅仅是为一两个客户代购代筹，对客户来讲，不但不能降低资源筹措成本，而且还要多支付一笔配送企业的代办费，这显然是不合理的。资源筹措不合理还有其他表现形式，如配送量计划不准、资源筹措过多或过少、在资源筹措时不考虑建立与资源供应者之间长期稳定的供需关系等。

3. 配送中心布局不合理

近年来，物流企业上马很快，部分企业缺乏总体规划和充分的市场调查，导致配送中心布局不合理，重复建设，成本较高。

4. 送货线路不合理

配送与客户自提相比，尤其对于多个小客户来讲，可以集中配装一车送几家，这比一家一户自提可大大节省运力和运费。如果不能利用这一优势，仍然是一户一送，导致配送线路迂回浪费，而车辆也达不到满载，则配送成本必居高不下。不合理运输若干表现形式，在配送中都可能出现，会使配送变得不合理。

5. 配送价格不合理

总的来讲，配送的价格应低于客户自己完成物流活动的价格总和，这样才能使客户有利可图。有的时候，由于配送有较高的服务水平，价格较高，客户是可以接受的，但这不是普遍的现象。如果配送价格过高，损害了客户的利益，就是不合理的。价格制定过低，使配送企业在无利可图或亏损状态下运行，会损害配送企业自身的利益，也是不合理的。

6. 经营观念不合理

在配送实施中，有许多企业因为经营观念不合理，使配送优势无从发挥，损坏了配送企业的形象。这是在开展配送时尤其需要克服的不合理现象。例如：配送企业利用配送手段向客户转嫁资金、库存困难，即在库存过大时，强迫客户接货，以缓解自己的库存压力；在资金紧张时，长期占用客户资金；在资源紧张时，将客户委托资源挪作他用予以获利等。

以上几种不合理的情况，都会增加配送的成本费用，会使配送企业丧失低成本优势。另外，配送成本是由物流多环节的成本费用组成的，因此对配送成本的控制也是对各环节成本的分项控制。所以，对配送成本的控制要有系统的观点，使配送成本费用控制在预定范围内。

（二）配送成本的控制

对配送的控制就是在满足一定的顾客服务水平与配送成本之间寻求平衡，即在一定的配送成本下尽量提高顾客服务水平，或在一定的顾客服务水平下使配送成本最低。配送成本主要有以下优化途径。

1. 优化配送作业流程，降低配送成本

一般而言，配送作业流程由多个环节组成，每个环节都得发生各种支出。在市场经济专业化分工越来越细的过程中，配送中心的某些环节可以进行优化，实行外包或精简，或与其他物流企业合作，在不影响配送服务的前提下，进行成本比较，找出可改进的作业环节。常见的优化配送作业手段主要有实行混合配送、差异化配送、合并配送、标准化配送及延迟配送等作业。

（1）混合策略　混合策略是指配送业务一部分由企业自身完成，而另一部分外包给第三方物流企业完成。它是在分析配送作业全过程的基础上，首先合理安排企业自身能完成的配送作业，然后把其他配送作业外包给第三方物流企业，或与其他物流企业共同开展一些配送作业，使配送成本最低。由于每个企业都有自己的优势，不可能把所有的事情都做到行业最好，如果其他企业能做好配送的某些环节，又不影响企业的配送质量，或者与其他企业共享某些资源，协同完成某项配送任务，又能降低配送成本的话，就大可不必自己全程参与。企业应学会利用社会资源，合理安排企业自身完成的配送和外包给第三方物流的配送，提高经济效益。

（2）差异化策略　产品特征不同，顾客服务水平也不同，以专门的配送方式对待不同的货物，这就是差异化策略。当企业拥有多种产品线时，不能对所有产品都按同一标准的顾客服务水平来配送，而应根据产品的特点、销售水平来设置不同的库存、不同的运输方式以及不同的储存地点，忽视产品的差异性会增加不必要的配送成本。

例如某公司为了降低成本，按各产品的销售量比例进行分类：A 类产品销售量占总销售量的 70% 左右，B 类产品销售量占总销售量的 20% 左右，C 类产品销售量占总销售量的 10% 左右，对于 A 类产品，公司在各销售网点都备有库存，B 类产品只在地区分销中心备有库存，C 类产品仅在工厂的仓库才有库存，经过一段时间的运营，该公司的配送成本下降了 20%。

（3）合并策略　合并策略包含两个层次：一个是配送方法上的合并，另一个是共同配送。

① 配送方法上的合并。企业在安排车辆完成配送任务时，充分利用车辆的容积和载重量，做到满载满装，是降低配送成本的重要途径。例如：实行合理的轻重配装、容积大小不同的货物搭配装车，不但可以在载重量方面达到满载，而且可以充分利用车辆的有效容积，取得最优效果。

② 共同配送。它是一种产权层次上的共享，也称集中协作配送。它是几个企业联合起来，集小量为大量，共同利用配送设施的配送方式。其标准运作形式是：在中心机构的统一指挥和调度下，各配送主体以经营活动（或以资产）为纽带联合行动，在较大的地域内协调运作，共同为某一个或某几个客户提供系列化的配送服务。

（4）标准化策略　标准化策略要求配送中心所有的作业环节都设置具体的作业标准，针对配送中心的工作负荷，引进电子化、自动化设备，制定严格的规章制度，尽量减少因品种多变而导致的附加配送成本，尽可能多地采用标准零部件、模块化产品。不断对员工进行培训，强化员工的效率和质量观念；配送中心作业流程中的每一步操作都要准确、及时，并且具备可跟踪性、可控制性和可协调性，使整个配送流程处于稳定运行状态，从获取局部优势逐渐过渡到追求整体优势。

（5）延迟策略 在传统的配送计划安排中，大多数的库存是按照对未来市场需求的预测设置的，这样就存在预测风险。当预测量与实际需求量不符时，就会出现库存过多或过少的情况，从而增加配送成本。延迟策略的基本思想就是对产品的外观、形状及其生产、组装、配送应尽可能推迟到接到顾客订单后再确定。若采用延迟策略，一旦接到订单就要快速反应。因此，采用延迟策略的一个基本前提是信息传递要迅速。

实施**延迟策略**常采用两种方式：生产延迟（或称形成延迟）和物流延迟（或称时间延迟），而配送中往往存在着加工活动，所以实施配送延迟策略既可采用形成延迟方式，也可采用时间延迟方式。具体操作时，常常发生在诸如贴标签（形成延迟）、包装（形成延迟）、装配（形成延迟）和发送（时间延迟）等领域。

2. 提高配送作业效率，控制配送成本

（1）商品入库、出库的效率化 在配送作业中，伴随着订发货业务的开展，商品检验作业也在集约化的中心内进行。特别是近几十年来，条形码的广泛普及，以及便携式终端性能的提高，使物流作业效率得到大幅提高。在客户订货信息的基础上，在进货商品上要求贴附条形码，商品进入中心时用扫描仪读取条形码检验商品；或在企业发货信息的基础上，在检验发货商品的同时加贴条形码，这样企业的仓库保管及发货业务都在条形码管理的基础上进行。

（2）保管、装卸作业的效率化 企业都极力在现代配送中心内导入自动化作业，在实现配送作业快速化的同时，削减作业人员，降低人工费，特别是以往需要大量人力的备货或标价等流通加工作业，如何实现自动化是很多企业面临的重要课题。如今，为了提高作业效率，除了改善作业内容外，很多企业所采取的方法是极力使各项作业标准化，进而最终实现人力资源的节省。

（3）备货作业的效率化 配送中心内最难实行自动化的备货作业，由于产业不同、商品的形状不同，备货作业的自动化有难有易。虽然从整个行业来看，各企业在推动自动化时会遇到各种难题，但是都在极力通过利用信息系统节省人力资源，构筑高效的备货自动化系统。备货自动化中最普及的数码备货，它可以不使用人力，而是借助于信息系统有效地进行作业活动。具体来讲，数码备货系统就是在由信息系统接受顾客订货的基础上，向分拣员发出数码指示，从而按指定的数量和种类来正确、迅速地备货的作业系统。实行自动化备货作业后，各个货架或货棚顶部装有液晶显示装置，该装置标示有商品的分类号及店铺号，作业人员可以很迅速地查找到所需商品。如今，很多先进的企业即使使用人力，也都纷纷采用数码技术来提高备货作业的效率。

（4）分拣作业的效率化 对于预约订货，需要先将商品送到仓库，待客户订货后，再进行备货、分拣，配送到指定客户手中，对于拥有全国产品销售网的厂商，产品生产出来后，会被运送到各地的物流中心，各地物流中心在接受当地订货的基础上，分别进行备货、分拣作业，然后直接向客户配送产品。

3. 实行责任中心管理，提高布局合理性

责任中心是指企业中具有一定权力并承担相应的工作责任的各级组织和各个管理层次。随着企业规模的扩大，企业应把配送中心作为一个责任中心来对待，并考虑划分出若干责任区域指派下属经理——配送经理进行管理。

为了指导各责任中心管理者的决策，并评估其经营业绩和该中心的经营成果，企业实施责任中心管理的关键是制定一个业绩计量标准，包括制定决策规则、标准和奖励制度。利用

这个标准，企业可以表达希望各中心应该如何做，并对它们的业绩进行判断和评价。

业绩计量标准制定的工作大体上可从两方面入手：首先，要详细规定各中心允许的和可被采纳的行为规范，并限制中心经理可以选择的行动方案，如指定供应商、禁止处理某些资产、限定项目投资的最高额度等；其次，还必须建立一套完善的奖励制度以激励中心经理，促使其行动达到最优化。

4. 优化配送线路，加强配送计划性

一般的配送约束条件有：满足所有零售商对商品品种、规格、数量的要求；满足零售店对货物到达时间范围的要求；各配送路线的商品量不超过车辆容积及载重量的限制；在配送中心现有的运力允许的范围之内配送。

配送路线合理与否对配送速度、成本、效益影响很大，因此，采用科学方法确定合理的配送路线是配送的一项重要工作。确定配送路线可以采用各种数学方法以及在数学方法的基础上发展和演变出来的经验方法。无论采用何种方法，都必须满足一定的约束条件。

在配送活动中，临时配送、紧急配送或无计划的随时配送都会大幅度增加配送成本。

临时配送由于事先计划不善，未能考虑正确的装配方式和恰当的运输路线，到了临近配送截止时期，不得不安排专车，单线进行配送，造成车辆不满载、里程多。

紧急配送往往只要求按时送货，来不及认真安排车辆配装及配送路线，从而造成载重和里程的浪费。而为了保持服务水平，又不能拒绝紧急配送。但是如果认真核查并有调剂准备的余地，紧急配送也可纳入计划。

随时配送对订货要求不做计划安排，有一笔送一次。这样虽然能保证服务质量，但是不能保证配装与路线的合理性，也会造成很大的浪费。

配送作业效率的高低不但直接影响配送质量，而且会对配送成本产生重大影响。物流企业须仔细分析各个配送作业环节的工作情况，对比同行业的工作水平，找出差距，不断革新，提高配送作业的效率，这是降低配送成本的一条重要途径。配送线路如何选择，方法如下：

第一，配送线路目标的确定。

目标的选择是根据配送的具体要求、配送中心的实力及客观条件来确定的。由于目标有多个，因此可以有多种选择方法：

① 以效益最高为目标，就是指计算时以利润的数值最大为目标。

② 以成本最低为目标，实际上也是选择了以效益为目标。

③ 以路程最短为目标。

④ 以吨公里最小为目标。

⑤ 以准确性最高为目标，它是配送中心重要的服务指标。

其他还有以运力利用最合理、劳动消耗最低等为目标。

第二，配送线路约束条件的确定。

一般配送线路的约束条件有：

① 满足所有收货人对货物品种、规格、数量的要求。

② 满足所有收货人对货物收到时间范围的要求。

③ 在交通管理部门允许通行的时间内进行配送。

④ 各配送线路的货物量不超过车辆容积和载重量的限制。

⑤ 在配送中心现有运力允许的范围内配送。

第三，配送线路的优化方法。

随着配送的复杂化，配送线路的优化一般要结合数学方法及计算机求解的方法，以制定合理的配送方案。目前确定优化配送方案的一种较成熟的方法是节约法，也叫节约里程法。利用节约法确定配送线路的主要出发点是：根据配送中心的配送能力（包括车辆的多少和载重量）和配送中心到各个用户以及各个用户之间的距离，来制订使总的车辆运输吨公里数最小的配送方案。利用节约法制定出的配送方案除了使配送总吨公里数最小外，还满足以下条件：

① 方案能满足所有用户的要求。

② 不使任何一辆车超载。

③ 每辆车每天的总运行时间或行驶里程不超过规定的上限。

④ 能满足用户到货时间的要求。

实际上，配送线路的优化就是采用最优化理论和方法，如线性规划的单纯形法、非线性规划、动态规划等方法建立相应的数学模型，再利用计算机进行求解，最后得出最优方案。

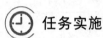

任务实施

降低配送成本的策略

物流行内习惯把配送业务称作"最后两公里"。无论对于生产企业还是物流企业，"最后两公里"都是一项具有挑战的业务，因为配送业务既复杂，成本又高。请阐述如何降低配送成本。

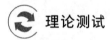

理论测试

一、单选题

1. 在反映仓库生产成果数量的指标中，（　　）更能体现仓库空间的利用程度和流动资金的周转速度。

A. 存货周转率　　　B. 吞吐量　　　　　C. 库存量　　　　　D. 库存品种

2. 主要反映仓库保管和维护质量和水平的指标是（　　）。

A. 收发正确率　　　B. 业务赔偿费率　　C. 物品损耗率　　　D. 账实相符率

3. 主要反映仓库组织出库时的作业管理水平以及当期的交通运输状况的指标是（　　）。

A. 平均验收时间　　B. 库用物资消耗指标　　C. 作业量系数　　D. 发运天数

4. 主要反映仓库仓储生产的经济效益的指标是（　　）。

A. 业务赔偿费率　　B. 全员劳动生产率　　C. 人均利税率　　　D. 仓容利用率

5. 下列选项中，（　　）体现了仓储成本的效益悖反性。

A. 仓储成本会占据企业流动资金的很大比重

B. 会计核算的时候，没有仓储保管费、仓储办公费等项目

C. 为消减仓储成本而减少物流中心仓库的数量，但却造成了运费费用的上升

D. 仓储成本包括了很多组成部分

6. 企业在正常的经营环境下为满足日常需要而建立的库存，叫作（　　）。

A. 经常库存　　　　B. 安全库存　　　　C. 促销库存　　　　D. 积压库存

7. 工资、奖金、福利费、医药费、劳保费以及职工教育培训费和其他一切用于职工的费用属于（　　）。

A. 材料费　　　　　B. 人工费　　　　　C. 一般经费　　　　D. 特别经费

8. 为了完成配送过程中商品、物资的物理性流动而发生的费用称为（　　）。

A. 配送加工费　　　B. 物品流通费　　　C. 信息流通费　　　D. 短途运输费

9. 配送业务部分由企业自身完成，另一部分则外包给第三方物流企业完成的配送策略是（　　）

A. 混合策略　　　B. 差异化策略　　　C. 延退策略　　　D. 标准化策略

10. 货物品质恶化、破损损失、盘点损失等费用是属于配送中心库存管理费用中的（　　）费用。

A. 仓库管理费　　B. 损耗费　　　　C. 资金费用　　　D. 商品淘汰费

11. 下列不属于配送绩效评价要素的是（　　）

A. 设施　　　　　B. 设备　　　　　C. 人员　　　　　D. 速度

12. 对于分送式配送，一般采用（　　）确定最佳配送路线。

A. 节约时间法　　B. 成本最小法　　C. 节约里程法　　D. 效益最高法

13. 调度的好坏，直接体现在（　　）的成本上。

A. 配送　　　　　B. 运输　　　　　C. 仓储　　　　　D. 利润

14. 下列配送评价指标错误的是（　　）。

A. 空车率＝空车行驶距离÷配送总距离×100％

B. 平均每车次配送吨公里数＝配送总距离×配送总量÷配送总车次

C. 每车次配送成本＝配送总成本×配送总车次

D. 每公里配送成本＝配送总成本÷配送总距离

15. 停车费、车辆罚款属于车辆营运成本中的（　　）。

A. 固定成本　　　B. 设备成本　　　C. 意外变动成本　D. 运转成本

16. 以下不属于车辆营运成本中的固定成本的是（　　）。

A. 燃油费　　　　B. 车辆保险费　　C. 人工费用　　　D. 车辆折旧

二、多选题

1. 反映仓库生产成果质量的指标主要是（　　）。

A. 收发差错率　　B. 缺货率　　　　C. 物品损耗率　　D. 账实相符率

2. 反映仓库生产物化劳动占用的指标主要是（　　）。

A. 仓库面积利用率　B. 全员劳动生产率　C. 仓容利用率　　D. 设备利用率

3. 销售型和生产型企业的仓储成本包括（　　）。

A. 仓库持有成本　B. 订货成本　　　C. 缺货成本　　　D. 在途库存持有成本

4. 下列选项中，（　　）属于缺货成本。

A. 保险库存的持有成本　　　　　　　B. 延期交货成本

C. 为保证日常需求的库存持有成本　　D. 失去客户的成本

5. 库存控制的评价指标有（　　）

A. 库存周转率　　B. 服务水平　　　C. 缺货率　　　　D. 平均供应费用

6. 下列属于物流系统中存在的制约关系的有（　　）。

A. 物流服务和物流成本之间　　　　　B. 仓储费用和运输费用之间

C. 构成物流成本的各个环节费用之间　D. 各子系统的功能和所耗费用之间

7. 在归集和计算配送成本之前，首先明确以下问题（　　）。

A. 成本的计算范围如何确定的问题

B. 在备货、储存、配货、送货等诸种配送活动中，以哪几种活动作为计算对象的问题

C. 配送成本的"二律背反"的问题

D. 把哪几种费用列入配送成本的问题

8. 配送成本具有（　　　）的特点。

A. 配送成本的隐蔽性　　　　　　　　　B. 配送成本的明确性

C. 配送成本的"二律背反"　　　　　　　D. 配送成本的计算范围难以确定

9. 进行配送成本核算的意义主要有（　　　）

A. 为企业管理提供物流管理方面的数据和绩效考核依据

B. 有利于分清成本发生的责任归属，促进物流管理一体化

C. 有利于把握正确的物流实际成本

D. 促进物流服务水平的提高

10. 属于按支付形态计算配送成本的费用项目的是（　　　）。

A. 材料费　　　　　B. 对外委托费　　　　C. 人工费　　　　D. 信息流通费

11. 按照配送功能进行分类，配送成本大体可分为（　　　）。

A. 物品流通费　　　B. 信息流通费　　　C. 配送管理费　　　D. 对外委托费

12. 物品流通费指为了完成配送过程中商品、物资的物理性流动而发生的费用，可进一步细分为（　　　）。

A. 备货费和保管费　B. 分拣及配货费　　C. 装卸费和短途运输费　　D. 配送加工费

13. 按适用对象来计算配送成本，通常的分类方法有（　　　）。

A. 按支店或营业所计算配送成本　　　　B. 按顾客计算配送成本

C. 按商品计算配送成本　　　　　　　　D. 按支付形态计算配送成本

14. 配送的目的是以尽可能低的配送成本来实现较高的配送服务。下列属于配送服务与服务成本之间存在的关系的是（　　　）。

A. 配送服务不变，降低成本　　　　　　B. 成本不变，提高服务水平

C. 配送服务水平和成本均提高　　　　　D. 成本降低，服务水平提高

15. 配送成本是各种作业活动的费用，下面属于影响配送成本因素的是（　　　）。

A. 时间　　　　　　B. 距离　　　　　　C. 配送物的数量和质量　D. 货物种类和作业过程

16. 按照会计成本核算法，车辆固定成本包括（　　　）。

A. 车辆折旧费　　　B. 车辆修理费　　　C. 车辆保险费　　　D. 车辆年检费

三、判断题

1. 通常情况下，不论仓库规模大小，也不论是自用还是经营仓库，都应设置包括综合计划、运输调运、作业管理、库房管理、技术管理、设备管理和财务管理在内的机构或岗位。（　　　）

2. 随着订货批量（或生产批量）的增加，仓库持有成本和订货成本（或生产准备成本）都增加，总成本也在增加。（　　　）

3. 由于在途运输过程中存在很大的风险，所以在途库存持有成本会比仓库持有成本要高。（　　　）

4. 验收就是清点货物的数量。（　　　）

5. 配送成本是指在配送活动的备货、储存、分拣及配货、配装、送货、送达服务及配送加工等环节所发生的各项费用的总和，是配送过程中所消耗的各种活劳动和物化劳动的货币表现。（　　　）

6. 按适用对象来计算配送成本，可以让企业对特殊的对象，进行配送成本的跟踪和计算，以达到控制此项配送成本的目的。（　　　）

7. 对配送的管理就是在配送的目标（即满足一定的顾客服务水平）与配送成本之间寻求平

衡：在一定的配送成本下尽量降低顾客服务水平，或在一定的顾客服务水平下使配送成本最大。（　　）

8. 调度作业的主要内容是通过合理调度车辆、人员，合理安排车辆积载、配送线路，来提高车辆利用率，降低配送成本，满足客户服务需求。（　　）

9. 空车率＝空车行驶距离÷配送总距离×100%。（　　）

10. 延迟策略就是指通过与客户协商，推迟订单的时间从而形成订单批量，降低配送成本。（　　）

11. 过路费、养路费在物流成本计算当中应属于运输成本。（　　）

四、简答题

Y 公司为海南省一家果蔬批发企业，其主要客户为北京、天津、上海等地的大型连锁超市。企业年终进行本年度成本核算时，库存成本一栏包含了库存持有成本、订货成本和缺货成本三项。你认为该企业的库存成本核算是否合理？为什么？

五、计算题

某仓库物资 11 月份的库存记录如下：11 月 1 日，期初库存 500t，单位成本 20 元；11 月 8 日，采购 200t 货物，单位成本 25 元；11 月 12 日，出售库存 300t；11 月 15 日，采购货物 400t，单位成本 22 元；11 月 20 日，出库 500t。根据资料内容，采用先进先出法、一次加权平均法、加权平均法计算期末存货成术。

项目十　智慧仓配运营绩效评价

知识目标	◇ 熟悉仓储绩效管理的原则。
	◇ 熟悉配送绩效管理的指标。
	◇ 掌握仓储绩效评价指标的计算。
	◇ 掌握配送绩效评价指标的计算。
技能目标	◇ 会根据仓储绩效指标实际数据分析企业的优势与不足。
	◇ 会设计配送绩效考核的内容。
	◇ 会计算仓储绩效评价指标。
	◇ 会计算配送作业环节的绩效评价指标。
职业素养目标	◇ 具有绩效管理的意识。
	◇ 具有以绩效指标为导向的管理意识。
	◇ 培养设计、选择绩效指标的能力。
	◇ 具有工作过程的安全意识。

岗课赛证融通说明

本项目内容是仓配管理人员应具备的基础知识和基本技能；对接物流管理 1＋X 职业技能等级证书（中级）考核中仓储绩效考核指标，配送绩效考核指标等部分需要掌握的理论考点；对接物流服务师国家职业技能标准（2020 年版）中仓储与配送作业绩效考核方法，仓配运营绩效评估流程等知识要求；对接全国职业院校技能大赛——智慧物流作业方案设计与实施赛项中周转频率分析等部分的内容，全国物流服务师职业技能竞赛中智慧仓入库、出库仿真结果分析等部分的内容。

任务一 仓储绩效管理

 引导案例 绩效考核的制定

某物流企业 A，到年底了，公司老板开始犯愁了——钱该怎么发呢？年初的时候企业"一把手"曾经在大会小会上许诺员工，只要大家好好干，年底的时候一定给大家发年终奖，干得好还可以多拿。

但是，由于人事部在绩效考核工作上一直没有作为，从1月份拖到2月份，从2月份拖到3月份，一直拖到了年底，这个工作也没有见到什么效果。现在，到了兑现承诺的时候了，拿什么作为发放年终奖的依据呢？

思来想去，企业"一把手"还是认为绩效考核是个很好的工具，于是召集人事部门的所有员工开会，要求必须在半个月之内拿出绩效考核方案，否则停发人事部所有员工的年终奖。

在企业"一把手"的强压之下，人事部群策群力，上网找了很多资料，最终"合成"出了一份绩效考核方案。方案的核心内容就是几张表，里面列举了员工的工作数量、工作质量、工作态度、遵章守纪等内容。为了保证程序的公平，还设置了复杂的打分程序，每个人都按照上级、同级、下级等维度进行打分，忙乎了一个月，终于完成了年终考核。

【引例分析】从上面案例中，我们看到人事制定绩效考核方案非常草率，可想而知，这样的考核，最终的结果是员工对考核结果非常不认同，怨言一片。那么，到底什么是绩效？员工的绩效来自哪里？为什么企业要为员工的绩效付薪？上面的案例里，从企业"一把手"到人事部门都认为所谓绩效，就是员工的表现，所谓表现就是人事部定义的能力、态度、劳动纪律等员工的日常行为。这些都只是片面的，下面来系统地学习一下绩效评价的概念。

【任务发布】仓储绩效评价是有一定的标准和原则的，同时仓储绩效从不同的角度设定了指标，不是毫无标准和原则的随意制定，否则就会引起员工的不满，公司高管应该按绩效评价的步骤要求，系统地制定绩效评价体系。

 知识储备

一、仓储绩效评价标准及原则

（一）仓储绩效评价标准

仓储绩效评价标准是对评价对象进行分析评价的标尺，是评价工作的准绳和前提。评价标准可以分为以下4类。

1. 计划（预算）标准

计划（预算）标准是仓储绩效评价的基本标准，是指以事先制定的计划、预算和预期目标为评价标准，将仓储绩效实际达到的水平与其进行对比。该标准反映了仓储绩效计划的完成情况，并在一定程度上代表了现代企业经营管理水平。但该标准人为因素较强，主观性较大，要科学合理地制定才能取得较好的激励效果。

2. 历史标准

历史标准是以历史同期水平或历史最高水平为衡量标准，将仓储绩效实际达到的水平与其自身历史水平进行纵向比较。这种比较能够反映仓储绩效指标的发展动态和方向，为进一步提升仓储绩效提供决策依据。但历史标准的评价结果缺乏横向可行性，具有排他性。

3. 客观标准

客观标准是以国际或国内同行业绩效状况作为评价本企业仓储绩效的标准。采用这一评价标准，评价结果较为真实且具有横向可比性，便于了解企业本身在行业中所处的位置，有助于企业制定仓储发展战略。

4. 客户标准

客户标准是以客户来衡量企业的仓储绩效。以客户的满意程度来评价仓储企业服务水平的关键要素，是企业改进和提高仓储水平的重要依据。

（二）仓储绩效评价原则

1. 科学性原则

仓储绩效评价标准和理论必须建立在科学合理的基础上，才能反映客观实际，对实践具有指导意义。因此科学性原则要求设计的指标体系应能够客观地、如实地反映仓储管理的实际水平。

2. 可行性原则

可行性原则要求指标简单易行，数据容易获取，便于统计计算和分析比较，使现有人员能够很快地灵活掌握和运用，保证准确、快速地获取评价值，以确保评价工作正常进行。

3. 协调性原则

协调性原则是指各项指标之间相互联系、互相制约，应使之相互协调，互为补充，不能使指标之间相互矛盾或彼此重复。

4. 可比性原则

在对指标的分析过程中，重要的是要对指标进行比较，比如将现在与过去比，本企业与同类企业比等，所以要求指标必须具有可比性。

5. 稳定性原则

指标体系一旦确定之后，应在一定时间内保持相对稳定，不宜经常变动、频繁修改。在执行一段时间后，可能通过总结不断地进行改进和完善。

二、仓储绩效评价指标

仓储绩效评价指标见表 10-1。

表 10-1 仓储绩效评价指标

评价指标	明细	
顾客满意类指标	服务水平	服务水平
		缺货率
	顾客满足程度	
数量指标	计划期物资吞吐量	
	物资平均库存量	月平均库存量
		年平均库存量
	库房使用面积	
	货场使用面积	
	单位面积储存量	
	职工人数	月平均人数
		年平均人数
	设备数量	
	库用物资消耗指标	

续表

评价指标	明细	
效率指标	仓库利用率指标	仓库面积利用率
		仓库面积使用率
		仓库容积利用率
	设备利用率指标	设备能力
		设备时间
	资金使用效率	
	劳动生产率指标	
	物资周转速度指标	周转次数
		周转天数
经济性指标	储运成本指标	进出库成本
		储存成本
	利润指标	
	资金利润率	
	收入利润率	
	每吨货物保管利润	
质量指标	物资收发差错率	
	业务赔偿费率	
	物资损耗率	
	物资缺损率	
	账实相符率	
	物资及时验收率	
	设备完好率	
安全性指标	安全率	

（一）顾客满意类指标

顾客满意度是经常被提及的一项评价指标，这反映了企业对客户满意度的重视。

1. 服务水平

$$服务水平 = \frac{满足次数要求}{用户要求次数} \times 100\%$$

该指标用来评价仓储服务的顾客满意度，如果这个指标过低，可能因为以下一些原因：服务态度不佳、交货时间延迟或没按规定交货、仓储过程中产生的产品质量问题等。

另外，可以以缺货率来表示服务水平。缺货率反映仓库保证供应、满足客户需求的程度。计算公式为：

$$缺货率 = \frac{缺货次数}{顾客订货次数} \times 100\%$$

通过这项指标的考核，可以衡量仓库进行库存分析能力和及时组织补货的能力。

2. 顾客满足程度

顾客满足程度常常通过随机调查获取样本，以顾客对特定满意度指标的打分数据为基础，运用加权平均法得出相应结果。

$$顾客满足程度 = \frac{满足顾客要求数量}{顾客要求数量} \times 100\%$$

（二）货物储存的数量指标

这是反映仓库容量、能力以及货物储存数量的指标。

1. 计划期物资吞吐量

物资吞吐量也叫物资周转量。它是指计划期内进出库物资的总量，一般以吨表示。计划期指标常以年吞吐量计算，计算公式为：

计划物资吞吐量＝计划期物资总进库量＋计划期物资总出库量＋计划期物资在拨量

2. 物资平均库存量

物资平均库存量是指计划期内的平均库存量，一般按月、年计算。由于库存量受入库量和出库量的影响，经常发生增减变化，所以月末库存量只反映月末最后一天 24 点的实际结存数量，不能反映全月的库存水平，同理，年末库存量也无法反映整年的库存水平，因此，我们需要计算计划期的平均库存量，来近似地反映整月或整年的库存水平。

$$月平均库存量＝\frac{月初库存量＋月末库存量}{2}$$

$$年平均库存量＝\frac{各月平均库存量之和}{12}$$

3. 库房使用面积

库房使用面积＝库房墙内面积－墙、柱、楼（电）梯等固定建筑物面积（m^2）

库房使用面积是指库房实际能够存放商品的面积，可用库房的总面积减去障碍物、建筑物及其与商品之间的必要距离和实际不能堆放商品的空地面积后剩余的面积来计算。

4. 货场使用面积

与库房使用面积的计算方法近似，货场的使用面积等于货场总面积扣除排水明沟、灯塔、水塔等固定建筑物的面积。

货场使用面积＝货场总面积－排水明沟、灯塔、水塔等固定建筑面积（m^2）

5. 单位面积储存量

单位面积储存量指每平方米可用面积可以储存物资的吨数，反映了仓库的平面利用效率，即日平均储存量除以仓库实际面积，其中日平均储存量为报告期商品储存总量除以报告期日历天数，报告期商品储存总量等于报告期每天的库存商品数量之和。另外库房使用面积等于仓库中货场、货棚、库房的使用面积之和。

$$单位面积储存量(t/m^2)＝\frac{日平均储存量(t)}{库房或货场使用面积(m^2)}$$

6. 职工人数

一般计算年或月的平均职工人数。计算公式如下：

$$月平均人数＝\frac{月内每日实际人数之和}{该月天数}＝\frac{月初人数＋月末人数}{2}$$

月平均人数指报告期内每天平均拥有的人数，是以报告期内每天实际拥有的全部人数相加之和，除以被报告月的日历数求得的。平均人数反映了企业在一定时期内拥有人数的一般水平。

$$年平均人数＝\frac{年内各月平均人数之和}{12}$$

月平均人数计算方法相似，年平均人数是指报告年内，每月的平均人数相加之和，除以全年 12 个月来求得。

7. 设备数量

设备数量是反映在仓储工作中所用各种设备的数量指标。通常以统计的在籍设备台数和处于良好状态的设备台数来表示。

8. 库用物资消耗指标

储存作业的物资消耗指标即库用材料（如防锈油等）、燃料（如汽油和机油等）、动力（如耗电量）的消耗定额。

（三）物资储存的效率指标

1. 仓库利用率指标

它是指仓库在面积、容积、地面载荷等方面利用程度的指标。

（1）仓库面积利用率

$$仓库面积利用率=\frac{库房、货棚、货场占地面积之和}{仓库占地面积}\times100\%$$

仓库面积利用率是衡量仓库利用程度的重要指标，是反映仓库管理工作水平的主要经济指标之一。仓库面积利用率是仓库可使用面积与仓库建筑总面积或占地总面积的比率，仓库占地总面积是指从仓库围墙线算起，整个围墙所占有的面积。它为分析仓库的实际利用效率高低，挖潜多储，提供了依据，它可以用仓库面积利用率和仓库容积利用率两个指标来表示。仓库面积利用率越大，表明仓库面积的利用情况越好。

（2）仓库面积使用率

$$仓库面积使用率=\frac{仓库使用面积}{仓库可用面积}\times100\%$$

仓库面积使用率也是衡量仓库利用程度的重要指标，是仓库已经使用的面积与仓库可以使用的面积之比率，即考查仓库可使用面积的利用程度。

（3）仓库容积利用率

$$仓库容积利用率=\frac{库存商品实际数量或容积}{仓库应存数量或容积}\times100\%$$

仓库容积利用率值越大，表明仓库的利用情况越好。可以通过规划面积布置、料位设定、物料堆砌方式等要素，充分利用仓库垂直空间、使用标准包装容器，结合条码技术等系统自动化的方式来提高库房容积利用率。

2. 设备利用率指标

设备利用率可以用设备能力利用率、设备时间利用率来表示。

（1）设备能力　设备能力利用率计算公式如下：

$$设备能力利用率=\frac{实际载荷量}{额定载荷量}\times100\%$$

额定载荷量是指设备在使用中所允许的承载范围。设备能力利用率关系到企业的成本高低，能够考查出设备发挥利用的程度，很显然设备能力利用率越高，成本相对越低。

（2）设备时间　设备时间利用率也可分别按班、日或年计算。

$$班设备利用率=\frac{班内实际作业时数}{8}\times100\%$$

$$日设备利用率=\frac{日内实际作业时数}{24}\times100\%$$

$$年设备利用率=\frac{年内实际作业天数}{365-节假日停工天数}\times100\%$$

班设备利用率是按一天工作时间 8h 来计算的，因此一个正常班就是 8h；日设备利用率按全天 24h 来计算，即三个班；年设备利用率是按全年 365 天减去法定节假日以及停工天数来计算。以上计算是指单台设备利用率，若对多台设备，可用加权平均数计算。

3. 资金使用效率

资金使用效率反映资金的利用水平、资金的周转及资金使用的经济效果，计算公式如下：

$$单位货物固定资产平均占用量＝\frac{报告期固定资产平均占用量}{报告期平均货物储存量}$$

单位货物固定资产平均占用量反映企业每一单位货物占用了多少固定资金，是考核企业固定资金利用效果的指标，该指标越高，表示固定资产利用效果越好。

$$单位货物流动资金平均占用量＝\frac{报告期流动资金平均占用量}{报告期平均货物储存量}$$

报告期固定资产和流动资金平均占用量可以用期初数和期末数的平均数计算得到，计算公式如下：

$$流动资金周转天数＝\frac{年仓储业务总收入}{全年流动资金平均占用额}$$

$$流动资金周转天数＝\frac{360}{流动资金周转次数}＝\frac{全年流动资金平均占用量×360}{年仓储业务总收入}$$

流动资产周转越快，周转次数越多，表明企业以相同的流动资产占用实现的收入越多，说明流动资产的使用效率越高，反之，则表明企业利用流动资产的能力越差。

4. 劳动生产率指标

仓储单位的劳动生产率是用平均每人每日完成的进出库量来表示的。进出库量就是吞吐量减去在拨量，计算公式如下：

$$全员劳动生产率＝\frac{全年物资进出库量}{全员年工日总数}（t/工日）$$

劳动生产率水平可以用同一劳动在单位时间内进出库量来表示，单位时间进出库量越多，劳动生产率就越高，该指标不但可以反映企业劳动生产率水平，同时能够看出劳动生产率的变动程度。

5. 物资周转速度指标

库存物资周转速度是反映企业仓储工作水平的重要指标。

（1）周转次数　计算公式如下：

$$年内物资周转次数＝\frac{年物资消耗量}{年平均物资库存量}×100\%$$

年内物资周转次数越多，周转得越快，说明企业的效率越高，即企业管理水平越高，反之物资周转次数越少，物资周转得越慢，说明企业在物资方面滞压资金越多，管理水平越低。

（2）周转天数　计算公式如下：

$$物资周转天数＝\frac{年日历日数}{年内物资周转次数}＝\frac{平均库存量}{平均日消耗量}（天/次）$$

物资周转天数是指从取得物资入库开始，至消耗尽为止所经历的天数，周转天数越少，说明物资周转速度越快。

（四）货物储存的经济性指标

存货的经济性指标主要是指有关存货的成本和效益的指标，它可以综合反映经济效益水平。其包括的具体指标及公式如下所述。

1. 储运成本指标

储运成本是指一定时期内完成物资储运任务所支出的费用总额。

（1）进出库成本　进出库成本反映着每吨进出库物资所耗费用。计算公式如下：

$$进出库成本 = \frac{期内进出库费用}{期内进出库量}（元/t）$$

（2）储存成本　储存成本反映每保管一吨物资所支出的费用，即储存吨成本。计算公式如下：

$$物资储存成本 = \frac{计划期内商品保管费用}{同期商品吞吐量}（元/t）$$

2. 利润指标

利润指标是反映仓储生产经营活动的综合性指标。计算公式如下：

$$利润 = 期内仓库总收入额 - 同期内仓库总支出额$$

3. 资金利润率

资金利润率是指在一定时期内仓库所得利润与全部资金占用之比。企业的固定资金和流动资金一般称为企业占用的资金，它可以用来反映仓库的资金利用效果。计算公式如下：

$$资金利润率 = \frac{利润总额}{固定资产平均占用 + 流动资产平均占用} \times 100\%$$

4. 收入利润率

收入利润率是反映企业一定时期利润水平的相对指标，是指仓库实现利润总额与同期实现的仓库营业收入之比。收入利润率指标既可考核企业利润计划的完成情况，又可比较各企业之间或企业自身在不同时期的经营管理水平，提高经济效益。计算公式如下：

$$收入利用率 = \frac{利润总额}{仓库营业收入} \times 100\%$$

5. 每吨货物保管利润

该指标是指报告年度实现的利润总额与报告期内货物储存总量（吨）之比。计算公式如下：

$$每吨货物保管利润 = \frac{报告期利润总额}{报告期货物储存总量} \times 100\%$$

（五）货物储存的质量指标

1. 物资收发差错率

收发差错率是以收发货所发生差错的累计次数占收发货总次数的百分比来计算，此项指标反映仓储部门收、发货的准确程度。计算公式如下：

$$物资收发差错率 = \frac{收发差错累计次数}{储存货物总额} \times 100\%$$

2. 业务赔偿费率

业务赔偿费率是以仓储部在计划期内发生的业务赔偿金额占同期业务总收入的百分比来计算，此项指标反映仓储部门履行仓储合同的质量。计算公式如下：

$$业务赔偿费率 = \frac{业务赔偿总额}{业务总收入} \times 100\%$$

3. 物资损耗率

物资损耗率是指保管期内，某种物资自然减量的数量占该种物资入库数量的百分比，此项指标反映仓库物资保管和维护的质量水平。计算公式如下：

$$物资损耗率 = \frac{物资损耗量}{期内物资保管总量} \times 100\% = \frac{物资损耗额}{期内物资保管总额} \times 100\%$$

4. 物资缺损率

物资缺损率是指保管期内，物资缺损的数量占该期内入库物资数量的百分比，此项指标也反映仓库物资保管和维护的质量和水平。计算公式如下：

$$物资缺损率 = \frac{期内物资缺损量}{期内物资总数} \times 100\%$$

5. 账实相符率

账实相符率是指在进行货物盘点时，仓库保管的货物账面上的结存数与库存实有数量的相互符合程度。计算公式如下：

$$账实相符率 = \frac{账实相符尾数}{储存货物总笔数} \times 100\% = \frac{账实相符件数}{期内储存总件数} \times 100\%$$

相符率越高越好，说明该企业仓库管理能力越强，不过从现实角度来说，100%的账实相符很难做到。

6. 物资及时验收率

物资及时验收率表明物资仓库按照规定时限验收执行的情况。该指标是反映仓储管理质量高低的一项重要指标，计算公式如下：

$$物资及时验收率 = \frac{及时验收笔数}{期内收料总笔数} \times 100\%$$

7. 设备完好率

设备完好率是指设备处于良好状态，随时能投入使用的设备占全部设备的百分比，它是反映企业设备技术状况和评价设备管理工作水平的一个重要指标。计算公式如下：

$$设备完好率 = \frac{完好设备台日数}{设备总台日数} \times 100\%$$

设备总台数包括企业在用的、备用的、停用的以及正在检修的全部生产设备，不包括尚未安装、使用以及由企业代管的设备。

（六）货物储存的安全性指标

货物储存的安全性指标，用来反映仓库作业的安全程度。它主要可以用发生的各种事故的大小和次数来表示，主要有人身伤亡事故、仓库失火、爆炸、被盗事故，机械损坏事故几类。这里可以用安全率指标来反映仓储作业的安全程度。计算公式如下：

$$安全率 = \frac{无事故天数}{作业天数} \times 100\%$$

以上六大类指标构成了仓储管理的比较完整的指标体系，从不同方面反映了仓储部门经营管理、工作质量及经济效益的水平。

三、仓储绩效评价的步骤

（一）确定评估工作实施机构

1. 评价组织机构

评价组织机构直接组织评价实施，评价组织机构负责成立评价工作组，并选聘有关专家组成专家工作组。如果委托社会中介机构实施评价，先同选定的机构签订委托书，然后由评价机构组成评价工作组或专家组。

2. 评价工作人员应具备的基本条件

（1）具有较丰富的物流管理、仓储管理、财务会计、资产管理与法律等专业知识。

（2）熟悉企业绩效评价业务，有较强的综合分析判断能力。

（3）评价工作人员应有较长的经济管理工作经历，并能坚持原则，秉公办事。

（4）专家咨询组的专家应在物流领域具有较高的技术职称，有一定的知名度与相关专业的技术资格。

（二）制订评价工作方案

由评价工作组根据有关规定制订物流企业评价工作方案，经评价组织机构批准后开始实施，并送专家咨询组的每位专家。

（三）搜集并整理基础资料与数据

（1）选择行业内同等规模企业的评价方法及评价标准值。

（2）搜集连续三年的会计决算报表、有关统计数据及定性评价的基础资料，并确保资料的准确性、真实性与全面性。

（四）评价计分

运用计算机软件计算评价指标的实际分数，这是企业绩效评价的关键步骤。

（1）根据选定的标准，计算出各项基本标准的得分，形成"企业绩效初步评价表"。

（2）利用修正指标对初步评价结果进行修正，形成"企业绩效基本评价分析表"。

（3）根据已核实的定性评价基础资料，参照绩效评价指标参考标准进行评议指标打分，形成"企业绩效评价汇总表"。

（4）对评价的分数和计分过程进行复核，为了确保计分准确无误，必要时用手工计算校验。

（五）评价结论

将绩效评价的结果与同行业及同规模的企业最高分数进行比较，对企业绩效进行分析判断，形成综合评价结论，并听取企业有关方面负责人的意见，进行适当的修改和调整。

（六）撰写评价报告

评价报告主要内容包括评估结果、评估分析、评估结论及相关附件等，送专家咨询组征求意见。评价项目主持人签字，报送评价组织机构审核认定，如果是委托中介机构进行评价，需加盖单位公章。

（七）评价工作的总结

将评价工作背景、时间地点、基本情况、评价结果、工作中的问题及措施、工作建议等形成书面材料，建立评价工作档案，以便查阅及保证绩效评价的连续性。

🕐 任务实施

任务 1：设计仓储绩效核算方法

实训目标：掌握仓储绩效指标核算方法。

实训内容：有一个 10000m² 的仓库，其货架区含通道的面积为 8000m²，不含通道面积为 7000m²；仓库全年出货量为 3.4 亿元；年初库存 2000 万元，年末库存 1400 万元，全年的仓储费用为 300 万元，每月平均库存约 10 万件。请计算以下三个指标：

（1）仓库面积利用率；

（2）货物年周转次数；

（3）平均存货费用。

实训器具：无。

实训要求：理解绩效指标评价体系。

任务2：掌握仓储绩效指标核算方法

实训内容：三一公司2005年到库物质共2500t，出库1800t，年初库存700t，全年错发错收30t，丢失1t，损害2t，赔偿5000元，另因消防不合格被罚款5000元。全年营业收入350000元。请计算吞吐量、年平均库存量、物资收发差错率、物资完好率、业务赔偿率。

实训器具：无。

实训要求：理解绩效指标评价体系。

任务二　配送绩效管理

引导案例　绩效考核的制定

A现代化物流服务公司，提供全国物流配送。该公司有一定的资金存储量，已经在全国拥有了稳定的市场。但是目前的局面不容乐观，首先，员工素质参差不齐，且员工流动量较大，另外配送工具比较陈旧，且过于简单，该公司现在欲实施扩张战略，但是面对企业目前存在的问题该如何解决呢？

【引例分析】A公司要明白，该公司比其他小的物流公司具备更多的专业优势与资金优势，因此可以在地域范围上增加配送网点，通过扩大规模的形式降低配送成本。具体可以使用自有资金，在全国布点，也可以通过加盟的形式增加网点的建设，要注意利润的分配方式，并对加盟网点进行有效的管理。另外，A公司应该通过制定完善的绩效评价体制，激励员工提高服务质量，以吸引更多的客户。可以通过统一的服装、统一的车辆、规范的操作等标准化服务，同时增强对配送人员的培训，使其行为正规化，在仓储或配送中心安装监控系统，作为绩效考核依据。

【任务发布】配送绩效根据配送的各个环节来设定配送评价指标，那么配送有哪些作业环节呢？这些环节又设定了哪些绩效评价指标呢？这些指标在核算与使用的过程中需要注意哪些问题呢？另外，配送绩效指标有哪些评价方法呢？下面，我们就来学习配送绩效管理。

知识储备

一、配送绩效管理的概念

绩效管理是管理组织绩效的过程，配送绩效管理是指企业为了实现组织目标所作出的行为过程及其产生的业绩与效益。通过概念，我们不难看出，绩效管理首先要明确企业的目标，然后找到衡量标准与检测体系，接下来是绩效考核，最终给予激励，这样一个完整的持续的循环过程，以持续提升个人和组织的绩效。

二、配送作业环节绩效评价的指标

配送作业环节绩效评价的指标主要是对以下一些要素进行衡量，包括设备设施、员工、作业时间、订单效益和作业规划及管理水平，因此要选择恰当合适的指标，合理全面地对配送作业环节进行判断分析总结，并得出完善的改进措施。配送作业绩效评价表见表10-2。

表 10-2 配送作业绩效评价表

配送环节	配送指标	指标明细
进出货作业环节	作业人员工作效率	每人每小时处理进货量
		每人每小时处理出货量
	进出货工作质量指标	进货数量误差率
		进货品合格率
		进货时间延迟率
		出货数量误差率
		出货时间延迟率
	作业设施设备利用指标	站台使用率
		站台高峰率
		设备能力利用率
		时间利用率
存货管理环节	空间设施利用率	仓库面积利用率
		储位容积使用率
		库存周转率
	储存质量指标	缺货率
		呆废货品率
	存货消化指标	存货管理费率
订单处理作业环节	订单处理的数量分析指标	日均受理订单数
		每日平均订货数量
		日均商品单价
	订单处理的质量指标	订单延迟率
		订单满足率
		订单货件延迟率
		紧急订单响应率
		缺货率
		短缺率
拣货作业环节	拣货人员作业效率	人均每小时拣货品项数
		批量拣货时间
	拣货数量指标	人均每小时拣货件数
	拣货质量指标	拣误率
	拣货成本指标	每订单投入拣货成本
		每件货品拣货成本
		单位体积投入拣货成本
送货作业环节	资源利用效率	人均送货量
		平均每辆车送货量
		平均每车次送货吨公里数
		车辆作业率
		空驶率
	外车比例	外车比例
	送货成本指标	送货成本比率
		每公里送货成本
		单位体积送货成本
		每车次送货成本
	送货服务质量指标	送货延误率
配送作业质量指标	准时配送率	
	失误率	
	货损货差率	
	事故频率	
	安全间隔里程	
	车船完好率	

配送环节	配送指标	指标明细
配送作业成本指标	运输成本	运费
		平均配送费用
		吨公里成本
	装卸成本	平均装卸成本
	流通加工成本	平均流通加工成本

（一）进出货作业环节

进货作业是货品进入配送中心的第一个阶段，出货作业是货品准备中处于物流配送中心的最后阶段。

1. 作业人员工作效率

配送人员的工作质量和效率会直接影响配送服务结果，我们可以通过以下三个指标来考查作业人员的工作效率。

$$每人每小时处理进货量=\frac{考核期总进货量}{进货人员数×每日进货时间×工作天数}$$

$$每人每小时处理出货量=\frac{考核期总出货量}{出货人员数×每日出货时间×工作天数}$$

以上两个指标均为越大越好，即每人每小时处理的进货量越高表示配送人员的进货效率比较高，同理每人每小时处理出货量越高表示配送人员出货效率比较高。

若每人每小时处理进出货量高，且进出货时间率也高，表示进出货人员平均每天的负担不轻，原因出在配送中心目前的业务量过大，可以增加进出货人员，以减轻每人的工作负担。

若每人每小时处理进出货量低，但进出货时间率高，表示虽然配送中心一日内进出货时间长，但是每位人员进出货负担却很轻。主要因为进出货人员过多或商品进出货处理比较繁杂，进出货人员作业效率低，可以缩减进出货人员。

若每人每小时处理进出货量高，但是进出货时间率低，表示上游进货和下游出货的时间可能集于某一时段，以致作业人员必须在此段时间承受较高的作业量。可以平衡人员的劳动强度以及为避免造成车辆太多，站台泊位拥挤，采取分散进出货作业时间的措施。

2. 进出货工作质量指标

进出货工作的质量指标包括进货数量误差率、进货品合格率、进货时间延迟率、出货数量误差率和出货时间延迟率，公式如下：

$$进货数量误差率=\frac{进货误差量}{进货总量}×100\%$$

进货数量误差率反映了进货作业的质量，该指标越低越好，指标越低表明误差越小。

$$进货品合格率=\frac{进货品合格的数量}{进货总量}×100\%$$

进货品合格率反映了进货物品的质量，该指标越高越好，指标越高表明合格物品数量越多。

$$进货时间延迟率=\frac{延迟进货的货品总量}{进货总量}×100\%$$

进货时间延迟率反映企业进货的延迟状态，是指企业在一定时间内延迟进货的货品数量占总进货数量的百分比，该项指标越低越好。

$$出货数量误差率=\frac{出货误差量}{出货总量}\times100\%$$

出货数量误差率反映了出货作业的质量，同样该指标越低越好，指标越低表明误差越小。

$$出货时间延迟率=\frac{延迟出货的货品总量}{出货总量}\times100\%$$

出货时间延迟率反映企业没有在规定的时间内完成货品的发货，是指企业在一定时间内延迟出货的货品数量占总出货数量的百分比，该项指标越低越好。对于企业来说，降低出货时间延迟率，能够提高顾客对企业的满意度，提升口碑，从而带来更多的订单。

3. 作业设施设备的利用指标

$$站台使用率=\frac{进出货车次装卸停留总时间}{站台泊位数\times每日工作时数\times工作天数}\times100\%$$

站台的数量是否合理直接影响着进出货工作的效率，对站台设置是否合理进行评价的主要指标是站台使用率。若站台使用率偏高，表示站台停车泊位数量不足，而造成交通拥挤。可以适当增加停车泊位数，做好时段管理，让进出配送中心的车辆能有序地行驶、停靠、装卸作业等，同时加快作业速度，减少车辆停留装卸时间。

$$站台高峰率=\frac{高峰期车辆数}{站台泊位数}\times100\%$$

若站台使用率低，站台高峰率高，表示虽然车辆停靠站台时间平均不高，站台停车泊位数量仍有余量，但是在高峰时间进出货仍存在拥挤现象，此种情况主要是没有控制好进出货时间引起的，关键是要将进出货车辆的到达作业时间分开。

$$设备能力利用率=\frac{设备的实际装卸搬运量}{设备的额定装卸搬运设备}\times100\%$$

该指标低，表示设备利用率差，资产过于闲置，应该积极开拓新的业务，增加进出货量，或者可以考虑利用闲置设备创造其他的利润。

$$时间利用率=\frac{设备的实际工作时间}{设备的额定工作时间}\times100\%$$

时间利用率越高，企业的工作效率也越高。

【点对点例题】例10-1：某企业要对在岗的200位员工进行一次绩效考核，考核期内的总进货量为4000t货物，每日进货时间为2h，每日工作时间为8h，员工处理这批货物一共用了10天，求该厂员工的进货时间率和人员工作效率。

答：
$$进货时间率=\frac{每日进货时间}{每日工作时效}\times100\%=\frac{2}{8}\times100\%=25\%$$

$$每人每小时处理进货量=\frac{考核期总进货量}{进货人员数\times每日进货时间\times工作天数}=\frac{4000}{200\times2\times10}=1（t/h）$$

（二）存货管理环节

1. 空间设施利用率

存货作业的主要责任在于妥善保存货物，不仅要善于利用空间，有效地利用每一平方米储存面积，而且要加强对库房存货的管理。

$$仓库面积利用率=\frac{存货占用的场地面积}{仓库可利用面积}\times100\%$$

仓库面积利用率是指在一定的点上，存货占用的场地面积与仓库可利用面积的比率，主要是评价储存区通道及储位布局的合理性，合理的储存区域布局应该充分考虑作业设备空间需求和选择恰当的设施布局方式，以尽量提高仓库面积利用率。

$$储位容积使用率 = \frac{存货总体积}{储位总容积} \times 100\%$$

储位容积使用率偏低，一般有两种可能，一是由于每一储位都有一定的重量限制，若在库品重量较重，则无法堆放太高或太密；另外存货量相对于储区可用量较小，以致储位剩余太多。

提高容积使用率，可以做好仓位规划要素分析，包括面积布置、料位设定、物料堆砌方式等，每个储存仓位都有固定的大小，最好使用标准的包装容器，对于货品的标识、维护、点检、运输等都很方便，另外，立体仓库是能够最大限度地充分利用仓库的垂直空间。

$$库存周转率 = \frac{出货量}{平均库存量} \times 100\% = \frac{营业额}{平均库存金额} \times 100\%$$

库存周转率越高，库存周转期越短，表示用较少的库存完成同样的工作，使积压、占用在库存上的资金减少，即资金的使用率高，企业利润也随货品周转率的提高而增加。可以通过缩减库存量提高库存周转率。

2. 储存质量指标

$$缺货率 = \frac{接单缺货次数}{客户订货次数} \times 100\%$$

缺货率是用于衡量缺货程度及其影响的指标。

$$呆废货品率 = \frac{呆废货品件数}{平均库存量} \times 100\% = \frac{呆废货品金额}{平均库存金额} \times 100\%$$

若物品停滞仓库时间超出其周转期间，则视为呆废品处理，该指标用来测定企业货品损耗影响资金积压的状况，随时掌握库存水平，特别是滞销品的处置，减少呆废货品积压资金和占用库存。该指标过高，应检讨呆废料发生的原因，一般的原因包括：验收疏忽、货品变质、仓储管理不善、保管欠周、存量过多过久等。

3. 存货消化指标

$$存货管理费率 = \frac{库存管理费用}{平均库存量} \times 100\%$$

该指标用来衡量每单位存货的库存管理费用。该指标越低越好。可以采取尽可能少量、频繁的订货，以减少库存管理费用。

【点对点例题】 例 10-2：某仓库近期有一批货物运到，共 8000 件，单件尺寸为 50cm×50cm×50cm，包装标识的堆码极限标志为 8，该企业的仓库使用面积是 1000m²，请算出仓库的面积利用率和有效容积。

答：　　　　货物的货位面积 $S = 0.5 \times 0.5 \times 8000 \div 8 = 250$（m²）

仓库的面积利用率 $= 250 \div 1000 = 25\%$

仓库的有效容积 $=$ 仓库有效面积×堆码有效高度

$= 250 \times 0.5 \times 8 = 1000$（m²）

例 10-3：某公司以单价 10 元每年购入 8000 单位的某种物品，订购费用为每次 30 元，年单位储存费用为 3 元，该批货物的经济订购批量为 400 单位，求全年存货管理费率及年货品采购储存总费用。

答：

$$年订购批次＝8000÷400＝20（次）$$
$$年采购作业费用＝20×30＝600（次）$$
$$年平均库存量＝400÷2＝200$$
$$年库存管理费用＝200×3＝600（元）$$
$$存货管理费率＝库存管理费用÷平均库存量＝600÷200＝3$$
$$年货品采购储存总费用＝年采购作业费用＋年库存管理费用$$
$$＝600＋600＝1200（元）$$

（三）订单处理作业环节

1. 订单处理的数量分析指标

从接到客户订货开始到着手拣货之间的作业阶段，称之为订单处理。通过对日均受理订单数量以及每单平均订货时间的分析，来分析订单的变化情况，以便于制定客户管理策略以及业务发展计划。

$$日均受理订单数＝\frac{考核期总订单数量}{工作天数}$$

$$每单平均订货数量＝\frac{出货量}{订单数量}$$

$$日均商品单价＝\frac{营业额}{订单数量}$$

企业可以通过观察以上指标的变化，判定企业的策略及业务发展状况。如果上述几项指标不高，表示企业的业务有待拓展，可以通过强化经营体制、积极营销、提高业务效率等方式来提高上述指标。

2. 订单处理的质量指标

$$订单延迟率＝\frac{延迟交货订单数}{订单数量}×100\%$$

订单延迟率是用来衡量交货及时性的重要指标，若订单延迟率较高，可以通过该指标指出作业的瓶颈，加以解决；研究物流系统前后作业能否相互支持或同时进行，谋求作业的均衡性；掌握库存情况，防止缺货；合理安排配送时间。

$$订单满足率＝\frac{实际交货数量}{订单需求数量}×100\%$$

该指标用于衡量订货实现程度及其影响，及时掌握库存的状况，防止缺货；制定严格的管理及操作规程，防止货损货差的发生。

$$订单货件延迟率＝\frac{延迟交货量}{出货量}×100\%$$

根据订单资料，按客户的购买量占总营业额的百分比对客户进行分析，尽可能减少重要客户延迟交货的次数，以提高服务水平。

$$紧急订单响应率＝\frac{未超过12小时出货订单}{订单数量}×100\%$$

该指标用于分析快速订单处理能力及紧急插单业务的工作情况，制定快速作业处理流程及操作规程，制定快速送货计费标准。

$$缺货率＝\frac{接单缺货次数}{出货量}×100\%$$

缺货率用来衡量存货控制决策是否合理，是否应该调整订购点及订购量的基准。一旦缺货率太高，很容易让客户失去信心而流失，因此必须迅速改善。缺货率高的原因包括：存量控制不好、采购时机未掌握、上游供货商交运时程延误等。可以通过加强库存管理，掌握采购、补货时机，督促供应商送货的准时性。

$$短缺率 = \frac{出货品短缺数}{出货量} \times 100\%$$

短缺率为在出货前或交货时才发现货品短少的比率。反映出货作业的精确度。出货短缺率越高，必导致客户经常抱怨及反感，容易影响企业营运。通过注重每位员工、每次作业的质量，做好每一作业环节的复核工作，降低短缺率。

（四）拣货作业环节

拣货作业是配送作业的中心环节，依据客户的订货要求或配送中心的作业计划，准确、迅速地将商品从其储位或其他区域拣取出来的作业过程，拣货时间、拣货策略及拣货的精确度影响出货质量。

1. 拣货人员作业效率

$$人均每小时拣货品项数 = \frac{订单总品项数}{拣货人员数 \times 每天拣货时数 \times 工作天数}$$

拣货路径合理规划、储位合理配置、确定高效的拣货方式；拣货人员数量及工次合理安排；拣货的机械化、电子化。

$$批量拣货时间 = \frac{拣货人数 \times 每日拣货时数 \times 工作天数}{拣货分批次数}$$

批量拣货时间短，表示拣货反应时间很快，即订单进入拣货作业系统至完成拣货作业所花费的时间短，有利于处理紧急订货。批量拣货时间是希望掌握对紧急订单的因应处理能力，进而检讨是否仍需改变分批策略。

2. 拣货数量指标

$$人均每小时拣货件数 = \frac{订单累计总件数}{拣货人员数 \times 每日拣货时数 \times 工作天数}$$

人均每小时拣取件数指标代表拣货效率，其数值高即表示在单位时间内每位员工的拣货效率不错。

3. 拣货质量指标

$$拣误率 = \frac{拣取错误笔数}{订单总笔数} \times 100\%$$

拣误率是用来衡量拣货作业质量的指标，以评估拣货员的细心程度，或自动化设备的正确性功能。降低拣误率要选择合理的拣货方式，加强拣货人员的培训，改善现场照明度。

4. 拣货成本指标

$$每订单投入拣货成本 = \frac{拣货投入成本}{订单数量}$$

拣货设备成本衡量在这种投资下，设备的产能运用，若企业未能做到投资合理化，需要考虑将部分设备转移他用，或者积极拓展业务，增加设备的移动机会。

$$每件货品拣货成本 = \frac{拣货投入成本}{拣货单位累计件数}$$

$$单位体积投入拣货成本 = \frac{拣货投入成本}{出货品体积数}$$

以上指标反映处理每一份订单所消耗的拣货成本，数值越高，投入成本越多，因而当指标上升时，说明企业效益正在下降，有必要采取措施控制成本上升。

【点对点例题】 例 10-4：某物流配送中心派 50 名工人对一批货物进行拣货作业，货物一共有 10 万件，每名工人每小时可以拣货 200 件，每天工作 4h，求这批货物几天才能够拣货完毕？若有 20 名工人，每人每小时拣错了 30 件货物，求这批货物的拣货作业质量。

答：

$$人均每小时拣货件数 = \frac{订单累计总件数}{拣货人员数 \times 每日拣货时数 \times 工作天数} = \frac{100000}{50 \times 200 \times 4} = 2.5\ 天$$

$$拣误率 = \frac{拣取错误笔数}{订单总笔数} \times 100\% = \frac{20 \times 4 \times 2.5 \times 30}{100000} \times 100\% = 6\%$$

（五）送货作业环节

1. 资源利用效率

$$人均送货量 = \frac{送货量}{送货人员数}$$

人均送货量是评估配送人员的工作分摊及作业贡献度的指标，用来衡量配送人员的能力负荷与作业绩效，确定是否需要添加或者减少人手，在保证人员工作质量和成本控制之间取得平衡。

$$平均每辆车送货量 = \frac{送货总体积}{自车数量 + 外车数量}$$

车辆利用率指标是用来评估和设置最佳的配送车辆产能负荷，以避免折旧、损耗速度过快，以及可能发生的额外成本，并用于判断是否应增减送货车辆数量。

平均每辆车送货量是总送货量除以总车辆数，总车辆数包括自有车辆和外来车辆。

$$平均每车次送货吨公里数 = \frac{送货总距离 \times 送货总重量}{送货总车次}$$

$$车辆作业率 = \frac{送货总次数}{自车数量 + 外车数量} \times 工作天数$$

车辆作业率反映了运输过程中营运车辆的实际利用程度，提高车辆作业率的前提是增加完好车辆车日，减少停驶车辆车日。因此，应加强运输企业调度工作，提高驾驶人员的技术水平，加强与相关部门和单位的沟通和协作。

$$空驶率 = \frac{空车行驶距离}{送货总距离} \times 100\%$$

空驶率是指空驶里程在车辆总运行里程中所占的比例。空驶率越高，说明车辆的效果越不理想，空驶率高，说明在同样的行驶里程中营业收入减少，营业成本加大，企业的利润随之减少。要减少空驶率，关键是做好"回程顺载"工作，可从"回收物流"着手。

2. 外车比例

$$外车比例 = \frac{外车数量}{自车数量 + 外车数量}$$

一般用外雇车辆的原因是为了应对季节性商品和节假日商品与平日形成的淡旺季供货状况的需求。若季节性商品比例较高，表明企业淡旺季出货量的差别很大，应尽量考虑多雇佣外车、减少自车数量。若季节性商品的比例很低，表示企业的淡旺季出货量的差别不大，应选择使用自车来提高配送效率。

3. 送货成本指标

$$送货成本比率 = \frac{自车送货成本 + 外车送货成本}{送货总费用}$$

$$每公里送货成本 = \frac{自车送货成本 + 外车送货成本}{送货总距离}$$

$$单位体积送货成本 = \frac{自车送货成本 + 外车送货成本}{送货体积数}$$

$$每车次送货成本 = \frac{自车送货成本 + 外车送货成本}{送货总车次}$$

这些指标与送货资源利用率指标紧密相关，资源利用效率高，则送货成本相应节约。

4. 送货服务质量指标

$$送货延误率 = \frac{送货延误车次数}{送货总车次数} \times 100\%$$

为了企业信誉，确保交货时间是较为重要的。若送货延误率较高，一般造成送货延误率高的原因是车辆、设备故障，路况不佳，供应商供货延迟、缺货以及拣货作业延迟。

（六）配送作业质量指标

1. 准时配送率

$$准时配送率 = \frac{准时配送次数}{配送总次数} \times 100\%$$

准时配送率低，说明企业协作配送能力达不到要求，反之，准时配送率高，说明其管理能力强。

2. 损失率

$$损失率 = \frac{经济损失之和}{配送业务总收入} \times 100\%$$

3. 货损货差率

$$货损货差率 = \frac{货损货差数}{配送货物总数} \times 100\%$$

货损货差率是运输企业在报告期内所发生的货损吨数和货差吨数在货运总吨数中所占的比重，属于工作过失而造成的货物损失和差错所造成的事故损失。

4. 事故频率

$$事故频率（次/万公里） = \frac{报告期内事故次数}{报告期内总行驶公里数/10000} \times 100\%$$

5. 安全间隔里程

$$安全间隔里程 = \frac{报告期内总行驶公里数/10000}{报告期内事故次数}$$

6. 车船完好率

$$车船完好率 = \frac{报告期内运营车船完好总天数}{报告期内车船总天数} \times 100\%$$

（七）配送作业成本指标

1. 运输成本

$$运费 = 计费重量（t）\times 使用的运价率$$

$$平均配送费用 = \frac{每月配送费用总额}{月平均配送量}$$

$$吨公里成本 = \frac{报告期内运输总成本（元）}{报告期内货物总周转量（t）}$$

2. 装卸成本

装卸成本包括投资成本和运营成本。

投资成本由机械设备购置成本、安装成本、折旧费用等构成，同时还要考虑附属设备成本，例如装卸机械的各种吊夹具等。

运营成本是指在某一装卸、搬运机械作业现场，一定时期内运营费用的总支出。包括设备维修费、劳动工资费、燃料和电力费用等。

$$平均装卸成本 = \frac{装卸总成本}{装卸货物总量}$$

3. 流通加工成本

流通加工成本由四部分构成，即流通加工的设备费用、材料费用、劳务费用和其他费用。

$$平均流通加工成本 = \frac{流通加工总成本}{流通加工货物总量}$$

三、配送绩效指标评价方法

（一）对比分析法

对比分析法是把客观事物加以比较，将两个或两个以上有内在联系的、可比的指标或数量关系，进行对比分析，从而认识仓库或配送企业的现状及规律性，揭示差异和矛盾。主要有以下的几种对比方法：

1. 计划完成情况的对比分析

将同类有关指标的实际完成数与计划数、定额数、目标数进行对比分析。反映计划完成的绝对数和程度。

2. 纵向动态对比分析

将同类有关指标在不同时间进行对比，如本期与上期对比，与历史平均水平对比等。这种对比反映实物发展的方向和速度，说明增长或降低的原因，并提出建议。

3. 横向类比分析

将有关指标在同一时期相同类型的不同空间条件下的对比分析。与同类企业中的先进企业或外国的企业等进行对比分析。横向模拟分析，往往能起到"清醒剂"的作用，更能够找出差距，采取措施，赶超先进。

4. 结构对比分析

将总体分为不同性质的各个部分，以部分数值与总体数值之比来反映实物内部构成的情况，一般用百分数表示。可以研究各组成部分的比重及变化情况，从而加深认识配送中心工作中各个部分存在的问题及其对总体的影响。

（二）因素分析法

因素分析法又称连环置换法。是分析影响指标变化的各个因素，以及它们对指标的影响程度。因素分析法的步骤如下：

第一，确定分析对象，并计算出实际与目标数的差异，确定该指标是由哪几个因素组成的，并按其相互关系进行排序。

第二，在分析某因素变动对总指标变动的影响时，假定影响指标变化的各个因素中只有这个因素在变动，而其余因素都必须是同度量（固定因素），从而得到单项因素对该指标的影响程度。

第三，按第二步将影响因素逐个替换，分别比较其计算结果，以确定各个因素的变化对成本的影响程度。

因素分析法主要有两种：差额分析法、连环替代法。**差额分析法**是利用各个因素的比较值与基准值之间的差额，来计算各因素对分析指标的影响。某项因素与某项指标为加或者减的关系。**连环替代法**是把众多因素中的一个作为可变因素，其他因素当作不变因素，而后逐个进行替换计算，各项因素与某项指标的关系为乘或除的关系。

（三）平衡分析法

平衡分析法是一套从四个方面对企业战略管理的绩效进行综合评价的方法，即财务、顾客、企业内部流程、人员的培养和开发四个方面。实现绩效考核—绩效改进以及战略实施—战略修正的战略目标过程，把绩效考核的地位上升到企业的战略层面，使之成为企业战略的实施工具。实现财务与非财务的衡量之间、短期与长期的目标之间、落后的与领先的指标之间，以及外部与内部绩效之间的平衡。能反映企业综合经营状况，使业绩评价趋于平衡和完善，利于企业长期发展。被誉为近年来世界上最重要的管理工具和方法。

利用各项具有平衡关系的经济指标之间的依存情况，来测定各项指标对经济指标变动的影响程度的一种分析方法。

（四）关键绩效指标分析法

关键绩效指标通过对组织内部流程的输入端、输出端的关键参数进行设置、取样、计算、分析和衡量流程绩效的一种目标式量化管理指标，是把组织的战略目标分解为可操作、可测量工具目标的工具，是组织绩效管理的基础、重要指标体系和有效手段。配送作业绩效评价指标可以涉及配送作业管理的方方面面。其优点是数量有限，标准鲜明，易于评估应用。

KPI是现代企业普遍重视的业绩考评方法，关键业绩指标一般有三种：一是效益类指标，如资产盈利效率、盈利水平等；二是营运类指标，例如部门管理费用控制、市场份额等；三是组织类指标，例如满意度水平、服务效率等。

 任务实施

任务 1：设计配送绩效考核内容

某物流公司是一家国内知名的乘用车物流企业。该公司自有运输车保有量达 1200 多台，通过联盟、合作等方式管理调度的车辆达到 4000 多台，年综合运输能力超过 150 万辆。由于运输车数量规模庞大，加之乘用车物流服务专业性强、货品价值高等特点，因此，加强对运输车辆的考核及管理是该公司一项非常重要的工作。

那么，你认为应该设置哪些考核内容？

任务 2：

1. 实训目的：熟悉配送绩效的分析方法和流程，能够完成配送绩效的核算

2. 实训内容：

某物流公司配送人员考核内容分为配送前考核、配送中考核、配送后考核三部分。甲、乙

两个部门的配送指标数值如表10-3所示，请计算两个部门的配送绩效。

表 10-3　甲部门和乙部门的配送指标数值

考核内容	权重/%	权重/%	评估指标	甲部门	乙部门
配送前	30	30	分拣准确率	80	90
		30	紧急订单响应率	50	70
		40	按时发货率	90	90
配送中	50	25	配送延误率	5	10
		20	货物破损率	5	2
		20	货物差错率	10	5
		20	货物丢失率	8	4
		15	签收单返回率	96	95
配送后	20	30	通知及时率	95	96
		30	投诉处理率	85	90
		40	客户满意度	85	90

◎ 理论测试

一、单选题

1. 绩效管理指标分析法中使用最普遍、最简单、最有效的方法是（　　）。

A. 因素分析法　　　　B. 平衡分析法　　　　C. 对比分析法　　　　D. 帕累托图法

2. 仓库绩效管理的突破点主要包括服务质量、仓库生产率和（　　）。

A. 程序效率　　　　B. 仓库利用率　　　　C. 吞吐量　　　　D. 收发正确率

3. 关于 JIT 技术的说法，不正确的是（　　）

A. 又称为无库存生产方式　　　　　　　B. 是以顾客为中心

C. 其目的是消除浪费，降低企业成本　　D. 为提高客户满意度而不惜消除必要的环节

4. 下列仓储绩效指标中，属于仓储能力与质量指标的是（　　）。

A. 仓库面积利用率　B. 设备利用率　　　C. 仓容利用率　　　D. 货物吞吐量

二、多选题

1. 仓库生产绩效考核对仓库内部的意义在于（　　）。

A. 有利于提高仓库管理水平　　　　　B. 有利于落实岗位责任制

C. 有利于仓库设施设备的现代化改造　D. 有利于提高仓储经济效益

2. 仓库生产绩效考核对仓库外部的意义在于（　　）。

A. 提高仓库的管理水平　　　　　　　B. 有利于说服客户和扩大市场占有率

C. 有利于仓库设施设备的现代化改造　D. 有利于稳定客户关系

3. 绩效管理工具中经常采用的对比分析法包括（　　）。

A. 计划完成情况的对比分析　　　　　B. 纵向动态对比分析

C. 结构对比分析　　　　　　　　　　D. 横向类比分析

4. 仓储绩效考核中的能力与质量指标包括（　　）。

A. 货物吞吐量　　　　　　　　　　　B. 账货相符率

C. 进、发货准确率　　　　　　　　　D. 商品缺损率

三、判断题

1. 仓库生产绩效考核的意义在于对内加强管理、降低仓储成本，对外接受货主定期评价。（　　）

2. 库存量指仓库内所有纳入仓库经济技术管理范围的全部本单位和代存单位的物品数量，也包括待处理、待验收的物品数量。（　　　）

3. 吞吐量是指计划期内仓库中周转供应物品的总量，包括入库量和出库量两部分。（　　　）

4. 收发差错率是仓库管理的重要质量指标，通常应控制在5%的范围内。（　　　）

5. 反映仓库生产作业物化劳动占用的指标是库用物资消耗指标。（　　　）

6. 缺货率反映出仓库保障供应、满足客户需求的程度。（　　　）

7. 仓库生产是一个典型的流程控制过程，所以程序分析法很适合应用于仓库绩效管理中。（　　　）

8. 变动绩效考核是固定绩效考核的补充，变动绩效考核反映当月运行状态，而固定绩效考核反映考核的完成情况。（　　　）

四、简答题

1. 考核仓库生产绩效的指标都有哪些？

2. 如何分析单位面积储存量指标？

3. 请大家写出配送绩效指标的评级方法。

五、计算题

小张是某公司的绩效考核专员。10月初，集团计划对北京分公司9月份运营绩效进行考核，小张收集到了如下数据和信息（统计周期为9月1日至9月30日，9月份工作日为25天）：

配送业务部拥有车辆100台，9月份数据统计显示：所有配送车辆配送总距离60万公里，其中空驶距离为6万公里；平均车辆最大装载能力为5t；平均实际装载量为4.8t/辆。

在所有已完成的6万订单中，客户投诉（不满意）订单数为1000单；出现错误的订单笔数为600单；订单延迟的为300单；拣货出错的为500单。

在所有总配送作业出车3000次中，共发生5起交通事故。

9月份实现商品配送利润总额10万元，商品配送成本36万元。请根据上述资料完成以下任务：

请根据题干中所给资料，计算配送考核指标（计算结果如为百分比，用百分号表示；如不能整除保留2位小数，四舍五入）。

A. 车辆装载率 $= \dfrac{车辆实际装载量}{车辆最大装载量} \times 100\%$

B. 车辆空车率 $= \dfrac{空车行驶距离}{配送总距离} \times 100\%$

C. 客户满意度 $= \dfrac{物流企业服务次数-客户抱怨次数}{物流企业服务次数} \times 100\%$

D. 配送正确率 $= \dfrac{配送正确笔数}{配送总笔数} \times 100\%$

E. 配送准时率 $= \dfrac{实际准时到货次数}{总到货次数} \times 100\%$

F. 拣货差错率 $= \dfrac{捡取错误笔数}{订单总笔数} \times 100\%$

G. 车辆肇事率 $= \dfrac{车辆肇事次数}{总配送次数} \times 100\%$

H. 配送成本费用利润率 $= \dfrac{本期配送利润总额}{本期配送成本费用} \times 100\%$

I. 单位配送成本 $= \dfrac{商品配送费用总额}{商品配送总额}$

模块四

智慧仓配运营电商篇

 背景材料

盛世物流（集团）有限公司（以下简称"盛世物流"）北京分公司在北京顺义、北京通州、河北廊坊、天津武清等地均拥有自营仓库。其中，廊坊服装仓建于 2015 年，自建仓以来，先后为数十家服装企业提供仓储服务。目前随着客户业务量持续上升以及消费者要求不断提高，盛世物流廊坊服装仓现有仓储服务能力已经无法满足业务发展的需要，盛世物流北京分公司管理层决定对其进行智慧化升级改造。

1. 盛世物流廊坊服装仓面临的问题

（1）商品种类多，管理难度大　廊坊服装仓商品 SKU 种类较多，且每个订单需求的单 SKU 数量相对较少，商品拣选准确性、拣选效率面临越来越大的挑战。

（2）人员工作强度大，作业效率低　仓库日常作业需要投入大量的人力，员工作业强度大、作业效率低，企业需要负担较高的人力成本。同时，仓储作业对员工经验存在一定依赖，人员流动对作业效率的影响较大。

（3）订单时效要求高，服务水平无法满足　客户对订单时效性的要求较高，通常对订单的预期等待时间为 2～3 天，目前的仓库作业效率很难满足客户的需求。

2. 盛世物流廊坊服装仓升级方案

盛世物流规划部的工作人员对自动化立体仓库、以 AGV 机器人为主的 GTP 智慧仓库等多种智慧仓技术进行了调研。企业对未来智慧仓储的预期是在成本可控的情况下能够满足日常订单的作业需求以及商品的存储需求，并期望能够在 4 年内实现投资成本的回收。最终决定将廊坊服装仓升级为 GTP 智慧仓库，以期通过引入 AGV 机器人等智能设备来改善订单拣选效率和准确率、人力投入等方面的问题，最终实现仓储效率提高以及客户体验提升的目标。

3. 廊坊服装仓基础信息介绍

盛世物流廊坊服装仓目前为面积 17m×17m 的单层仓库，仓库租金为 40 万元/年。仓库现有 12 名员工，其中包括主管 1 名，仓库每天工作 8 小时。盛世物流在确定进行 GTP 智慧仓储升级后，已初步确定未来计划投入使用的设备型号。

4. 任务要求

你作为盛世物流规划部人员，请根据廊坊服装仓的基础信息以及商品、销售数据，完成盛世物流廊坊服装仓升级为 GTP 智慧仓的规划方案。

项目十一　智慧仓规划设计

知识 目标	◇ 熟悉智慧仓需求分析的内容。 ◇ 熟悉智慧仓设备配置分析的内容。 ◇ 熟悉智慧仓规划系统。 ◇ 掌握智慧仓布局规划要点。
技能 目标	◇ 会依据已有信息数据进行智慧仓需求分析。 ◇ 会依据已有信息数据进行智慧仓设备配置分析。 ◇ 会根据商品特点和仓库情况进行智慧仓规划。 ◇ 会运用软件绘制智慧仓布局图。
职业 素养 目标	◇ 培养整体设计规划能力。 ◇ 具有积极探索、主动实践的职业精神。 ◇ 培养软件操作的能力。 ◇ 具有创新意识。

岗课赛证融通说明

本项目内容以全国行业技能竞赛——物流服务师赛项为背景材料，对电商企业商品特点及仓库情况进行分析，设计智慧仓的各个功能区并进行设备的配置，最终形成智慧仓布局图。本项目是对课程中的仓库布局、功能区划分、设备配置等部分内容的综合及拓展，对接物流项目运营主管岗位。

· 任务一　智慧仓业务需求分析 ·

【任务发布】智慧仓在规划设计前需要对背景材料中所给信息进行整理分析，从而确认智慧仓的业务需求有哪些。业务需求分析可以从库存商品的特征，仓库的基本情况及库存的能力三个方面进行分析，那么如何分析这三方面的内容呢？

任务实施

一、商品情况分析

（一）商品品种数量及特性

1. 商品品种数量

商品品种数量也称 SKU 数量，SKU（stock keeping unit）是指最小存货单位，即库存进出计量的基本单位，可以是以件、盒、箱、托盘等为单位。例如，根据仓储规模的不同，一箱 12 瓶的饮料是一个 SKU，单独一瓶的饮料也是一个 SKU。

在运营和仓储管理中，SKU 包含了三方面的信息：

（1）业务管理角度　SKU 含有货品包装单位的信息。

（2）信息系统和货物编码角度　SKU 只是一个编码。不同的商品（或商品名称）就有不同的编码（SKU）。而这个编码与被定义的商品作了对应的关联，可依照不同 SKU 的数据来记录和分析库存及销售情况。

（3）货品管理角度　SKU 是指单独一种商品，其货品属性已经被确定。只要货品属性有所不同，那么就是不同的 SKU。属性包括很多，一般包括：品牌、型号、配置、等级、花色、成分、用途等。即同样的货品只要在其保存、管理、销售、服务上有不同的方式，那么就被定义为不同的 SKU。

2. 商品特性

通过对商品的包装特性、商品属性的分析，可以初步确定商品适合的储存货架类型及储存方式：

（1）商品包装特性　根据商品的包装样式、包装材料等判断商品适合的货架类型。

（2）商品属性　根据商品的属性判断商品适合的储存方式。

（二）商品计量单位

实物的计量单位非常重要，常用的计量单位是起着决定性作用的重要因素。常见的有实物计量单位、重量单位、体积单位。物流设计过程从实物流通的角度出发，故物流活动的计量一般分为件数、箱数或托盘数，三者之间存在一定的换算关系。

换算关系是基于现状的统计，并假定过去与将来呈现一致的关系。换算标准见表 11-1。

表 11-1　换算标准

类别	换算标准	换算值平均数（示例）
件数与箱数之间的换算	每个商品的包装关系不同，需逐个计算	50 件/箱
箱数与托盘数之间的换算	每种商品的码放方式不同，也需分类统计	30 箱/托

在仓储物流规划设计之初，首先要确定设计中所使用的计量单位，分析相关活动的计量单位都要与其保持一致。商品计量单位在物流设计中的具体作用有以下两个方面：

1. 数据分析的基础

明确物流活动的计量单位是各类物流数据分析的基础，是评价各类物流活动的基准。

2. 不同储存单位分类存储的设计前提

仓库可基于不同的储存单位进行分类储存，明确计量单位及其包装换算关系是分类储存的设计前提。

（三）商品外形尺寸

仓储中心的货物品种数量较大，且每个商品外形尺寸各不相同，但大部分商品的外形尺寸都在合理范围之内。通常将尺寸过大、过长、过宽，或形状不规则的商品称为异型商品。之所以要分析货物的外形尺寸其作用有以下两个方面。

（1）找出异型品　分析商品的外形尺寸数据可以找到数据上的特大值，这些数值对应了外形尺寸上超出普通范围的异型商品。

（2）确定货架的合适尺寸　确定商品尺寸的合理范围可确定货架的合适尺寸，根据货物尺寸与货架尺寸的关系，可以确定货架尺寸的最佳选择。

💬 **知识链接 1**

在"货到人"模式的规划作业中，行业内通常主要考虑体积与重量、存放能力、作业效率三个维度：

（1）体积与重量　假设给定某种货架和机型，主要考虑以下内容：

① SKU 每次的补货量能否放到单个货位中。

② 考虑货架装满时，是否低于机型的最大承重。

（2）存放能力　考虑机器人的搬运模式，是否为易碎品或是滚动商品。

（3）作业效率　考虑"货到人"的作业模式，要求 SKU 为非爆品。

知识链接 2

"货到人"模式不适合爆品作业，若某些 SKU 出现次数过多，会造成含该 SKU 的货架一直频繁调度于各个站点，站点前调度频繁导致拥堵等状况。在智慧仓内货架的每一个货位一般情况下只允许放置 1 个 SKU，但是一个 SKU 允许放置在多个货位内。

二、仓库情况分析

（一）吞吐能力

1. 吞吐量分析

吞吐能力一般用吞吐量来表示，吞吐量是指一段时期内进、出仓库的货物数量，以实物箱数、件数为计量单位，为衡量吞吐规模的量化指标。吞吐能力体现了一个物流系统的向内聚集与向外发散的能力。

与吞吐量相关的统计数据主要包括一段时期的入库总量与日均入库量，出库总量与日均出库量，以及该时期内出入库量的峰值。

在实际分析过程中，吞吐量既可以通过入库量估算也可以通过出库量估算，两者在数量上近似相等。

2. 吞吐需求预测

在仓库的规划中，仓库的吞吐需求在一定程度上等于其销售出库需求，只需要推算销售的趋势变化，就可以得出仓库吞吐量的估值。即：估计销售金额与平均销售价格在将来一段时期内所取得的值，从而估计出库数量的取值，即吞吐能力目标值。

$$出库数量 \approx 销售数量 \approx \frac{销售金额}{平均销售价格}$$

在衡量仓库吞吐量时，日均值通常比一段时期的出库总数更具有量化意义：

$$日均出库数量 \approx \frac{出库量}{出库天数}$$

需要注意出库天数与销售天数的区别，出库天数为周期内实际发生出库作业的天数；销售天数为发生销售业务的天数。

（二）库存周转

库存周转是指商品从入库到出库所经过的时间和转换的效率，库存周转在仓储管理中被广泛地应用，衡量一个企业库存周转情况的量化指标有两个：库存周转次数与库存周转天数。库存量越大，流动资金占用越多，产生的库存成本越高；库存量越小，产生的库存成本越小，但库存过小，难以保证供应。

1. 库存周转次数

库存周转次数是指一定周期内商品的库存能够周转几次。在物流仓储管理中，分析库存周转的目的在于分析实物的周转情况，因此需要使用销售数量与库存数量的比值计算方式来计算周转次数，计算的一般公式为：

$$周转次数 = \frac{全年销售总量}{平均库存数量}$$

2. 平均库存量

平均库存量是指一定时期内某种物资的平均库存数量。物资库存量反映一定时间节点上实际结存的某种物资数量，一般为月末库存量、季末库存量及年末库存量。为了观察一定时期（一个月、一季度或一年）的库存水平，需要计算这个时期内的平均库存量。为平衡统计期初和统计期末库存量的偏差，建议采用以下公式：

$$\overline{X} = \frac{\frac{1}{2}X_1 + X_2 + \cdots\cdots + \frac{1}{2}X_n}{n-1}$$

式中　　$\overline{X}$——为平均库存量；

X_1，X_2，X_n——为各月月末库存量；

　　　　N——月份的项数。

【点对点案例】例 11-1：某仓库年初库存量 840t，1 月末 690t，2 月末 930t，3 月末 1140t。该仓库平均库存量的计算为：

$$平均库存量 = \frac{\frac{1}{2} \times 840 + 690 + 930 + \frac{1}{2} \times 1140}{4-1} = 870(t)$$

3. 库存周转天数

周转天数表示库存周转一次所需的天数，计算的一般公式为：

$$周转天数 = \frac{全年实际工作日}{周转次数}$$

$$周转天数 = \frac{全年实际工作日 \times 平均库存量}{全年商品销售总量} \approx \frac{平均库存数量（箱）}{日均商品销售量（箱）}$$

周转天数表示了商品的平均在库天数，周转天数越长则表示商品的平均在库天数越多，因此在说明实际问题中，周转天数比周转次数更易理解和描述。

（三）库存能力

库存规模体现了一个物流系统的储存能力，库容量是衡量库存规模的量化指标。库存量可以以货物数量作为计量，在物流分析中更多地使用货物箱数或件数作为计量。库存能力大小取决于预期库存需求的大小。

库容量是静态的，库存量是动态的。某个时间点的库存可能因为大量备货而极高或因大量销售而极低。因此需要统计一段时期的每日平均库存，用日平均库存代表库存的水平，某一天或短暂时期的高库存或者低库存并不影响全局。

1. 库存需求预测

库存需求同吞吐需求随物流系统的改变而发生变化一样，库存需求也会随外部条件的变化而极度缩小或增加。在推算预期库存需求时，需要考虑那些能使库存发生变化的因素以及这些因素所产生的作用与影响。

在出库量一定的情况下，商品周转次数多则所需的库存相对较少，周转次数少则需要较多的库存量。两者之间的关系可以用函数关系来表达：

周转次数×平均库存量(箱)＝全年出库总量(箱)

或，周转天数×日均商品出库数量（箱）＝平均库存数量（箱）

预测今后的预期库存需求也就是估计平均库存在将来某一时间的取值。可以通过估算周转天数与日均商品销售量等变量在将来时间可取得的值，将估值代入上式，即可推算仓库平均库存的取值。

2. 库存需求推算

明确预期库存需求之后，可以推算仓库的库容需求，确定库容需求是确定仓库规模的重要内容。动态变化的库存量与静态的库容量之间存在的关系见表 11-2。

表 11-2　动态库存量与静态库容量之间的关系

表示	意义
库存量＜库容量	正常储存中
库存量＝库容量	达到储存的峰值
库存量＞库容量	可能发生爆仓现象

实际中，若企业期望仓库留有足够的储存弹性与余量时，可取库存需求预测的上限值作为库容量；若企业期望最大限度避免投资过度，或期望投资较小时，可取库存需求预测的下限值作为库容量。

◎ 任务二　智慧仓设备配置分析

【任务发布】在一个典型的智慧仓规划中，除储存、搬运设备等必须考虑的要素外，还需考虑在智慧仓内部署的作业位（停车点）、等待位调整点及充电桩的数量。其布局示例如图 11-1 所示。

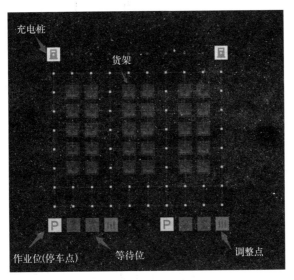

图 11-1　智慧仓布局图

那么在进行规划时，你知道在行业内通常是如何计算工作站、AGV 机器人等设备的数量吗？

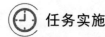 **任务实施**

一、货架数量分析

在给出货架规格、目标储存量及所有物料的体积及重量等既定条件的前提下，行业内通常会按照以下公式来计算智慧仓内货架的数量。

1. 商品数据统计分析

信息在所有货物的规格列表中，以货架货格的规格为标准，筛除体积过大的商品信息，并对剩余商品进行平均单件体积的计算。

2. 根据货架总体积，计算货架容量

$$货架容量（件）=\frac{货架总体积\times货架储存空间系数}{平均单件体积}$$

3. 计算货架数量

$$货架数=\frac{目标储存量}{货架容量}$$

需要说明的是目标储存量是指在进行货架数量的计算时，需要考虑商品在仓内的周转周期，以确保周转期内商品的库存。

二、工作站数量分析

1. 确定基准天

基准天即现状数据的采集天，后续都是以该天为基础进行规划。在进行智慧仓内工作站的规划时需要根据具体的出库量等信息进行规划，在确定规划所需的出库量时，可以依据历史订单数据进行 AGV 智慧仓内工作站的规划，也可以根据预测的业务量（出库量）为基准进行规划。

在以历史数据为依据进行规划时，需要根据相应的规则在历史订单数据中选取某一天的数据为基准，即确定基准天；若规划是以预测的业务量为基准，则需根据历史数据对未来趋势进行合理预测。

在进行工作站的规划计算时，行业内通常会假定出库量＝入库量，根据考虑要素的不同，一般有以下几种基准天的确定方式：

（1）着重考虑成本 在该情况下，在剔除订单峰值后，以历史订单的均值为基准进行规划。

（2）着重考虑效率 在该情况下，以历史订单峰值前后几天的均值为基准进行规划。

（3）综合考虑成本和效率 在该情况下，可对历史出库量进行降序排序，取序列表中的前 20%～30%，选取其中一天的订单数据为基准进行规划，可保证基准天处于订单峰值和订单均值之间，较好满足日常订单处理情况。

2. 工作站

在智慧仓内的作业人员，只需在工作站等待货架被运送至工作站，随后进行商品拣选（B2C 业务播种）作业，包括 B2B 业务和 B2C 业务。

（1）B2B 业务 SKU 少、批量出库，且出库量大，机器人只需将货架搬运至工作站由人工完成批量下架数量清点，确认拣选完成。

（2）B2C 业务 SKU 多、出库量小，相对 B2B 业务需要增加"播种墙"（图 11-2），在工作站完成最小订单。AGV 机器人通常在 B2C 业务中处理订单数量相对较少、SKU 多、拣选难度大的作业。

图 11-2　播种墙

3. 工作站效率

在智慧仓内，主要是在工作站处完成订单的拣选作业，工作站数量的确定与其自身的作业效率息息相关，在确定拣选工作站数量时，需要根据基准天的订单出库数量与工作站的拣选效率，推测出所需的工作站数量。

工作站效率的确定与 AGV 仓储机器人在工作站处单次作业耗时相关，可依据选定基准天的日出库量与日工作时间计算出每日工作站最大效率，初步判断工作站效率。

（1）推算货架单次命中数量（命中件数）即：

$$行件数 = \frac{出库数量}{订单行数}$$

（2）单个机器人在工作站耗时＝旋转货架时间＋站点切换时间＋单件拣货时间×命中件数

（3）工作站点每分钟可拣选（入库）数量 $= \dfrac{60s}{单机器人在工作站耗时} ×$ 命中件数

（4）站点作业效率（h）：每分钟可拣选（入库）的数量×60min

4. 工作站数量确定方法

（1）行件数＝出库量÷订单行数

（2）拣选工作站的数量 $= \dfrac{出库数量}{拣选效率×每日工作时间}$

（3）入库工作站的数量 $= \dfrac{入库数量}{入库效率×每日工作时间}$

需要说明的是行件数即平均每行订单所包含的件数，若行件数数值为 1，说明每行订单大约包含一件商品，每次拣选动作只需完成一件商品的拣选；入库工作站是指在 AGV 智慧仓内，入库环节可理解为补货作业，对出库货品的补货作业，其效率在一般情况下大于出库作业的效率。

三、仓储机器人数量分析

在 AGV 仓储机器人（图 11-3）进行作业时，一般会将区域分为入库区域和出库区域，且两个区域的 AGV 机器人通常不会混用，即用于出库的机器人只适用于出库作业，因此在计算时需要分别计算用于出库和入库的机器人。

通过对 AGV 仓储机器人在仓库内作业行走路程的分析，可依据不同的计算标准来计算仓内所需的 AGV 机器人数量。这里介绍一种计算标准。

智慧仓内所需机器人的数量可依据仓内工作站数量以及工作站所需的机器人数量综合确定。

工作站点所需机器人数量＝（货架单次作业往返时间÷站点单次作业耗时）＋1

通过对货架单次作业的流程进行动作拆解，综合得出：

货架单次作业往返时间＝机器人到达货架位时间＋顶举货架时间＋到达站点时间＋返回货架区时间＋释放货架时间

站点单次作业耗时＝旋转货架时间＋站点切换时间＋单件拣货时间×命中件数。

智慧仓内机器人总数＝入库 AGV 数量＋出库 AGV 数量＋充电桩备用 AGV 数量

对 AGV 仓储机器人在智慧仓内的三个部分的路程进行细化，可将货架在智慧仓内的单次往返时间分为：取货架、送货架两个部分，具体如图 11-4 所示。

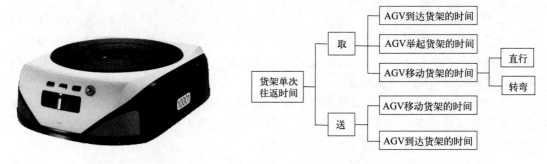

图 11-3　AGV 仓储机器人　　　　　　图 11-4　货架单次往返时间组成

AGV 到达货架的时间即 AGV 机器人从起始位置到达货架的时间。货架的移动时间可细化分为直行和转弯两个部分：

① 直行时间。

$$直行时间 = \frac{\frac{1}{2}仓库的长 + \frac{1}{4}仓库的宽}{AGV 机器人的行驶速度}$$

② 转弯时间。根据行业经验，AGV 机器人在智慧仓内的转弯次数一般为 4～5 次，每次的时间为 2～3s，由此可知转弯时间。

四、配套设施设备数量分析

在以"货到人"模式为主的智慧仓中，受仓库出入库流量以及 AGV 仓储机器人数量的影响，为保证库内出库、入库作业的有效运行，通常会在拣选处设置若干等待位。

拣选位上的 AGV 机器人正在进行拣选作业时，后面的机器人从"入站"处进入作业区域，并在等待位处进行等待，前方机器人完成拣选作业后，向前移动一个位置，直至拣选完成进入主通道"出站"。

1. 等待位数量的确定

根据企业经验，一般将 AGV 机器人等待位（图 11-5）的数量设置为站点所需 AGV 机器人数量的 0.3 倍。

2. 充电桩数量的确定

为确保仓内 AGV 机器人能够不受自身电量影响顺利完成拣选作业，通常会在仓库内设置专门的充电区域，配套适量的充电桩，且充电区域的每个充电桩上会留有一辆充电备用的 AGV 机器人。

充电桩的数量一般会依据 AGV 机器人的数量将比例设置为 1∶4，即每 4 辆 AGV 机器人配置一个充电桩（图 11-6）。

图 11-5　等待位和拣选位

图 11-6　充电桩

● 任务三　智慧仓布局 ●

【任务发布】AGV 智慧仓规划系统提供了可视化的编辑页面，可达到所画即所得的效果，规划平台的编辑模块不仅可以实现通用的抽象模型，如：站点、货架储存区、充电点、休息点等；还提供了 AGV 仓储机器人行走路径规划的工具集，如：单向路、双向路等，极大限度地降低规划人员的使用难度。

仓储规划平台可被理解为"信息转换工具"，将真实世界中的 AGV 智慧仓规划的要素转化为系统平台可理解并执行的信息。

关键点：

（1）建立与现实仓库情况对应的关系。

（2）强化对布局细节部分的关注。

（3）支持仓库解决方案的仿真。

⏱ 任务实施

一、智慧仓规划系统认知

1. 基础数据

基础数据包括运力组、容器类型数据的设置。

（1）运力组　是指设置智慧仓内所使用的 AGV 机器人类型。

（2）容器类型　主要为播种墙、AGV 轻型货架、中转箱、托盘等设置智慧仓内需要使用到的货架类型。

以播种墙为例，对其设置参数进行说明：尺寸一栏为货架对应的尺寸，容器物理规格中的"底"为货架距离地面的高度；"层数"中对应的参数，图 11-7 中标 1 表示高度；标 2 表示播种墙单个料箱的长度，用英文状态下"，"进行分隔，且总长度不得超过货架的长度。

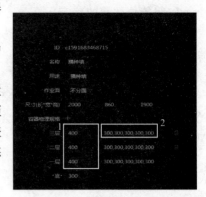

图 11-7　播种墙参数设置

2. 控件规划

控件规划包括储存点、停车点、等待点、调整点、充电点、休息点、禁行点、容器等内容的规划，具体含义见表 11-3。

表 11-3　控件规划内容

系统控件类型	含义
储存点	货架储存及取用的位置
停车点	搬运设备停留的位置，主要用于拣选或补货入库作业
等待点	当目标位置被占用，机器人可以进行等待的位置
调整点	当作业对储存设备（货架）或搬运设备自身的方向有特殊要求，如货架 A 面或 B 面拣货，货架完成方向调整的位置
充电点	对接充电设备的位置
休息点	停放搬运设备（AGV 机器人）的位置
禁行点	标识障碍物的位置
容器	展示场地中某些容器（如货架）摆放的位置

3. 业务规划

业务规划用于支持某个作业目的，每个业务规划由固定的一类或几类控件构成，同时允许关联其他业务规划及基础数据，具体内容见表 11-4。

表 11-4　业务规划内容

业务规划类型	含义	关联的控件或业务规划
储存区	同一个区域的若干可存放容器的导航位置集合	控件：储存点——必要 业务规划：容器集合——必要
容器集合	容器存在的位置集合	控件：容器 基础数据：容器类型——必要
作业位	用于完成某种作业目的的一个位置，可关联其他位置或区域辅助调度	控件：停车点、调整点——必要 业务规划：队列区、容器集合
人工工作站	由人工完成"货物"在不同"容器"间转移的"业务单元"	业务规划：作业位、容器集合
GTP 智能库区	包含若干"储存区"与"工作站"的业务主体	业务规划：储存区、人工工作站 基础数据：运力组——必要
充电区	对接机器人充电设备的位置集合	控件：充电点——必要 基础数据：运力组——必要
队列区	当 AGV 要去往的目标位置被占用时，按"先进先出"顺序，有空位会自动向前补齐的位置的集合	控件：等待点——必要
休息区	可停放自动化设备（AGV 机器人）的位置集合	控件：休息点——必要 基础数据：运力组——必要

按照功能区域进行划分（图 11-8），以 GTP 货到人为主的智慧仓中与订单拣选作业相关的区域主要包括了货架储存区域、入库（补货）区域、出库作业区域、AGV 停车区域和 AGV 充电区域等。

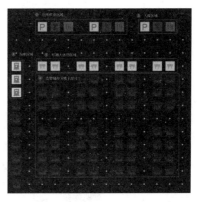

图 11-8　智慧仓功能区域划分

二、智慧仓规划要点

1. 工作站规划

依据智慧仓工作流程，工作站分别设置入库工作站和出库工作站两种。一般入库站点和出库站点分别位于仓储区域中巷道所对的两端，出库站点周围往往还设置了用于暂存所拣选商品的料箱等配套设施。在设置工作站时需要注意以下几个方面的内容：

（1）工作站是"货到人"场景下重要的一环，要保证拣选人员有充足的、源源不断的待拣选货架过来，同时也要保证作业完成的货架及时返回库区。

（2）工作站内要有适当的缓存等待数量，综合考虑地图大小、订单结构、AGV 机器人硬件性能等，根据经验，每个站点的等待位数量一般设置为站点所需车数的 0.3 倍。

（3）注意工作站的设置区域，要顺着货架的方向即上图所示的绿色区域，而不能设计在黄色区域，因为绿色区域的机器人进出货架区域，充足的通道有利于提升搬运时效、避免拥堵。

2. 储存区规划

货架储存区域占整个仓库面积的绝大部分，一般设置在仓库内的中心位置。货架储存区用于存放货架，对于物流仓储场景，场地大部分都被规划为货架储存区，常规情况下的货架布局，不宜超过 6 排一组背靠背布置，一组背靠背货架不宜过长，每一组背靠背货架之间留出导航空间，便于每个货架能够快速出库，此外根据实际情况进行设置。一般情况下，靠墙规划一排货架，并留一条通道，这样既能保证空间利用率最大，也可使 AGV 机器人能够进出通畅（图 11-9）。

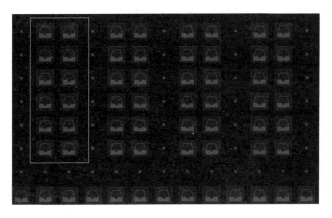

图 11-9　储存区规划图

3. 旋转点规划

在智慧仓内，可以将旋转点设置在十字路口的交叉点处旋转；对于距离工作站较近的货架，则可以进入工作站内部的旋转点进行货架的旋转。

要尽量减少对其他正常通行货架的影响。在货架旋转过程中，可以通过计算判断是否会影响碰撞其他货架。

4. 休息区、充电区规划

休息区即在没订单任务的情况下 AGV 机器人的停放区域，一般为节约空间，休息区会安排在第一排货架底下；充电区一般位于仓库的边缘区域，便于接通电源。

5. 通道规划

工作站前的通道为 AGV 机器人行走的主通道，主通道至少 1 条以保证机器人能够顺畅地行走，主通道具体设计几条要依据智慧仓的大小进行调整（图 11-10）。

图 11-10　通道规划图

（1）货架区域与工作站之间留 2～3 条高速通道，两条通道可以形成环的路径。

（2）如果只能有一条高速通道，且车辆数量大于 1，则最好设置双向行驶。

（3）若车辆为 1 且只有一条高速通道时，则可将通道设置为双向行驶。

（4）为保障 AGV 机器人在智慧仓内任意点均能够顺畅运行，避免机器人进入某一点后无法移动的情况，AGV 机器人进出工作站是沿着一个方向行走。

6. 步长的设置

步长即为机器人行走时，相邻二维码之间的距离，通常将范围设置为：$1000 \sim 1200mm$，在确定步长时，需要综合考虑货架、AGV 仓储机器人的尺寸以及货架旋转时的长度，可理解为货架对角线的一半＋货架长度的一半，如图 11-11 所示。

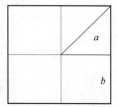

图 11-11　步长的设置示意图
a—货架对角线的一半；
b—货架长度的一半；
步长—须大于 $a+b$ 的值

【点对点例题】货架平面尺寸为 $920mm \times 920mm$，其对角线尺寸约为 $\sqrt{2 \times 920^2} = 1301mm$，对角线的一半为 650.5mm，其货架尺寸的一半为 460mm，则其在进行旋转货架时，需要的最小尺寸为 460mm＋650.5mm＝1110.5mm，为保证货架旋转时留有充分的空间，可以将步长设置为 1150mm 或 1200mm。

 理论测试

一、单项选择题

1. 在物流中，一个单品被称为 SKU。SKU 是指代（　　）。

A. 最小包装单位　　B. 最小存货单位　　C. 基本出库单位　　D. 最小计量单位

2. S、M、L、XL 四种规格同种花色的衬衣，是（　　）个 SKU。

A. 1　　　　　　　B. 2　　　　　　　C. 3　　　　　　　D. 4

3. 以下选项中，可以表明商品在各个业态间受欢迎的程度的是（　　　）。

A. 商品重合度　　　B. 商品 SKU 数目　　C. 商品外形尺寸　　D. 商品计量

4. AGV 全称是 automated guided vehicle，其含义是（　　　）。

A. 自动导引运输车　　B. 自动叉车　　　C. 自动搬运车　　　D. 智能运输车

5. "货到人"模式不适合爆品作业的原因是（　　　）。

A. 库存可能会不足　　　　　　　　　B. 造成站点前通道拥堵

C. 加快机器人的损耗　　　　　　　　D. 加大拣选人员的作业量

6. 充电桩数量的设定与机器人的数量相关，那么一般充电桩和机器人之间的关系为（　　　）。

A. 1∶5　　　　　　B. 1∶2　　　　　　C. 1∶3　　　　　　D. 1∶4

7. 等待位数量的设置与（　　　）因素有关。

A. 工作站的数量　　B. 机器人的数量　　C. 作业任务的数量　　D. 仓库场地的大小

8. 如果库存量小于库容量，则符合以下哪种情况？（　　　）

A. 可能会达到储存的峰值　　　　　　B. 可能会发生爆仓

C. 正常储存　　　　　　　　　　　　D. 以上都有可能

9. 周转次数的计算公式为（　　　）。

A. 年销售额 / 每日销售额　　　　　　B. 365/ 周转天数

C. 年销售额 / 平均库存额　　　　　　D. 365/ 平均库存数量

10. （　　　）是用于 AGV 充电完成后的待命位置及备用机的存放等，不能位于主干道上。

A. 运行区　　　　　B. 缓冲区　　　　　C. 旋转区　　　　　D. 充电区

二、多项选择题

1. 电商物流的仓储特点有（　　　）。

A. 单个商品库存少　B. 订单行数多　　　C. 作业准确性高　　D. 订单波动明显

2. 商品基本情况分析的内容包括（　　　）。

A. 商品品种数目　　B. 商品计量单位　　C. 商品重合度　　　D. 商品外形尺寸

3. SKU 通常会包含（　　　）信息。

A. 包装单位　　　　B. 货品属性　　　　C. 货品销售方式　　D. 货品管理方式

4. 对一种商品而言，当其品牌、型号、配置、等级、花色、包装容量、单位、生产日期、保质期、用途、价格、产地等属性与其他商品存在不同时，可称为（　　　）。

A. 一组商品　　　　B. 一个单品　　　　C. 一个 SKU　　　　D. 一个最小存货单位

5. 分析商品外形尺寸有（　　　）作用。

A. 确定储存货位　　B. 找出异型品　　　C. 确定存储货架尺寸　　D. 确定拣选点数量

三、判断题

1. "货动，人不动"是智慧仓主要采取的拣选方式。（　　　）

2. 成本是选择机器人型号的最主要因素。（　　　）

3. 周转天数是指库存周转一次所需的天数。（　　　）

4. 为了充分利用场地空间，所以在两边都有货架的情况下，墙角的地方最好也放置一个货架。（　　　）

5. 在进行智慧仓的布局时，拣选作业区前面的主通道数量设置得越少越好。（　　　）

项目十二　智慧仓运营

知识 目标	◇ 熟悉 AGV 智慧仓环境。 ◇ 熟悉 WMS 系统和运维运营系统。 ◇ 熟悉智慧仓货到人补货入库作业流程。 ◇ 熟悉智慧仓货到人拣货出库作业流程。
技能 目标	◇ 会创建入库订单和出库订单。 ◇ 会使用手持 PDA 进行操作。 ◇ 会执行货到人补货入库操作。 ◇ 会执行货到人拣货出库操作。
职业 素养 目标	◇ 培养智慧仓储设备操作能力。 ◇ 具有安全、责任意识。 ◇ 培养优化工作流程的能力。 ◇ 具有遵守职业规范的意识。

岗课赛证融通说明

本项目内容以全国行业技能竞赛——物流服务师赛项为背景材料，在电商企业完成智慧仓规划与设计的基础上，介绍如何完成智慧仓入库和出库工作流程。本项目是对课程中的仓库运营等部分内容的拓展，对接物流项目运营主管岗位。

任务一　入库作业

【任务发布】北京××休闲食品股份有限公司成立于 2012 年，是一家定位于纯互联网食品品牌的企业，其主营业务覆盖了坚果、肉脯、果干、膨化等全品类休闲零食。现决定规划一区域引进 AGV 智能设备，采用 GTP 货到人 AGV 智慧仓解决方案进行订单处理，降低人工劳动强度，提高拣选效率。

收货入库上架、补货入库上架是仓储作业的重要工作，工作站的入库功能就是用于商品入库、补货上架操作。

那么，AGV 智慧仓如何进行补货入库作业？

任务实施

在 AGV 智慧仓环境下，入库操作在 PDA 工作站进行，包含设备为手持 PDA 一个。货到人补货入库作业流程见图 12-1。

一、创建入库订单

在运维运营系统中，单击【订单生成】下【创建入库订单】，选取商品信息，并输入商品数量，确定订单，见图 12-2。

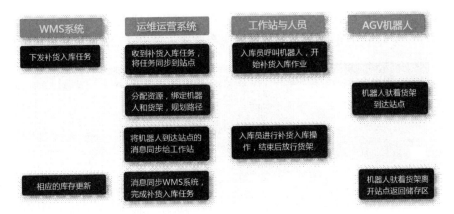

图 12-1 货到人补货入库作业流程

图 12-2 创建入库订单

二、货到人补货入库作业

（1）单击桌面【GTP 标准版】应用程序，进入入库操作界面。

（2）单击【入库】按钮，进入入库单列表界面，见图 12-3。

图 12-3 补货入库作业流程（1）

（3）选中其中一个入库单，单击【叫车】按钮，呼叫机器人。

（4）选择叫车数量，单击【确定】，提示叫车成功，单击【返回】，见图12-4。

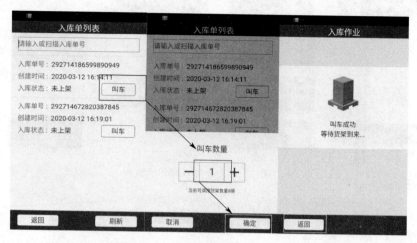

图 12-4　补货入库作业流程（2）

（5）待机器人到达入库站点后，重新进入入库界面，按提示依次扫描货位编码、商品编码，输入商品数量，单击【确认上架】，见图12-5。

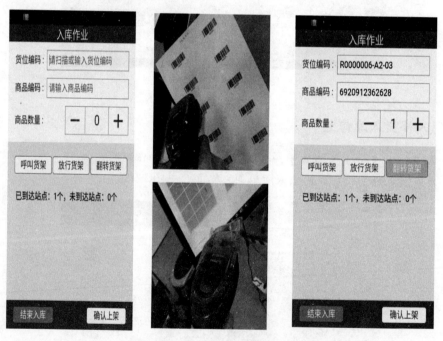

图 12-5　补货入库作业流程（3）

（6）再单击【放行货架】，单击【确定】，放行成功后，单击【结束入库】，见图12-6。

（7）单击【结束入库】按钮后，会显示入库明细，确认后。界面跳转到入库单列表。系统根据实操入库商品和数量判断是否有异常。再次确认入库信息，单击【确定】，即入库成功。见图12-7。

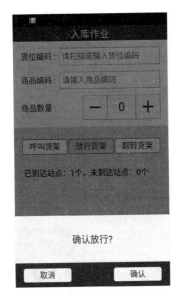

图 12-6　补货入库作业流程（4）

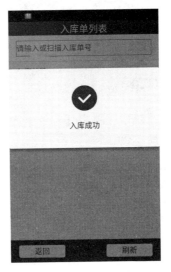

图 12-7　补货入库作业流程（5）

任务二　出库作业

【任务发布】北京××休闲食品股份有限公司成立于 2012 年，是一家定位于纯互联网食品品牌的企业，其主营业务覆盖了坚果、肉脯、果干、膨化等全品类休闲零食。现决定规划一区域引进 AGV 智能设备，采用 GTP 货到人 AGV 智慧仓解决方案进行订单处理，降低人工劳动强度，提高拣选效率。

　　商品的拣货出库业务，是仓库根据业务部门或存货单位开出的商品出库凭证，按其所列商品编号、名称、规格、型号、数量等项目，组织商品出库一系列工作的总称。

　　智能机器人的出库流程特点在于将系统生成的海量订单通过智能算法转化成最优调度任务，

通过 AGV 车辆为搬运载体，将货物搬运到工作站，工作站提示出库作业。

那么智能 AGV 仓如何进行拣货出库作业？

 任务实施

在 AGV 智慧仓环境下，拣货操作在标准工作站进行，货到人拣货出库作业流程如图 12-8 所示。

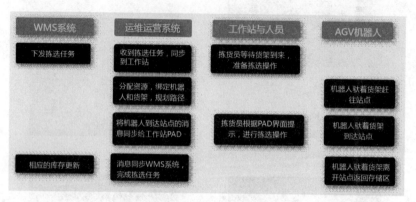

图 12-8　货到人拣货出库作业流程

一、创建出库订单

在运维运营系统中，单击【订单生成】，创建出库订单，选取商品信息，并输入商品数量，并确定，见图 12-9。

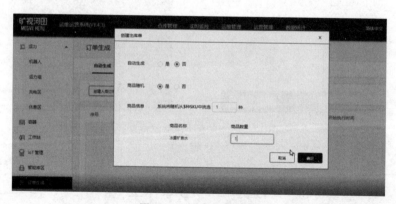

图 12-9　创建出库订单

二、周转箱绑定

（1）绑定站点后，单击【周转箱绑定】，进入绑定状态，播种墙的待绑定播种位显示为绿色对应的电子标签显示绿灯，见图 12-10。

（2）单击对应的屏幕上的绿色播种位或者拍绿灯，对应播种位变成蓝色，标签绿灯变蓝灯，弹出绑定周转箱对话框，绑定成功后，该播种位变灰，全部绑定成功后，单击【取消绑定】。

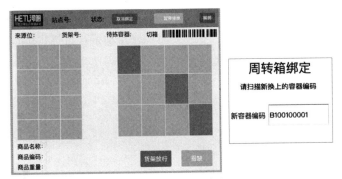

图 12-10　周转箱绑定

三、货到人拣货出库作业

（1）机器人驮货架到达站点，此时屏幕左侧会出现需要拣货的货架的物理拓扑结构图，见图 12-11。

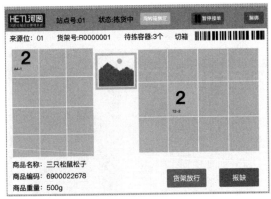

图 12-11　货到人拣货出库作业流程（1）

（2）根据屏幕提示的拣货信息，从对应货位取出指定数量的商品后，扫描商品 SKU，PAD 屏幕上播种墙对应货位显示黄色和数量，对应播种墙下面的电子标签会亮起红灯，并显示数量，如图 12-12 所示。

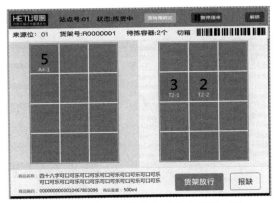

图 12-12　货到人拣货出库作业流程（2）

（3）拣货员按提示电子标签信息将指定数量的商品放入播种墙对应位置，播种完成，按下电子标签按钮，标签指示红灯熄灭；或者单击播种墙黄色格子，播种墙黄色格子会变灰。下一个待拣格子自动变黄（系统按从上到下，从左到右顺序自动推荐待拣货位），如图 12-13 所示。

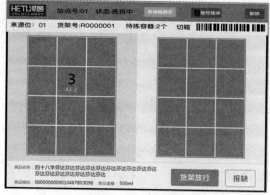

图 12-13　货到人拣货出库作业流程（3）

（4）重复步骤 2 和步骤 3，直至屏幕左侧所有格子都变灰和所有商品都播种完成。

（5）如果播种墙拓扑格子变绿，此时电子标签亮起绿灯，则表示对应的播种口已经播种完成，如图 12-14 所示。

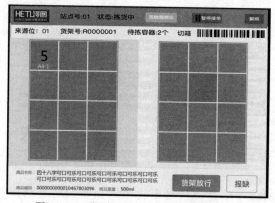

图 12-14　货到人拣货出库作业流程（4）

（6）当最后一个货位拣货完成，屏幕上的【货架放行】按钮会由灰色变为可点击的蓝色，单击该按钮，可以将货架放行，如图 12-15 所示。

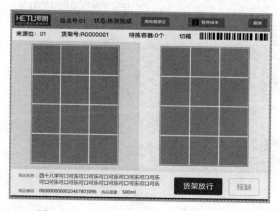

图 12-15　货到人拣货出库作业流程（5）

理论测试

一、单项选择题

1. 在 AGV 智慧仓中，补货入库作业在以下哪个场所进行。（　　）

A. 标准工作站　　　B. PDA 工作站　　　C. 货架存储区　　　D. 休息区

2. 在 AGV 智慧仓中，拣选出库作业在以下哪个场所进行。（　　）

A. 标准工作站　　　B. PDA 工作站　　　C. 货架存储区　　　D. 休息区

3. 如果缓冲墙拓扑格子变（　　），此时电子标签亮起，则表示对应的播种口已经播种完成。

A. 红　　　　　　　B. 蓝　　　　　　　C. 绿　　　　　　　D. 灰

4. 智慧仓内主要用的搬运设备是（　　）。

A. 叉车　　　　　　B. 电动叉车　　　　C. 手推车　　　　　D. 仓储机器人

5. 在（　　）中完成地图索引学习以及误差学习。

A. 工作站系统　　　B. 运维运营系统　　　C. 规划系统　　　D. 服务器系统

二、多项选择题

1. AGV 机器人根据引导方式的不同，可分为（　　）。

A. 自由路径引导　　　B. 固定路径引导　　　C. 无人搬运车　　　D. 无人牵引小车

2. AGV 机器人由（　　）组成。

A. 机械系统　　　B. 动力系统　　　C. 控制系统　　　D. 传输系统

3. 待机器人到达入库站点后，重新进入【入库】界面，按提示依次（　　），单击【确认上架】。

A. 扫描货位编码　　B. 扫描商品编码　　C. 输入商品数量　　D. 输入库存数量

4. 机器人在智慧仓内通常会处理（　　）类型的作业。

A. SKU 多　　　　B. 订单数量少　　　C. 批量出库　　　D. 拣选难度大

5. 仓库内的机器人在没有订单任务时，会停在（　　）位置上。

A. 休息点　　　　　B. 充电点　　　　　C. 货架下　　　　　D. 工作站

三、判断题

1. 在扫描上架作业过程中，需要完成两项工作。一是商品物理位置的转移；二是系统操作。（　　）

2. 根据屏幕提示的拣货信息，从对应货位取出指定数量的商品后，扫描商品 SKU，PAD 屏幕上播种墙对应货位显示黄色和数量，对应播种墙下面的电子标签会亮起红灯，并显示数量。（　　）

3. 工作站的播种墙是以订单为电子标签使用基础的播种式作业，播种墙每一个格口都对应一个电子标签，也就是一个订单，在 WMS 软件系统的控制下，用扫描枪逐个扫描商品上的条形码，按货格上亮灯指示，并提示数量，把商品放到相应的货格。（　　）

4. 系统扫描验收：使用条码扫描仪等设备逐件扫描产品条码进行收货。核查系统显示实际收货数量与订单明细是否一致。（　　）

5. 在智慧仓内，不可以由一个站点来完成仓库内的入库作业和出库作业。（　　）

参考文献

［1］　薛威.仓储作业管理［M］.北京：高等教育出版社，2018.

［2］　刘亚丽，解翠杰.仓储与配送管理［M］.北京：高等教育出版社，2021.

［3］　代湘荣，周志刚，叶红梅.仓储与配送作业管理［M］.北京：中国人民大学出版社，2021.

［4］　叶伟媛.仓储与配送管理［M］.大连：东北财经大学出版社，2020.

［5］　北京中物联物流采购培训中心.物流管理职业技能等级认证教材［M］.江苏：江苏凤凰教育出版社，2019.

［6］　薛威.智慧物流实训［M］.北京：高等教育出版社，2021.

［7］　沈从文.配送作业管理［M］.北京：高等教育出版社，2018.

［8］　郑克俊.仓储与配送管理［M］.4版.北京：科学出版社，2018.

［9］　胡针.基于储位管理的卷烟先进先出方法研究［J］.物流技术与应用，2018，23(02).

［10］　张森寒，安裕强，潘楠，等.面向城市商超物流配送的异构车辆调度研究［J］.昆明理工大学学报（自然科学版），2022(08).

［11］　蒋华伟，郭陶，杨震.车辆路径问题研究进展［J］，电子学报，2022(02).

［12］　陈治亚，高辉，徐光明，等.考虑随机需求和硬时间窗的多目标车辆路径优化方法［J］.铁道科学与工程学报，2021（12）.

［13］　王绍光，实际约束条件下多配送中心物流车辆调度优化［J］.科学技术与工程，2018(12).

［14］　孙诗萌.物流配送中货物装载问题研究［J］.企业与管理，2016(01）.

［15］　马俊生，王晓阔.配送管理［M］.北京：机械工业出版社，2016.

［16］　李军，郭耀煌.物流配送车辆优化调度理论与方法［M］.北京：中国物资出版社，2001.

［17］　房殿军.仓储物流技术发展趋势分析［J］.物流技术与应用，2020（25）.

［18］　史纪.智慧物流背景下智能仓储的应用［J］.智能城市，2021(07).

［19］　杨云燕，马爱鲜，马云辉.智慧物流中的仓储及配送中相关的智能技术探究［J］.计算机产品与流通，2020(10).

［20］　施和平，程永生.大数据背景下企业智慧配送体系构建［J］.商业经济研究，2021(14).

［21］　任芳.从京东物流实践看智能快递车技术发展与趋势［J］，物流技术与应用，2020(03).

［22］　李陶然.仓储与配送管理实务［M］.2版.北京：北京大学出版社，2014.

［23］　曲建科，杨明.物流成本管理［M］.北京：高等教育出版社，2019.

［24］　王桂花，万里.物流成本管理［M］.北京：高等教育出版社，2021.

［25］　董永茂，沈渊，庞海云，等.物流成本管理［M］.浙江：浙江大学出版社，2011.

［26］　季敏.仓储与配送管理实务［M］.北京：北京大学出版社，2011.

［27］　柳荣.智能仓储物流配送精细化管理实务［M］.北京：人民邮电出版社，2020.

［28］　山囡囡，刘晓斌，李春富.物流成本管理任务驱动式教程［M］.北京：人民邮电出版社，2015.